GUTTENTAGSCHE SAMMLUNG
Nr. 218a DEUTSCHER GESETZE Nr. 218a
KOMMENTARE UND ERLÄUTERTE TEXTAUSGABEN

Voigtländer-Elster

Die Gesetze, betreffend das

Urheberrecht

an Werken der Literatur und der Tonkunst

sowie

an Werken der bildenden Kunst und der Photographie

Kommentar

Vierte, neubearbeitete Auflage

von

Dr. Heinz Kleine
Rechtsanwalt

Berlin 1952

WALTER DE GRUYTER & CO.

vormals G. J. Göschen'sche Verlagshandlung / J. Guttentag, Verlagsbuchhandlung / Georg Reimer / Karl J. Trübner / Veit & Comp.

Archiv-Nr. 21 1 218a

Satz und Druck: Berliner Buchdruckerei „Union“ GmbH., Berlin SW 29

Vorwort

Als Alexander Elster die von ihm bearbeitete dritte Auflage des von Voigtländer und Fuchs im Jahre 1913 in zweiter Auflage herausgebrachten Kommentars im Jahre 1942 vorlegte, wies er darauf hin, daß an sich beabsichtigt gewesen sei, die Verabschiedung eines neuen Urheberrechtsgesetzes abzuwarten. Zehn Jahre sind inzwischen vergangen, ohne daß die gesetzgeberischen Pläne Verwirklichung finden konnten. Da der Zeitpunkt dafür auch heute noch ungewiß ist, aber ein Bedürfnis nach Fachliteratur besteht, die die Entwicklung der Rechtsanschauungen und der durch den technischen Fortschritt geschaffenen neuen Rechtstatsachen verarbeitet, hat sich der Verlag mit gutem Grunde entschlossen, nochmals den alten Kommentar in neuer Bearbeitung erscheinen zu lassen.

Die Bedeutung, die Alexander Elsters Arbeiten für die Entwicklung des Urheberrechts gehabt haben, ließen mich bestrebt sein, dem Wunsche des Verlages folgend von seinem Werke in diesem Erläuterungsbuch möglichst viel zu erhalten, zumal es seiner ursprünglichen Konzeption nach besonders auch für den Gebrauch der am Buchhandel beteiligten Kreise bestimmt ist. Trotzdem beschränkt sich meine Bearbeitung nicht nur auf Ergänzungen, manches mußte auch neu gefaßt, manches mußte umgearbeitet werden. Dabei habe ich mich bemüht, die zukünftige gesetzgeberische Gestaltung, wie sie sich auf Grund der vorliegenden Entwürfe für ein neues Urhebergesetz anbahnt und zum Teil schon geltendes Recht geworden ist, immer im Auge zu behalten.

Der Anhang ist durch den Abdruck des Akademie-Entwurfs für ein neues Urheberrechtsgesetz, der deutschen Übersetzung der Brüsseler Fassung der Berner Übereinkunft und des UNESCO-Entwurfs eines Weltabkommens auf dem Gebiet des Urheberrechts erheblich erweitert worden.

Stuttgart, im Juni 1952. Dr. Heinz Kleine.

Inhaltsübersicht

Gesetz betr. das Urheberrecht an Werken der Literatur und der Tonkunst

Erster Abschnitt

Voraussetzungen des Schutzes

Seite

§ 1 Die geschützten Werke ... 2
I. Entwicklung und Begriff des UR ... 3
II. Das Werk als Schutzgegenstand ... 4
III. Schutzfähige Werke im Besonderen ... 9
A. Sprachwerke ... 9
B. Werke der Tanz- und Bewegungskunst ... 14
C. Abbildungen wissenschaftlicher und technischer Art ... 15
D. Werke der Tonkunst ... 17
E. Bühnenwerke ... 18
F. Filmwerke ... 19
G. Werke der bildenden Künste ... 21
Kunstgewerbe ... 22
Baukunst ... 24
Bühnenbild — Inszenierung — Maske ... 25
H. Lichtbilder ... 26
J. Das eigene Bild ... 29
K. Der Titel ... 34

§ 2 Urheber — Verfasser — Bearbeiter — ausübender Künstler ... 37

§ 3 Juristische Personen als Urheber ... 45

§ 4 Sammelwerke (Zeitschriften, Zeitungen) ... 46
Das Zeitschriftenunternehmen ... 50

§ 5 Zusammengesetzte Werke ... 53

§ 6 Gemeinschaftliche Werke (Miturheberrecht) ... 56

§ 7 Vermutung der Urheberschaft ... 60

Seite

§ 8 Vererbung des UR 63
Übertragung des Urheberrechts unter Lebenden 65
§ 9 Änderungen am Werk nach Übertragung des UR 67
§ 10 Zwangsvollstreckung in das UR, das Werk, die Werkstücke und Vervielfältigungsvorrichtungen 69

Zweiter Abschnitt

Befugnisse des Urhebers

§ 11 Inhalt des Urheberrechts 73
I. Allgemeines 73
II. Urheberpersönlichkeitsrecht 74
III. Benutzungsrechte (Werknutzungsrechte) 77
Vervielfältigung 78
Verbreitung 81
Vortrag 84
Aufführung 84
Überwachungs- und Verwertungspraxis 86
Vorführung 89
Sendung 90
§ 12 Bearbeitung 91
§ 13 Freie Benutzung 97
§ 14 Bearbeitungsvorbehalt für den Urheber 101
§ 15 Vervielfältigung zum persönlichen Gebrauch 102
§ 16 Amtliche Schriften 106
§ 17 Öffentliche Reden und Vorträge 109
§ 18 Presseartikel — vermischte Nachrichten — Tagesneuigkeiten. 110
§ 19 Entlehnungsrecht (Klein- und Großzitat, Anthologien, Werke der bildenden Kunst) 114
§ 20 Vertonungsfreiheit 121
§ 21 Zitate aus Tonwerken in Schriftwerken u. Notensammlungen 123
§ 22 Zwangslizenz für Tonträgeraufnahmen 125
§ 22a Aufführungsfreiheit für Tonträger 128
§ 22b Passivlegitimation für Zwangslizenzansprüche 130
§ 22c Gerichtsstand für Zwangslizenzansprüche 130
§ 23 Entlehnung von Abbildungen zur Erläuterung 131
§ 24 Änderungen bei Entlehnung 134
§ 25 Quellenangabe 136
§ 26 Umfang der Entlehnungsfreiheit 138
§ 27 Genehmigungsfreie Aufführung von Tonwerken 140
§ 28 Komponist und Textdichter 142

Seite

Dritter Abschnitt
Dauer des Schutzes

§ 29 Schutzfrist 145
§ 30 Berechnung bei gemeinschaftlichen und Sammelwerken 148
§ 31 Berechnung bei anonymen und pseudonymen Werken 149
§ 32 Berechnung bei Werken juristischer Personen 151
§ 33 Berechnung bei Lieferungswerken 152
§ 34 Beginn der Schutzfristberechnung 153
§ 35 Zum Begriff der Veröffentlichung 153

Vierter Abschnitt
Rechtsverletzungen

§§ 36, 37 Rechtsfolgen der UR-Verletzung 154
Unterlassungs- und Schadensersatzanspruch 155
Schadensberechnung 156
Bereicherungsanspruch 157
§§ 38, 39 Strafbarkeit 159
§ 40 Buße 165
§ 41 Rechtsverletzung durch Teilbenutzung 167
§ 42 Vernichtungsanpruch 167
§ 43 Abwendung der Vernichtung 170
§ 44 Unterlassung der Quellenangabe 172
§ 45 Strafantrag 172
§§ 46—48 Vernichtungsverfahren 175
§ 49 Sachverständigenkammer 175
§§ 50—53 Verjährung, Verwirkung 178

Fünfter Abschnitt
Schlußbestimmungen

§§ 54, 55 Schutz der Inländer und der Ausländer 180
Rev. Berner Übereinkunft 181
Übereinkunft von Montevideo 182
Vertrag mit den USA 182
§§ 56—58 Eintragungsrolle 184
§ 59 Revisionsgericht für UR-Streitigkeiten 185
§§ 60—63a Übergangsbestimmungen 185
§ 64 Inkrafttreten 191

Gesetz betr. das Urheberrecht an Werken der bildenden Künste und der Photographie

Die §§ des KUG

sind im Anschluß an die entsprechenden §§ des LUG abgedruckt und befinden sich auf folgenden Seiten:

KUG		LUG	Seite
§§ 1—4	Geschützte Werke	§ 1	2
§ 5	Juristische Personen	§ 3	46
§ 6	Sammelwerk	§ 4	46
§ 7	Zusammengesetzte Werke	§ 5	54
§ 8	Gemeinschaftliche Werke	§ 6	56
§ 9	Urhebervermutung	§ 7	60
§ 10	Vererblichkeit	§ 8	63
§ 11	Beiträge zu Sammelwerken	§ 4	46
§ 12	Änderungsverbot	§ 9	67
§ 13	Anbringung des Namens	§ 9	67
§ 14	Zwangsvollstreckung	§ 10	69
§ 15 I	Inhalt des UR	§ 11	73
§ 15 II	Nachbildung	§ 12	92
§ 15a	Filmwerk	§ 12	92
§ 16	Freie Benutzung	§ 13	97
§ 17	Vervielfältigung	§ 15	102
§ 18	Vervielfältigung zum eigenen Gebrauch	§ 15	102
§§ 19, 20	Entlehnungsrecht	§ 19	115
§ 21	Änderung bei Entlehnung	§ 24	134
§§ 22—24	Recht am eigenen Bilde	§ 1	29
§§ 25, 26	Schutzdauer	§ 29	145
§ 27	Schutzdauer bei mehreren Urhebern	§ 30	148
§ 28	Schutzdauer bei Lieferungswerken	§ 33	152
§ 29	Berechnung der Schutzfrist	§ 34	153
§ 30	Zum Begriff der Veröffentlichung	§ 35	153
§ 31	Rechtsverletzung	§§ 36, 37	154
§§ 32—34	Strafbarkeit	§ 38	159
§ 35	Buße	§§ 39, 40	166
§ 36	Rechtsverletzung durch Teilbenutzung	§ 41	167
§ 37	Vernichtung	§ 42	168
§§ 38, 39	Übernahme statt Vernichtung	§ 43	170
§ 40	Unterlassung der Quellenangabe	§ 47	172
§ 41	Strafantrag	§ 45	172
§§ 42—44	Vernichtungsverfahren	§§ 46—48	175

KUG		LUG	Seite
§ 45	Abwendung der Vernichtung	§ 43	170
§ 46	Sachverständigenkammer	§ 49	177
§§ 47—50	Verjährung	§§ 50—53	177
§ 51	Schutz der Inländer und Ausländer	§§ 54, 55	180
§ 52	Revisionsgericht	§ 59	185
§§ 53, 54	Übergangsvorschriften	§§ 62, 63	187
§ 55	Inkrafttreten	§ 64	191

Anhang

A. Gesetz über Vermittlung von Musikaufführungsrechten nebst DVO ... 192

B. Entwurf eines Urheberrechtsgesetzes (Akademie-Entwurf) ... 194

C. Revidierte Berner Übereinkunft zum Schutze von Werken der Literatur und der Kunst ... 219

Verbandsländer und Vorbehalte (Stand Juni 1952) ... 219

Romfassung der Berner Übereinkunft ... 220

Brüsseler Fassung der Berner Übereinkunft ... 230

D. Übereinkunft von Montevideo zum Schutz von Werken der Literatur und der Kunst ... 242

E. Copyright-Bestimmungen. Vorschriften zur Erlangung des UR in den USA ... 245

F. Entwurf eines Weltabkommens auf dem Gebiet des UR (UNESCO-Entwurf) ... 250

Sachregister ... 258

Verzeichnis der Abkürzungen

und der Literatur, die nur nach Verfassernamen zitiert ist.

AcP	Archiv für die civilistische Praxis.
AHKG	Gesetz der Alliierten Hohen Kommission.
AG	Amtsgericht.
AK-Entw.	Entwurf eines Urheberrechtsgesetzes auf der Grundlage des amtl. Entwurfs von 1933 und der Vorschläge des Fachausschusses für Urheber- und Verlagsrecht der deutschen Arbeitsgemeinschaft für gewerblichen Rechtsschutz und Urheberrecht in der Akademie für deutsches Recht, Anh. B S. 194.
Allfeld	Das Urheberrecht an Werken der Literatur und der Tonkunst 2. Aufl. 1928.
Anschütz	Gutachten der Rechtsauskunftstelle des deutschen Verlegervereins 1916—1920.
AWR	Archiv für Wettbewerbsrecht.
Bappert	Rechtsfragen des Buchhandels, 1951.
BBl	Börsenblatt für den deutschen Buchhandel.
BGH	Bundesgerichtshof.
BGHZ	Entscheidungen des Bundesgerichtshofs in Zivilsachen.
Begr.	Begründung des Gesetzes von 1901.
de Boor	Urheber- und Verlagsrecht, 1917.
BÜ	Berner Übereinkunft zum Schutze von Werken der Literatur und Kunst.
Büchler	Die Übertragung des Urheberrechts unter besonderer Berücksichtigung einschränkender Vertragsklauseln nach deutschem und schweizerischem Recht, Bern 1925.
Dda	Droit d'auteur. Zeitschrift des Büros der Berner Union.
Delp	Der Verlagsvertrag. Kurz gefaßter Leitfaden für die Praxis mit Vertragsmustern, Erläuterungen und den deutschen Gesetzen über das literarische Urheberrecht und Verlagsrecht, 2. Aufl., 1951.
Dienstag-Elster	Handbuch des deutschen Theater-, Film-, Musik- und Artistenrechts, 1932.
DJZ	Deutsche Juristenzeitung.

DRZ	Deutsche Rechtszeitschrift.
Elster	Urheber- und Erfinder-, Warenzeichen- und Wettbewerbsrecht, 1928.
Freiesleben	Recht und Tonkunst, 1914.
Furler	Das Geschmackmustergesetz, 1950.
Goldbaum	Urheberrecht und Urhebervertragsrecht, 1927.
GRUR	Gewerblicher Rechtsschutz und Urheberrecht.
Henssler	Urheberschutz in der angewandten Kunst und Architektur nach deutsch., schweiz., engl. und amerik. Recht, 1950.
Hillig	Gutachten über urheberrechtliche, verlagsrechtliche und verlegerische Fragen Bd. I u. II, erstattet und herausgegeben im Auftrage des Deutschen Verlegervereins von Hillig und Greuner, 1928 (I), 1934 (II).
Hoff.-Entw.	Hoffmann, Ein deutsches Urheberrechtsgesetz. Entwurf eines Gesetzes über das Urheberrecht mit Begründung, 1933.
Hoffmann-Ritter	Das Recht der Musik, 1936.
JR	Juristische Rundschau.
JW	Juristische Wochenschrift.
JZ	Juristenzeitung.
KB	Berichte der Reichstagskommission für das LUG und VerlG von 1901.
KG	Kammergericht.
Kohler	Urheberrecht an Schriftwerken und Verlagsrecht, 1907.
LG	Landgericht.
LZ	Leipziger Zeitschrift für deutsches Recht.
Marwitz-Möhring	Das Urheberrecht an Werken der Literatur und der Tonkunst, 1929.
MdR	Monatsschrift für deutsches Recht.
Mittbl	Mitteilungsblatt der Vereinigung für gewerblichen Rechtsschutz und Urheberrecht.
MuW	Markenschutz und Wettbewerb.
Neumann-Duesberg	Das gesprochene Wort im Urheber- und Persönlichkeitsrecht, 1949.
NJW	Neue juristische Wochenschrift.
Oest.JBl	Österreichische Juristische Blätter.
OLG	Oberlandesgericht.
Osterrieth	Das Urheberrecht in Holtzendorffs Enzyklopädie der Rechtswissenschaft II S. 381 ff.
Rabels Z.	Zeitschrift für ausländisches und internationales Privatrecht, begründet von E. Rabel.
RBÜ	Revidierte Berner Übereinkunft zum Schutze von Werken der Literatur und Kunst.

Reimer, vergl. Darst.	Vergleichende Darstellung der geltenden deutschen Gesetzestexte und früherer Gesetzentwürfe zum deutschen Urheberrecht als Grundlage für die Wiederaufnahme der Reformarbeit, 1950.
Reimer, WuW	Wettbewerbs- und Warenzeichenrecht. Systematischer Kommentar zum WZG und UWG, 2. Aufl., 1947.
Reiners	Das Bühnenwerk und sein urheberrechtlicher Schutz, 1927.
RG	Reichsgericht.
RGBl	Reichsgesetzblatt.
RGSt	Entscheidungen des Reichsgerichts in Strafsachen.
RGZ	Entscheidungen des Reichsgerichts in Zivilsachen.
Riezler	Deutsches Urheber- und Erfinderrecht, 1909.
RJM-Entw.	Entwurf eines Gesetzes über das Urheberrecht an Werken der Literatur, der Kunst und der Photographie mit Begründung. Veröffentlicht vom Reichsjustizministerium, 1932.
Runge	Urheber- und Verlagsrecht, 1. u. 2. Lieferung, 1948.
Schulze	Urheberrecht in der Musik und die deutsche Urheberrechtsgesellschaft, 1951.
Schulze, U R	Das deutsche Urheberrecht an Werken der Tonkunst und die Entwicklung der mechanischen Musik, 1950.
SJZ	Süddeutsche Juristenzeitung.
Tetzner	Kommentar zum Gesetz gegen den unlauteren Wettbewerb, 1950.
Ufita	Archiv für Urheber-, Film- und Theaterrecht.
Ulmer	Urheber- und Verlagsrecht, 1951.
UPR	Urheberpersönlichkeitsrecht.
UWG	Gesetz gegen den unlauteren Wettbewerb.
VerlG	Gesetz über das Verlagsrecht.
Voigtländer-Elster ...	Verlagsgesetz, 3. Aufl., 1939.
Wollenberg	Gutachten der fünf preußischen Sachverständigenkammern für Urheberrecht, 1936.
WZG	Warenzeichengesetz.

Die Gesetze

betr.

Das Urheberrecht an Werken der Literatur und der Tonkunst

v. 19. 6. 1901 (LUG) sowie

an Werken der bildenden Kunst und der Photographie

vom 9. 1. 1910 (KUG)*)

in ihrer jetzt geltenden Fassung.

Vorbemerkung:

Seit der Novelle zur Ausführung der Revidierten Berner Übereinkunft, die im Jahre 1910 erging, sind die gesetzlichen Normen des Urheberrechts, abgesehen von den Bestimmungen über die Schutzfrist, unverändert geblieben. Über 40 Jahre sind verflossen, in denen an der Fortbildung dieses Rechtsgebietes gearbeitet wurde; die Technik hat Formen der Verbreitung und Verwertung von Geistesgut geschaffen, die bei Erlaß der Gesetze noch nicht bekannt waren oder in den primitivsten Anfängen steckten (Film, Hör- und Bildfunk, Lautsprecher, Magnetofon, Mikrokopie). Die Rechtsprechung wurde hier in ganz besonderem Maße vor rechtsschöpferische Aufgaben gestellt. Im Fluß dieser Entwicklung wandelten sich die Auffassungen über das Wesen des Urheberrechts. Wissenschaft und Rechtsprechung brachten den Gedanken zur Anerkennung, daß die vermögensrechtlichen Befugnisse, die das Recht des Urhebers umschließt, mit seinem persönlichkeits-rechtlichen Gehalt aufs engste verbunden sind.

Die Reform der Urheberrechtsgesetze ist daher dringend notwendig geworden. Es gilt nicht nur Lücken auszufüllen, sondern die Regeln den veränderten Anschauungen und Verhältnissen anzupassen. Die Reformarbeiten sind seit über 20 Jahren im Gange. Sie haben zu mehreren Gesetzentwürfen geführt, von denen besonders zu nennen sind: der Entwurf des Reichsjustizministeriums aus dem Jahre 1932 (RJM-Entw.), der Entwurf von Willi Hoffmann aus dem Jahre 1933 (Hoff-Entw.), der Entwurf des Fachausschusses für Urheber- und Verlagsrecht der Arbeitsgemeinschaft für gewerblichen Rechtsschutz und Urheberrecht in der Akademie für deutsches Recht von 1939 (AK-Entw.). Auf der Grundlage des AK-Entw., der im Anhang abgedruckt ist, hat eine vom Bundesjustizministerium gebildete Sachverständigenkommission einen neuen

---

*) Der Text dieses Gesetzes ist jeweils nach dem Text des LUG kursiv gesetzt.

Entwurf ausgearbeitet, der wiederum die Grundlage für einen Gesetzesvorschlag des Bundesjustizministeriums bilden soll.

Bis zum Erlaß des Gesetzes, das die Bestimmungen zum Schutz der Werke der Literatur und der Tonkunst und die Bestimmungen des Kunstschutzes vereinigt und dabei die Unterscheidung zwischen echtem Urheberrecht und angrenzenden Rechten durchführt, wird vermutlich noch geraume Zeit vergehen. So lange ist mit den geltenden Gesetzen, die hier wie ein einheitliches Gesetz abgedruckt sind, weiter zu arbeiten. Das ist möglich, wenn man die durch die Rechtsprechung und die Reformarbeiten gewonnenen Erkenntnisse, an denen naturgemäß die Wissenschaft maßgeblich beteiligt ist, bei der Anwendung und Auslegung der Gesetze heranzieht. Da diese ihren Niederschlag in den Entwürfen gefunden haben, von denen der AK-Entw. als derjenige anerkannt ist, der dem Wesen des Urheberrechts und den praktischen Bedürfnissen am ehesten gerecht wird, ist dabei von ihm auszugehen. „Wir haben also die merkwürdige Lage, daß das bei uns geltende Recht durch nicht zum Gesetz gewordene Entwürfe viel genauer wiedergegeben wird, als durch die veralteten Gesetzestexte selbst“ (*de Boor*, Beitr. z. Handels- und Wirtschaftsrecht 1950 S. 23). In diesem Geist hat ihre Erläuterung zu erfolgen.

Erster Abschnitt

Voraussetzungen des Schutzes

§ 1

Nach Maßgabe dieses Gesetzes werden geschützt:

1. **die Urheber von Schriftwerken und solchen Vorträgen oder Reden, welche dem Zwecke der Erbauung, der Belehrung oder der Unterhaltung dienen;**
2. **die Urheber von Werken der Tonkunst;**
3. **die Urheber von solchen Abbildungen wissenschaftlicher oder technischer Art, welche nicht ihrem Hauptzwecke nach als Kunstwerke zu betrachten sind. Zu den Abbildungen gehören auch plastische Darstellungen.**

Choreographische und pantomimische Werke werden auch dann wie Schriftwerke geschützt, wenn der Bühnenvorgang auf andere Weise als schriftlich festgelegt ist.

§ 1

Die Urheber von Werken der bildenden Künste und der Photographie werden nach Maßgabe dieses Gesetzes geschützt.

§ 2

Die Erzeugnisse des Kunstgewerbes gehören zu den Werken der bildenden Künste. Das gleiche gilt von Bauwerken, soweit sie künstlerische Zwecke verfolgen.

Als Werke der bildenden Künste gelten auch Entwürfe für Erzeugnisse des Kunstgewerbes sowie für Bauwerke der im Abs. 1 bezeichneten Art.

§ 3

Als Werke der Photographie gelten auch solche Werke, welche durch ein der Photographie ähnliches Verfahren hergestellt werden.

§ 4

Soweit Entwürfe als Werke der bildenden Künste anzusehen sind, findet das Gesetz, betreffend das Urheberrecht an Werken der Literatur und der Tonkunst, vom 19. Juni 1901 (RGBl. S. 227) auf sie keine Anwendung.

dazu: RBÜ Art. 2, 3, 6bis

I. ENTWICKLUNG UND BEGRIFF DES URHEBERRECHTS

1. Vor der Entfaltung des Schrifttums durch die Buchdruckerkunst sind Phantasie, Geistesgegenwart, Aufnahmefähigkeit des Ohrs, geistiges Gestaltungsvermögen in einem Umfang entwickelt gewesen, den wir kaum mehr begreifen. Die Gesänge *Homers*, die altindische Literatur, das Nibelungenlied und vieles andere sind aus gemeinsamer Geistesarbeit vieler erwachsen; kein einzelner war „Verfasser" oder wollte als solcher gelten. Die Anonymität des Werkschöpfers als Grundhaltung herrschte auch noch im Mittelalter vor. Das Werk war, losgelöst von seinen Urhebern, Allgemeingut, niemand dachte daran, seine Weitergabe oder Wiedergabe zu verbieten. Daran änderte auch das Abschriftenwesen, das sich in den Klöstern und später in den Universitäten entfaltete, nichts.

Erst die mit der Erfindung der Buchdruckerkunst ermöglichte Vervielfältigung ließ den Schutzgedanken aufkommen. Den diese Kunst Ausübenden wurden zeitlich begrenzte *Privilegien* erteilt, die sie gegen Nachdrucke der von ihnen gedruckten Werke sicherten. Aus dem Druckergewerbe entwickelte sich das Verlagswesen. Privilegienträger wurde auch der Verleger, nur in Einzelfällen der Urheber. Der entscheidende Schritt, der die Verbindung des Urhebers zu seinem Werk zu einer schutzbedürftigen und schutzfähigen Rechtsbeziehung machte, erfolgte erst im Ausgang des 17. Jahrhunderts, indem man (zur Begründung des Nachdruckverbots) unter Berufung auf das Naturrecht das *„geistige Eigentum"* des Verfassers dem materiellen Eigentum gleichstellte (vgl. hierzu besonders *Ulmer* S. 38 ff.). Daran schlossen sich die Auseinandersetzungen (in England, Frankreich und Deutschland) darüber an, ob dies Recht wie das Sacheigentum von „ewiger" Dauer sein könnte. Frankreich erkannte in den Revolutionsgesetzen von 1791 und 1793, die noch heute die Grundlage seines Urheberrechts bilden, als erstes europäisches Land das „geistige Eigentum" an Werken der Literatur und der Kunst mit zunächst einer Schutzdauer von zehn Jahren gesetzgeberisch an. In Deutschland folgte 1837 Preußen mit dem Gesetz zum Schutz des Eigentums an Werken der Wissenschaft und Kunst. Bald danach ergingen gleichartige Gesetze in Württemberg, Bayern, Braunschweig und Sachsen, an deren Stelle nach der Reichsgründung das bereits vom Norddeutschen Bund erlassene Gesetz vom 11. Juni 1870 trat. 1876 wurde das Gesetz betr. das Urheberrecht an Werken der bildenden Kunst erlassen. Das geltende LUG von 1901 brachte wichtige Fortschritte. Ihm folgte 1907 das Kunstschutzgesetz (KUG), das das Gesetz von 1876 unter Einbeziehung der Photographie ablöste. Die Umgestaltung der BÜ führte zu der Novelle von 1910, die der technischen Entwicklung in bezug auf Schallplatte und Stummfilm Rechnung zu tragen versuchte. Aber auch diese Gesetze sind heute veraltet und dringend reformbedürftig. (Vgl. Vorbemerkung.)

2. Auf den zu 1 zusammengefaßten historischen Grundlagen hat Rechtswissenschaft und Rechtsprechung das Urheberrecht dogmatisch weiterentwickelt, so daß wir heute von folgender Begriffsbestimmung ausgehen können: *das Urheberrecht ist ein monopolartiges, im Interesse der Allgemeinheit begrenztes Recht, das an Werken der Literatur und der Kunst, die eigentümliche Schöpfungen sind, in der Person seines Schöpfers entsteht.*

Die Begrenzung im Interesse der Allgemeinheit folgt aus der sozialen Natur der Rechtsordnung. Das Kulturleben, aus dem der schöpferische Mensch seine Anregungen empfängt, fordert auch im gleichen Maße sein Geben. Von dieser Kommunikation lebt die Kultur, und einem Recht, das aus diesem Leben erwächst, ist die Rücksicht auf ihre Bedürfnisse immanent. Sie findet ihren Niederschlag z. B. in den Bestimmungen über die Schutzfrist, die Zitierfreiheit besonders zugunsten der Schul- und Unterrichtswerke, die Wiedergabefreiheit von Werken der Tonkunst bei bestimmten Veranstaltungen und von Werken der bildenden Kunst an bestimmten Plätzen. Es handelt sich also hierbei nicht um Ausnahmen, sondern um Begrenzungen „aus der Natur der Sache". Die Theorie bezeichnet diese Begrenzung im Interesse der Allgemeinheit — nicht sehr glücklich — als *soziale Bindung* des Urheberrechts (vgl. dazu vor allem *de Boor*, Konstruktionsfragen, Ufita 1944, 360).

Die Interessen der Allgemeinheit begrenzen das Urheberrecht aber nur in Ansehung eines Werkes, das der Urheber ihr dargeboten hat. Ein *Zwang zur Veröffentlichung* widerspricht dem Wesen des Urheberrechts. Deshalb kann der Urheber auch nicht zu anderweitiger Wiedergabe des bereits veröffentlichten Werkes gezwungen werden. (Einzige Ausnahme § 22a.) Infolgedessen ist die Beschlagnahme und Verwertung eines Urheberrechts oder abgeleiteten Rechts im Zwangsverfahren ohne Zustimmung des Urhebers grundsätzlich unzulässig. Über die dem widersprechenden Zwangseingriffe auf Grund der Feindgesetzgebung vgl. § 54 Anm. 3; über Zwangsvollstreckung vgl. § 10 und Erl. dazu.

II. DAS WERK

ist Gegenstand des Schutzes, nicht die Person; diese nur, soweit sie im Werk sich ausdrückt. (Urheberpersönlichkeitsrecht s. hierzu § 11 Anm. II S. 74.)

1. **Eigentümliche Schöpfung:**

a) Kein Mensch schafft seine Gedankenwelt allein aus sich selbst heraus. Sie baut sich aus dem auf, was andere vor ihm oder mit ihm erdacht, gesagt, geschrieben haben, was er gelernt und erfahren hat. Trotzdem beginnt mit der Verarbeitung des in ihm vorhandenen Gedankenstoffes seine eigene Schöpfung. Auf die Bedeutung des geistigen Gehalts der Schöpfung kommt es für den Schutz nicht an. Aber das

Schaffen muß ein eigenes sein, ohne Entlehnung fremden Guts (Wahrheit des Eigenschaffens). Werke, die an Neuem vom Verfasser nicht viel enthalten, können doch auf eigenstem Schaffen beruhen und sehr verdienstlich sein. Die Tätigkeit und das Verdienst des Verfassers bestehen dann in der Beherrschung des Stoffes, in dessen zweckmäßiger Sichtung und Gestaltung; nur verlangt man von ihm, daß die erlaubte Benutzung nicht zum „Mißbrauch fremden Geistes“ ausartet.

Geschaffenes Werk und geistiges Gut sind als Objektivationen (als Fixierung, Herausstellung und Ablösung) von eigener Seinsweise anzusehen. (*Nicolai Hartmann*, Das Problem des geistigen Seins, Berlin und Leipzig 1933). Diese besondere Ontologie des Geisteswerks beruht zunächst darauf, daß die objektivierten Gebilde natürlich nicht identisch sind mit dem, der sie geschaffen hat. „Sie haften auch nicht an ihm als an einem Träger, vielmehr hat er sie aus sich ‚herausgestellt‘, und indem er sie herausstellt und entläßt, ‚fixiert‘ er sie im Gegensatz zu sich selbst, als dem niemals Fixierbaren, er gibt ihnen Bestand gegen sich.“ „Gleichwohl aber bleibt er selber in dem geschaffenen Gebilde inhaltlich bestehen.“ (*Hartmann* a. a. O.)

Von einem Geistes- (und Kunst-) Werk kann nur die Rede sein, wenn die Persönlichkeit — allerdings gleichgültig ob eine größere oder kleinere Persönlichkeit — darin zum Ausdruck kommt. Nicht weil etwas geschrieben, gepinselt, gezeichnet, photographiert, geformt, gestaltet, behauen, zusammengesetzt, verziert ist, wird es ein Werk, es können Werkstücke des Handwerks oder des Alltags sein. Der Urheberrechtschutz wird nicht für die Mittel der Formung, sondern für die *Formung* selbst gegeben. Und nicht der Stil oder die Ausdrucksweise, mögen sie noch so eigenartig sein, sondern das Werk ist Gegenstand des UR (vgl. insbesondere RG in GRUR 39, 791).

„Mit dem Werke ist mehr gegeben als das Wort, mit dem Bilde mehr als das Bild; es spricht ein geistiges Gut daraus, das als solches in der Fassung nicht aufgeht“ — diese Worte Hartmanns beleuchten hell den Unterschied zwischen Schriftwerk oder Bildwerk als dem Ergebnis bloßer Betätigung einerseits und dem Geistes- und Kunstwerk andererseits. Ob an Umfang das Werk größer oder kleiner ist, bleibt sich gleich.

Zur Kennzeichnung dieser *Individualität* des Werkes werden in der Literatur und Rechtsprechung verschiedene Ausdrücke verwandt. Der gebräuchlichste dürfte „eigentümliche Schöpfung“ sein. Er entspricht auch der Entwicklung am meisten. Die Gefahr, daß damit sachenrechtliche Begriffe verbunden werden, besteht heute nicht mehr. Der RJM-Entwurf spricht von eigentümlicher geistiger Schöpfung, der AK-Entwurf von eigenpersönlicher Prägung.

b) Im Gegensatz zur eigentümlichen Schöpfung steht, was nur *Leistung* und *Erzeugnis* ist. Allerweltsarbeit schafft kein Werk, sondern nur ein Erzeugnis. Leistung ist nicht gleich Schöpfung, aber qualifiziert die Betätigung und das Erzeugnis.

Leistungen können, auch wenn sie äußerlich den Kategorien der Werke der Sprache, der Tonkunst usw. zugehören, sofern sie schutzwürdig sind, nicht Gegenstand des Urheberrechtsschutzes sein. Ihr Schutz beruht in erster Linie auf wettbewerbs- nicht urheberrechtlichen Gesichtspunkten (s. zum Leistungsschutzrecht S. 44 ff.). Methodisch gehören hierher die Übertragungen auf Tonträger aller Art, die Ton- und Bildsendung, die Wiedergabe eines fremden Werkes durch den ausübenden Künstler, gewisse Gegenstände des Kunstgewerbes und der Photographie, in zuletzt genannter Hinsicht namentlich das photomechanische Erzeugnis, das mit Kunstgewerbe und daher mit Urheberrecht nichts mehr zu tun haben kann. Das Gesetz hat diesen seinerzeit noch nicht in seiner Klarheit erkannten Leistungsschutz z. T. im Rahmen des Urheberrechts geregelt, indem es z. B. in § 2 II Vorrichtungen für Instrumente, die der mechanischen Wiedergabe für das Gehör dienen, also Schallplatten d. h. Vervielfältigungen als Bearbeitungen bezeichnet. Die Entwürfe behalten die Regelung dieses Rechtsgebiets im URG bei und ergänzen sie, erkennen aber an, daß dieser Rechtsschutz kein eigentlich urheberrechtlicher ist (vgl. RJM-Entw. Begr. S. 107). Im übrigen siehe hierzu § 2 Anm. 3e S. 41 und 5 S. 44. *Schriftwerke* werden auf ihre Schutzfähigkeit im allgemeinen mit dem äußerlichen Maßstab gemessen; es genügt der in Sprachform gebrachte Gedankenausdruck im Gegensatz zum „literarischen" Maßstab, wie ihn das österreichische Gesetz anlegt, das Warenkataloge, Gebrauchsanweisungen, Geschäftsbriefe, Geschäftsbücher, Lieferbedingungen, Formblätter und dgl. vom Urheberrechtsschutz ausschließt. Mit Recht. Hier reicht der wettbewerbsrechtliche Schutz aus. Für das geltende Recht s. unter III A 1 b S. 11 die Beispiele.

2. **Die geformte Schöpfung** ist begrifflich „Werk".

Die *Idee* ist noch nicht das Werk. Was der Idee fehlt, um schon Werk zu sein, ist die Prägung, die Formgebung, die Gestaltung (vgl. dazu insbes. *Elster*, Formgebung und Ausdrucksmittel in ihrer Bedeutung f. d. Recht des Urhebers in Ufita 1921, 592; 1930, 371). Auch die wissenschaftliche Lehre oder das Forschungsergebnis, die tatsächliche Feststellung des Erfinders und Entdeckers, fällt nicht unter den Werkbegriff und genießt als solche keinen Schutz. Die Bestrebungen das *„wissenschaftliche Eigentum"* zu schützen, haben bisher zu keinem Ergebnis geführt und werden auch kaum zur Verwirklichung gelangen können (vgl. dazu *Ulmer* S. 30 ff.).

a) für das Vorhandensein eines Werkes ist vielmehr dreierlei notwendig: 1. die *Idee*, 2. die *Form*, 3. das *Ausdrucksmittel*.

Beispiel: Idee: Laokoons Untergang; Form: Laokoon und zwei Söhne zu seiner Seite zwar symmetrisch, aber im Kampf mit den Schlangen verschieden hinsichtlich des Stadiums des Todeskampfes, entsprechender Gesichtsausdruck und Ausdruck des körperlichen Kampfes; Ausdrucksmittel: Plastik, Größe der Gestalten, Material und Farbe. Für die juristische Frage nach dem Gegenstand des Urheberrechtsschutzes, also nach der Definition dessen, was daran nun schutzfähiges Werk sei, müssen die Idee und das Ausdrucksmittel als solche ausscheiden, obwohl die Idee wie das Ausdrucksmittel wesentlich sind für das Werk, denn beide weisen auf das urheberrechtlich maßgebende Wesen des Werkes etwa so hin:

Werk

Idee → Formgebung ← Ausdrucksmittel

Die Erkenntnis dieser grundsätzlichen Dinge ist von größter Wichtigkeit für die Entscheidung, ob ein *Plagiat*, ob *Bearbeitung* oder *freie Benutzung* vorliegt (s. dazu § 13 Anm. 1c S. 99). Schon weil häufig die ideengerechte Form mißlungen sein kann, darf sich das Urheberschutzrecht für das Werk nicht an die Idee, sondern nur an die wirklich vorhandene Formgestaltung heften. Nicht etwa nur aus „Beweis"schwierigkeiten, soweit die Idee eben nicht in ihrer vollen „Gestalt" aus der mangelhaft geratenen Gestalt ihrer Formung erkennbar ist, sondern aus dem materiellrechtlichen Gesichtspunkt, daß es dann einem anderen gestattet bleiben muß, die Idee besser, reiner, gelungener zu gestalten. Denn wer die Idee selber etwa zu monopolisieren trachtete, würde sie der dauernden und nicht wieder gutzumachenden Gefahr unzulänglicher Formung ausliefern und damit dem Geistesleben, der Kultur und dem menschlichen Schaffen unerträglich einengende Grenzen setzen. Der rezeptive Mensch empfindet z. B. die Laokoon-Idee, aber es geht ihm die produktive Kraft der Gestaltung ab. Er singt wohl im Walde Töne, von denen er nicht weiß, wer sie „komponiert" hat; aber sein eigenes „Komponieren", d. h. Zusammenstellen, ist nicht oder nur in unzureichender Weise formgestaltend.

Wenn auch die Idee das Samenkorn für das Werk ist, so fehlt ohne Formgebung doch das, was für die rechtliche Bewertung erforderlich ist: die Gestaltung mit Willen und Können; die Ausarbeitung zum Werk. Oft genug hat sich erst bei der Ausarbeitung erwiesen, ob die Idee etwas taugte oder nicht. Erst die Formgestaltung zu einem Werk gibt die Gewähr dafür, ob wirklich die Idee, die wir für so schöpferisch gehalten haben, diese Bewertung verdient.

Dies spricht — neben den Gesichtspunkten des Rechtserwerbs aus Arbeit — für die Notwendigkeit des *Erwerbes des Urheberrechts durch Formgestaltung*, um die Idee wirklich zu besitzen. Das verlangt auch gerade die Allgemeinheit, die an schwirrenden Ideen, auch wenn sie wirklich (und nicht nur in der Einbildung des Einzelnen) neu sind, ein Anrecht hat, sie aber durch die Kunst des Werkschöpfers gestaltet sehen will, um Werke zu besitzen.

Auch *Entwürfe* sind in der Form fertig, nämlich als Entwürfe, und auch für das Werk, für das sie entworfen sind, insoweit als es nur noch „manueller" oder „handwerksmäßiger" Ausführung der Entwürfe zum vollendeten Werk bedarf, hingegen nicht soweit, wie neue Geistesschöpfung nötig ist oder aufgewendet wird, um Lücken zu füllen oder das Ganze zu vollenden. In solchen Fällen kann es einen schutzfähigen Entwurf gesondert neben dem schutzfähigen Werk geben.

b) Der Akt der *Geburt der Form* des Geisteswerkes ist aus der leicht entstandenen Veräußerlichung, stärker als man bisher meinte, zurückzuverlegen auf eine frühere innere Etappe der geistigen Formung.

Die Idee für einen Film, die *Filmidee* kann so viel filmisch formbildende Elemente in sich tragen, daß sie wie ein Entwurf selbständig schutzfähig ist. Hier hat das Wort Idee eine andere Bedeutung (vgl. dazu insbes. *Kopsch*, Für den Schutz der filmischen Idee, Ufita 1944 S. 374 und die dort zit. Literat. und unten Anm. F S. 19; vgl. ferner auch § 12, Anm. 2 e S. 94).

Es wäre ein Irrtum, die Schutzfähigkeit auf äußerliche Kategorien abstellen zu wollen. Nicht ob das Werk als Drama, ob es als Film usw. gestaltet ist, ist im Sinne des Urheberschutzes die Form —, sondern ob eine Idee gestaltet ist.

c) Das *Ausdrucksmittel* ist begrifflich von der Formgebung zu unterscheiden. D. h. das Urheberrecht an einem in bestimmter Form gestalteten Werk umfaßt auch das durch Verwendung eines anderen Ausdruck- oder Kunstmittels erstellte Werk. Der Verfasser eines Drehbuchs für einen Film ist nicht nur gegen Nachdruck des Manuskripts, also seines Schriftwerks geschützt, sondern hat auch ein (Mit)urheberrecht an dem auf Grund des Drehbuchs hergestellten Film. Die gegenteilige Ansicht ist abwegig (vgl. *Elster* in GRUR 1927, 285; JR 1928, 162). Über die hieran anknüpfenden Fragen des Film-Urheberrechts s. u. § 12 Anm. 2 e S. 95.

Form (äußere und innere) ist im Sinne des Urheberrechts *nicht identisch mit Ausdrucksmittel*, sondern bedeutet das Geisteswerk in seinem Ideengehalt (innere Form) und in seiner schöpferisch gegebenen Gestaltung (äußere Form als Musikstück, Gedicht, Roman usw.). Wollte man diesen Begriff der Form verlassen und die Veränderung des Ausdrucksmittels als Veränderung der Form ansehen, so wären alle Grenzen des Urheberrechts durchbrochen: das stille Lesen des Buches wäre danach eine andere Form des Werkes als das rezitierende Vortragen (auch wenn sich der still Lesende die plastische Vortragsweise ganz gut vorstellen könnte!), das Spiel des Stückes auf dem Klavier eine andere Form des Werkes als das Spiel mit vollem Orchester in richtiger Besetzung, die Rundfunkübertragung eine andere Form des Werkes als das Spiel vor dem Mikrophon selbst usw. Das hieße den Begriff des Geisteswerkes vernichten und ad absurdum führen — und lediglich aus dem Grunde, weil man Ausdrucksmittel mit Formgebung verwechselt (vgl. auch zu § 2 Anm. 3 c S. 40).

3. **Teile von Werken:**

Der Begriff „Werk" ist nicht erst dann erfüllt, wenn das Werk vollständig ist. Vollständigkeit ist ein relativer Begriff und wird in den meisten Fällen vergeblich gesucht werden. Deshalb schützt das Gesetz folgerichtig das Werk auch in seinen Teilen (§ 41 LUG); es kommt dabei *nicht auf die Größe der Teile* an, wohl aber darauf, daß schon der Teil an sich eine eigentümliche geistige Schöpfung literarischer oder künstlerischer Art darstellt (so im Ergebnis auch RGZ 144, 79). Ob dies vorliegt, muß im Einzelfall genau geprüft werden. Da sich auch ein im ganzen völlig neues Werk aus alten, bekannten, gängigen Bestandteilen (Worten usw.) zusammensetzt, bedeutet „Teil" nicht etwas Schematisches, sondern etwas für das Werk Wesentliches, also z. B. die Handlung, wenn sie eigenartig und charakteristisch ist, bei gleichen Voraussetzungen u. U. auch ein Motiv, der Titel, der im übrigen nur Wettbewerbsschutz genießt (zum Titelschutz vgl. Anm. K S. 34). Die Prüfung muß um so sorgsamer sein, je äußerlich kleiner der von einem anderen übernommene Teil ist. Der Werkkörper wird nicht verletzt, wenn — bildlich gesprochen — ihm Haare und Nägel abgeschnitten werden, wohl aber, wenn ihm ein lebenswichtiges Stück entnommen wird (vgl. im übrigen die Erl. zu § 41).

4. Originalität und Priorität

als Werk der Literatur oder der Kunst werden im LUG und KUG solange praesumiert, bis nicht das Gegenteil deutlich wird.

Der Neuheitsbegriff für ein urheberschutzfähiges Werk ist eigenartig bedingt: Maßgebend ist, obwohl der Schaffende auf den Schultern der vergangenen Schöpfer steht und sein Gut aus dem allgemeinen Kulturgut entnimmt, doch Neuheit im subjektiven (Schaffens-) Sinne und objektiven (Geltungs-) Sinne. Das Werk muß, um schutzfähig zu sein, auf der „Wahrheit des Eigenschaffens" beruhen (s. oben II 1a) und somit originell sein und seine Leistung „zuerst" erbringen. (Zufälle gleichzeitiger Übereinstimmung der Gestaltung sind selten.) Diese Originalität und Priorität muß sich aber auf den *literarischen* und *künstlerischen* Charakter des Werkes beziehen und nicht nur muster- oder modellhaft im Sinne eines Erzeugnisses oder einer gewerblichen Gestaltung sein.

III. SCHUTZFÄHIGE WERKE IM BESONDEREN

A. SPRACHWERKE

1. Schriftwerke:

a) Das Schriftwerk, nur diesen Begriff kennt das LUG, ist die häufigste und wichtigste Form, in der geistige Erzeugnisse an die Öffentlichkeit treten; an das Bedürfnis, Schriftwerke gegen Nachdruck zu schützen, hat die Gesetzgebung ursprünglich angeknüpft (siehe oben I). Schriftwerk ist aber nur eine der möglichen Formen, und in dieser Erkenntnis wird der Begriff „Schriftwerk" seiner formalistischen Auslegungsmöglichkeit entkleidet, so daß man nicht mehr eine Gebrauchsanweisung oder einen Katalog, die auch ein Schriftwerk im Wortsinne sind, aus diesem Grunde zu den schutzfähigen Geisteswerken zu rechnen braucht. „Drucksachen" sind nicht schon Werke. In diesem Sinne sind auch heute noch die Durchführungsbestimmungen zur VO über den Nachweis der Zugehörigkeit zur Reichsschrifttumskammer (RGBl 1940, 1038) von Interesse, in denen es heißt: „Schriftgut im Sinne der VO ist jede geistige Schöpfung oder Leistung, wenn sie durch Druck der Öffentlichkeit übermittelt wird (z. B. schöngeistige, wissenschaftliche, philosophische oder religiöse Werke und Abhandlungen, Predigten, Aufsätze, Novellen, Kurzgeschichten u. dgl.). Nicht zum Schriftgut gehören alle hoheitlichen Willensäußerungen des Staates oder sonstiger Körperschaften, wie Gesetze, Verordnungen, Erlasse, Satzungen, Friedhofsordnungen. Zum Schriftgut gehören weiterhin nicht privatrechtliche Abkommen, Verträge, Vereinssatzungen und ähnliches; ferner nicht

Geschäftsdrucke aller Art, wie Bilanzen, Werbeschriften (Warenangebote), Geschäftspapiere und Formulare."

Zum Begriff Schriftwerk und seine Entwicklung vgl. besonders *Neumann-Duesberg,* Das gesprochene Wort im Urheber- und Persönlichkeitsrecht und die Kritik von *Ulmer* (S. 85).

Ebenso wie der Tatbestand des „Geschriebenen" nicht schon als Voraussetzung für den Rechtsschutz genügt, ist es, umgekehrt, auch gleichgültig, auf welche Weise das wirkliche schutzfähige Geisteswerk geschrieben wurde.

Jede Art Schrift als Gedankenausdruck kommt in Frage, gleichgültig wo sie festgelegt ist und wie sie erfolgt (Fremdenbuch, Wand, Stein; auch Blindenschrift, Notenschrift, bildliche Darstellung). Der *Spielfilm* ist Schriftwerk, soweit er eine Handlung hat; der *Naturfilm* ist photographisches Werk. Das *Hörspiel* im Rundfunk ist als gesprochenes Werk Schriftwerk (auch ohne daß es geschrieben wird), als musikalisches Werk Tonwerk.

Das Wort „Werk" wird im Gesetz in verschiedenem Sinne gebraucht. Es bezeichnet entweder 1. die geistige Form des Werkes oder 2. die körperliche Form oder 3. die körperliche Niederschrift oder 4. den „Beitrag", obwohl im VerlG zwischen „Beitrag" und „Werk" unterschieden wird (vgl. *Voigtländer-Elster,* VerlG. § 2 Anm. 2).

Entscheidend für die Schutzfähigkeit ist, daß das Schriftwerk literarische Eigenschaften besitzt, wenn auch geringer Art, daß es aber ein *Ergebnis individueller geistiger Tätigkeit* ist. „Die Schrift muß geeignet sein, zu belehren, zu unterhalten oder sonstwie anregend auf das Verstandes- oder Empfindungsvermögen zu wirken" *(Allfeld,* § 1 Anm. 9a). Nicht entscheidend für die Schutzfähigkeit sind Zweck des Werkes und ob es mit der Absicht verfaßt worden ist, es zu veröffentlichen. Gedichte oder *Briefe* (s. u. g), die zu anderem Zwecke und mit der Absicht der Geheimhaltung geschrieben waren, können doch einmal allein oder im Zusammenhang mit andern ein schutzberechtigtes Schriftwerk sein.

Die *Kompilation,* das Umgießen bekannten gesammelten Stoffes in eine neue Form, begründet in der Regel ein selbständiges Urheberrecht; denn ohne eine gewisse, wenn auch geringe geistige Arbeit sind selbst untergeordnete Kompilationen kaum möglich, und viele sind sogar höchst achtbare Arbeits- und Gedankenleistungen (RG in GRUR 1928, 718 ff.).

Der Urheberschutz *beginnt* mit der Entstehung des Werkes im Augenblick seiner Schöpfung, auch ohne den auf Erwerb des Rechtes gerichteten Willen des Urhebers. Denn die Schöpfungshandlung ist *kein Rechtsgeschäft.*

Da angenommen wird, daß geringe literarische Eigenschaften zur Schutzfähigkeit eines Schriftwerkes genügen, wenn nur in der Formgebung eine selbständige Geistestätigkeit hervortritt (im Sammeln, Zusammenstellen, Anordnen, Einteilen), so ist einer ganzen Reihe von auf der Grenze liegenden Erzeugnissen die Schutzberechtigung zugesprochen worden.

b) *Beispiele:*

1. *Bearbeitungen* literarischen Gemeinguts. Wer Lieder, Märchen, Sagen, Sprichwörter aus dem Munde des Volkes lediglich aufzeichnet, schafft kein eigenes Geisteswerk; ein jeder ist befugt, denselben Stoff an derselben Quelle nochmals zu schöpfen. Geschützt wird jedoch die Form der Aufzeichnung, soweit sie eigenartig ist. Dasselbe gilt von Sammlungen bereits geformten Gemeinguts; bei ihnen wird die eigenartige Anordnung und Zusammenstellung des Stoffes geschützt (s. a. § 4 Anm. 3).

2. *Gewerbliche und kommerzielle Druckwerke:*

Zugesprochen wurde die Schutzfähigkeit durch die Gerichte u. a.: Adreß- und Geschäftshandbüchern, Wohnungsanzeigern, Lotteriegewinnlisten, Rang- und Quartierlisten, *Kursbüchern,* Rechenbüchern mit der Einschränkung (s. o. zu a letzter Abs.), daß eine selbständige Geistestätigkeit feststellbar sein muß, die, auch wenn sie gering ist, in der Sammlung, Einteilung und Anordnung des Verfassers gefunden werden kann. So insbesondere bzgl. *Adreßbücher* RGZ 116, 292. Doch ist der Urheberrechtsschutzumfang damit schon zu weit gezogen. Ein gewöhnliches Einwohner-Adreßbuch ist immer nur ein Schriftwerk, aber kein Ergebnis individueller geistiger Tätigkeit. Der notwendige Schutz kann nur dem Wettbewerbsrecht entnommen werden; die Zusammenstellung von Adressen der Einwohner eines Ortes ist eine rein mechanische Tätigkeit, ihre sinn- und zweckvolle Anordnung im Buch die Leistung des Buchgestalters (Verlegers oder Druckers); anders die Zusammenstellung eines wissenschaftlichen Adreßbuches (z. B. Gelehrtenkalender). Liegt eine individuelle geistige Schöpfung vor, so kommt es auf die Kategorie (Gruppe) des Werkes nicht an; so können also *schutzfähig* sein: Sachregister zu Gesetzen; Rezeptsammlungen (RGZ 81, 120); Patentanmeldungen, soweit ihre Abfassung über gewerbliche Tatsachenniederschrift hinausgeht (vgl. Lutter in GRUR 1918, 12 ff.); amtliche Fernsprechbücher (RG in JW 25, 2777); biographische Daten *(Hillig* I Nr. 75); Auskunftei-Handbuch (LG Essen in MuW 1929, 35); vorgedruckte *Geschäftsbedingungen* mit Rücksicht auf die langjährige Zusammenstellung der durch die besonderen Rechtsverhältnisse bedingten Vertragsbeziehungen und auf die knappe Formgebung der teilweise neuen Gedanken; kurze schlagwortartige *Gebrauchsanweisung* technischer Art (RG in Ufita 1944, 407); geschäftliche Musterblätter oder *Formulare* können nach RGZ 143, 415 Schriftwerkcharakter haben, wenn sich „im Inhalt des Vordrucks oder Formblatts oder Urkundenmusters ein ungewöhnlicher Grad geschäftlicher Erfahrung, Gewandtheit, Wirtschafts- oder Rechtskenntnis, oder in seiner Form eine eigentümliche, nicht von selbst gegebene Anordnung und Einteilung kundgibt", dagegen nicht Buchhaltungsformulare, die nicht zur Vermittlung von Gedanken, sondern nur dem technischen oder geschäftlichen Gebrauch dienen (vgl. auch RGSt 43, 229; 48, 330); *Lohntarife,* wenn sie in neuen und selbständigen Bearbeitungen besondere, in sich geschlossene Lohnsysteme darstellen und die auf schwieriger Kalkulation beruhende systematische Geistesarbeit auf dem

Gebiete der Technik und Handelswissenschaft vorführen; eine photographische Belichtungstafel (als Schriftwerk), wenn sie das Erzeugnis einer schöpferischen Tätigkeit und wegen der Vollständigkeit der zu berücksichtigenden Faktoren, ihrer richtigen Abschätzung, Anordnung und Übersichtlichkeit, von wissenschaftlichem und praktischem Werte und eine der Belehrung dienende selbständige Schöpfung ist (RG vom 16. September 1910 — 2 D 427/10 —); Logarithmentafeln und besondere Logarithmennetze (gegen letzteres in einem bestimmten Fall AppGer. Bern in Ufita 14 [1941], 260); eine mehrjährige Zusammenstellung von Kurstabellen (OLG Hamburg in DJZ 1908, 824).

Rundfunkwochenprogramme sind als reine Organisationsleistung ohne schöpferische Eigenart nicht schutzfähig (RGZ 140, 137); *Kataloge* höchstens wegen ihrer inneren Ausgestaltung, nicht wegen der äußeren Gestaltung (OLG Hamburg in GRUR 38, 797).

Daß Gedichte und novellistische Ausarbeitungen, die zu Reklamezwecken geschaffen wurden, geschützt sind, ist selbstverständlich, denn auf den besonderen Zweck kommt es nicht an (vgl. RGSt. 12, 359).

Abgesprochen wurde die Schutzfähigkeit:
sachlichen Mitteilungen, wie auch *Theaterzetteln* (RGZ. 66, 227 ff.), während diese bei origineller, etwa poetischer oder satirischer Darstellungsart schutzfähig sein können (RGSt 39, 282), ferner Rennvoraussagen (RGZ 144, 75), Ausarbeitungen rein geschäftlicher Art, wie *Warenverzeichnissen* (RG im Recht 1908 Nr. 2604), besonders angeordneten Eintragungen in kaufmännische Geschäftsbücher, gewöhnlichen Ankündigungen und Zeitungsanzeigen schlechthin, sofern sie nicht geistig- oder künstlerisch-schöpferischer Natur sind, ferner gewerblichen Erzeugnissen, wie Druckmustern, Rechnungsbüchern, Schulheften, auch wenn solche eine eigentümliche, bestimmten Zwecken besonders entsprechende Ausführung zeigen. Sie können Anspruch auf Musterschutz und Wettbewerbsschutz haben.

c) Für Ausstattung und innere technische Einrichtung eines Schriftwerks kommt *Ausstattungsschutz* (WZG § 25) und *Wettbewerbsschutz* (UWG § 1) in Betracht. Für die äußere Ausstattung (Einband, Umschlag) wird dies vom KG i. MuW 1930, 325 ausdrücklich bejaht, für die Druckanordnung aber zu Unrecht generell abgelehnt. Diese wie auch die sonstige innere Gestaltung eines Buches können sich auf Grund ihrer Eigenart sehr wohl zum Herkunftshinweis entwickeln und deshalb ausstattungsschutzfähig sein (ebenso *Reimer* S. 237; vgl. auch *Runge* S. 29), Zeitungs- und Zeitschriftentitel sollten, wenn sie figürlich besonders ausgestattet oder ihrem Inhalt nach eigenartig sind, als *Warenzeichen* eintragbar sein. Das Patentamt war früher dafür, später dagegen. (Vgl. *Reimer* a. a. O. S. 60 und die dortigen Zitate.) Im übrigen siehe zum Titelschutz S. 34. RJM-Entw. (§ 63) sieht einen Ausstattungsschutz ausdrücklich vor. So wie er dort formuliert wird, ist er aber schon dem Wettbewerbsrecht zu entnehmen.

d) *Textrezensionen* (Berichtigungen von Texten alter Schriftsteller) sind grundsätzlich nicht geschützt, trotz des Aufwandes von Fleiß,

Scharfsinn und Kenntnissen, den sie häufig erfordern; die Berichtigungen sind für sich kein selbständiges Schriftwerk, sondern eine Wiederherstellung des mutmaßlichen alten Textes (vgl. dazu Urt. österr. Kassationshof in Dda 30, 20) können aber zu einem Werk persönlicher Prägung werden (vgl. dazu auch § 29 Anm. 3 a E). Außerdem kann in dem Nachdruck eines solchen berichtigten Textes eine unzulässige Benutzung fremder Arbeitsleistung erblickt werden. Immer sind die Anmerkungen schutzberechtigt. Das künftige Gesetz sieht für diese Fälle ein Leistungsschutzrecht vor.

e) Über *tatsächliche Mitteilungen* der Tagespresse siehe zu § 18 Anm. 5 S. 112.

f) Über *amtliche Schriftwerke* siehe § 16 Anm. 2—4 S. 107.

g) *Briefe* sind schutzfähig, wenn die allgemeinen Voraussetzungen für den Urheberrechtsschutz vorliegen. Sie müssen durch Inhalt und Form persönliche Prägung ausweisen und auf geistiger Leistung beruhen, also ein literarisches Werk darstellen. (Vgl. RGZ 41, 48 und 69, 401 ff.) Neben der künstlerischen Darstellung kann auch die Logik der Darstellung und Gedankenführung den Schutz begründen. (KG in MuW 1921, 251 — Briefe Wilhelms II. an Bismarck.) Daß darüber hinaus ein schutzwürdiges Interesse an der Geheimhaltung für briefliche Aufzeichnungen besteht, ist jetzt allgemein anerkannt. (Vgl. *Neumann-Duesberg* S. 158 ff.) Wenn ihnen aber die literarische Bedeutung fehlt, ist der Schutz aus dem Urheberrecht nicht zu begründen. *Elster* (3. Aufl.) und MuW 1921, 149 ff. versuchen in richtiger Erkenntnis der Schutzbedürftigkeit den Schutz aus dem wettbewerblichen Charakter des Urheberrechts zu rechtfertigen. Nach Elster kommt es darauf an, welche Stellung der Verfasser im „Geistesgutverkehr" einnimmt und ob sein Werk zum literarischen Verkehr tauglich ist. So lehnt er die den Schutz versagende Entscheidung des KG (Briefwechsel Wilhelm II. und Bismarck) ab und hält aus ähnlichen Erwägungen auch Geschäftsbriefe für urheberrechtlich geschützt, wenn sie „Verkehrsgutqualität" aufweisen, indem sie z. B. in ihrer Fassung von einem anderen Geschäftsmann nachgeahmt werden. Die Theorie des „Geistesgut-Wettbewerbsrechts" scheint mir jedoch nicht haltbar. Der Urheberrechtsschutz ist vom geschäftlichen Verkehr mit dem Werk unabhängig. Daher ist der Briefschutz, soweit kein urheberrechtlicher Schutz gegeben ist (s. o.) heute nur zu gewähren, wenn man ein allgemeines Persönlichkeitsrecht anerkennt. Art. 1 Abs. 1 des Bonner GG gibt der Rechtsprechung, die es bisher abgelehnt hat, eine ausreichende Grundlage dafür. (So LG Mainz GRUR 1950, 44; vgl. auch BGH in BGHZ 3, 270 = JZ 1952, 22. 7. mit Bespr. von *Kleine*. Nach diesem Urteil scheint der BGH ein allgemeines Persönlichkeitsrecht bejahen zu wollen; auch *Coing* SJZ 1947, 641; *Smoschewer*, Ufita 1930, 119 ff. bejaht es auch für die Weim. Verf.) Sonst kommt ein Schutz nur in Betracht, wenn die besonderen Voraussetzungen des § 826 u. § 823 Abs. 2 BGB in Verb. mit §§ 185, 299, 300, 354, 355 StGB erfüllt sind.

Die Entwürfe gewähren den Briefschutz als „angrenzendes Recht" (§ 60 RJM, § 61 AK), verbieten also die Veröffentlichung ohne Einwilligung des Verfassers schlechthin und auch des Empfängers, wenn sie wichtige Interessen dieser Person verletzen würde (Schutzfrist 10 Jahre).

Ist ein schützendes Recht vorhanden, so kann zu dessen erschöpfender Ausübung auch die Vorlegung der Briefe gemäß BGB § 809 verlangt werden (RGZ 69, 401 ff.), „aber nicht um die Briefe zu veröffentlichen, sondern um ihren Inhalt dahin zu prüfen, ob die Benutzung zum Zwecke der Veröffentlichung untersagt werden könne" (vgl. *Anschütz*, Gutachten II Nr. 9).

2. **Reden und Vorträge** gehören zu den Sprachwerken und können unversehens, falls dies nicht sogar ihre Bestimmung ist, Schriftwerke werden. Unter *Reden* versteht man die aus Anlaß und im Verlauf von Verhandlungen (Rede und Gegenrede) zusammenhängend gesprochenen Gedankenäußerungen über Stoffe, die im wesentlichen dem Redner von außen her zukommen; unter *Vorträgen* zusammenhängende Darlegungen, die dem inneren Geistesleben, dem besonderen Wissensgebiet des Sprechers entsprungen sind. Die Grenzen dieser Begriffe und der Sprachgebrauch sind freilich fließend. Urheber eines Vortrags ist nicht, wer nur auswendig lernt und vorträgt, was dem Denken eines anderen entsprungen und von ihm zu Papier gebracht worden ist.

Die Erfordernisse der Schutzfähigkeit sind die gleichen wie bei den Schriftwerken.

Bedingung des Schutzes ist, daß Reden und Vorträge dem Zwecke der Erbauung, der Belehrung oder der Unterhaltung dienen. Geschützt sind an sich auch die bei öffentlichen Verhandlungen allgemeiner Art und bei den Verhandlungen der Gerichte, der politischen, kommunalen und kirchlichen Vertretungen gehaltenen Reden und Vorträge, aber mit weitgehendem Zitierrecht (s. § 19 Ziff. 1). Bei anderen Reden und Vorträgen ist es rechtlich gleich, ob sie amtlich oder unamtlich gehalten werden; Rektorats-, Habilitations-, Schulreden, Predigten (vgl. RGSt. 44, 180), Vorlesungen u. dgl. sind also geschützt. Es ist unstatthaft, solche Vorträge anders als zum eigenen Gebrauche nachzuschreiben (vgl. § 15), solche Niederschriften zu vervielfältigen oder auch nur aus dem Gedächtnis als eigenen Vortrag nochmals zu halten. Ebensowenig ist die Übersetzung von geschützten Reden und Vorträgen gestattet, d. h. die mündliche Wiederholung eines Vortrags in anderer Sprache.

B. WERKE DER TANZ- UND BEWEGUNGSKUNST

Werke der Tanz- und Bewegungskunst werden vom Gesetz zu den literarischen Werken gerechnet und geschützt, wenn der Bühnenvorgang irgendwie (also nicht nur schriftlich) festgelegt ist. (Vgl. hierzu *R. v. Laban*, Tanz, Tanzschrift und Urheberrecht in Ufita 1929, 631). Die Entwürfe sehen von dem Erfordernis der Fixierung mit Recht ab. Voraussetzung ist *schöpferisch gedankliche Erfindung*, der Tanz oder die Rhythmik müssen einen Sinn zum Ausdruck bringen, wobei Wort und Ton durch Gebärde und Körperbewegung ersetzt werden. Wenn man auch die gedankliche Formgebung schützt, so muß doch bedacht werden, daß es dabei weniger um die bewegungsmäßige Verdeutlichung der Idee als auf die körperkulturelle Leistung der Ausführung ankommt, so daß das

Schwergewicht der Bewertung mehr vom Geistigen auf das Körperliche übergeht. Mithin wird die Schutzfähigkeit der Tanz- und Bewegungsschöpfungen weniger von ihrem „literarischen" als von ihrer gesamtmusischen Gestaltung dieses Inhalts abhängen.

Verlangt wird aber Tanz*kunst* und Bewegungs*kunst* als Voraussetzung des Urheberrechtsschutzes. Tänze und rhythmische Übungen als solche sind urheberrechtlich nicht schutzfähig.

Immer handelt es sich um Bühnenwerke, der Urheber hat also, soweit Schutzfähigkeit besteht, auch das ausschließliche *Aufführungsrecht* (§ 11 Abs. 2).

C. *ABBILDUNGEN WISSENSCHAFTLICHER UND TECHNISCHER ART*

1. Unter **Abbildung** im weiteren Sinn versteht man bildliche Darstellungen jeder Art und Technik von selbständiger Bedeutung oder zur Erläuterung oder zum Schmucke von Schriftwerken. Es gehören also auch Karten und Pläne, Schemata, graphische und plastische Darstellungen hierher. Im Sinn des LUG unterscheidet sich die Abbildung vom *Kunstwerk* dadurch, daß es bei ihr vornehmlich auf saubere, richtig gezeichnete Darstellung eines Objektes ankommt, welches aus in ihm liegenden Gründen, zur sachlichen Bekundung, dem Beschauer gezeigt werden soll. Die zeichnerische Tätigkeit dabei ist nicht notwendig eine künstlerische; das Zeichnen ist hier nichts weiter als ein dem Schreiben nebengeordnetes Mittel des Gedankenausdruckes; zeichnen kann jeder lernen, wie jeder schreiben lernt.

Ob vollendete Zeichnung oder Skizze vorliegt, ist gleichgültig; jedoch ist auch hier *eigentümlich geistige Schöpfung Voraussetzung*. Den Schutz genießt also nicht das bloße Abzeichnen ohne eigentümliche Schöpfung, z. B. die mechanische Wiedergabe von Gegenständen Körpern u. dgl. (Über Karten und Pläne siehe unten zu a).

Selbstverständlich ist es möglich, ein Objekt sowohl mit der erforderlichen Genauigkeit und Deutlichkeit als auch künstlerisch durchgearbeitet darzustellen. Dann ist die Abbildung *zugleich Kunstwerk* und unterliegt dem Kunstschutz. Dieser hat stets den Vorrang. Handelt es sich, wie bei einem Entwurfe zu einem auch (teilweise) künstlerischen Bauwerk, um eine teilbare Urheberleistung, so genießt nur der Teil des Entwurfs Kunstschutz, der sich auf den künstlerischen Teil des Bauwerks bezieht, die übrigen Teile nur literarischen Urheberschutz (RGSt 43, 196).

Unterschiede bei *Entlehnung* s. § 23 Anm. 2 S. 132.

2. **Wissenschaftlicher und technischer Art** sollen die Abbildungen sein. Die Rspr. ist darüber hinausgegangen. Es genügt, daß die Art der Darstellung, mag der abgebildete Gegenstand immerhin allgemein bekannt sein, als Ergebnis persönlicher Geistestätigkeit ein eigenartiges Gepräge zeigt und hierdurch den Beschauer eine *Belehrung* bieten kann; diese braucht nicht wissenschaftlicher Natur zu sein, und ein geringes Maß geistiger Leistung kann ausreichen. Deshalb sind auch Abbildungen zu *Reklamezwecken* nach § 1 Abs. 1 Ziff. 3 geschützt. (RG in Ufita 1944 S. 407; a. A. *Ulmer* S. 87.) Belehrenden Charakter können auch Abbil-

dungen und sonstige Darstellungen in urheberrechtlich ungeschätzten Schriftwerken wie Warenverzeichnissen, Preislisten, Musterbüchern u. dgl. haben. Dauerndes fachwissenschaftliches Interesse ist nicht erforderlich (vgl. KG in GRUR 1922, 35 betr. Abbildungen mediz. und bakteriologischer Apparate in einem Geschäftskatalog). Rein mechanisch-bildnerische Wiedergaben von Gegenständen des geschäftlichen Verkehrs, die sich darauf beschränken, dem Leser in Erläuterung des Textes feilgehaltene Waren anschaulich zu machen, genießen keinen Schutz (vgl. RG a.a.O. u. RGZ 70, 266 ff.). Über *Werbeanzeigen* als schutzfähige Werke des Kunstgewerbes siehe RGZ 127, 206 ff. Im übrigen sind trotz mancher Zweifel u. a. *als schutzfähig anerkannt* worden: Darstellungen aus dem Gebiete der beschreibenden Naturwissenschaften, Entwürfe von Ornamenten, Zeichnungen von Maschinen und Gerätschaften, Zeichnungen, die dem Patentamt eingereicht werden, Zeichnungen von Fabrikanlagen, Modelle zur Belehrung über Anfertigung von Damenkleidern, Darstellungen zur Anleitung über eine Zuschneidemethode, Zeichnungen einer Wohnzimmereinrichtung, von Trachten, Wappen und Münzen, Darstellungen der Handhaltung beim Klavier oder der Zungenstellung beim Gesang, Modebilder, Vorlagen für Häkelmuster und Stickarbeiten, Zeichenschulen, sofern sie zur Wiedergabe von Naturgegenständen Anleitung geben, Modellierbogen zum Ausschneiden und Zusammensetzen, Kinderspiele, Bilderbücher.

Auch für **Landkarten** und **Lagepläne** ist Voraussetzung, daß sie einen eigentümlichen darstellerischen Gedanken verkörpern. Eine geographische Karte oder ein Stadtplan erwirbt seinen Schutz aus der geistigen Arbeit bei der Zeichnung der Karte, so daß also lediglich abgezeichnete Pläne (Wiedergabe von Flächenvorlagen) nicht ihrerseits Schutz genießen, sondern das Recht des ursprünglichen Autors verletzen. Literarisch-wissenschaftliche Umarbeitung, Ergänzung, Ausarbeitung (Bearbeitung, Entwurf, Zeichnung) von Karten macht sie schutzfähig, bloße schematische Arbeit oder mechanisches Einzeichnen von Wanderwegen in einen Lageplan dagegen nicht (vgl. insbesondere *Kobel*, Der urheberrechtliche Schutz an Kartenwerken, GRUR 1923, 537 ff., *Hoffmann* Buchh. Bbl. 1924 Nr. 105; RGZ 108, 62; *Hillig* I Nr. 14).

Die Umsetzung des Landschafts- oder Stadtbildes aus der dreidimensionalen Wirklichkeit in die zweidimensionale Zeichnung (Aufnahmekarten) ist die eigentlich schöpferische Arbeit. Da sie Tatsachen feststellt, behauptet man, dieses geographisch-wissenschaftliche Ergebnis werde sofort Gemeingut (Gutachten des Geographen Prof. *Penck*, GRUR 1928, 537 ff.). Das LG III Berlin hat sich auf den gleichen Standpunkt gestellt und die Form der Karte mit dem Inhalt der Karte weitgehend identifiziert, so daß das Urteil zur Abweisung der Klage des Kartenzeichners gegenüber der beklagten Wiedergabefirma gelangte — und dabei handelte es sich in jenem Fall nicht einmal um die Zeichnung von Karten des sichtbaren Geländes (wo man allerdings einen Fluß, die Lage einer Stadt usw. nicht anders einzeichnen kann, als es der Wahrheit entspricht), sondern um Isothermenkarten u. dgl. Zwar ist es richtig, daß Entdeckungen und Feststellungen der Wirklichkeit keinen Urheberrechtsschutz genießen können (Zum Problem des „*wissenschaftlichen und technischen Eigentums*“, s. § 1 Anm. II 2 S. 6), die Formgebung muß aber als Eigenart des schöpferischen Kartenwerkes scharf von dem Gegenstand der Karte getrennt und besonders gewichtig behandelt werden. Sonst wäre ein Urheberrechtsschutz von Landkarten — sofern sie nicht besondere freie schöpferische Zutaten aufweisen — nicht möglich. Die geographische Tatsache und ihre Entdeckung ist zwar Gemeingut, und ihre einfachste skizzenhafte kartographische Niederlegung ist der Nachbildung freigegeben, aber jede formgebende kartographische Leistung, alles, was über die Tatsachenmitteilung (literarisch) hinausgeht, genießt Urheberrechtsschutz gegen eine Wiedergabe, zu der die Erlaubnis nicht eingeholt ist oder für die die besonderen Ausnahmerechtsätze der Entlehnung nicht zutreffen. Es wäre sinnwidrig, wollte man das Urheberrecht bei Karten und Plänen nur dem, der Entdecktes geschickt weiterbearbeitet, und nicht gerade auch dem geben, der eigene Entdeckungen kartographisch darstellt. Denn für originale Schöpfung ist das Urheberrecht in erster Linie da. Ist freilich der Autor oder der Berechtigte nicht angegeben, so fehlt es zumeist an der tatsächlichen Möglichkeit der Erlaubniseinholung und es darf dann als Wille des schöpferischen Kartographen angesehen werden, daß er auf ein Privilegium gegen Wiedergabe verzichten wollte; insbesondere ist solches — nach Analogie der Urheberrechtsfreiheit amtlicher Arbeiten nach § 16 des Gesetzes — anzunehmen, wenn die Aufnahmekarte auf die Arbeit staatlicher Stellen zurückgeht.

Da die Abgrenzungen schwierig sind, will der AK-Entwurf für alle in § 1 genannten Darstellungen ein *Leistungsschutzrecht* gewähren, auch wenn keine eigentümliche Schöpfung festzustellen ist. Dem ist zuzustimmen.

D. WERKE DER TONKUNST

Literatur: W. *Hoffmann* und W. *Ritter*, Das Recht der Musik, Leipzig 1936; W. *Becker-Bender*, Das Urheberpersönlichkeitsrecht im musikalischen Urheberrecht, Heidelberg 1940; *Schulze*, Das deutsche Urheberrecht an Werken der Tonkunst und die Entwicklung der mechanischen Musik 1950; G. *Freiesleben*, Recht der Tonkunst, Leipzig 1914.

Ein Tonwerk sind „tönend bewegte Formen“ (Hanslick). Die 3. Auflage bezeichnet als Werk der Tonkunst (Tondichtung) eine Folge und ein Zusammenklang von Tönen nach den Gesetzen der Melodik, Harmonik und Rhythmik gestaltet und von einzelnen oder von gleichzeitig mehreren Instrumenten oder Singstimmen vortragbar. (Über den Schutz der Melodie und Harmonie s. § 13 Anm. 2 S. 100.)

Diese Definition wird man beibehalten können, jedoch darauf zu achten haben, daß der Inhalt der Elemente, die den Tonsatz ausmachen, wandelbar ist, schon weil der Tonkunst im Gegensatz zur bildenden Kunst und zur Dichtung „reale Beziehung zur Wirklichkeit“ fehlt; denn selbst die Tonskala hat in der Natur kein Vorbild, ist also Wandlungen unterworfen (*Schönberg*). So haben Melodie und Harmonielehre des 19. Jahrhunderts mit den Auffassungen eines *Schönberg* oder *Hindemith* nicht mehr viel gemein. Für die rechtliche Beurteilung ist dies gleichgültig; alle Werke, deren Inhalt „tönend bewegte Formen" sind, sind Werke der Tonkunst. Wie beim Schriftwerk kommt es nicht auf den sich wandelnden ästhetischen Wert des Werkes an, sondern nur darauf, daß es zur Gattung der Tonkunst gehört. Dafür ist, wie bei jedem anderen Werk, maßgebend, daß es selbst geistiger Tätigkeit entsprungen ist, also *„eigentümliche Schöpfung"* verkörpert, die in ihrer Formgebung klanglich realisierbar ist. Ob sie auf die Vermittlung gefühlsmäßiger Assoziationen gerichtet ist (so *Becker-Bender*), ist gleichgültig. Auch das Erfordernis der Originalität der Melodie und Harmonie ist nur relativ zu werten, weil sich die Möglichkeiten der Gestaltung erschöpfen. Schließlich braucht das Tonstück nicht mit dem Anspruche eines Kunstwerks geschaffen zu sein; reine Erfahrungs- und Verstandesarbeiten wie Übungsstücke, Schulen u. dgl. sind schutzberechtigt, ebenso wie die trivialsten *Schlagerkompositionen*. Phantasien und Variationen über fremde Themen können zwar eigenartig sein, sind aber trotzdem verboten (anders die Entwürfe, die die Benutzung eines Themas zu Variationen ausdrücklich zulassen, AK-Entw. § 35). Über das gerade bei musikalischen Werken besonders schwierige urheberrechtliche Problem der *bearbeitenden Benutzung* vgl. im übrigen die Ausführungen bei §§ 12 Anm. 2 c S. 94 und 13. Anm. 2 S. 100.

Gegenstand des Rechtsschutzes wird der geformte musikalische Gedanke, so gut wie ein Vortrag, auch ohne Niederschrift. Wer imstande ist, eine Improvisation nachzuspielen oder nachzuschreiben, darf das also allenfalls nur zum eigenen Gebrauche tun (vgl. § 15).

Das Recht des *Bearbeiters*, des *Mitarbeiters*, des *Sammlers* und *Herausgebers* von Werken der Tonkunst ist grundsätzlich das gleiche wie bei Schriftwerken (s. d. Erl. zu § 2 Anm. 3 S. 39, § 4 Anm. 2 S. 49). Die Ausmünzung von Werken der Tonkunst für die praktische Musikausübung, besonders der Dilettanten, ist von größter praktischer Bedeutung; man denke an die unzähligen Sammlungen von Musikstücken jeder Art und für jeden Bedarf, an all die Auszüge und Einrichtungen beliebter Tonwerke für die verschiedensten Bedürfnisse. Tatfrage im einzelnen Falle ist die Abgrenzung selbständiger Mit- oder Weiterarbeit von unselbständiger Hilfsarbeit (vgl. *Freiesleben* a. a. O. S. 13 f. und S. 39 ff. und unten § 2 Anm. 2 S. 38).

Aufführungsrecht s. § 11 Anm. B III 2 S. 84.

E. BÜHNENWERKE

Lit. *Reimers*, Das Bühnenwerk und sein urheberrechtlicher Schutz (1927).

Bühnenwerke können literarischer, tonkünstlerischer oder bewegungsschöpferischer Art sein; auch Puppenspiele gehören hierher. Besonderheiten entstehen nicht daraus, daß das literarische, musikalische oder Bewegungs-Kunstwerk sich der Bühne als Ausdrucksmittels bedient. Solange man aber, Vortrag und Aufführung rechtlich verschieden behandelt, ist es freilich von Wichtigkeit, den Begriff des Bühnenwerks und der bühnenmäßigen Aufführung festzustellen und vom bühnenmäßigen „Vortragen" des Bühnenwerkes zu unterscheiden.

Die **Aufführung** des Bühnenwerkes ist eine ausschließliche Befugnis des Urhebers, gleichgültig ob das Werk erschienen ist. Der Vortrag eines erschienenen Werkes ist frei (Argumentum e contrario aus § 11 Abs. 3), infolgedessen auch der Vortrag eines erschienenen Bühnenwerkes. Die szenische Wiedergabe eines Gedichts, einer Ballade oder Kanons wäre zwar eine Aufführung aber nicht die eines Bühnenwerkes, also doch nur ein Vortrag und deshalb frei (vgl. dazu *Elster* Ufita 1931, 433 ff.). Die RBÜ in der Brüsseler Fassung Art. 11 gewährt iure conventionis den Urhebern das ausschließliche Vortragsrecht auch nach Erscheinen des Werkes. Dem ist das deutsche Recht anzupassen.

F. FILMWERKE

Lit. GRUR Sonderheft Filmrecht 1927; *Friedemann*, Grundfragen des Filmrechts Ufita 1928, 530 ff.; *Dienstag-Elster*, Handbuch S. 106 ff.; *Marwitz-Möhring*, S. 30 ff.; *Sprenkmann*, Zum Filmurheberrecht Hdbg. 1936; *Runge*, S. 257 ff.; *Ulmer*, S. 93 und 130 ff.; ders. GRUR 1952, 5; von *Metzler*, GRUR 1952, 13; *Iros*, Wesen und Dramaturgie des Films, Zürich 1938; für den Tonfilm grundlegend RGZ 140, 231 ff. und *Roeber*, Ufita 1933 S. 229 ff. (Glosse zu diesem Urteil).

1. **Allgemeines:** Der urheberrechtliche Schutz des Filmwerks — „ein im Wege der Kinomatographie hergestelltes Werk, das wegen der Anordnung des Bühnenvorgangs oder der Verbindung der dargestellten Begebenheit als eine eigentümliche Schöpfung anzusehen ist" — wird gesetzlich in § 15 a KUG ausgesprochen und durch § 12 Abs. 2 Ziff. 6 LUG anerkannt. Da es für den Begriff des Schriftwerks nicht darauf ankommt wie der Gedankenausdruck endgültig festgelegt ist (vgl. KG in JW 1922, 1457), wird das Filmwerk sofern es literarisch-dramatisch oder belehrend-literarischen Inhalts ist, auch nach LUG (§ 1) geschützt. Ebenso *Goldbaum*, S. 21; *Marwitz-Möhring*, LUG § 1 Anm. 34. *Ulmer*, S. 95, hält nur entsprechende Anwendung für möglich. (Der AK-Entwurf führt die Filmwerke neben den Werken der Sprache als besondere Gattung auf.) Voraussetzung ist, daß eine eigentümliche Schöpfung vorliegt. In Art. 2 RBÜ Brüsseler Fassung sind die Filme unter den Werken der Literatur und der Kunst aufgeführt und nach Art. 14 Abs. 2 wie ein Originalwerk zu schützen.

Daneben besteht *für die einzelnen Aufnahmen Photographieschutz* (§ 1 KUG). Das ist von Bedeutung für Natur- und Lehrfilme, sowie Wochenschauen, wenn die Gestaltung der Bilderfolge nicht als eigentümliche Schöpfung anzusehen ist. Bei den heutigen sog. Kulturfilmen wird das meist der Fall sein.

Ist der Stoff des Filmwerks ein vorbestehendes Werk der Literatur oder Kunst (Schauspiel, Roman, Novelle usw.) so genießt es gleichfalls Urheberrechtsschutz (vgl. Art. 14 Abs. 2 RBÜ), aber als *Bearbeitung*. Das Verfilmungsrecht (§ 12 Abs. 2 Ziff. 6) ist vom Originalautor zu erwerben. Ob angesichts dieser Bestimmung bei Verwendung eines Werkes der

Sprache für ein Filmwerk Berufung auf § 13 (freie Benutzung) möglich ist, siehe dort Anm. 1 S. 97.

Liegen ein Originalwerk und eine berechtigte Bearbeitung vor, so bedarf die Verfilmung als weitere Bearbeitung der Zustimmung auch des Originalautors (KG in GRUR 1923, 140), dessen Werk in jedem Fall erneut wiedergegeben wird.

Die Frage, wieweit das Filmwerk eine neue Formgebung sei oder nicht, darf nicht nach Äußerlichkeiten beurteilt werden, also nicht auf die Eigenart des Ausdrucksmittels abgestellt werden, sondern auf die geistig-künstlerische Formgebung des Werkinhalts. Alle jene Änderunggen, die das Werk bei seiner Übertragung vom Schriftwerk auf den Film (oder umgekehrt) erfahren muß, um in der neuen Kunstart ausdrückbar zu sein, sind urheberrechtlich gleichgültig, machen nicht das Wesen einer neuen Formgebung aus, weil Form in diesem inhaltlichen Sinne etwas viel Ursprünglicheres ist. Es ist nicht als selbständiges künstlerisches Schaffen zu würdigen (in dem urheberrechtlichen Sinne einer völligen Unabhängigkeit und Freiheit), wenn der Filmdichter den Dialog eines Romans bei der Verfilmung durch neue, selbsterfundene Sichtbarkeiten anschaulich macht, solange eben doch der wesentliche Inhalt dem des Vorbildes entspricht. Umgekehrt liegt die gleiche Abhängigkeit noch vor, wenn der Nachdichter eines Filmes in seiner Erzählung einen dem Geschehen genau entsprechenden Dialog schreibt. Für alles dies bedarf es mithin der *Genehmigung* durch den Schöpfer des Originals. Die gleichen Grundsätze sind anzuwenden, wenn ein vorhandener Film zu einem neuen Film umgearbeitet wird.

2. **Tonfilm** ohne Musik, also Geräuschfilm oder Sprechfilm, weist keine erheblichen Besonderheiten auf. Der Tonfilm mit Musik und Gesang (sog. 100 % Tonfilm) sei es mit für den Film geschaffener oder eingeblendeter vorbestehender Musik, ist ein zusammengesetztes Werk im Sinne von § 5; die Urheberrechte an den Werkteilen, aus denen sich das Filmwerk zusammensetzt (Drehbuch, Musik, Architektur, Zeichnung usw.) bestehen selbständig nebeneinander und sind getrennt verwertbar. Das gilt besonders hinsichtlich der Musik. Denn es besteht kein Anlaß, Filme anders wie Opern, Operetten, Singspiele oder dgl. zu behandeln. (Ebenso Begr. zu RJM-Entw. S. 35; *Runge*, S. 261; *Ulmer*, S. 103 und GRUR 1952, 7; *Elster* [3. Aufl.], ist gegenteiliger Ansicht.) „Das Wesentliche des neuen Vorgangs, der beim Tonbild in Erscheinung tritt, ist der Synchronismus von Bild und Ton. Es liegt also im juristischen Ergebnis nicht vor: stummer Film+Musik oder Sprechmaschine (was man schon vor der Tonbilderfindung haben konnte und bis zu einem gewissen Grade schon erzielt hatte), sondern ein einheitliches Gebilde. ‚Das Grundlegende der Neuerung ist, daß der Toneindruck ähnlich dem Lichteindruck einfach photographiert wird und so statt auf eine Grammophonplatte ebenfalls auf das Filmband gerät.‘ Ob die Technik der Aufnahme und Wiedergabe schallplattenähnlich ist oder nicht — was bei den einzelnen Systemen verschieden ist —, gehört in die Vortechnik des Tonbildes und kann die juristische Behandlung un-

möglich beeinflussen, etwa mit dem ganz abwegigen Ergebnis, daß je nach dieser Vortechnik der eine Tonbildfilm einer anderen urheberrechtlichen Behandlung zugänglich wäre als der andere."

Wem das *Urheberrecht* am Filmwerk *zusteht* (Unternehmer, Drehbuchautor, Regisseur, Schauspieler usw.) ist streitig. Siehe dazu § 12 Anm. 2e S. 94.

3. Die **„Filmidee"**, der Einfall für einen Filmstoff ist nach geltendem Recht schutzfähig, wenn sie auch die formbildenden Elemente für den Film enthält. Dann liegt ein selbständiges Werk vor, das meist im sog. treatment seinen äußeren Niederschlag gefunden hat. Die bloße ungestaltete Idee (Kern-, Grund-, Leit- oder Zielgedanke des Films), z. B. einen Kleistfilm zu drehen, kann keinen urheberrechtlichen Schutz genießen. *A. Kopsch*, Ufita 1944 S. 374 ff. im Gegensatz zu *Müller*, Schutz der Filmidee? Ufita 1942 S. 328. Wettbewerbsrechtlicher Schutz ist dagegen möglich und wohl auch ausreichend. Er würde erleichtert durch ein *Filmregister*, dessen Einführung *Kopsch* a. a. O. vorschlägt. Das bis 1945 bei der RFK geführte Filmtitelregister ist von der *Freiwilligen Selbstkontrolle der deutschen Filmwirtschaft* wieder eingeführt worden (vgl. die Richtlinien im „Filmhandbuch", Neue Ausg. Gruppe 8 S. 101). Es kommt dem Ideenregister in seiner Bedeutung ziemlich gleich.

G. KUNSTWERKE

1. **Werke der bildenden Künste:**

Der Kunstwerkschutz beruht auf den gleichen Grundsätzen wie der für andere Werkschöpfungen, jedoch ist er heute noch in dem Gesetz vom 9. Januar 1907 gesondert geregelt. Für diese gesetzliche Zweiteilung besteht keine Veranlassung mehr; die Grundlagen des Schutzes und seiner Grenzen sind die gleichen wie bei den Werken der Sprache und der Tonkunst. Die Entwürfe sehen daher ausnahmslos die Vereinheitlichung des KUG mit dem LUG vor.

Als Werk der bildenden Künste ist anzusehen: „jede individuelle geistige Schöpfung, die mit den Darstellungsmitteln der Kunst durch formgebende Tätigkeit hervorgebracht und *vorzugsweise für die Anregung des ästhetischen Gefühls durch Anschauen bestimmt ist*" (RGSt 43, 330). Die schöpferische Leistung muß von solchem Range sein, daß man nach der im Leben herrschenden Anschauung von Kunst reden kann (RGZ 155, 199; JW 38, 118; DR 39, 2170). (Gegensatz: Mustereigenschaft für den Musterschutz.) Es ist ein strenger Maßstab anzulegen, und es kommt nicht auf die Auffassung der großen Masse des Volkes, sondern „auf das *durchschnittliche Urteil* der für Kunst empfänglichen und mit Kunstdingen einigermaßen vertrauten Volksgenossen" an (GRUR 1940, 59). — Zu den Werken der bildenden Künste rechnet man insbesondere Werke der Malerei, der Plastik, der Baukunst.

Der ästhetische Wert des Dargestellten ist für den urheberrechtlichen Begriff des Kunstwerkes als solchen nicht maßgebend, da es an allgemeinen und immer gültigen Gesetzen der Ästhetik fehlt. Deshalb war es ein reiner Willkürakt, der sog. „Entarteten Kunst" Urheberrechtsschutz zu versagen. Auch eine Unterscheidung zwischen vollendetem

Werk und Studie ist rechtlich nicht möglich; als Werk der bildenden Künste hat Anspruch auf den gesetzlichen Schutz jede Gestaltung, in der ein eigenes künstlerisches Schaffen zutage tritt, auch wenn es nur ein Versuch ist, ein Kunstwerk zu schaffen. In der Gesetzessprache heißt es „Werke der bildenden Künste“, nicht „Kunstwerke“. RGSt 43, 330 fügt seiner oben angeführten Begriffsbestimmung des Werkes der bildenden Kunst hinzu: „ohne Rücksicht auf den höheren oder geringeren künstlerischen Wert und ohne Rücksicht darauf, ob das Werk *neben dem ästhetischen Zwecke noch einem praktischen Zwecke* dient“, so auch RG in JW 38, 118. Auch *Entwürfe* zu Kunstwerken sind in der Regel Werke der bildenden Kunst; denn sie sind Ausdruck der formgebenden oder formsuchenden Künstlereingebung (§ 2 Abs. 2 KUG). *Bilderbücher*, die für die Unterhaltung des kindlichen Alters bestimmt sind und im gewöhnlichen Buchhandel vertrieben werden, werden in der Regel nicht zu den „Kunstwerken ihrem Hauptzwecke nach“, sondern zu den Werken der Literatur zu rechnen sein (OLG Stuttgart im Recht 1910 Nr. 2113).

Für die Schutzfähigkeit kommt es nicht darauf an, aus welchem *Stoff* das Kunstwerk geformt und ob dieser dauerhaft oder von nur vorübergehendem Bestand ist (vgl. *Allfeld*, „Schneemann und Kunstschutz“ in DJZ 1909, 1429). Auch setzt der gesetzliche Begriff keine Originalität voraus im Sinne der Steigerung des künstlerischen Schaffens zum Überraschenden; jede individuelle Formgebung genügt, auch wenn sich der Bildner an ein früheres Kunstwerk anlehnt (RGZ 71, 355).

Nachbildungen von Naturerzeugnissen (künstl. Blumen) sind weder Werk der bildenden Kunst noch des Kunstgewerbes (noch als Geschmackmuster schutzfähig), weil es an der schöpferischen künstlerischen Idee fehlt (RGZ 135, 386).

Um ein Werk als Schutzgegenstand muß es sich handeln; der „*Stil*“ oder die *Kunstgattung* als solche sind nicht schutzfähig (RGZ 155, 199).

Daß eine eigentümliche Schöpfung vorliegt, ist keine Tatsachenfeststellung, sondern liegt im Gebiet der Gesetzesanwendung, ist also der Nachprüfung durch die Revision unterworfen (RG in GRUR 1936, 446).

2. **Kunstgewerbe:**

Neuere Lit. *Henssler*, Urheberrechtsschutz in der angewandten Kunst und Architektur, Stuttgart 1950; *Furler*, Das Geschmacksmustergesetz, Berlin 1950.

Erzeugnisse des Kunstgewerbes, der sogenannten *angewandten Kunst*, auch Werkkunst genannt, sind in den Schutz der Werke der bildenden Kunst einbezogen. § 2 KUG spricht dies ausdrücklich aus und stellt damit klar, daß ein Werk der bildenden Kunst nicht deshalb des Kunstschutzes entbehren soll, weil es in erster Linie zu *Gebrauchszwecken* geschaffen und bestimmt ist (RGZ 155, 201). Auf den Zweck kommt es also für die Schutzwürdigkeit nicht an. Aber es muß ein Erzeugnis eines eigenen künstlerischen Schaffens erkennen lassen, und durch seine Form das ästhetische Gefühl beim Anschauen anzuregen geeignet sein (RGZ 124, 71; JW 38, 118). Formschöpfungen, die, ohne die Eigenschaft der individuellen künstlerischen Leistung zu haben, nur als

Vorbilder für die geschmackvolle Darstellung gewerblicher Erzeugnisse dienen sollen, sind lediglich reine Geschmacksmuster und als solche auf den Musterschutz beschränkt (RGSt 43, 331).

Liegt eine persönliche künstlerische Schöpfung vor, dann ist es ohne Bedeutung, ob der vorhandene Kunstwert hoch oder niedrig ist. „Auch auf das Verhältnis des künstlerischen Zwecks zum Gebrauchszweck, d. h. ob der eine den anderen überwiegt, kommt es nicht an" (RG JW 38, 119). Diese klare Feststellung ist wichtig, weil der in anderen Entscheidungen (RG 139, 218 u. dort. Zit.) verlangte „ästhetische Überschuß" über die durch den Gebrauchszweck gebotene Form vielfach einem Überwiegen über die Zweckbestimmung gleichgesetzt wird. Ist aber das Verhältnis zwischen ästhetischem Gehalt und Gebrauchszweck bedeutungslos, so kann ein kunstgewerbliches Erzeugnis auch dann angenommen werden, wenn der ästhetische Gehalt in die Gebrauchsform eingegangen ist, z. B. dadurch, daß diese sachlich nur dem Zwecke gemäß, ohne schmückendes Beiwerk gestaltet ist, sofern nur durch Formgebung, z. B. die Linienführung oder den Rhythmus der Maße eine *ästhetische Wirkung* ausgeübt wird. Deshalb ist die Entscheidung in RGZ 139, 214 (*Gropius*-Türdrücker) abzulehnen.

Die *Abgrenzung* ist immerhin schwierig und kann nur von Fall zu Fall vom Richter getroffen werden. Dabei wird die Zweckbestimmung anderseits auch nicht ganz außer acht gelassen werden können. Einen greifbaren Anhalt für die Unterscheidung zwischen kunstgewerblichem Erzeugnis und gutem Handwerksstück bietet die Betrachtung der *sozialen Funktion* des Gegenstandes. Die praktische Funktion z. B. eines Schuhes, einer Rührkelle, geblasener Glaswaren und aller guten, ja oft recht „kunstvoll" geformten Handwerksstücke ist die der Gebrauchstauglichkeit. Daß dabei Ästhetik mitspricht, ist angenehm und eine lockende Zutat und kommt als wettbewerbliches Moment zu der einfachen zweckmäßigen Formgebung hinzu. Aber das ist nicht Selbstzweck. Anderseits will auch der Künstler sein Kunstwerk oder auch nur sein kunstgewerbliches Modell ebenfalls gewerblich benutzen, aber der Kern des Wettbewerbsmomentes ist hier ein anderer als beim *Handwerksstück;* mag in beiden gelegentlich einmal ein gleich wesentlicher individueller Schöpfungsakt verwirklicht sein, der Künstler will bewußt mit dieser Originalität wirken und daraus Nutzen ziehen, während es dem guten Handwerker nur darauf ankommt, dadurch sein Gebrauchswerkstück anziehender und wertvoller gemacht zu haben. Dieser Unterschied liegt weder im Gegenstand selbst noch in dem subjektiven Schöpfungsakt — diese können beim „Künstler" wie beim „Handwerker" völlig wesensgleich sein —, der Unterschied liegt in der wettbewerblichen Funktion, die der Schaffende seinem so geschaffenen Gegenstande gibt.

Einzelfälle: Für *Drucktypen* einer für den gewöhnlichen Gebrauch bestimmten Brotschrift verneint RG 76, 338 ff. Kunstschutz; dagegen OLG Darmstadt, GRUR 1929, 124; vgl. auch OGH Wien i. GRUR 1928, 740. Für Schriften besonderer Eigenart gewährt auch das RG jetzt Kunstschutz (GRUR 1943, 45 — Stefan-George-Schrift). Die Sachverständigen-Kammer (bei *Wollenberg*, S. 137 und S. 140) nimmt ihn auch für die

„Kochschrift“ und die „Bernhardschrift“ an. Besonders gestaltete *Buchstaben* können kunstgewerblichen Schutz genießen. Bei einer Schrift ist der Gesamteindruck maßgebend (vgl. auch *Furler* § 1 Anm. 78).

Eßbestecke: RG 124, 68 bejaht Kunstschutz; später nur Musterschutz RG in GRUR 1940, 59. *Etiketten:* Kunsturh. Recht bejaht RGZ 117, 230 ff.; *künstliche Blumen* (RGZ 135, 385) sind keine eigenartige Schöpfung, ebensowenig *Textilmuster* (RGZ 155, 199) trotz Anwendung technischer Kunstgriffe; *Möbel* (Stühle JW 1938, 119), Kunstschutz bejaht, *Beleuchtungsanlage* verneint von LG Hamburg in GRUR 1952, 259. Vgl. im übrigen *Henssler* a. a. O. S. 65 ff.

Die Eintragung als *Geschmacksmuster* schließt den Kunstschutz nicht aus, ist daher als Sicherheitsmaßregel zu empfehlen, wo man selbst über Schutzfähigkeit des Objektes als Werkes der bildenden Kunst im Zweifel ist. Soweit gewerbliche Erzeugnisse aus bedrucktem Papier bestehen, also zu den Grenzgebieten der beiden Gesetze gehören, wären als Muster und Modelle zu betrachten die als Abbildungen früher für nicht schutzfähig erklärten *Bilderbogen* zum Bemalen und Ausschneiden; bildliche Darstellungen auf *Kinderspielen; Vorzeichnungen von Stickereien,* die auf oder unter den zu stickenden Gegenstand gelegt und durch die Stickarbeit zerrissen und verbraucht werden; *Schreibvorschriften* in Schreibheften, *Monogramme* und *Vignetten,* Darstellungen von *Buchstabenformen.*

Ob *gärtnerische Anlagen* zum Kunstgewerbe zu rechnen sind und Urheberrechtsschutz genießen können, ist bestritten, aber da es nie ganz allein auf Kategorien, sondern immer auf die Art des Geschaffenen ankommt, kann die Zugehörigkeit nicht grundsätzlich ausgeschlossen werden, a. A. das RG, indem es nur die in nicht organischem Stoff sichtbar gewordene Gestaltung als Kunstwerk ansieht (RG 124, 71; 135, 385) wie hier *Ulmer,* S. 93.

Über den Rechtsschutz *für Entwerfer* der angewandten Kunst, siehe *Henssler* in GRUR 48, 199.

3. **Baukunst.**

Da echter Kunstschutz eine künstlerische, d. h. eine auf ästhetische Wirkung abzielende Schöpfung voraussetzt, ist der Schutz für Bauwerke davon abhängig, daß sie *künstlerische Zwecke* verfolgen (§ 2 Abs. 1 S. 2 KUG), d. h. auf künstlerischem Schaffen beruhen. Soweit die Absicht des Schaffenden auf eigenartige ästhetische Wirkung gerichtet und eine eigenartige persönliche Schöpfung hervorgebracht ist, besteht Urheberrechtsschutz. Entspricht dies dem System, so mag der Zusatz „soweit sie künstlerische Zwecke verfolgen“, wie dies in dem RJM- u. AK-Entw. geschieht, unterbleiben. Ihn aus anderen Gründen fallen zu lassen, geht nicht an, es sei denn, daß man aus Zweckmäßigkeiterwägungen einen Sonderschutz für Bauwerke für notwendig hält. Solche Notwendigkeit dürfte aber gerade heute nicht bestehen. Mit Recht weist *Nipperdey,* „Das Urheberrecht des Architekten bei Wiederaufbau zerstörter Häuser“ DRZ 1946, 133 ff. darauf hin, daß ein etwa angestrebter genereller Schutz von Bauwerken die Rechtslage für den Wiederaufbau erheblich erschweren würde (a. A. *Henssler* a. a. O. S. 66).

Auch die *Inneneinrichtung,* die eine geistig-künstlerische Gestaltung aufweist, ist kunstschutzfähig (RGZ 110, 396; a. A. *Runge,* S. 414). Da es einen Bauschutz gibt, ist nicht einzusehen, warum solches innere Bauen, auch wenn es aus einzelnen und selbständigen dem Kunstschutz zugänglichen Gegenständen besteht, schutzlos sein sollte.

Entwürfe werden als selbständige Werke behandelt. Erfüllt die Gestaltung des Entwurfs die Erfordernisse des kunstgewerblichen Erzeugnisses, so ist der Entwurf in gleicher Weise geschützt wie das Erzeugnis selbst. Wenn das Erzeugnis nur als Geschmacksmuster angesehen wird, so genießt auch der Entwurf keinen Kunstschutz.

Es ist verständlich, daß gerade bei Bauwerken häufig nur ein Teil (wenn auch nach dessen Gesamtausdruck), also sei es etwa die Fassade oder das Treppenhaus oder ein Toreingang, infolge seiner eigenschöpferisch-künstlerischen Gestaltung das Gewöhnliche und Gebrauchszweckmäßige überragt und wegen dieser künstlerischen Wirkung Kunstschutz verdient. Diese braucht nicht ausschließlich durch architektonische Momente hervorgerufen zu werden, sondern kann auch durch die Verbindung von Architektur, Skulptur und Malerei entstehen.

4. **Bühnenbild, Inszenierung, Schauspielermaske.**

Das *Bühnenbild* kann ein schutzfähiges Kunstwerk sein, wenn die Tätigkeit des Bühnenbildners sich nicht nur in einer Zusammenstellung von Requisiten erschöpft, sondern sich als individuelle schöpferische Leistung darstellt (LG Köln GRUR 1949, 303 = MDR 49, 566 m. ablehnender Anm. von *Runge;* wie hier LAG Berlin GRUR 1952, 100). Im allgemeinen sieht der heutige Bühnenbildner seine Leistung nicht schon mit der Herstellung von Kostümen und Dekorationen als abgeschlossen an. Vgl. hierzu besonders *Elster,* in Dramaturgie S. 73 ff.

Bei *Inszenierungen* kommt es darauf an, wie der Regisseur seine Aufgabe auffaßt und durchgeführt hat. Handelt es sich um bloße Textregie und Anpassung des Sichtbaren an die Absichten des Dichters, gegebenenfalls nach Maßgabe seiner Anweisungen, so fehlt es im allgemeinen an einer eigentümlichen Schöpfung. Die moderne Regieführung geht aber dahin, aus dem Geist und den Elementen des Stückes heraus ein eigenes bildnerisches Gesamtwerk zu schaffen. Für eine Tätigkeit dieser Art kommt ein künstlerisches Urheberrecht durchaus in Betracht (vgl. *Cl.-D. Koch,* Das Urheberrecht des Bühnenregisseurs, Berlin 1927). Wenn RGZ 107, 64 den Regisseur nur als „Gehilfen" des Dichters bezeichnet, so trifft das den dort behandelten Fall, aber keineswegs grundsätzlich jeden Fall. Ist der Regisseur nichts anderes als der Gehilfe und abhängige Ausdeuter des Werkes, so steht ihm Urheberrecht nicht zu; aber ist seine Schöpfung mehr als das, so erwächst ihm, mag er sich Regisseur, Bühnenbildner, Dramaturg, Direktor nennen, Urheberrecht an seinem einheitlichen Inszenierungswerk und er kann die Nachahmung, die ein anderer vornimmt, verfolgen. Das Regiebuch ist Beweismittel für das Vorliegen einer selbständigen Schöpfung, aber ist nicht die unbedingte Voraussetzung des Schutzes. Es ist auch nicht der Darstellungsstil, den man schützen kann, sondern nur eine zusammengefaßte, einheitlich geformte Inszenierung (a. A. *Ulmer*, S. 322, der aber Leistungsschutz zubilligen will).

Bei der *Maske* des Schauspielers und Filmschauspielers ist abzugrenzen, ob unter der Maske noch der Schauspieler eigenpersönlich vorwiegend in Erscheinung tritt, so daß es sich um das Bildnisrecht des Schauspielers X, wenn auch in der Maske des König Lear, handelt (also die §§ 22 ff. KUG in Betracht kommen), oder ob ein Muster der Maske ein — sagen wir — „zweites" Gesicht selbstschöpferisch gestaltete. Nicht das mimisch-darstellerische, sondern das künstlerisch-bildnerische Element der Maske ist kunstschutzfähig. Daß dieses „Werk" — eben die Maske — nicht dauerfixiert ist als ein Gegenstand, kann den Schutz nicht hindern. Wie einem Kostümentwurf kann auch der ganzen Gestalt mit Kopf und dem Kopf allein Kunstwerkeigenschaft zugestanden werden, sobald die tatsächlichen Voraussetzungen eigenartiger bildnerischer Gestaltung gegeben sind (vgl. *Elster*, Genießt die Maske Schutz gegen Widergabe der Nachahmung? in Der neue Weg, Organ der Genossenschaft Deutscher Bühnenangehöriger 1931 Nr. 2).

H. LICHTBILDER

Lit.: *Elster*, Die photographischen „Urheberrechte", GRUR 1934, 500 ff.; *Marwitz*, Die Photographie und das Urheberrecht, Ufita 33, 325 ff.; *Riedel*, Schutz der Photographie im geltenden und zukünftigen Urheberrecht GRUR 1951, 378 ff.; *Themal*, Die „eigentümliche Gestaltung" in der Photographie, Ufita 1933, 333 ff.

1. **Photographien** und durch ein der Photographie ähnliches Verfahren hergestellte Werke sind den *Werken der bildenden Kunst* gleichgestellt, nur die Schutzfrist ist auf 25 Jahre abgekürzt (§§ 1, 3, 26 KUG). Die photographische Wiedergabe *geschützter Werke* ist von der Einwilligung des Originalurhebers abhängig (§ 15 II KUG). Das Urheberrecht ist insoweit ein Bearbeiter-Urheberrecht (vgl. hierzu RGZ 108, 45). Beide Urheberrechte bestehen nebeneinander; ein Dritter (z. B. Verleger) bedarf also zur Vervielfältigung der Einwilligung beider. Das ergibt theoretisch ein unangemessenes Verhältnis und praktisch die größten Schwierigkeiten, da die photographischen Nachbildner, in Kunststädten häufig hausierende Winkelphotographen, zumeist weder zu ermitteln sind noch auch auf die Kopien ihren Namen anzubringen pflegen.

Die Photographie ist eine mit mechanischen Mitteln bewirkte *Wiedergabe* von Bildnissen, Landschaften, Gegenständen, Geschehnissen (s. zu 2a—d), grundsätzlich also ein *technisches Erzeugnis* wie ein Tonträger. Zwar kann sich bei der Aufnahme und der Herstellung des Bildes auch künstlerisches Vermögen auswirken (s. zu 2a—d). Auch beim technischen Produktionsgang des Tonträgers kann eine eigenartige Leistung, die Tongestaltung durch den Tonmeister, von Bedeutung sein. Aber sowohl die bildliche wie die akustische Fixierung selbst ist keine eigentümliche Schöpfung, wie sie begrifflich der Urheberrechtsschutz voraussetzt. Grundsätzlich gehört also das Photographieschutzrecht zu den *angren-*

zenden Rechten (a. A. *Riedel* a. a. O.); mit Rücksicht auf die eigenartigen Gestaltungsmöglichkeiten hat es aber einen über den gewerblichen Leistungsschutz hinausgehenden Charakter, insbesondere kann der *persönlichkeitsrechtliche* Schutz für solche Kunstphotographien nicht entbehrt werden. Da eine Unterscheidung zwischen Kunstphotographie und rein gewerblichem Erzeugnis zu erheblichen praktischen Schwierigkeiten führen würde, verweist der AK-Entw. mit Recht den Schutz der Lichtbilder in die angrenzenden Gebiete, unterstellt ihn aber mit einigen Ausnahmen den für die Werke der bildenden Kunst geltenden Bestimmungen (§ 58), während der RJM-Entw. das bisherige System beibehält. Nach geltendem Recht genießt *jede Art der Photographie* vollen Urheberrechtsschutz. Eine *eigenartige Schöpfung ist nicht notwendige Voraussetzung.* Die Schutzfrist beträgt jedoch 25 Jahre.

2. **Wesen und Gruppen der Photographie.**

Photographien sind Abbildungen, die durch Einwirkung von strahlender Energie (Licht, Röntgenstrahlen, Wärme) auf eine lichtempfindliche Schicht hervorgebracht werden. Das *Negativ* ist bereits Schutzobjekt, nicht erst das fertige Bild.

Man kann fünf Hauptgruppen der Lichtbildnerei unterscheiden: a) Bildnisphotographie, b) Landschaftsphotographie, c) Gegenstandsphotographie (einschließlich der Kunstwerk-, der technischen und wissenschaftlichen Photographie), d) Geschehnisphotographie (Reportage), e) Vervielfältigungsphotographie.

Bei a: Bildnisphotographie, kann das Schöpferische in der charaktervollen Auffassung der Person oder der Gruppe, ihrer Hineinkomponierung in die Umgebung, namentlich auch in der Lichtwirkung liegen. Es darf nicht bestritten werden, daß es in dieser Hinsicht eine künstlerische Bildnisaufnahme von hohen Graden gibt.

Bei b: der Landschaftsphotographie, kommt das Schöpferische vorwiegend in der Wahl des Bildes, in seiner Begrenzung und Licht- oder Farbwirkung zum Ausdruck. Es gibt in Stadt und Land Ausschnitte aus der Natur und aus Bauten, die der Zehnte gar nicht sieht oder nicht als etwas Besonderes ansieht. Das Auge des echten Photographen aber erblickt die Möglichkeiten, den Ausschnitt zu einem Bilde zu gestalten, und darin sowie in der schönen Ausarbeitung der Bildwirkung kann ein schöpferisches Gestalten liegen.

Bei c: der Gegenstandsphotographie, kommt im allgemeinen nur richtiges und zweckmäßiges Sehen und ein technisch-handwerkliches Können in Betracht. Hier ist also von schöpferischer Gestaltung in der Regel nichts mehr zu erblicken. Mag es sich um Gegenstände kommerzieller Natur handeln, mögen technische Apparate und Maschinen photographiert werden, mag für wissenschaftliche Aufnahmen die gewöhnliche oder die Mikro- oder die Stereophotographie oder gar die Photogrammetrie in Betracht kommen, hier beruht die Leistung nur noch auf handwerksmäßigem Können.

Bei d: der Geschehnisphotographie, liegt das Wesentliche der Leistung in der sachlichen Wahl des zur Aufnahme tauglichen Geschehnisses, in der Tüchtigkeit und Gewandtheit des Bildreporters und (besonders bei Filmbildberichten) in der Anordnung und Gestaltung der Reportage. Auch hier können eigenartige künstlerische Leistungen in Frage kommen.

e: Die *Vervielfältigungsphotographie* (Photographie, Mikrokopie). Sie ist ausschließlich mechanischer Art. Das Erzeugnis als solches, die Photokopie, genießt keinen selbständigen Photographieschutz (a. A. *Riedel* a. a. O.).

3. **Lichtbildähnliche Erzeugnisse:** Es handelt sich hier vor allem um gedruckte Abbildungen, bei denen der Druckträger mit Hilfe *photomechanischer* Mittel hergestellt wird (Hoch-Flach-Tiefdruck). Bei solchen Erzeugnissen kommt ein über den Leistungsschutz hinausgehendes Recht wohl niemals in Frage. Immerhin kann beim Drucken einer Photogravüre, wie auch beim Drucken eines japanischen Farbholzschnittes eine individuelle Einwirkung des Druckers stattfinden. Dieser trägt oft die Farbe mit der Hand auf und kann so jeden Abdruck bis zu einem gewissen Grade anders halten. Urheberrechtliche Folgerungen daraus dürften aber selten zulässig sein.

Ferner gehören hierzu auch das *Projektionsbild* und das *Stereoskopbild.* Von dem photographischen Negativ werden Diapositive hergestellt, d. h. positive Kopien (statt auf Papier) auf Glas, also durchsichtig. Das Diapositiv wird in dem Projektionsapparat vor eine sehr starke Lichtquelle geschoben und erscheint so, bei verdunkeltem Zuschauerraum, in Vergrößerung als ein helles, vielen Zuschauern zugleich sichtbares Lichtbild.

4. **Träger des Schutzrechts** ist der *Lichtbildner* (Hersteller). Erfolgt die Aufnahme in einem Gewerbebetrieb durch Angestellte, so kommt es darauf an, ob der Angestellte selbständig oder nur unter der Leitung des Unternehmers arbeitet. Im ersten Fall entsteht das Urheberrecht in der Person des Angestellten, geht aber auf Grund der Anstellung vertraglich auf den Unternehmer über; im zweiten Fall erwirbt dieser es unmittelbar, weil der Angestellte nur als Gehilfe anzusehen ist. RJM- und AK-Entw. sehen ausdrücklich vor, daß das Schutzrecht bei gewerbsmäßig hergestellten Photographien in der Person des *Unternehmers* entsteht.

5. **Inhalt des Schutzrechts:** Es gibt dem Hersteller die Befugnis, das Lichtbild zu vervielfältigen und zu verbreiten. Nicht geschützt ist er gegen Lichtbildaufnahmen desselben Bildes nach der Natur oder Vorlage. Das ist die Kehrseite des Lichtbildschutzes. Nicht die geistige Arbeit der Motivwahl und der Art der Aufnahme wird geschützt, sondern nur das gegenständliche technische Erzeugnis, das Lichtbild als solches. Daß das Schutzrecht damit auch schwächer als das Recht an einem Werk der bildenden Kunst ist, erkennt das RG insofern an, als es einem Porträtmaler die Befugnis zubilligt, eine geschützte Photographie als Modell für die Anlage eines Ölgemäldes frei zu benutzen (RGZ 169, 109). Die Frage, ob die *photographische Nachbildung* eines geschützten Werkes nach Ablauf der Photographieschutzfrist ohne Verletzung des an dem Originalwerke weiter bestehenden Urheberrechts vervielfältigt und verbreitet

werden dürfe, ist zu verneinen. Durch den Ablauf der Schutzfrist für die Nachbildung wird der Schutz des Originals nicht berührt. Der Urheber des durch Nachbildung entstandenen Werkes hat zwar gegen andere Personen alle Rechtsbehelfe, die den Urhebern überhaupt gewährt sind, dagegen darf er das Werk ohne Zustimmung des Urhebers des Originalwerkes, sofern dieser gleichfalls Schutz genießt, nicht vervielfältigen, gewerbsmäßig verbreiten oder vorführen. Es ist selbstverständlich, daß der Ablauf der Schutzfrist für die Nachbildung nicht eine Befugnis begründen kann, die auch vorher nicht bestand.

Ist das Objekt urheberrechtlich nicht oder nicht mehr geschützt, so deckt das Schutzrecht der Nachbildung zwar diese, aber ohne daß jemand verhindert ist, nach demselben Objekt weitere Nachbildungen anzufertigen, die ihrerseits ebenfalls geschützt sind.

In der *Verlagspraxis* gestalten sich die Verhältnisse so, daß derjenige, der die Nachbildung eines Bauwerkes, eines Fundstückes, eines Museumsgegenstandes u. dgl. vervielfältigen will, viel einfacher und wohlfeiler von dem Verfertiger einer vorhandenen Photographie, solange sie Schutzrecht genießt, gegen eine meist mäßige Gebühr das Nachbildungsrecht erwirbt, als daß er eine neue Aufnahme machen läßt, soweit es sich nicht um Werke handelt, die sich bleibend an öffentlichen Wegen, Straßen oder Plätzen befinden und deshalb ungeschützt sind (§ 20 KUG).

Wird eine Photographie übermalt, wie vielfach bei Ansichtspostkarten, und zur Grundlage eines Werkes der bildenden Künste, so bleiben ebenfalls die beiden Urheberrechte nebeneinander bestehen.

An bestellten *Bildnissen einer Person* hat auch der Besteller ein Vervielfältigungsrecht (§ 18 Abs. 2 KUG).

Das *Entlehnungsrecht* gilt für Werke der Photographie im gleichen Umfang wie für Werke der bildenden Kunst (§§ 19—21 KUG). Vgl. hierzu *Hillig* I 87.

Die *persönlichkeitsrechtlichen Befugnisse* (Urheberbenennung, Änderungsverbot) bestehen auch für den Hersteller von Lichtbildern. Jedoch können solche Änderungen vorgenommen werden, zu denen der Hersteller seine Zustimmung nach Treu und Glauben nicht versagen kann (§ 12 Abs. 2 KUG abgedr. bei § 15 LUG).

6. Die **Schutzfrist** von 25 Jahren beginnt mit dem Ablauf des Kalenderjahres, in dem das Lichtbild erschienen ist. Erscheint es nicht zu Lebzeiten des Herstellers, so läuft die Frist am Ende seines Todesjahres an.

J. RECHT AM EIGENEN BILD

Es ist in §§ 22—24 KUG wie folgt geregelt:

§ 22. Bildnisse dürfen nur mit Einwilligung des Abgebildeten verbreitet oder öffentlich zur Schau gestellt werden. Die Einwilligung gilt im Zweifel als erteilt, wenn der Abgebildete dafür, daß er sich abbilden ließ, eine Entlohnung erhielt. Nach dem Tode des Abgebildeten bedarf es bis zum Ablaufe von zehn Jahren der Einwilligung der Angehörigen des Abgebildeten. Angehörige im Sinne dieses Gesetzes sind der überlebende

Ehegatte und die Kinder des Abgebildeten und wenn weder ein Ehegatte noch Kinder vorhanden sind, die Eltern des Abgebildeten.

§ 23. Ohne die nach § 22 erforderliche Einwilligung dürfen verbreitet und zur Schau gestellt werden:

1. Bildnisse aus dem Bereiche der Zeitgeschichte,

2. Bilder, auf denen die Personen nur als Beiwerk neben einer Landschaft oder sonstigen Ortschaft erscheinen,

3. Bilder von Versammlungen, Aufzügen und ähnlichen Vorgängen, an denen die dargestellten Personen teilgenommen haben,

4. Bildnisse, die nicht auf Bestellung angefertigt sind, sofern die Verbreitung oder Schaustellung einem höheren Interesse der Kunst dient.

Die Befugnis erstreckt sich jedoch nicht auf eine Verbreitung und Schaustellung, durch die ein berechtigtes Interesse des Abgebildeten oder, falls dieser verstorben ist, seiner Angehörigen verletzt wird.

§ 24. Für Zwecke der Rechtspflege und der öffentlichen Sicherheit dürfen von den Behörden Bildnisse ohne Einwilligung des Berechtigten sowie des Abgebildeten oder seiner Angehörigen vervielfältigt und öffentlich zur Schau gestellt werden.

1. **Grundsätzliches:** Das Recht, über die Verbreitung und öffentliche Schaustellung des eigenen Bildnisses zu entscheiden ist zwar *kein Urheberrecht*, sondern ein *Persönlichkeitsrecht*, das aber das Urheberrecht des Bildschöpfers oder Herstellers zu einem abhängigen Recht macht, also wie ein Urheberrecht wirkt.

Der Abgebildete ist berechtigt, das Bildnis selbst zu vervielfältigen oder vervielfältigen zu lassen. Die Vervielfältigung darf, wenn das Bildnis ein Werk der bildenden Kunst ist (Gemälde, Zeichnung, Originalradierung, Originalphotographie, Plastik) nur durch Photographie bewirkt werden, solange der Urheber des Bildnisses lebt (§ 18 II KUG). Gewerbsmäßige Verbreitung des Bildnisses ist ohne Einwilligung des Urhebers nicht erlaubt (*Hillig* I Nr. 35), so daß u. U. dem Verlag eine Genehmigung nur durch den Abgebildeten nicht genügen kann. Photographische Bildnisse darf der Besteller auch von anderen Photographen vervielfältigen lassen. Dem Abgebildeten ist bei bestellten Bildnissen der Besteller gleichgestellt; nach dem Tode des Abgebildeten bedarf es für zehn Jahre der Einwilligung der Angehörigen.

2. **Begriff des Bildnisses:** Ein Bildnis ist ein Werk der bildenden Kunst oder der Photographie, welches eine oder mehrere bestimmte Personen darstellen soll. Ob die Darstellung gut oder mangelhaft ist, ist rechtlich unerheblich, ebenso ob der Abgebildete das Bildnis gewollt (dazu gesessen) hat, oder ob es von einem Künstler aus dem Gedächtnis angefertigt oder, ohne daß der Abgebildete es merkt, gezeichnet, gemalt oder photographiert worden ist. Das Wesentliche an einem Bildnis ist das Gesicht; nebensächlich ist, ob die Darstellung außer dem Kopf noch die sonstige Figur ganz oder teilweise wiedergibt. Auch Totenmasken sind Bildnisse. Auch ist es für den Begriff des Bildnisses gleichgültig, ob es als Werkschöpfung geschützt ist oder nicht. Desgleichen müssen auch *kinematographische Bildnisse* dahin gerechnet werden — sowohl für das

grundsätzliche Verbot wie bezüglich der unten zu 5 behandelten Ausnahmen, ebenso die *Bühnendarstellung,* „welche dazu dienen soll, eine Person in ihrer wirklichen, dem Leben nachgeahmten Erscheinung dem Beschauer vor Augen zu führen, und das Aussehen, wie es gerade dieser bestimmten Person eigen ist, insbesondere ihre Gesichtszüge, im Bilde wiederzugeben" (KG JW 1928, 363). Abzulehnen OLG Kiel JW 1930, 78, das den Bildnisschutz für diese Fälle verneint, da das betreffende Theaterstück nicht vorgeschrieben hatte, daß die handelnden Schauspieler den Eindruck wirklich vorhandener Personen erwecken sollten. Die Erkennbarkeit der dargestellten Personen genügt.

Eine *Karikatur* (vom ital. caricare, französ. charger = überladen, übertreiben) ist die Darstellung eines Objektes, meist eines Menschen, unter Übertreibung der Eigenarten (Zerrbild, Spottbild).

Auch die Karikatur muß zu den Bildnissen gezählt, insbesondere aber muß sie, ihrer Funktion nach, dem Bildnisrecht unterworfen werden. Streitige Literaturzusammenstellung bei *Hirsch,* Karikaturrecht in Ufita 1929, 522. Denn auch für sie besteht die Grenze am Persönlichkeitsrecht, und vielfach ist diese Grenze mißbräuchlich überschritten worden. *Kohler, Allfeld* u. a. halten die Karikatur ohne weiteres für erlaubt (sofern sie nicht als übertrieben oder persiflierend eine Beleidigung darstellt), weil es sich dabei nicht um „Bildnisse" handele. Dies ist verfehlt (so auch *Schünemann,* in GRUR 1928, 559; *Runge* S. 353, *Ulmer* S. 324); wenn jemand die Verbreitung eines guten Bildes von sich verbieten kann, verlangt es die Logik, daß auch umgestaltende Bilder, selbst bei eigenem humoristischen Zweck, untersagt werden können. Denn auch die Karikatur will die Person in ihrer „wirklichen Erscheinung", nicht in einer Verkleidung fassen; nur der Begriff der Wirklichkeit ist hier subjektiver gefaßt, kann aber deshalb noch nicht den Bildnisbegriff beseitigen. Personen, die nicht zur Zeitgeschichte gehören (vgl. zu 5), können daher die Verbreitung und Zurschaustellung der Karikatur ihres Konterfeis verbieten. Aus dem Schutz gegen körperliche Wiedergabe des Erscheinungsbildes durch Photographie, im Film oder auf der Bühne (§ 22 KUG) kann nicht der **Schutz des Lebensbildnisses** (literarische Darstellung des Lebensschicksals) gefolgert werden. So mit zutreffender Begründung *Marwitz* in Ufita 1933, 51 gegen *Wandrey,* Ufita 1932, S. 359. Vgl. dazu auch *Ullstein,* Der Schutz des Lebensbildes, Erl.Diss. 1931. Heute ergibt sich der Schutz der Geheimsphäre aus § 823 Abs. 1 BGB, da das Bonner GG mit Art. I Abs. 1 ein Allgemeines Persönlichkeitsrecht anerkennt. Vgl. dazu auch *Coing* in SJZ 1947, 641; vgl. auch BGHZ 3, 270 gleich JZ 52, 227 mit Anm. von *Kleine.* Wird ein allgemeines Persönlichkeitsrecht verneint, so ist ein Rechtsschutz gegen Schlüsselromane usw. nur gegeben, wenn die Voraussetzungen der §§ 823 II, 826 BGB vorliegen. (Vgl. auch OLG Kiel in Ufita 1929, 559 und OLG Nürnberg, Ufita 1930, 207.)

3. **Die Einwilligung des Abgebildeten** (oder seiner Angehörigen) ist die Grundlage des Wiedergaberechts. Einwilligung zur Vervielfältigung und Verbreitung eines Bildnisses ist als gegeben anzusehen, wenn der Abgebildete aus den Umständen, unter denen die Abbildung geschah, den

Zweck der Verbreitung entnehmen mußte (Aufnahme für eine illustrierte Zeitschrift oder die von einem Straßenpassanten bewußt geduldete Aufnahme seiner Person bei einer öffentlichen Filmung auf der Straße), oder wenn der Abgebildete für die Duldung der Aufnahme eine Entlohnung (z. B. Modelle in Geld, Schauspieler in Freiabzügen) empfing. Bei Gruppenbildern (nicht zu verwechseln mit Versammlungen und Aufzügen, s. u. zu 5) ist die Einwilligung eines jeden der Abgebildeten erforderlich. Ist die Einwilligung einmal *unbeschränkt* erteilt, so kann sie auch ohne Beschränkung übertragen werden, z. B. vom Photographen auf einen Verleger oder von einem Verleger auf den anderen; die *beschränkt*, nur für einen bestimmten Zweck erteilte Erlaubnis ist aber nur in der gegebenen Beschränkung übertragbar. Die einem Pressephotographen von einer Schauspielerin erteilte Aufnahmeerlaubnis gibt dem die Aufnahme erwerbenden Verleger nicht das Recht, das Photo als Titelbild eines Romanes zu verwenden (LG in Wien i. MDR 1951, S. 623). Der Umfang des Verbreitungsrechts sollte also nach Möglichkeit klar vereinbart werden (vgl. Ufita 1940, 160). Es kann sich natürlich auch aus den Umständen ergeben. Vgl. dazu auch *Neumann-Duesberg* in SJZ 1950, 484 und *Abel* zu einer Entscheidung des österr. OGH betr. Verwendung klinischer Aufnahmen in GRUR 1950, 187; ferner *Neumann-Duesberg*, Eigentum und Urheberrecht an klinischen Krankheitsfotos, JR 1951, 462. Die Beweislast für den Umfang des Verbreitungsrechts trägt immer der als Verletzer in Anspruch Genommene (KG Ufita 1940 162).

4. **Schutzumfang:** Verboten ist *Verbreitung* und *öffentliche Schaustellung*. Darunter fällt jede Art von Mitteilung an die Öffentlichkeit, also sowohl das Verbreiten körperlicher Vervielfältigungsstücke wie auch die Vorführung durch optische Einrichtungen (z. B. Bildfunk, Transparente), auch die Benutzung als Warenzeichen (RG 74, 308) ist nicht erlaubt (s. hierzu auch Ziff. 5), *Verschenken* von Bildnissen an Einzelne oder Vorlage bei einer Behörde (RGSt 1945, 240) dagegen statthaft.

5. **Ausnahmen.**

a) *Bildnisse aus der Zeitgeschichte:* Dies ist im weitesten Sinne gemeint: politisch, sozial, wirtschaftlich, kulturell. Die betreffende Persönlichkeit muß aber bereits bekannt und genannt sein. Die Allgemeinheit muß an der Abbildung ein *berechtigtes* Interesse haben, wozu bloße Sensationslust nicht gehört. Sonst kann alles, was journalistisch von Interesse ist, abgebildet werden, z. B. auch erfolgreiche Männer der *Industrie* (KG in JW 1925, 378 und MuW 1925, 139) oder des *Sports* (RGZ 125, 80 u. KG in Ufita 1941, 196). Wo die Veröffentlichung erfolgt, ist grundsätzlich ohne Bedeutung: die Verwendung eines Wochenschauausschnittes von einem Boxkampf in einem Spielfilm kann von den betreffenden Boxern nicht verboten werden (KG a. a. O.). Ob im einzelnen Fall ein berechtigtes Interesse des Abgebildeten verletzt ist — z. B. bei der Benutzung seines Bildes auf Warenpackungen —, ist Auslegungsfrage. RGZ 74, 311 hat in der Klagesache des Grafen Zeppelin gegen eine Tabakfirma grundlegend gesagt, jedes des Rechtsschutzes würdiges Interesse falle darunter, also auch ein ideales und selbst ein Affektionsinteresse. Siehe dazu auch unten f. Gegen solche subjektiven Interessen des Abgebildeten ist das Interesse der Öffentlichkeit an der Wiedergabe von Persönlichkeiten der Zeitgeschichte abzuwägen, was, abgesehen von Reklamefällen, im allgemeinen überwiegen wird. Vgl. dazu das dies Interesse nicht genügend berücksichtigende Urteil des KG in Sachen *Wilhelm II.* gegen *Piscator,* JW 1928, 363.

Auch kann jemand nur *vorübergehend* der Zeitgeschichte angehören; nur für diese Zeit bedarf es seiner Einwilligung nicht; wer einmal als Vierzigjähriger der Zeitgeschichte angehört hat, verliert dadurch nicht die Verfügung über Jugend- oder Altersbildnisse.

b und c) Bilder, bei denen sich die abgebildete Person zufällig in der den Gegenstand der Aufnahme bildenden Umgebung befindet und deren Zweck nicht wesentlich auf die Darstellung von Personen geht (Beiwerk von Landschaften oder Örtlichkeiten, Versammlungen, Aufzügen u. dgl.). Es kommt hier auf den wirklichen Zweck an, so daß Umgehungen hiernach nicht nach bildnerischen Äußerlichkeiten geprüft werden müssen.

d) *Künstlerische Bildnisse*, die nicht auf Bestellung angefertigt sind. Hier soll künftig — was für die Auslegung der jetzigen Fassung wichtig ist — eine der Vorschrift des § 23 Ziff. 4 gegenüber schärfer gezogene Grenze gesetzt werden. Die Begründung des RJM-Entwurfs S. 115 sagt dazu: „Wenn in diesem Ausnahmefall auf den Besteller des Bildnisses besondere Rücksicht genommen ist, so wird schon nach geltendem Recht angenommen, daß es sich dabei nur um den Abgebildeten oder seine Angehörigen als Besteller handeln kann, da anderen Bestellern ein Schutz nach § 22 KUG überhaupt nicht zusteht. Die Beschränkung des Ausnahmefalls ferner auf solche Verbreitungshandlungen, die ausschließlich Zwecken der Kunst oder Wissenschaft dienen, ersetzt die zu unbestimmten Worte „einem höheren Interesse der Kunst“, die sich im § 23 Abs. 1 Nr. 4 KUG finden.“ Der Kunst wird die Wissenschaft gleichgestellt. Wie das Wort „ausschließlich“ zum Ausdruck bringt, kann der wissenschaftliche oder künstlerische Zweck die Verbreitung des Bildnisses nicht rechtfertigen, wenn diese nebenbei auch noch andere Ziele hat und etwa *gewerbliche Zwecke* oder *Unterhaltungszwecke* verfolgt. Danach darf z. B. ein Bildnis in einer Ausstellung, die einen Überblick über eine künstlerische Entwicklung geben soll, zur Schau gestellt oder in einem medizinischen oder ethnographischen Werke wiedergegeben, nicht aber in einer Tageszeitung abgedruckt oder zur Ausschmückung einer Ware verwertet werden.

e) Zum Zweck der *Rechtspflege* und der *öffentlichen Sicherheit* (Steckbrief, Verbrecheralbum usw.) ist den Behörden jede Abbildung ohne Einwilligung des Abgebildeten erlaubt.

f) Alle diese Ausnahmen sind nur insoweit zugelassen, als kein *berechtigtes Interesse des Abgebildeten* verletzt wird. Die Häuslichkeit, das Privatleben, die für die Öffentlichkeit nicht bestimmten Situationen intimer Art, z. B. in ärztlichen Krankheitsbildern, bei denen trotz des Interesses der Wissenschaft größtmögliche Schonung der Persönlichkeit zu fordern ist, dürfen nicht ohne ausdrückliche Erlaubnis in die Öffentlichkeit gebracht werden. (Vgl. dazu *Neumann-Duesberg* i. JR 1951, 393;

462.) Das rechtlich Unzulässige kann auch in der Art der Wiedergabe und Verbreitung (z. B. im Prospekt über das Buch im Gegensatz zum Buche selbst, *Hillig* I S. 236 liegen. Siehe dazu auch oben unter a sowie die Entscheidung RGZ 45, 170: Abbildung der Leiche des Fürsten Bismarck, und AG München in JW 1928, 376 betr. Therese Neumann (Konnersreuth), das Bildnispostkarten für unzulässig erklärt, weil Therese Neumann nur soweit der Öffentlichkeit angehören wolle, wie es bis zur Erfüllung ihrer gedachten Mission nötig sei.

K. TITELSCHUTZ

Literatur: *Bappert,* Der Titelschutz, GRUR 1949, 189; ders. Rechtsfragen des Buchhandels 1951, 158 ff.; *Degen,* Urheberrechtl. Titelschutz, GRUR 1929, 451; *Reimer,* Wettbewerbs- und Warenzeichenrecht 1947, S. 301 ff. u. 59; *Runge,* BBl 1951, 18 u. 22; ders. GRUR 1951, 445; ders. Lehrbuch, S. 356 ff.; *Seligsohn,* Ufita 1933, 124; *Ulmer,* S. 108 ff.

1. **Grundsätzliches**

Der befugterweise benutzte Titel einer *Druckschrift* genießt in erster Linie wettbewerbrechtlichen Schutz, da er deren besondere Bezeichnung im Sinne des § 16 Abs. 1 UWG ist, wenn die Bezeichnung frei gewählt, für die in Frage kommenden Kreise neu und eigentümlich und dazu bestimmt und geeignet ist, sie von anderen Druckschriften zu unterscheiden (RGZ 104, 90).

Den gleichen Schutz genießen die Titel *sonstiger Sprachwerke* (Bühnenwerk, Film), von *Werken der Tonkunst* sowie von Werken der bildenden Kunst, sofern diese eine individuelle Bezeichnung tragen.

Auch ein Titel, der zunächst keine Unterscheidungskraft besitzt (Gattungsbezeichnung), kann im Laufe der Zeit schutzfähig werden, wenn er durch ständigen Gebrauch *Verkehrsgeltung* erlangt, d. h. in den beteiligten Kreisen als Hinweis auf ein bestimmtes Erzeugnis eines bestimmten Verlages angesehen wird (§ 16 Abs. 2 UWG).

2. **Urheberrechtlicher Schutz**

a) *Literarisches Urheberrecht:* In der Regel ist der Titelschutz Kennzeichenschutz. Der Titel kann aber auch — jedoch *nur in Ausnahmefällen* — eine eigentümliche geistige Schöpfung sein und somit die Voraussetzungen für einen urheberrechtlichen Schutz erfüllen (dagegen grundsätzlich vor allem *Ulmer* a. a. O.), da sich der urheberrechtliche Schutz des ganzen Werkes auch auf seine Teile erstreckt (§ 41 LUG), der Titel aber ein Teil des Werkes ist (RGZ 135, 211 und GRUR 1937, 953). Doch muß der Titel einen erheblichen (gedanklichen) Teil aus dem Gedankeninhalt des Werkes in eigentümlicher Prägung wiedergeben, da nur zusammengestellte Worte auch als Werkteil nicht schutzfähig sein können.

Die Fälle, in denen ein urheberrechtlicher Schutz zugesprochen wurde, sind selten. Vom RG ist kein Fall bekannt, wenn es auch grundsätzlich in den oben zitierten Entscheidungen die Schutzfähigkeit nach dem LUG bejaht hat. Dabei ist die ablehnende Entscheidung in RGZ 123, 120 „Brücke zum Jenseits“ mit den in den späteren Entscheidungen entwickelten Ansichten nicht mehr in Einklang zu bringen. Das KG hat urheberrechtlichen Schutz angenommen für „Paradies der Damen" in GRUR 1923, 20; „Alt-Heidelberg" in GRUR 1926, 441; „Wien, du Stadt meiner Träume" in GRUR 1929, 123; das OLG Dresden für „Struwelpeter" in GRUR 1925, 346 = JW 1926, 1242 Nr. 2.

b) *Kunstschutz* kann für die *Titelseite* einer Zeitschrift in Frage kommen. Voraussetzung ist aber, daß der künstlerische Zweck, durch die Form ästhetisch zu wirken, nicht vollständig hinter den Reklamezweck zurücktritt (OLG Hamburg GRUR 1950, 87 ff.).

3. **Wettbewerbsrechtlicher Schutz**

a) *Kennzeichenschutz aus § 16:* Die Unterscheidung zwischen urheberrechtlichem und wettbewerbsrechtlichem Schutz ist wichtig für *Beginn* und *Dauer* des Schutzes. Wettbewerbsrechtlich entsteht der Schutz erst mit der Benutzung oder Ankündigung der Benutzung (etwa im BBl) — es kommt also hier auf *Priorität* an; er *erlischt,* wenn der Titel nicht mehr benutzt wird. Ist das Werk gemeinfrei geworden, so entfällt auch der Schutz seines Titels (*Baumbach-Hefermehl* S. 311). Es genießt dann weder aus LUG noch §§ 1 u. 16 UWG weiteren Schutz (*Reimer* S. 303); vgl. auch RGZ 104, 880 (Trotzkopf) und 112, 3 (Brehms Tierleben).

Bei Zeitungen und Zeitschriften endet die Benutzung, wenn das Erscheinen endgültig eingestellt wird. Nur *vorübergehende Einstellung,* besonders infolge der Kriegs- und Nachkriegsverhältnisse (Lizenzierungspflicht) bringt den Titelschutz nicht zum Erlöschen. (Vgl. KG in GRUR 1948, 296; OLG Freiburg in JZ 1951, 514; ferner *Runge,* BBI 1951, 22.)

Auch die von der Reichspressekammer angeordnete Stillegung einer Zeitung hat den Titel nicht zum Erlöschen gebracht, wenn die ursprünglich Berechtigten die Aufgabe des Titels nur als vorläufige betrachteten und den Willen hatten, diese bei nächster Gelegenheit rückgängig zu machen (LG Stuttgart GRUR 1951, 517).

Der Berechtigte muß sich des Titels *befugterweise* bedienen (Urheber, Herausgeber, Verleger). Der Titel muß als besondere Bezeichnung *Unterscheidungskraft* besitzen. Unter diesen Voraussetzungen kann gegen einen *verwechslungsfähigen* Titel vorgegangen werden (Unterlassung, Schadensersatz). Das gilt auch für den *Unter- oder Nebentitel* einer Druckschrift, ja sogar u. U. für den Titel einer *Rubrik* (LG Berlin in AWR 1939, 50; OLG Freiburg in JZ 1951, 514; *Runge* in GRUR 1951, 445; RG in MuW 33, 113; RGZ 133, 189).

Das RG sieht als besondere Bezeichnung eine solche an, die selbst den Charakter eines gewissen Geisteserzeugnisses in sich trägt und nicht nur eine Art Namen und Nachricht ist; ferner kommt es nach dem RG auf das mehr oder weniger große Unterscheidungsvermögen der in Betracht kommenden Leser- und Interessentenkreise an; wichtig ist auch, ob die verwechslungsgefährliche Nähe der Bezeichnung sachlich notwendig schien oder ob mit dolus eventualis oder Geistesträgheit die „besondere Bezeichnung" nachempfunden worden ist. Wie KG spricht RG zutreffenderweise — ähnlich dem Sprachgebrauch bei Firmennamen und Warenzeichen — von *starken* und *schwachen* Titeln. Bei schwachen muß die etwa vorhandene Verwechslungsmöglichkeit in Kauf genommen werden, sie ist somit im Rechtssinne keine Verwechslungsgefahr; denn die Verwechslung hat ihren Grund „nicht in der Übereinstimmung der Titel als solcher, sondern darin, daß in beiden Titeln auf ein der allgemeinen Verwendung offenstehendes, bekanntes Thema hingewiesen ist". Schwache Titel können also durch längeren Gebrauch und der damit erworbenen Verkehrsgeltung Schutzfähigkeit erlangen. Der Schutz besteht nur für die Dauer der Verkehrsgeltung; er erlischt also, wenn die Auflage vergriffen und so lange Zeit vergangen ist, daß der Verkehr das Werk nicht mehr als Erzeugnis dieses Verlages ansehen kann.

So wurde „Allgemeine Drogisten-Zeitung" neben „Drogisten-Zeitung" gestattet (RG in MuW 17, 154); ebenso „Neue Leipziger Illustrierte Zeitung" neben „Illustrierte Zeitung (Leipzig)" (RGZ 90, 183); „Brand in der Oper" neben „Brand im Opernhaus" (RGZ 135, 209), „Brand an der Wolga" neben „Wolga, Wolga" (RG in MuW 31, 153), „Neues Fehntjer Blatt" neben „Fehntjer Blatt" (RG in MuW 31, 393). „Gesundes Leben" neben „Das gesunde Leben" (LG Bln. GRUR 1939, 143).

Gattungsnamen ohne Unterscheidungskraft sind z. B. Lehrbuch des bürgerlichen Rechts, Wohnungszeitung (RG in MuW 8, 150), Mieterzeitung, Deutsche Geschichte, Sparkasse (RGZ 91, 212). Problemreich ist der „Trotzkopf-Fall" (RGZ 104, 88). „Trotzkopf" wird als Gattungsnamen angesehen, und nur zwischen den beiden Büchern „Trotzkopfs Brautzeit" und „Trotzkopf heiratet" Verwechslungsgefahr anerkannt.

Unterscheidungskraft wurde zuerkannt: „Das Liebesleben in der Natur" in RGZ 112, 117; Leichte Kavallerie, RG in GRUR 1937, 953; Funk-Illustrierte RG in JW 1933, 2648; „Offenburger Zeitung" OLG Freiburg in JZ 1951, 514, und zwar von Anfang an. Auf Grund der *Durchsetzung im Verkehr:* Leipziger Wohnungszeitung (MuW 1913/14, 213); Bergwerkszeitung (OLG Rspr. 41, 7). Weitere Beispiele besonders bei *Degen* a. a. O. Für die Feststellung, ob *Verwechslungsfähigkeit* vorliegt, ist auch die äußere Gestaltung des Titels von Bedeutung. Durch Druckanordnung *(Blickfang)* kann ein Teil eines Titels schlagwortartige Bedeutung erlangen, so daß alle sonstigen Zusätze der miteinander zu vergleichenden Titel bedeutungslos sind.

Gleiche Werke sollen den gleichen Titel haben (RG in GRUR 1938, 86). Film und Buch stehen auf gleicher Ebene. Ist der Stoff der gleiche, so besteht keine Verwechslungsgefahr. Nach *Bölsches* „Liebesleben in der Natur" wurde in freier Anlehnung ein Film mit dem Titel „Liebesleben in der Natur" gedreht. Die Filmfirmen wurden zur Unterlassung verurteilt, da der Film ein anderes Werk war (RG in JW 26, 1158); daß zwischen Film und Schriftwerk eine Verwechslungsgefahr gar nicht auftreten könne, wird also mit Recht verneint. Vgl. dazu auch RGZ 135, 209 („Brand in der Oper"). Im Hinblick darauf, daß innerlich gleiche Werke (selbst bei Wandlung der Ausdrucksmittel) die gleichen Titel nicht nur haben dürfen, sondern der Wahrheit entsprechend auch haben müssen, machen die Urteile zutreffend das Wesen des Begriffs der *Verwechslungsgefahr* klar, nämlich, daß nicht die Werke selbst verwechselt zu werden brauchen, sondern daß die Bezeichnungen dahin führen, verwechselnde

Ansichten über die gegenseitigen Beziehungen der Werke aufkommen zu lassen. Vgl. auch den Fall „Deutsche Funk-Illustrierte", RG in JW 33, 2648, und „Deutsche Molkerei-Zeitung", RG in HRR 36, 114.

b) *Schutz aus § 1 UWG* wegen unlauterer Ausnützung eines fremden Arbeitserfolges, vgl. hierzu KG in GRUR 1938, 34.

c) *Besondere gesetzliche Regelung:* Der RJM-Entw. enthält im Gegensatz zum AK-Entw. und dem von *Hoffmann* eine gesetzliche Festlegung des Titelschutzes. *Hoffmann* Begr. S. 85 bemerkt dazu, daß die Anwendung der geltenden rechtlichen Bestimmungen bisher zu keinen Unzuträglichkeiten geführt hätten. Es müsse der Rechtsprechung überlassen bleiben, ob sie dem Titel einen selbständigen Urheberschutz zukommen lassen wolle. Der Schutz aus § 16 UWG, in seiner bisherigen Ausdeutung durch die Rechtsprechung genügte den Anforderungen der Praxis. Dem ist zuzustimmen. Zweifelnd *Reimer*, VerglDarst. S. 22. Das österr. URG (§ 80; GRUR 1936 Ausl.teil S. 123—142) enthält einen Titelschutz (jede Verwendung, die geeignet ist Verwechslung hervorzurufen), der jedoch zu weitgehend sein dürfte.

3. **Warenzeichenrechtlicher Schutz:**

Wenngleich Bücher, Zeitungen und Zeitschriften auch „Waren" sind, wurde die Eintragung ihrer Titel als Warenzeichen vom RG und RPA grundsätzlich abgelehnt, weil das Warenzeichen der Ware gegenüber etwas Selbständiges sein müsse, der Titel aber ein wesentlicher Bestandteil der Druckschrift selbst sei (vgl. die bei *Reimer* S. 60 zit. Rspr.). Später hat das RPA solchen Titeln Zeichenschutz gewährt, die durch figürliche Ausgestaltung oder wörtlichen Inhalt eigenartig sind oder sich im Verkehr zu Gunsten eines bestimmten Verlages durchgesetzt haben, und für eintragungsfähig erklärt: „Vossische Zeitung" (JW 1931, 1945); ebenso „Kurz-Kommentare" (vgl. *Runge* S. 359). Das sind aber Ausnahmen; aus urheber- und verlagsrechtlichen Gründen scheute sich das RPA bisher, die Eintragung allgemein zuzulassen. Dem ist, soweit es sich um Bücher handelt, zuzustimmen (ebenso *Ulmer* S. 113); nicht einzusehen ist, warum Zeitungs- und Zeitschriftentitel und Titel sonstiger periodischer Druckschriften nicht eintragungsfähig sein sollen. Bei Originalität eines Titels (z. B. Titelblatt einer Zeitschrift) ist aber *Ausstattungsschutz* (§ 25 WZG) möglich. Vgl. hierzu OLG Hamburg GRUR 1950, 89.

4. **Innerer Titelschutz** ist der persönlichkeitsrechtliche Schutz des Urhebers in Bezug auf den Titel seines Werks (s. dazu § 9).

§ 2

Urheber eines Werkes ist dessen Verfasser. Bei einer Übersetzung gilt der Übersetzer, bei einer sonstigen Bearbeitung der Bearbeiter als Urheber.

Wird ein Werk der Literatur oder der Tonkunst durch einen persönlichen Vortrag auf Vorrichtungen für Instrumente übertragen, die der mechanischen Wiedergabe für das Gehör dienen, so

steht die auf diese Weise hergestellte Vorrichtung einer Bearbeitung des Werkes gleich. Das Gleiche gilt, wenn die Übertragung durch Lochen, Stanzen, Anordnung von Stiften oder eine ähnliche Tätigkeit geschieht und die Tätigkeit als eine künstlerische Leistung anzusehen ist. Im Falle des Satz 1 gilt der Vortragende, im Falle des Satz 2 derjenige, welcher die Übertragung bewirkt, als Bearbeiter.

1. **„Verfasser"**: Die Fassung des Gesetzes ist sachlich zu eng, methodisch unzureichend und praktisch bedenklich. Wissenschaft und Rechtsprechung haben im Laufe der Zeit das Problem der Urheberschaft ganz wesentlich vertieft.

Die Entwürfe sagen übereinstimmend: Urheber ist, wer das Werk geschaffen hat. Ist das eigene Schaffen, wie *Elster* 3. Aufl. sich ausdrückt, Wahrheit (Unwahrheit: die Benutzung fremden Schaffens als wäre es eigenes, vgl. *Elster* S. 31 u. 59) so legitimiert das wahrhaftige Werk, oder die eigentümliche geistige Schöpfung, den Erschaffer oder Schöpfer als den Urheber. Der Rechtstitel, der ihm originär mit seiner Schöpfung erwächst, ist das Urheberrecht, das danach also immer nur in Verbindung mit einem bestimmten Werk entstehen kann. (Vgl. § 1 Anm. I 1 S. 3.)

Der Schöpfungsakt ist *kein Rechtsgeschäft*. Auch der Minderjährige und der Geisteskranke erwirbt das Urheberrecht an seinem Werk. Neben dem ursprünglichen Träger des Urheberrechts kann es auch andere berechtigte Träger urheberrechtliche Befugnisse geben; diese haben dann ein *abgeleitetes* (vom Schöpfer erworbenes, derivatives) *Urheberrecht*. Durch Rechtsgeschäft kann das Urheberrecht als solches nicht erworben werden.

Miturheber s. § 6. *Gehilfe* ist, wer dem Urheber in geistiger Abhängigkeit, mit Unterordnung seines Willens an der Formung von dessen Gedanken oder nur bei Materialbeschaffung und -sichtung (z. B. wissenschaftlicher Assistent) behilflich ist (vgl. RG 108, 62). Der Gehilfe erwirbt kein Urheberrecht (vgl. hierzu § 6 Anm. 3 S. 57).

Der *Verleger* als Besteller und Urheberrecht des Verlegers s. VerlG § 47 (vgl. hierzu § 6 Anm. 3 S. 58).

Herausgeber als Urheber s. § 4 Anm. 2 S. 49.

2. **Angestellte als Werkschöpfer.**

Wenn das Werk den Schöpfer als Urheber legitimiert (s. zu 1), so kann es keinen Unterschied machen, ob er frei aus sich heraus oder in irgendeinem Auftrag, auf Bestellung als Angestellter oder Beamter gehandelt hat. Immer entsteht das Urheberrecht in seiner Person. Ein Stellvertretungsverhältnis, das dem Besteller als Dienstherrn originär das Urheberrecht verschafft, ist abzulehnen (BGHi.MDR 1952, 92 = JZ 1952, 118; vgl. ferner *Marwitz-Möhring* LUG § 2 Anm. 2; *Ulmer* S. 117), ebenso wie die früher vom RG vertretene Auffassung, daß die Rechte an einer *Diensterfindung* unmittelbar in der Person des Dienstherrn entstehen, durch die Entwicklung inzwischen überwunden worden ist. (Zum Recht der Arbeitnehmererfindung vgl. insbes. *Reimer* GRUR 1950, 350 und den Gesetzentwurf des „Grünen Verein" nebst Begründung in GRUR 1951, 257). Die Benutzungsrechte (Herstellung, Vervielfältigung, Verbreitung) erlangt der Dienstherr durch den Arbeitsvertrag, in dem sie ihm auch für die Zukunft übertragen werden können. Die Übertragung kann auch als stillschweigend erfolgt angesehen werden, wenn sich dies aus der Natur des Anstellungsverhältnisses ergibt (vgl. BGH a. a. O.). Von Bedeutung ist dies vor allem im *Kunstgewerbe* und *photographischen Gewerbe.* RGZ 110, 393 behandelt die Frage, wann die Übertragung als stillschweigend vereinbart angesehen werden kann, bei *Werken der Raumkunst.* Sicher ist dies der Fall bei photographischer Tätigkeit eines Angestellten (s. Bem. zu § 1 Anm. H 4 S. 28), beim angestellten Holzschneider oder Kupferstecher, beim Angestellten einer Werbeabteilung für Prospekte, Waschzettel und dergl. — soweit Urheberrechtsschutz in Frage kommt, und nicht die Tätigkeit ohnehin bloß Gehilfenarbeit ist.

Über *juristische Personen* als Urheber s. § 3 und Erl. S. 45.

3. **Urheberrecht des Bearbeiters:**

a) Durch den ersten, an sich recht unvollständigen Satz dieses Gesetzesparagraphen, daß Urheber „der Verfasser" sei (was nicht einmal für Schriftwerke ausreichend ist), soll nur der Gegensatz des absoluten Schöpferurheberrechts zu dem Auch-Urheberrecht des Bearbeiters ausgedrückt werden; denn nach § 12 LUG (vgl. die dortigen Anmerkungen) erstrecken sich die ausschließlichen Befugnisse des Urhebers auch auf die Bearbeitungen des Werkes. Das bedeutet, daß nur er ein Bearbeitungsrecht hat, soweit nicht eine neue freie Schöpfung (§ 13 LUG) entsteht. Ist aber einmal dem Bearbeiter die Bearbeitung gestattet worden, dann erwirbt dieser ein Recht an seiner Leistung, und zwar ebenfalls ein ausschließliches UR.

Die Entwürfe drücken diese Rechtstatsachen übereinstimmend knapper und deutlicher aus, wenn sie bestimmen: „Übersetzungen und andere Bearbeitungen, die eine eigenpersönliche Schöpfung des Bearbeiters sind, werden, unbeschadet des Urheberrechts am bearbeiteten Werk, wie Originalwerke geschützt" (AK-Entw. § 2); besser hieße es noch wie „selbständige" Werke. Diese Bestimmung ist also praktisch geltendes Recht (vgl. dazu auch *Kühnemann* Ufita 1944 S. 9, der „Schöpfung" durch „Leistung" ersetzen will). Sie entspricht auch den Grundsätzen der RBÜ (Art. 12, 14 Abs. 3 Brüsseler Fassung).

Zunächst hat der originale Schöpfer das Urheberrecht. *Daneben* besteht ein Urheberrecht des Bearbeiters, das seinerseits durch das Urheberrecht des Originalautors überlagert wird (§ 12 LUG).

Dem Bearbeiter erwächst das Urheberrecht an seiner Bearbeitung, nicht jedoch an dem bearbeiteten Werk („unbeschadet des Urheberrechts am bearbeiteten Werk"); das bedeutet, daß bei nicht gemeinfreien Werken der Bearbeiter nicht ohne Einwilligung des Originalverfassers die Bearbeitung verwerten darf (§ 12); die Anfertigung einer Bearbeitung z. B. einer Übersetzung zum *eigenen Gebrauch* ist auch ohne Einwilligung des Originalautors zulässig (§ 15 Abs. 2).

Ob neben dem bearbeiteten Werk das vorherige, nicht bearbeitete noch weiter herausgegeben werden darf, ist Tatfrage. Im Allgemeinen, besonders bei *Neuauflagen wissenschaftlicher Werke* wird man annehmen müssen, daß das Werk in seiner Neubearbeitung mit dem alten sinngemäß eine Einheit bildet, also die vorherige Fassung so in sich aufgenommen hat, daß ein „Eigenleben" nicht mehr übrig bleibt. Es ist ratsam, in den Vereinbarungen mit oder zwischen dem Verfasser (oder seinen Erben), dem Bearbeiter und dem Verleger darüber Bestimmungen zu treffen. Bei *musikalischen Bearbeitungen* oder *Verfilmungen* wird fast immer anzunehmen sein, daß das ursprüngliche Werk neben der Bearbeitung Eigenleben behält und weiter verwertet werden kann; s. im übrigen hierzu die Anm. 2 c u. e zu § 12 S. 94.

Die Bearbeitung muß sich, um geschützt zu sein, dem Wesen nach als *selbständige Schöpfung* darstellen; sie muß, wenn auch im geringeren Maße als die Neuschöpfung eine persönliche formgestaltende Tätigkeit erkennen lassen (vgl. RGZ 153, 76). Diese RG-Entscheidung widerspricht sich aus durchsichtigen Gründen, wenn sie trotzdem ein Urheberrecht Horst Wessels an der bekannten Melodie des H.-W.-Liedes, die von der Sachverständigenkammer als alte Volksliedmelodie festgestellt worden ist, bejaht. Das bloße Zurechtmachen fremden Geistes- und Kunstgutes — z. B. Redigieren, technisches Ergänzen, Hinzufügen eines Registers, insbesondere das handwerksmäßige Potpourri- und Phantasiegeschreibe über Opernmelodien oder Volkslieder — ist nicht als Grundlage für ein Bearbeiter-Urheberrecht anzusehen.

b) Der die äußere gewerbliche Gestaltung eines Werkes betreuende *Verleger* ist kein Bearbeiter; ebensowenig sind *Redaktionsmitglieder, Lithographen, Kartographen, Zeichner* oder *Photographen* Bearbeiter des Werkes, dies ist jedenfalls im allgemeinen nicht ihre Aufgabe; glauben sie eine Verbesserung empfehlen zu können, so haben sie sie dem Werkschöpfer zu unterbreiten, der darüber zu bestimmen hat.

Zu *Änderungen* sind sie in entsprechender Anwendung des § 9 Abs. 2 aber auch ohne Befragung des Werkschöpfers befugt, wenn nach Treu und Glauben dieser seine Zustimmung nicht versagen kann. Es muß sich dabei objektiv um Verbesserungen handeln. Da hier keine Übertragung des Urheberrechts bzw. des Benutzungsrechtes vorliegt, wie in § 9, muß dazu die Änderung dem wirklichen oder mutmaßlichen Willen des Werkschöpfers entsprechen (§ 677 BGB). Doch bleibt zu beachten, ob diese Mitwirkung über Gehilfentätigkeit (s. o. Anm. 1) hinausgeht.

c) Bearbeitung ist eine *Tätigkeit*, die das alte Werk zwar grundsätzlich beibehalten will, es aber einer abändernden Gestaltung unterzieht, also eine dem ursprünglichen Werk in der Art parallele Schöpfung darbieten will, wobei parallel nicht mit gleichwertig zu verwechseln ist. Keine Bearbeitung ist mithin die Wiedergabe des Werkes in dem ihm natürlich gegebenen oder einem anderen Ausdrucksmittel; schon deshalb sind der Vortragende oder der *Schauspieler*, der Sänger und Musiker an sich keine Bearbeiter; s. zu 4. Bearbeiter aber sind oftmals die *Regisseure*, die Direktoren, die ein Werk „in Szene setzen" (vgl. § 2 Anm. 3 c S. 40). Ob sie es im Einzelfall sind oder nicht sind, ist Tatfrage.

Als Fälle von „Bearbeitungen" anerkannt sind (außer den in § 2 Abs. 2 und § 12 gesetzlich festgelegten Bearbeitungsarten) z. B.: *Neuauflagen* eines wissenschaftlichen Werkes (wobei es nach RGZ 140, 275 durchaus „mit der Schriftstellerehre des Verfassers vereinbar ist, daß sein Werk durch einen anderen für eine neue Auflage bearbeitet werde"), ferner Weglassungen von Teilen aus einem Werk, Vereinigung mehrerer Arbeiten zu einem Werk, Veränderung des Maßstabes von Abbildungen, Herstellung von *Auszügen*, Verkürzungen für Schulzwecke, Überarbeitungen, insbesondere *Kürzungen von Gerichtsentscheidungen*, Wiedergabe eines Gedichtes in Prosa oder umgekehrt, die Bearbeitung eines Kinodramas zu einem Schriftwerk, Ausgestaltung eines frei gehaltenen Vortrages zu einer Flugschrift, Einrichtung einer Quadrillenmusik zu einem Marsche und sonstige *Uminstrumentierungen*, Einrichtung eines Musikstückes für mechanische Instrumente, Umgestaltung der Besetzung eines Orchesterstückes für die Rundfunksendung, Kürzung für eine Schallplattenaufnahme. Die Bearbeitung kann sich auf die Formgebung wie auf das Ausdrucksmittel beziehen; aber die bloße Änderung des Ausdrucksmittels braucht noch keine Bearbeitung zu sein (*Elster*, Formgebung und Ausdrucksmittel, Ufita 1929, 595 ff.; 1930, 371 ff.

d) Wenn jemand etwas „bearbeitet", so ist damit noch nicht gesagt, daß als Ergebnis eine „Bearbeitung" im Rechtssinne herauskommt; *es kann sich zu einer „Benutzung" vermindert haben, die unfrei als Plagiat in die Welt tritt, oder zu einer freien Eigenschöpfung erweitert haben.* Vgl. *Elster* in Ufita 1930, 376. Für die Abgrenzung zur Eigenschöpfung ist das Auseinanderhalten der Wesensmerkmale eines Werks: Idee — Formgebung — Ausdrucksmittel von entscheidender Bedeutung (s. dazu § 1 Anm. II 2a). Das Werk ist nicht identisch mit seiner Idee oder dem Ausdrucksmittel, sondern mit seiner Formgebung. Die Benutzung ein und derselben Idee ist erlaubt, sofern die Formgebung eine eigene ist. (Vgl. dazu OLG München in Ufita 1937, 192: „Insbesondere bei Werken wissenschaftlichen Inhalts ist die Entlehnung der bloßen Idee [Mittelmeersenkung] im weitesten Umfang [hier für ein Filmwerk] möglich." Im übrigen hierzu auch Anm. 1 b zu § 13 S. 98.)

e) Die *Übertragung auf Tonträger* (Abs. 2) ist nach den zu 1 a entwickelten Grundsätzen *keine* Bearbeitung, die ein selbständiges Urheberrecht für den Vortragenden oder den Hersteller erzeugen kann. Die Bestimmung, die den Tonträger „einer Bearbeitung gleichstellt", ist eine methodische und systematische Entgleisung, die viel Verwirrung gebracht hat. Heute besteht Klarheit darüber, daß der mechanische Arbeiter, der Locher und Stanzer der Spieldosen- und Drehorgelplatten oder -walzen, oder der Vortragende, der eine Schallplatte oder ein Schallband bespricht, bespielt, besingt, kein Urheberrecht erwirbt, weil er nicht Werkschöpfer ist, sondern ein dem gewerblichen Rechtsschutz entnommenes *Leistungsschutzrecht* (s. dazu unten Anm. 5). Die Entwürfe tragen dem Rechnung (RJM § 57; Hoff § 50; AK-Entw. § 55). Ebenso soll der *Schallplattenhersteller*, der jetzt das für ihn notwendige Schutzrecht durch Übertragung der Rechte des Vortragenden erwirbt, ein besonderes Leistungsschutzrecht erhalten.

Für das *geltende Recht* ist davon auszugehen, daß das Recht, das bei der Herstellung von Tonträgern (Schallkonserven) wie Schallplatte, Magnettonband, Stahlband, auswechselbare und nicht auswechselbare Spieldosen-, Drehorgel-, Orchestrionplatte oder -walze entsteht, ein Bearbeiter-Urheberrecht ist; es wächst dem reproduzierenden Künstler zu und ist abhängig von dem Urheberrecht des Werkschöpfers insofern, als dieser die Verwertung der Bearbeitung genehmigen muß (s. o. Anm. 3 und § 12). Nicht nur der Vortrag, sondern auch seine Fixierung ist nach dem Gesetz eine Bearbeitung, obwohl sie als unveränderte Wiedergabe nichts anderes als eine Vervielfältigung des Werks darstellt. Da der Tonträger dies in jedem Fall aber auch ist, deckt die Genehmigung des Komponisten zur Vervielfältigung auch die Verwertung der Bearbeitung. Gestattet der Urheber dem Schallplattenhersteller die Vervielfältigung und Verbreitung der Platten einschließlich des Senderechts ohne Beschränkung, so ist der Fabrikant hierzu befugt, selbst wenn dem ausübenden Künstler (z. B.) anläßlich der Vermietung des Notenmaterials die „Bearbeitungsgenehmigung" nur mit der Maßgabe erteilt worden ist, daß die Sendebefugnis der Tonträgeraufnahme dem Werkschöpfer verbleibt.

Das Bearbeiterurheberrecht, das der *Schallplattenhersteller* ausdrücklich oder stillschweigend vom vortragenden Künstler erwirbt, hat diese festgelegte Wiedergabe des Werkes zum Gegenstand. Der Urheber kann die Wiedergabe auch anderen Schallplattenherstellern gestatten, er muß es sogar, wenn die Erlaubnis beansprucht wird (§ 22). Geschützt ist nur der Tonträger mit dem reproduzierten Werk gegen Vervielfältigung oder Verbreitung; *v. Erffa* GRUR 1951, 226 u. *Runge* GRUR 1951, 234 nehmen an, daß das Überspielen von Schallplatten auf Magnettonband als Bearbeitung anzusehen sei. Sie verkennen, daß die ohnehin bedenkliche Fiktion des § 2 Abs. 2 Satz 1 (s. o.) nicht auch noch ausdehnend angewandt werden darf. Das geschieht aber, wenn man die Bestimmung auf Plattenüberspielungen anwendet, da sie nach ihrem Wortlaut die künstlerische (nicht nur technische) Leistung eines Menschen voraussetzt (ebenso LG Hamburg Urteil v. 23. Januar 1952 — 15 O 257/51); dazu gehört auch die *Aufnahme auf andere Tonträger.* Genehmigungspflichtig ist auch die Rundfunksendung, die das RG für eine öffentliche Aufnahme i. S. von § 11 Abs. 2, nicht für eine solche im Sinn des § 22a erklärt hat (RG 153, 1). Der *Rundfunk* selbst ist kein zur mechanischen Wiedergabe für das Gehör dienendes Instrument, die Sendung vielmehr gewerbsmäßige Verbreitung (RGZ 136, 381).

f) Wie die Rechtsverhältnisse beim *Tonfilm* sich in die §§ 2 und 12 LUG einreihen, ist namentlich in RGZ 140, 231 ff. eingehend erörtert worden; vielleicht nicht in allen Stücken restlos klärend, wie die beachtlichen Ausführungen von *Roeber* in Ufita 1933, 229 ff. zeigen. Wenn die Entscheidung (S. 244) sagt, daß „mit der Herstellungsbefugnis nach einer die Gebote von Treu und Glauben beachtenden Auslegung auch die Wiedergabe- oder Aufführungsbefugnis verbunden sein kann, selbst wenn darüber keine ausdrückliche Abrede getroffen worden ist", daß aber diese Verbindung nicht notwendig zu sein braucht, sondern das

Aufführungsrecht, namentlich für den Klangteil (die Musik, ein Lied, ein Schlager), gesondert vergeben werden könne oder müsse, so zeigt sich hier die Problematik nicht nur der Frage des Aufführungsrechts, das von Musikschöpfern vielfach für alle ihre Werke der Gema übertragen worden ist, sondern auch die Problematik des Bearbeitungsrechts. Nach der RGEntsch. steht „dem Urheber eines Werkes ein ausschließliches Recht (§ 11 LUG) auf Wiedergabe (Aufführung, Vorführung) im Tonfilm zu; dies gilt sowohl für die Musik als für den Worttext". Ob, wie das Urteil weiter ausführt, „die Vertonfilmung eine Bearbeitung des Werkes" ist, und ob es unter die besonderen Beispiele des § 12 Abs. 2 (Ziff. 5 und 6) fällt, erscheint entweder als Tatfrage oder als nebensächlich. Als Bearbeitung wie als Originalwerk steht das Aufführungsrecht dem Schöpfer des Werkes zu, und wenn der Tonfilm nicht unter Ziffer 5 des § 12 fällt (mechanische Musikapparate) und somit §§ 22 ff. (Zwangslizenz) dafür nicht in Betracht kommen, so fällt er doch, sofern es sich um eine Bearbeitung handelt, unter Ziffer 6 ebenda (kinematographische Bearbeitung). Hat dann der Filmhersteller ein Urheberrecht an der Bearbeitung, so kann er dies jedenfalls nur in Abhängigkeit von den Vorautoren (Text und Musik) erlangen, und das erstreckt sich gleichermaßen auf das Aufführungsrecht, das ein einheitliches Recht für den einheitlichen Tonfilm sein muß (*Roeber* a. a. O. S. 232), sofern es sich nicht um fremde, nicht zum Tonfilmwerk organisch gehörige Teile oder selbständig verwertbare (z. B. musikalische) Teile handelt. In solchem Fall ist die rechtlich getrennte Behandlung richtig, was auch KG in Ufita 1938, 55 und 284 unter Bezugnahme auf RGZ 140, 231 betont.

g) *Übersetzungs- oder Bearbeitungsgegenstand* können geschützte oder ungeschützte Werke sein. Ist das ursprüngliche Werk noch geschützt, so steht das auf Grund der Übersetzung oder Bearbeitung erworbene Urheberrecht neben dem Recht des Originalurhebers, ohne Rücksicht darauf, ob dieser die Übersetzung oder Bearbeitung autorisiert hat. Das Recht des Bearbeiters besteht auch gegenüber dem Verleger des Originalwerks; dieser kann nicht über die Bearbeitung verfügen (Hillig I Nr. 5, 6, 50, 51, 52). Im Zweifel umfaßt weder der Verlagsvertrag noch ein sonstiger Werknutzungsvertrag das Bearbeitungsrecht (vgl. VerlG § 12).

Das Recht des Bearbeiters ist für den Buchhandel oft insofern von besonderer Bedeutung, als es bei (wissenschaftlichen und ähnlichen) Werken, deren Absatzfähigkeit den Tod des Verfassers lange überdauert, eine tatsächliche *Verlängerung der Schutzdauer* zur Folge hat. Denn erlischt diese für das ursprüngliche Werk, war aber noch eine Bearbeitung veranstaltet worden (was zur Anpassung an die veränderten Verhältnisse oftmals notwendig ist), so läuft der Schutz des Werkes praktisch erst mit der Frist für das Bearbeiterurheberrecht aus.

Auch der Urheber einer *rechtswidrigen* Bearbeitung hat, ebenso wie der unrechtmäßige Nachbildner, an seiner Arbeit ein eigenes Urheberrecht und genießt dessen Schutz auch gegenüber dem Urheber des übersetzten oder bearbeiteten Werkes. Wird sein Urheberrecht verletzt, so kann auch er von dem Verletzer zwar nicht Schadenersatz, aber Herausgabe der Bereicherung und infolgedessen im Strafverfahren auch Zuerkennung einer Buße verlangen (RGSt 42, 390) — unbeschadet der gegen ihn selbst gerichteten Ansprüche des Originalautors.

4. **Besondere Fälle der Bearbeitung** siehe § 12, insbesondere Anm. 2.

5. **Leistungsschutz des ausübenden Künstlers:**

Literatur: *Cahn-Speyer* in Ufita 1932, 342; *Elster*, Internationales Schutzrecht der ausübenden Künstler Ufita 1941, 63; *Hoffmann* in GRUR 1932, 44; *Marwitz*, Ufita 1930, 299 und 1932, 507; *Roeber*, Arch. f. FunkR. 1932, 50; *Röber*, Der Leistungsschutz des ausübenden Künstlers, (Diss.) Dresden 1935; *Runge*, GRUR 1951, 26 (insbes. Zum Leistungsschutz des angestellten Rundfunkmusikers, dagegen *Baum* GRUR 1951, 372.

a) Der ausübende Künstler schafft kein Werk, sondern gibt ein Werk wieder, er kann daher grundsätzlich keinen Urheberrechtsschutz genießen. Außer dem fiktiven Bearbeiterurheberrecht des Abs. 2 kennt das *geltende Recht* keine ausdrückliche Vorschrift, die die Leistung des ausübenden Künstlers schützt. An ihrer Schutzfähigkeit ist aber nicht mehr zu zweifeln. Bis zum Erlaß eines neuen Urheberrechtsgesetzes ist der Schutz in vermögensrechtlicher Hinsicht aus §§ 1 UWG, 826 BGB zu entnehmen, persönlichkeitsrechtlich geben die Vorschriften des Namensrechts und des Rechts am eigenen Bilde (s. § 1 Anm. III G 4 · S. 25) die Grundlage für einen gewissen Schutz.

Die Entwürfe (RJM §§ 57, 58, AK §§ 55—57) sehen mit Recht ein Leistungsschutzrecht *mit persönlichkeitsrechtlichem Einschlag* vor. Auch international soll das Leistungsschutzrecht anerkannt werden. Für die Brüsseler Konferenz zur Revision der RBÜ (1948) war im Programm vorgesehen, den Schutz der vortragenden Künstler im Prinzip anzuerkennen. Der Vorschlag wurde jedoch nicht weiter verfolgt (vgl. *Baum*, GRUR 1949, 23), weil die Regelung einer besonderen Konvention vorbehalten bleiben soll, für die durch die *Samadener Entwürfe* für Konventionen über den Leistungsschutz schon wichtige Vorarbeitet geleistet worden ist. (Vgl. das Avant-Projet de Convention pour la protection des artistes interprètes et des artistes exécutants in Dda. 1951, 71 u. 137.) Der Wortlaut der Samadener Entwürfe ist in Ufita 1941, 57 abgedruckt.

b) Das gegenständlich abgegrenzte *Schutzgebiet* umfaßt namentlich: α) Übertragung auf Bild- und Schallvorrichtung, β) Sendung durch Rundfunk, γ) Wiedergabe durch Lautsprecher.

α) Bild- und Tonträger. Wenn zu den jetzt hauptsächlich bekannten und gebrauchten Schallplatten, Schallbändern, Filmstreifen usw. neue Erfindungen treten, die gleiche oder ähnliche Funktionen erfüllen, so gilt das gleiche Recht zweifellos auch für diese. Fraglich kann sein, ob es sich um mechanische Vorrichtungen und um Vorrichtungen zur wiederholbaren Wiedergabe handeln muß, was man als Voraussetzung des Leistungsschutzes ansieht. Es darf bei alledem nicht so sehr auf die Technik als auf die soziologisch-wirtschaftliche Funktion ankommen. Auch die Vervielfältigung, Verbreitung und *Funksendung* der Tonträger soll nur mit Einwilligung des vortragenden Künstlers zulässig sein. Dagegen soll es zu ihrer öffentlichen *Aufführung* nicht seiner Zustimmung bedürfen. Über das Schallplattenschutzrecht s. Näheres § 2 Anm. 3e und die Erl. zu § 22. Im übrigen s. AK-Entw. §§ 55—57.

β) *Rundfunksendung* umfaßt auch Bildfunk und andere etwa mit der Zeit noch in Betracht kommende unwiederholbare unmechanische, auf drahtlosem Wege vor sich gehende Verbreitungsmöglichkeiten.

γ) *Lautsprecher* und ähnliche Einrichtungen, ohne Rücksicht auf Größe und Reichweite; es handelt sich um *fern*wirkende Verstärkungseinrichtungen, ohne mechanische Umwandlung. Werden Vorträge oder Aufführungen durch Lautsprecher außerhalb der Veranstaltung, bei der sie stattfinden (und für die — soweit erforderlich — die Genehmigung erteilt wurde), öffentlich wahrnehmbar gemacht, so ist eine weitere Erlaubnis erforderlich (z. B. Übertragung des Rundfunkkonzerts von der Gaststube in den Garten). Vgl. dazu § 22a Anm. 1 S. 129.

6. **Der Berechtigte des Leistungsschutzes:** Geschützt wird der Vortragende oder Aufführende, mag er sich Künstler nennen oder nicht. Bei Gesamtwirkung (Chor, Orchester, Bühnenspiel, Film) kann nicht jeder einzelne Mitwirkende gefragt werden oder verbieten können. Für Chor oder Orchester ist der Dirigent der Berechtigte, wirkt ein Solist mit, auch dieser; dies gilt aber nicht, wenn — wie fast in jedem größeren musikalischen Werk — kleinere Solostellen vorkommen oder — wie in dem Orchester von Strauß' „Ariadne" — jede Orchesterstimme eine Solostimme ist. Neben dem Künstler oder dem Dirigenten muß der Orchestervorstand (sofern vorhanden) und wenn die Aufführung im Betriebe eines Erwerbsunternehmens stattfindet, der Unternehmer gefragt werden, bei Bühnenstücken der Spielleiter und der Theaterunternehmer.

Nicht erlaubte Übertragungen dürfen, wenn sie vorgenommen worden sind, nicht vervielfältigt, verbreitet oder zur Wiedergabe benutzt werden.

Entsprechend dem Rechtscharakter des Leistungsschutzes bleiben die Urheberrechte am vorgetragenen oder aufgeführten Werk unberührt. Weder kann sich also ein ausübender Künstler über die Rechte des Werkschöpfers hinwegsetzen oder ihnen vorgreifen, noch entfällt sein Leistungsschutz bei *ungeschützten Werken.*

Gegenüber *Filmberichten über Tagesereignisse* (Wochenschauen) entfällt das Schutzrecht, wie auch keine urheberrechtlichen Ansprüche bei der Wiedergabe geschützter Werke anläßlich eines Bildberichts bestehen. Dies entspricht dem Gesetz zur Erleichterung der Filmberichterstattung vom 30. April 1936 (RGBl. S. 404), das zwar noch Beseitigung der RFK in diesen Teilen keine Bedeutung mehr hat, sonst aber als geltendes Recht anzusehen ist (vgl. § 26 Anm. 3 S. 140).

Soweit das Gesetz den Leistungsschutz zu den Urheberrechten zählt, gilt auch für ihn die 50jährige *Schutzfrist.* Künftig ist an eine 25jährige Schutzfrist gedacht (AK-Entw. § 55 Abs. 5).

§ 3

Juristische Personen des öffentlichen Rechtes, die als Herausgeber ein Werk veröffentlichen, dessen Verfasser nicht auf dem Titelblatt, in der Zueignung, in der Vorrede oder am Schlusse genannt wird,

werden, wenn nicht ein Anderes vereinbart ist, als Urheber des Werkes angesehen.

§ 5

Juristische Personen des öffentlichen Rechtes, die als Herausgeber ein Werk erscheinen lassen, das den Namen des Urhebers nicht angibt, werden, wenn nicht ein anderes vereinbart ist, als Urheber des Werkes angesehen.

Lit.: *Möhring*, Das Urheber- und Erfinderrecht der jur. Person, Beitr. z. Hdls.- u. Wirtschaftsrecht 1950, 673.

Die Bestimmung gibt öffentlich-rechtlichen Körperschaften die urheberrechtlichen Befugnisse für *erschienene* Werke, wenn die Werkschöpfer nicht genannt sind. Gedacht ist vornehmlich an wissenschaftliche Werke, die von Universitäten, Akademien, Unterrichtsanstalten oder dem Staat herausgegeben werden, besonders wenn die Verfasser Angestellte oder Beamte der betr. Institution sind. Ist zwischen ihnen und der Behörde etwas anderes vereinbart, so hat diese Vereinbarung den Vorrang. Die Veröffentlichung begründet das Schutzrecht, und zwar nur die als *Herausgeber*. Infolgedessen kommt die Bestimmung nur für Publikationen im Druckverfahren, nicht für Vorträge und Aufführungen zur Anwendung (ebenso *Allfeld* § 3 Anm. 3; *Marwitz-Möhring* § 3 Anm. 5).

Die neuere Erkenntnis, daß das Urheberpersönlichkeitsrecht ein nicht übertragbarer Bestandteil des Urheberrechts ist, verbietet es, juristischen Personen ein Urheberrecht zu gewähren. Das Urheberrecht kann nur in der Person seines Schöpfers entstehen (vgl. § 2 Anm. 1 S. 38).

Die Vorschrift wird daher im künftigen Gesetz nicht enthalten sein. Die juristische Person wird im Streitfall nachzuweisen haben, daß ihr die Benutzungsrechte übertragen worden sind. Die Schutzfrist läuft vom Erscheinen des Werkes an (vgl. §§ 32 LUG, 25 KUG). Häufiger kommt das Recht an *Sammelwerken* (s. § 4) oder ein *Miturheberrecht* (s. § 6) in Betracht.

§ 4

Besteht ein Werk aus den getrennten Beiträgen mehrerer (Sammelwerk), so wird für das Werk als Ganzes der Herausgeber als Urheber angesehen. Ist ein solcher nicht genannt, so gilt der Verleger als Herausgeber.

§ 6

Besteht ein Werk aus den getrennten Beiträgen mehrerer (Sammelwerk), so wird für das Werk als Ganzes der Herausgeber als Urheber angesehen. Ist ein solcher nicht genannt, so gilt der Verleger als Herausgeber.

§ 11

Über einen Beitrag, der für eine Zeitung, eine Zeitschrift oder ein sonstiges periodisches Sammelwerk zur Veröffentlichung angenommen wird, darf der Urheber anderweit verfügen, sofern nicht aus den Umständen zu entnehmen ist, daß der Verleger das ausschließliche Recht zur Vervielfältigung und Verbreitung erhalten soll.

Über einen Beitrag, für welchen der Verleger das ausschließliche Recht zur Vervielfältigung und Verbreitung erhalten hat, darf, soweit nicht ein anderes vereinbart ist, der Urheber anderweitig verfügen, wenn seit dem Ablaufe des Kalenderjahrs, in welchem der Beitrag erschienen ist, ein Jahr verstrichen ist.

Auf Beiträge zu einem nichtperiodischen Sammelwerke finden diese Vorschriften insoweit Anwendung, als dem Urheber ein Anspruch auf Vergütung für den Beitrag nicht zusteht.

Dazu: Art. 2 Abs. 3 RBÜ.

1. **Sammelwerk und Sammlung:** Aus dem Schrifttum: *Moeller-Klepzig*, Das Urheberrecht an Sammelwerken, Diss. Leipzig 1934; *Elster* in GRUR 34, 642; ders. Ufita 1940, 105.

Die Sammlung und das Sammelwerk vereinigen die Beiträge *mehrerer* Urheber in einem Werk. Mehrere Beiträge *eines* Verfassers in einem Werk, gesammelte Aufsätze oder Gesamtausgaben (§ 2 Abs. 3 VerlG) bilden kein Sammelwerk. Das Sammelwerk ist begrifflich zugleich auch eine Sammlung, aber nicht jede Sammlung ist ein Sammelwerk.

a) *Sammelwerke:* Man teilt die Sammelwerke in periodische und unperiodische ein.

α) Zeitungen und Zeitschriften sind periodische Sammelwerke (vgl. § 41 VerlG).

Das charakteristische der *Zeitung* ist die nur zeitliche Umgrenzung ihres Gebietes und Inhalts. Ihre Aufgabe ist die Berichterstattung über Tagesereignisse in Wort oder Bild; sie bringt Nachrichten eben im alten Sprachsinne des Wortes „Zeitung" als „Nachricht", „Kunde".

Anders die *Zeitschrift*, deren Wortbedeutung schon sagt, daß es nur eine durch zeitlich festes Erscheinen gekennzeichnete Schrift ist. Es gibt Zeitungen, die wöchentlich, und es gibt Zeitschriften, die täglich erscheinen. Die Häufigkeit des Erscheinens ist kein entscheidendes Merkmal, ebensowenig die Benennung. So sind das oft täglich erscheinende Buchhändler-Börsenblatt oder die Juristen-Zeitung zu den Zeitschriften zu rechnen, da es kein anderes wirklich brauchbares Unterscheidungsmerkmal gibt als die sachlich scharfe Umgrenzung, die die Zeitschrift kennzeichnet, während für die Zeitung nicht sachliche, sondern zeitliche Begrenzung maßgebend ist.

In Grenzfällen müssen neben der Zweckbestimmung noch andere Unterscheidungsmerkmale mit herangezogen werden, so z. B. die Erscheinungsweise, die Aufmachung, der Dauerwert u. dgl. (vgl. *Elster* S. 171). Man wird deshalb den „Illustrierten Zeitungen" den Charakter der Zeitung zusprechen müssen, da der Umstand, daß ihre Tatsachenbenachrichtigung bildlicher statt wörtlicher Natur ist, nicht für ausschlaggebend anzusehen ist. Allerdings ist die Grenze in dieser Hinsicht zwischen „Illustrierten Zeitungen" und „Magazinen", die neben Bildberichten auch Unterhaltungslektüre bringen, nicht scharf. Die Unterhaltungsbeilagen von Zeitungen rechnet man zu diesen, obwohl sie meist wissenschaftlichen und schöngeistigen Inhalt haben. Auch sogenannte *Archive* gehören zu den Zeitschriften.

Die periodische Presse nimmt u. U. die Form jährlicher Werke an, wo der Nachrichtendienst entweder in einheitlicher Bearbeitung auftritt oder ganz ausfällt, also *Jahrbücher, Kalender, Almanache,* Taschenbücher. Diese Arten von Sammelwerken gehören, im Gegensatze zu Zeitungen und Zeitschriften, dem Buchverlage an.

Im übrigen vergleiche über die inhaltliche Zusammensetzung von Zeitungen und Zeitschriften, VerlG § 42 Anm. 2 u. 3, über besondere verlagsrechtliche Bestimmungen hinsichtlich periodischer Sammelwerke, VerlG §§ 41—46, über das Rechtsverhältnis zwischen Herausgeber, Redakteuren, Mitarbeitern und Verleger, unten zu 3.

β) Während die Zeitschrift grundsätzlich fortlaufend erscheint, ist das *nicht periodische Sammelwerk* geschlossen, d. h. es hat seinen naturgemäßen Abschluß. Diese „Geschlossenheit" ist äußerlich gemeint, so daß es nicht auf die „innere Geschlossenheit" des Inhalts ankommt.

Hierher gehören insbesondere: Vereinigungen von Einzelschriften verschiedener Verfasser, die durch geistige Arbeit (Bearbeitung) zu einem Ganzen organisch vereinigt sind: z. B. Konversationslexika, wissenschaftliche Handbücher, sonstige Nachschlagebücher u. ä. Solche Sammelwerke bestehen aus den in einer Leitstelle (Redaktion) zu einem einheitlichen Ganzen gewordenen Einzelbeiträgen. Der Leiter des Unternehmens muß verändern, kürzen, zusetzen, ausgleichen, berichtigen können, sonst ist keine inhaltliche Einheit und keine Beherrschung des Umfangs möglich. Weil der einzelne Artikel so, wie er schließlich im Drucke erscheint, nicht mehr die Arbeit des Verfassers allein ist, bleibt dieser in der Regel ungenannt und außer Verantwortung. Trotzdem hat er seine Urheberrechte, deren sich der Verleger (Herausgeber) versichern muß (s. VerlG § 47).

b) *Sammlung:* Eine Sammlung kann einen natürlichen Abschluß haben oder fortlaufend — sowohl unperiodisch wie periodisch — sein. Ein aufschlußreiches Beispiel ist die Sammlung der Entscheidungen des Bundesgerichtshofs, die man wohl als eine Zeitschrift anzusehen hat, weil der Stoff und die Erscheinungsfolge nicht von vorn herein begrenzt sind. Anders bei *Lieferungswerken,* auch in Karteiform, wenn das Werk als Ganzes einen natürlichen Abschluß zu finden hat. Das ist selbst dann der Fall, wenn „Nachträge" vorgesehen sind oder einzelne Teile durch Neubearbeitung in der Art einer Neuauflage ersetzt werden. Das gilt auch für *Loseblatt-Ausgaben,* die sowohl Zeitschrift- wie Werkcharakter haben können. Ausschlaggebend ist also, wie die Veröffentlichung bestimmt ist, ob mit natürlichem Abschluß oder mit unbegrenzter Folge.

Immer spricht man von Sammlungen bei Zusammenstellungen von Einzelwerken verschiedener Urheber, die nicht für das Sammelwerk geschaffen worden sind. (Liedersammlungen zum Kirchen-, Schul- und Unterrichtsgebrauch, vgl. § 19 Ziff. 3 u. 4.)

Davon zu unterscheiden ist wiederum die Sammlung, auch *Reihen-* oder *Serienwerk* genannt, im buchtechnischen Sinne, die dadurch charakterisiert ist, daß es sich um Einzelhefte mit Einzelthemen handelt, die sammlungsgemäß zusammengeschlossen sind — wie „Sammlung Göschen",

„Aus Natur und Geisteswelt“, „Heidelberger rechtswissenschaftliche Abhandlungen“, „Recht und Staat“ u. ä. Nicht jedes Werk, dessen Inhalt eine Sammlung ist (z. B. eine Anthologie als Sammlung von Gedichten), ist im buchtechnischen Sinne eine Sammlung.

Auch *Kunstwerke, Abbildungen, Photographien, musikalische Werke* können zu einem Sammelwerk vereinigt werden, z. B. Meister der Farbe, Rembrandt in Auswahl, Das Museum, Handbuch deutscher Kunst. Die Zahl der Blätter oder Bilder muß ausreichen, um den Grundgedanken des Herausgebers erkennen zu lassen. Auch Teile eines solchen Sammelwerks oder lückenhafte Sammlungen sind geschützt. Die unveränderte Neuherausgabe einer bereits bestehenden Reihe von Bildern ist aus eigenem Rechte nicht schutzberechtigt, denn es fehlt die schöpferische Tätigkeit des Herausgebers (s. zu 2).

2. **Das Urheberrecht am Sammelwerk:**

Wenn jemand nach einem bestimmten Grundgedanken ein aus Beiträgen mehrerer *Autoren* bestehendes Werk herausgibt, wenn er die Beiträge beschafft, sichtet, ordnet, so wird er für diese geistige Tätigkeit als *Urheber* geschützt. Es ist nicht erforderlich, daß das Sammelwerk als solches ein einheitliches Ganzes sei. Die Grundlage ist die eigenschöpferische Auslese und Anordnung. Das Urheberrecht des Herausgebers ergibt sich also bereits aus § 1.

Die Beiträge müssen im Sinne des Sammelwerkes einander gleichwertig sein. „Ein Werk, das im wesentlichen aus einer Arbeit besteht und daneben nur noch einige untergeordnete, von anderen Verfassern herrührende Beigaben enthält, wird nicht als Sammelwerk im gesetzlichen Sinne anzusehen sein.“ (Begr.)

Der Herausgeber ist Urheber des Sammelwerks in seiner Ganzheit. Das *Urheberrecht an den einzelnen Beiträgen* behalten deren Verfasser, sofern das Sammelwerk nicht aus Beiträgen zusammengestellt ist, deren Schutzdauer verflossen ist oder die nach Entlehnungsrecht (vgl. § 19 LUG) benützt worden sind. Der Herausgeber kann demgemäß nur sein Recht am Ganzen, also z. B. das Recht zur Übersetzung des ganzen Sammelwerkes, ohne Genehmigung der Beiträger auf Dritte übertragen, nicht aber die den Beiträgern verbliebenen Rechte an den einzelnen Beiträgen (anders *Hillig* I Nr. 63, aber m. E. in Verkennung der einheitlichen Zusammengehörigkeit des Werkes; der einzelne Beiträger hat sich den Verfügungen über das ganze Werk zu fügen). Nicht jeder Herausgeber eines Sammelwerks ist schöpferischer Autor des Gesamtwerks; fordert z. B. jemand die verschiedenen Schüler des Professors X auf, zu dessen 70. Geburtstag eine Festschrift herauszugeben, für die er die Auswahl der einzelnen Themata den Mitarbeitern überläßt, so ist der Herausgeber deshalb noch nicht schon unbedingt Urheber des Sammelwerks. Will er schöpferischer Gestalter sein, so genügt es nicht, daß er die Idee gehabt hat. Durch die Idee allein, z. B. ein Handbuch der Bakteriologie als Sammelwerk zu schaffen, erlangt man noch kein Urheberrecht, sondern nur durch Formgebung. Diese Formgebung ist äußerlich nicht die gleiche wie bei dem Beiträger, der den Beitrag schreibend formt. Die Formung, die der Herausgeber leistet, ist organisatorischer Natur: Kombinationsidee mit Gerüstbau, Stoffverteilung und Richtlinien, tätige Redaktionsführung schaffen hier die Form, die ein originäres Urheberrecht des Herausgebers bedingt. Es ist nicht zutreffend, daß ein Urheberrecht am Ganzen nur durch Übertragung von Rechten der Mitarbeiter entstehe. Diese übertragen ihm oder dem Verleger das Recht, diese Einzelbeiträge zum Bestandteil des Sammelwerks zu machen, sie zu vervielfältigen und zu verbreiten, d. h. das Verlagsrecht an den Beiträgen mit dieser Zweckbestimmung.

Zwischen den einzelnen Beiträgern oder Mitarbeitern untereinander besteht kein besonderes Rechtsverhältnis; es sei denn, daß sie ohne Herausgeber oder sonstige Leiter sich selbst zusammengetan haben (Gesellschaft des bürgerlichen Rechts).

In dem geschäftlich-verlagsrechtlichen Verhältnis zwischen dem Beiträger und dem Verleger hat der Herausgeber eine Stellvertreterrolle — und zwar nach beiden Seiten. Dem Mitarbeiter gegenüber ist er der Exponent und Vertreter des Verlegers und als solcher mitberechtigt zur Durchführung der Forderungen, die der Verleger an den Mitarbeiter aus dem Verlagsvertrage hat; er hat für Einhaltung des Zeitpunktes der Einlieferung der Arbeit, für deren planmäßigen Umfang und sachdienliche Beschaffenheit zu sorgen, er ist Vollstrecker des Werkgedankens geworden, teilweise aus eigenem Recht als Herausgeber, teilweise als Vertreter der Rechte und Interessen des Verlegers.

Verantwortlich für Mitarbeiter ist der Herausgeber nicht anders als der Verleger (s. VerlG § 8, Anm. 4), er darf vermuten, daß die Mitarbeiter rechtmäßig handeln. Herausgeber i. S. der vorstehenden Ausführungen ist oftmals nicht derjenige, der z. B. auf einer Zeitschrift als solcher bezeichnet wird, sondern der *Redakteur*, der diese Arbeiten allein verrichtet (s. auch zu 3).

Wiederverwendung der Beiträge durch deren Verfasser bei periodischen Sammelwerken s. § 42 VerlG.

Schutzdauer s. § 29. Rechtsvertretung ungenannter Mitarbeiter s. § 7.

3. **Das Sammelwerk als geschäftliches Unternehmen.**

Verhältnis zwischen Herausgeber, Schriftleiter, Verleger:

a) Unter Herausgeber versteht man den geistigen Leiter eines literarischen Unternehmens, der dessen Inhalt vor der Leserwelt zu vertreten hat, der die Verhandlungen mit den Verfassern der einzelnen Beiträge besorgt und die Mitarbeiter dem Verleger gegenüber literarisch vertritt. Es kommt aber auch vor, daß der Herausgeber nur seinen Namen hergibt und der Verleger oder ein Schriftleiter die gestaltende Arbeit besorgt. Urheberrechtlich von Bedeutung ist nicht die Benennung, sondern die Tätigkeit.

Unter *Schriftleiter* oder Redakteur versteht man denjenigen, der tatsächlich die Redaktionsgeschäfte besorgt und die von den Pressegesetzen geforderte Verantwortlichkeit für den Inhalt einer Druckschrift trägt. Schriftleiter und Herausgeber können dieselbe Person sein, sind es aber nicht immer. Ist der Schriftleiter keine vorgeschobene Person (Sitzredakteur), so übt er ganz oder zum Teil die Obliegenheiten eines Herausgebers aus. Ob dies für den Herausgeber oder Verleger geschieht, ist Tatfrage. Die Stellung des Schriftleiters ist im allgemeinen mehr eine Dienststellung, deren Inhaber wechseln, ohne daß dadurch die Außenwelt berührt wird. Der Herausgeber ist dagegen mit dem Werk enger verbunden, es sei denn, daß er nur seinen Namen hergegeben hat und der Redakteur die Herausgabe praktisch besorgt.

b) *Die Rechtsstellung des Herausgebers einer Zeitschrift* kann sehr verschieden sein, je nachdem er oder der Verleger oder ein Dritter (z. B. eine wissenschaftliche Gesellschaft) „Herr des Unternehmens" (RGZ 68, 49) ist, dessen Substanz vor allem im Titel, seiner Einführung und Verbreitung (Bezieherkartei) besteht. Entweder nimmt der Verleger als die von Anfang an treibende Kraft die Sache in die Hand und stellt mittels Dienstvertrags einen Herausgeber zur Besorgung der redaktionellen Tätigkeit oder für ihn einen Redakteur an, oder der künftige Herausgeber stellt den Plan zur Zeitschrift auf, sichert sich Mitarbeiter und schließt dann mit einem Verlag ab. Im ersten Falle steht dem Verleger, im zweiten dem Herausgeber nach Lösung des Verlagsvertrags das Recht der Verfügung über die Zeitschrift, insbesondere der Anspruch zu, diese als sein Unternehmen fortzusetzen. Verleger und Herausgeber können aber auch den Plan gemeinsam aufstellen und die Herausgabe als gemeinsame, durch beiderseitige Beiträge unterstützte Angelegenheit betreiben, ohne daß einer zum andern im Abhängigkeitsverhältnis steht. Bei diesem Zusammenschluß zu einem gemeinsamen Zweck, der sich zum Gesellschaftsvertrag verdichten kann, können die Beteiligten nur gemeinsam über die Zeitschrift verfügen. Kommt es dazu bei Lösung des Vertragsverhältnisses nicht, sondern zum Erlöschen des Zeitschriftunternehmens, so steht es jedem frei, den Titel der erloschenen Zeitschrift bei einem späteren Unternehmen wieder zu benutzen, gegen Eingriffe des anderen Teils schützt dann nur die Priorität der Titelverwendung.

Grundlegend neben RGZ 68, 49 auch 115, 358 ff.; dort heißt es zur Tätigkeit eines Herausgebers: „Neben der Tätigkeit des Urhebers liegen darin höhere Dienste verschiedener Art, zum Teil auch Herbeiführung von Arbeitsergebnissen wie bei einem Werke, so daß sich mit den hier vorherrschenden Eigenschaften eines Verlagsvertrags Züge des Dienst- und Werkvertrags, auch der Geschäftsbesorgung verbinden (§§ 611 ff., 631 ff., 675 BGB). Die zwischen Herausgebern und Verleger begründete Gemeinsamkeit des vertraglich von ihnen allen zu fördernden Zweckes legt den Gedanken nahe, ob in gewissem Maße nicht außerdem Grundsätze der Gesellschaft (§§ 705 ff. BGB) anzuwenden sind."

Es kann also Dienstvertrags-, Werkvertrags-, Verlags- und Gesellschaftsrecht allein oder nebeneinander zur Anwendung kommen.

Im allgemeinen wird der **Verleger,** der das Risiko der Zeitschrift trägt, auch der „Herr des Unternehmens" sein oder werden. Der Herausgeber erwirbt zwar durch seine Arbeit für sich ein Urheberrecht, aber sein Rechtsverhältnis zum Verleger verpflichtet ihn, die Verwertung der urheberrechtlichen Befugnisse, diesem auch für die Zukunft zu überlassen. Denn zu beachten ist, daß das Urheberrecht an den einzelnen Bänden oder Heften der Zeitschrift besteht. An der „Zeitschrift" als solcher gibt es weder ein Urheber- noch Verlagsrecht (s. hierzu auch zu 4).

Der Herausgeber (oder Schriftleiter) verhandelt und schließt mit den Beiträgern ab. Diese übertragen das Werknutzungsrecht dem Herausgeber oder unmittelbar dem Verleger; welche dieser beiden Konstruktionen vorgezogen wird, dürfte keine große Bedeutung haben. Jedenfalls ist der Herausgeber verpflichtet, dem Verleger das Verlagsrecht der Beiträge zu verschaffen: er hat diese Pflicht dreifach: gemäß VerlG § 8, gemäß dem Anstellungs- oder Verlagsvertrag und weil er den Verleger nicht zum Nachdruck verleiten darf. Vgl. im übrigen zur Rechtsstellung des Herausgebers auch *Bappert* S. 40 ff. u. 240 ff.

c) Ist der *Verleger* der eigentliche tätige Herausgeber, so muß ihm das Urheberrecht am Ganzen zustehen, was aber keineswegs dasselbe ist wie sein „selbständiges Verlagsrecht" (s. u. zu 4).

d) Der *Schriftleiter* einer Zeitschrift erwirbt im allgemeinen an der Zeitschrift im ganzen keine urheberrechtlichen Befugnisse, es sei denn, daß er der eigentliche Herausgeber ist und kein Dienstvertrag besteht, auf Grund dessen die Befugnisse als auf den Verleger oder Herausgeber übertragen zu gelten haben.

Über die Stellung des Schriftleiters im Zeitungsunternehmen (Presse) vgl. RGZ 112, 34; 162, 7 ff.; 170, 45. Vgl. auch die Fälle bei *Hillig* I Nr. 167, 192, 193, 194, 335, 336, 337, 338; II Nr. 71, 124, 125; I Nr. 194 enthält das Muster eines Herausgebervertrages; ebenso *Delp* S. 47.

4. **Selbständiges Verlagsrecht an Sammelwerken?** Bei Zeitschriften, Sammelwerken und Sammlungen (Buchreihen) geht häufig die Unternehmung und Gestaltung auf den Verleger zurück, während der Herausgeber nur durch- oder ausführend tätig ist. Die Verfasser der einzelnen Werke stehen nur mit dem Verleger im Rechtsverhältnis. Der Berater des Verlegers bei der Auswahl der Werke, auch wenn er sich Herausgeber nennt, steht zum Verleger im Dienstvertrag. Erwächst hier an dem Werk für den Verleger ein dem Urheberrecht ähnliches Recht, das als ein „selbständiges (nicht abgeleitetes) Verlagsrecht" anerkannt zu werden verdient? (Näheres hierzu *Elster* in Zeitschr. f. ausl. u. intern. PrivR 1935, 364 ff. und BBl 1935 Nr. 212; über Analogie Ufita 1935, 383). *Elster* (3. Aufl.) bejaht die Frage und begründet sie wie folgt:

„Das von vornherein selbständige Verlagsrecht entsteht aus der eigenen Leistung des Verlegers, mag diese zum Teil urheberrechtlicher Art sein oder nicht. Der Verleger, der z. B. ein gemeinfreies Werk gestaltet, setzt sein fachmännisches Können daran, etwas Eigenartiges und Gutes zu gestalten. An dem Werkinhalt, dem Geistesgut, gibt es dort kein Urheberrecht, also auch kein abhängiges, von einem anderen Berechtigten dem Verleger bestelltes Verlagsrecht, es sei denn, daß der Verlaggeber das Werk aufgefunden oder seinerseits die Herausgabe eigenartig gestaltet hat und aus diesem Recht dem Verleger ein Verlagsrecht daran bestellt. Jedenfalls beruhen diese Rechte, deren juristischer Charakter nicht ganz klar liegt, nicht auf Urheberschöpfung, sondern auf einer Leistung, die an der Peripherie des Urheberrechts steht. Die eigenartige Ausgestaltung des Werkes kann auf der Textanordnung, auf der Ausstattung oder dergleichen beruhen (z. B. Prachtausgaben oder besondere Ausgaben der Klassiker). Sind solche Werke als die eigenartige Leistung eines bestimmten Verlages anerkannt, so bilden sie einen idealen Vermögensteil dieses Verlags, ähnlich den üblichen Verlagsrechten.

Wichtiger und deutlicher wird dies, wenn das Verlagsrecht aus eigenem Werkschaffen des Verlages, also auf urheberrechtlichem Grunde entsteht. So etwa bei Sammelwerken, bei Nachschlagebüchern, bei Sammlungen, überhaupt bei Werken und Serien, deren geistige Gestaltung von dem Verleger als Herausgeber maßgebend gestaltet wird, und namentlich oftmals bei Zeitschriften und Zeitungen. Hier genügt es für die Erkenntnis der Tragweite des Verlagsrechts noch nicht, auf das Urheberrecht oder Miturheberrecht des Verlegers hinzuweisen; denn 1. ein Miturheberrecht neben den anderen Beteiligten hindert häufig die Erkenntnis, daß der Verleger der Herr des Unternehmens war und ist, 2. eine Verlagsfirma als juristische Person oder als Handelsgesellschaft wird, wenn man ein originäres Urheberrecht künftig nur physischen Einzelpersonen zuspricht, eben eine andere Rechtsgestaltung suchen müssen als die urheberrechtliche, und 3. muß den Zweifelsfragen entgangen werden, die darauf beruhen, daß man die fachmännisch-verlegerische Gestaltung des Werkes vielfach nicht als geistiges Werkschaffen, sondern nur als eine „Idee" oder als Schöpfung eines mehr äußerlichen Aufbaues anzusehen beliebt oder vermag. Es ergibt sich hieraus und aus den zu 3 angeführten RG-Entscheidungen, daß sich neben einem vom Urheberrecht abhängigen Teil des Verlagsrechts ein — noch etwas unbestimmbar, aber tatsächlich vorhandenes — starkes Selbstrecht des Verlegers an dem Werk als Ganzem erkennen läßt".

Diese Gedanken würden jedenfalls zum größeren Teil verwirklicht, wenn man in Zukunft einen Leistungsschutz für Herausgeber vorsieht, wie er auch in § 53b AK-Entwurf vorgeschlagen wird. *Möhring* tritt für ein echtes Urheberrecht an dem Sammelwerk, also der Zeitschrift als solcher ein, um sie auch dem Zugriff von Gläubigern zugänglich machen zu können.

§ 5

Wird ein Schriftwerk mit einem Werke der Tonkunst oder mit Abbildungen verbunden, so gilt für jedes dieser Werke dessen Verfasser auch nach der Verbindung als Urheber.

§ 7

Wird ein Werk der bildenden Künste mit einem Werke der Photographie verbunden, so gilt für jedes dieser Werke dessen Urheber auch nach der Verbindung als Urheber. Das gleiche gilt, wenn ein Werk der bildenden Künste oder ein Werk der Photographie mit einem Werke der Literatur oder der Tonkunst oder mit einem geschützten Muster verbunden wird.

1. **Gemeinschaftliche Werke:** Die Vorschrift ist mit § 6 zu lesen. Die Entwürfe (§ 8 RJM; § 6 AK) stellen den dort ausgesprochenen Grundsatz voran. AK-Entw. lehnt jedoch die Bruchteilsgemeinschaft ab und statuiert die Gemeinschaft zur gesamten Hand. Das Miturheberrecht setzt jedenfalls ein auf gemeinschaftlichem Schaffen beruhendes einheitliches Werk voraus. Den Gegensatz dazu bildet die Verbindung von Werken verschiedener Art, sie begründet an sich kein Miturheberrecht. Das geltende Recht nimmt diesen Grundsatz vorweg. Davor steht aber noch die *Vereinbarung*, die die mehreren Autoren über die ihnen durch die Verbindung oder das gemeinschaftliche Schaffen zustehenden Befugnisse oder über deren Beschränkungen etwa treffen (s. im übrigen Anm. zu § 6).

2. **Zusammengesetzte Werke:** a) *Tonkunst mit Text.*

Verbindet sich ein Komponist mit einem Schriftsteller zu einer gemeinsamen Arbeit, läßt er sich von diesem einen Text schreiben oder benutzt er einen vorhandenen, so entsteht dadurch kein Miturheberrecht. Jeder Anteilsschöpfer behält sein selbständiges Urheberrecht, das des Komponisten überwiegt insofern, als es zur öffentlichen Aufführung eines solchen Werkes nur seiner Einwilligung bedarf (§ 28 Abs. 2). Die Bestimmung soll mit Recht gestrichen werden. Aber auch jetzt schon bleibt das Verfügungsrecht des Textdichters über den Text allein unberührt, soweit die Belange des Komponisten nicht beeinträchtigt werden; namentlich auch dann, wenn der Text schon vor der Tondichtung entstanden und in Verlag gegeben worden ist.

Miturheberrecht kann jedoch vorliegen, wenn der Komponist auch am Text (Alleinurheberrecht des Komponisten an der Musik und Miturheberrecht des Komponisten und des Dichters am Text) oder der Dichter am musikalischen Teil (Alleinurheberrecht des Dichters am Text und Miturheberrecht beider an der Musik) mitgearbeitet hat, oder wenn beide sowohl den Text wie die Musik geschaffen haben (Miturheberrecht an Text und Musik). Aber dies ist nicht schon dann der Fall, wenn die Werke zum Zweck ihrer Verbindung geschaffen worden sind. Mit Recht sagt die Begründung RJM-Entw. S. 41: „Der Komponist einer Oper wird dadurch allein, daß er einen von ihm bestellten Text vertont, nicht zum Miturheber des Textbuches; ebensowenig ginge es an, den Verfasser des Textbuches schon deshalb als Miturheber des musikalischen Teils der Oper zu behandeln, weil die Schöpfung des Komponisten durch den Text beeinflußt worden ist“; a. A. vor allem *Goldbaum* Anm. I u. II zu § 5, nach dessen Meinung regelmäßig Musik und Text so ineinandergreifen, daß die Schöpfer am Gesamtwerk zur gesamten Hand berechtigt sind.

Das ist falsch und auch unzweckmäßig (ebenso *Marwitz-Möhring* § 5 Anm. 2). Grundsätzlich müssen Textdichter und Komponist unabhängig in der Verfügung über ihre urheberrechtlichen Befugnisse sein (vgl. § 6 Anm. 2).

Das Recht zur Aufführung und zum Vortrag kann von jedem Einzel-Urheber gesondert vergeben werden; dadurch werden auch nicht die Urheberpersönlichkeitsrechte des anderen verletzt. Ist nichts Gegenteiliges vereinbart oder aus den Umständen zu entnehmen, so bleibt es jedem Werkschöpfer auch gestattet, sein Werk aus der Verbindung herauszunehmen und eine andere Verbindung einzugehen. Die in der 3. Auflage vertretene Auffassung, daß bei Verbindung nicht gleichwertiger Werke dieses Recht im Interesse der Allgemeinheit zugunsten des Urhebers des besseren Partnerstücks auch dann bestehen soll, wenn eine abweichende Vereinbarung vorliegt, ist abzulehnen.

Nach *Erlöschen der Schutzfrist* wird der Teil des betreffenden Partners frei. Die Schutzfrist, die für den anderen Teil läuft, bleibt bestehen (ebenso *Allfeld* § 5 Anm. 3). Erlischt z. B. die Schutzfrist an der Musik einer Oper vor der des Textes, so wird dadurch nur die Befugnis des Tondichters beseitigt, auch die Vervielfältigung, Verbreitung oder Aufführung des Textes zu erlauben.

Will man eine freigewordene Operettenmusik, z. B. von J. Strauß mit einem neuen Text oder einem Film verbinden (etwa als Tonfilm), d. h. auf den noch geschützten bisherigen Text verzichten, so ist kein rechtlicher Grund zu sehen, der dem im Wege stünde. Der für solche Fragen meist herangezogene „Carmen"-Fall (RGZ 71, 92) lag anders, so daß er für den hier gedachten Vorgang als Präjudiz nicht gelten kann, denn dort handelte es sich nur darum, ob durch Erlöschen des Urheberrechts des deutschen Textübersetzers der Text gemeinfrei werde, oder ob, was das RG bejaht hat, die noch laufende Schutzfrist für den französischen Originaltext dem Freiwerden der deutschen Übersetzung im Wege stehe. Mit dem Rechtsverhältnis zwischen Text und Musik hat diese Entscheidung also an sich nichts zu tun. Auch in dem „Afrikanerin"-Fall (RGZ 67, 84) handelt es sich nur um die Vertretungsbefugnis des Komponisten für den Textdichter nach § 28 Abs. 2 LUG. RG in JW 1908, 390 betont nach einer Erörterung der Fragen der §§ 20 und 28 den Grundsatz, daß nach Erlöschen des UR jeder Teil seiner eigenen Rechtslage folge. Der „Fledermaus"-Fall (KG Ufita 1934, 308) bringt sogar das Kuriosum mit sich, daß durch das lange Leben des einen der beiden Verfasser des französischen Lustspiels „Le Réveillon", das zwei andern Verfassern als Vorlage des Operettentextes der „Fledermaus" diente, den Urheberrechtsträgern der Musik der Schutz noch länger zukommt, als dies sonst geschehen wäre, denn der Text war eine von jenem Lustspiel abhängige Bearbeitung. Diese Grundsätze gelten natürlich auch für eine *Rundfunksendung* von Tonwerken mit Text, für die (*Elster* in Arch. f. Funkrecht 1929, 14 ff.) die Erlaubnis des Komponisten und des Textdichters eingeholt werden muß, wie auch für den Tonfilm.

b) **Schriftwerke mit Abbildungen** *und künstlerischer Ausstattung.* Der gewöhnliche Hergang bei der Entstehung eines illustrierten Werkes ist, daß der Verleger die Abbildungen oder den Buchschmuck auf seine Rechnung bestellt oder beschafft. Aber es kann auch vorkommen, daß sich Schriftsteller und Künstler zu freiem Schaffen miteinander verbinden. Mitunter (Hölderlins Schicksalslied, komponiert von Brahms, illustriert von Klinger) gesellt sich der Tondichter hinzu. Durchwegs bestehen *getrennte Urheberrechte*, da es sich um zusammengesetzte Werke und nicht um Mitwirkung des Urhebers des einen Teils bei der Schöpfung des verbundenen andern Teils handelt.

Wenn ein Verleger die Herstellung eines Schriftwerkes in Papier, Satz, Zierrat, Einband von einem Künstler anordnen läßt oder selbst anordnet, so kann diese Anordnung Gegenstand eines besonderen Ausstattungsschutzes sein, der dem Schriftautor nicht zuwächst. (Vgl. Anm. III A 1c zu § 1 S 12.)

c) Zur Abgrenzung zwischen zusammengesetzten und gemeinschaftlichen Werken s. auch § 6 Anm. 2 S. 57.

3. **Die Schutzfrist** bei zusammengesetzten Werken, an denen selbständige Urheberrechte bestehen, berechnet sich nach § 29. Liegt Miturheberrecht vor (beide Teile haben sowohl am Schriftwerk wie an der Komposition oder den Abbildungen mitgeschaffen), so gilt § 30. Doch kann bei einer Oper, bei der an der Komposition und am Text Alleinrechte bestehen, im Falle des früheren Todes des Komponisten die für sein Werk nach § 29 laufende Frist tatsächlich von der längeren Textschutzfrist Vorteil ziehen, weil das Bedürfnis nach Vervielfältigung der Musikstücke allein ohne den noch geschützten Text (abgesehen von Bearbeitungen, Potpourris, Klavierauszügen ohne Text) seine Grenzen hat.

Ist von zwei Alleinurhebern eines gemischten Werkes der eine Deutscher, der andere *Ausländer*, so ist der Werkanteil des Ausländers nach § 55 und nach der RBÜ Art. 7 geschützt, sofern die Schutzvoraussetzungen dieser Bestimmungen vorhanden sind.

§ 6

Haben mehrere ein Werk gemeinsam in der Weise verfaßt, daß ihre Arbeiten sich nicht trennen lassen, so besteht unter ihnen als Urhebern eine Gemeinschaft nach Bruchteilen im Sinne des Bürgerlichen Gesetzbuchs.

§ 8

Haben bei einem Werke mehrere in der Weise zusammengewirkt, daß ihre Arbeiten sich nicht trennen lassen, so besteht unter ihnen als Urhebern eine Gemeinschaft nach Bruchteilen im Sinne des Bürgerlichen Gesetzbuchs.

1. **Drei Verbindungsarten** kennt das Gesetz.

1) Das einheitliche Werk aus untrennbaren Teilen (§ 6); 2) das einheitliche Werk aus trennbaren Teilen (§ 5); 3) das Sammelwerk (§ 4). Von diesen ist das Sammelwerk oder die Sammlung (s. § 4) in gewissem Sinn auch ein einheitliches Werk aus trennbaren Teilen; aber doch in anderer Art als eine aus Text und Musik zusammengefaßte Oper: § 5.

Für 1) ist Miturheberrecht, für 2) und 3) getrenntes Urheberrecht vorgesehen. Die Tatbestände der Einheitlichkeit des Werkes und die Trennbarkeit der Teile sind keineswegs eindeutig.

2. **Einheitliches Werk, Untrennbarkeit der Anteile:** Einheitliches Werk ist nicht ohne weiteres gleichbedeutend mit Untrennbarkeit der Anteile; auch nicht mit „Ununterscheidbarkeit" der Teile ist die Untrennbarkeit gleichbedeutend; insoweit bildet die Fassung des Gesetzes „ein Werk, bei dem die Arbeiten sich nicht trennen lassen", keine klare Anweisung. Man kann z. B. von einem Oratorium behaupten, daß die Ergebnisse des Werkschaffens eine untrennbare Einheit bilden, nämlich wenn man das Werk als unveränderliches Geistes- oder Kunstgut ansieht, so daß die Musik ohne den Text eben nicht das Oratorium, der Text ohne Musik ebenfalls nicht das Oratorium ist. Das Gesetz meint die Trennbarkeit aber nicht ästhetisch und werkgemäß, sondern rein tatsächlich, reiht daher solches Oratorium oder eine Oper unter die verbundenen Werke und meint unter den einheitlichen untrennbaren in tatsächlichem Sinne diejenigen, bei denen man die Anteile der mehreren Schöpfer gar nicht mehr voneinander abzugrenzen vermag, weil sie *unbegrenzt zusammengeflossen* sind. Man muß das „einheitliche" Werk also scheiden in a) gemeinschaftlich geschaffenes, bei dem die Schaffensteile durcheinanderfluten, und b) zusammengesetztes (verbundenes), bei dem die Teile, obwohl sie im Ergebnis eine Einheit bilden sollen, doch tatsächlich auseinanderseziert werden könnten. Aber es kann Grenzfälle geben. Denn „einheitlich" deutet auf ein Ergebnis, „gemeinschaftlich" oder „zusammengesetzt" aber auf den Schaffensvorgang. Gemeinschaftlich betätigen sich vor allem Autoren auf dem *Gebiet der leichten Kunst* (Beispiele: *Revuen* werden vom Theaterdirektor und verschiedenen Mitarbeitern verfaßt; der Drehbuchautor und der Regisseur machen den Film; Schwänke, Lustspiele, Operettentexte beruhen vielfach auf gemeinschaftlicher Arbeit derart, daß sich die Teilleistungen nicht mehr zu Teilen des Gesamtwerkes zerlegen lassen oder daß die Teilleistungen zwar noch feststellbar, aber für sich allein unverwertbar sind. Dann entsteht Miturheberschaft. Das ist auch bei *wissenschaftlichen Arbeiten* möglich (vgl. dazu *Ulmer* S. 125). Werkverbindungen wie Opern, Lieder, Bauten mit schmückenden Kunstwerken, Tonfilme, bebilderte Schriftwerke sind trennbar, auch wenn z. B. die Musik für das Stück oder das Stück für den bestimmten Komponisten (Hofmannsthal — Richard Strauß) geschrieben wurde, begründen also kein Miturheberrecht. Schuberts Erlkönig-Musik ist ohne den Textgedanken und den Text selbst ein Torso, Goethes Gedicht jedoch nicht. Der Begriff der Einheitlichkeit ist also oft nur von einer Seite aus zutreffend und dann kein ausreichender Grund für ein Miturheberrecht (vgl. *Elster* in GRUR 1930, 404 ff.).

Geistige Mitarbeit kann auch ohne Beherrschung der technischen Mittel bestehen und Miturheberrecht begründen (RGSt in GRUR 1936, 446).

3. Beschränkt sich die Tätigkeit eines Mitarbeiters auf die Ausführung fremder Gedanken, ohne eigene schöpferische Tätigkeit zu entwickeln, so ist er nur *Gehilfe* (vgl. RGZ 108, 62) und hat kein Miturheberrecht. Solche Gehilfenarbeit ist z. B. bei Schriftwerken die Überarbeitung der

Form, die Einfügung von Verweisungen, die Anfertigung eines Sachregisters; bei Werken der Tonkunst das Anpassen schwieriger Stellen eines Violinkonzerts an die Spieltechnik, das Einrichten eines Stückes für andere Instrumente, für höhere oder tiefere Stimme; bei einem Werke der Baukunst das Auszeichnen des Baurisses; bei Gemälden die Vollendung des im wesentlichen Fertigen durch einen anderen (Werkstattbilder); bei Plastiken die Ausführung des Modells in Marmor; bei Photographien das Entwickeln und Kopieren.

Der *Besteller* (z. B. Verleger) kann Miturheber werden, wenn sich seine Tätigkeit nicht darauf beschränkt, den Anstoß zum Werk zu geben und dessen allgemeinen Inhalt, Ideengang und Form der Behandlung zu bezeichnen, sondern durch *nachhaltige Beeinflussung des Plans* nach Inhalt und Form zu einem wesentlichen geistigen Anteil an der Formgebung des Werkes wird (*Elster*, Das Urheberrecht des mittätigen Anregers, insbesondere des Verlegers, GRUR 1912, 99 ff.). *Runge*, Verleger als Miturheber, BBl. 51, 217, verneint im allgemeinen ein Miturheberrecht des Verlegers, auch bei Fachbüchern.

Abwegig auch das KG-Urteil in Ufita 1936, 9 ff.; dazu BBl 1935 Nr. 269; denn dort war Idee und Formgebung tatsächlich nicht richtig unterschieden; der Oberleiter des Films hatte die Gestaltung des „Drehbuchs“, d. h. des Textes und des Ganges der Handlung, im ganzen und in Einzelheiten positiv beeinflußt.

Ergänzung oder *Vollendung eines unvollendeten Werkes* oder Umarbeitung wird in der Regel bloße Bearbeitung sein, also nur unter besonderen Umständen zur Miturheberschaft führen; im allgemeinen erwirbt der *Bearbeiter* originäres Urheberrecht nur an seinen Zutaten und Änderungen. So besteht auch bei der Dramatisierung eines Romans, wenn sie im einzelnen Falle gestattet wird, kein Miturheberrecht zwischen dem Verfasser des Romans und dem der Dramatisierung, da das Drama gegenüber dem Roman ein neues Werk ist (s. § 2 Anm. 3a S. 39).

Bei einem Sammelwerk kommt Miturheberschaft zwischen mehreren Herausgebern in Frage (vgl. § 4 Anm. 2 S. 49).

Miturheberrechtsähnliche Beziehungen entstehen auch dann, wenn einer Mehrzahl von Personen von einem oder mehreren Urhebern das Recht durch Vertrag übertragen wird; wenn ein Urheberrecht durch Erbgang oder Vermächtnis auf mehrere Personen übergeht oder wenn (§ 29 Satz 2) mehrere (Mit-)Eigentümer eines unveröffentlichten Werkes vorhanden sind. Jedoch steht die Mitberechtigung kraft Rechtsnachfolge der Miturheberschaft nicht gleich. Im Falle der Miterbschaft ist die Gemeinschaft eine solche zur gesamten Hand (vgl. § 8 Anm. 1 S. 64).

4. **Rechtsverhältnis der Miturheber:** Die Miturheberschaft bildet eine Gemeinschaft nach Bruchteilen i. S. von § 741 ff. BGB. Die Anwendung dieser Bestimmungen setzt voraus, daß nicht ausdrücklich oder stillschweigend etwas anderes, z. B. ein Gesellschaftsverhältnis vereinbart ist. Abgesehen davon ist zu berücksichtigen, daß das Urheberpersönlichkeitsrecht nur eine sinngemäße Anwendung der zit. Vorschriften des BGB zuläßt. Besteht kein Anlaß zur Annahme einer besonderen Vereinbarung, so gilt folgendes:

a) Im Zweifel stehen den Miturhebern *gleiche* (ideelle) *Anteile* zu, nach diesen richten sich auch die Anteile an den Erträgnissen (Honorare, Tantiemen) sowie an den Herstellungs- und Unterhaltungskosten (§ 743, 748 BGB). Jeder Miturheber kann über seinen Anteil verfügen (§ 747 S. 1 BGB).

b) Über das *Werk als Ganzes* kann nur von allen Miturhebern gemeinsam (§ 747 Satz 2) verfügt werden. Vergebung des Verlags-, Verbreitungs- und Aufführungsrechts, Verpfändung des Urheberrechts oder Bestellung eines Nießbrauchs an ihm, Übertragung des Übersetzungs-, Bearbeitungs- oder eines anderen einzelnen Benutzungsrechts sind Verfügungen über das Werk als Ganzes i. S. v. § 747 Satz 2; a. A. z. T. *Marwitz-Möhring* § 6 Anm. 4 — S. 61, die hierunter nur die Abtretung ausschließlicher Rechte verstehen. Die Zustimmung darf aber nicht willkürlich versagt werden. Die Grenze liegt nicht bei § 226 BGB (Schikaneverbot), schon die Grundsätze von Treu und Glauben (242 BGB) und die dem Urheberrecht immanente „soziale Gebundenheit" (vgl. § 1 I 2 S. 4) können den Teilhaber zur Erteilung seiner Zustimmung verpflichten.

Verletzt ein einzelner Miturheber die nur der Gesamtheit zustehenden Rechte, so macht er sich in gleicher Weise schadensersatzpflichtig und straffällig (§ 36 ff.) wie ein Dritter.

c) Für Maßnahmen, die einer ordnungsmäßigen Verwaltung und Benutzung des gemeinschaftlichen Urheberrechts dienen, wie z. B. Vereinbarung von Einzelheiten eines grundsätzlich beschlossenen Verlagsvertrags, unwesentliche Änderungen des Werkes, Herstellung von Auszügen u. dgl. genügt ein Beschluß der Mehrheit. Die Stimmenmehrheit wird nach der Größe der Anteile berechnet (§ 745 BGB). Wer seine Zustimmung ohne hinreichenden Grund verweigert, kann darauf verklagt werden. Die zur Erhaltung notwendigen Maßnahmen kann jeder Urheber allein treffen, insbesondere also Urheberrechtsverletzungen selbständig verfolgen (so auch *Ulmer* S. 128); dazu gehört nicht nur der Unterlassungsanspruch, sondern auch der Schadensersatzanspruch (a. A. *Marwitz-Möhring* § 6 Anm. 4 S. 60).

Die *Aufhebung der Gemeinschaft* (s. o. zu a) kann, da der Gegenstand des Rechts unteilbar und das Urheberrecht als solches mit Rücksicht auf seinen persönlichkeitsrechtlichen Gehalt unübertragbar ist, nur durch eine Veräußerung der gesamten Benutzungsrechte, also mit Zustimmung der einzelnen Miturheber, oder durch deren Aufteilung unter die Miturheber erfolgen. Ein Zwangsverkauf, wie es das BGB vorsieht, ist ebenso wie die Zwangsvollstreckung ohne Zustimmung aller Miturheber unzulässig (ebenso *Ulmer* S. 129).

Hat eine Ehefrau in Gemeinschaft mit ihrem Manne ein geschütztes Werk hergestellt, so fällt ihr Anteil am gemeinschaftlichen Urheberrecht und dessen Erträgnissen bei gesetzlichem Güterstande unter ihr Vorbehaltsgut (BGB § 1367), bei Gütergemeinschaft gemäß den die Frage des dortigen Vorbehaltsguts erschöpfend regelnden §§ 1440 Abs. 2, 1526 Abs. 1, 1549 BGB ins Gesamtgut.

d) Das *Miturheberrecht erlischt*, abgesehen von Verzicht, erblosem Tod des Berechtigten sowie Ablauf der gesetzlichen Schutzfrist (LUG § 30), durch Vereinigung sämtlicher Mitberechtigungen in der Person eines Miturhebers oder eines Dritten, mag sie durch Anwachsung der Teilrechte nach Wegfall aller übrigen Berechtigten vor sich gehen oder durch Übertragung unter Lebenden (Vertrag) oder von Todes wegen (Erbfolge, Vermächtnis) oder endlich durch Auseinandersetzung der Gemeinschaft. Daß bei Ausscheiden eines Miturhebers aus der Gemeinschaft ohne Rechtsnachfolge sein Anteil dem anderen Miturheber anwächst, ist herrschende Meinung (vgl. *Ulmer* S. 129).

5. *Zwangsvollstreckung* s. § 10 Anm. 2 (vgl. auch KG in Ufita 1938, 300).

§ 7

Enthält ein erschienenes Werk auf dem Titelblatt, in der Zueignung, in der Vorrede oder am Schlusse den Namen eines Verfassers, so wird vermutet, daß dieser der Urheber des Werkes sei. Ist das Werk durch Beiträge mehrerer gebildet, so genügt es, wenn der Name an der Spitze oder am Schlusse des Beitrags angegeben ist.

Bei Werken, die unter einem anderen als dem wahren Namen des Verfassers oder ohne den Namen eines Verfassers erschienen sind, ist der Herausgeber, falls aber ein solcher nicht angegeben ist, der Verleger berechtigt, die Rechte des Urhebers wahrzunehmen.

Bei Werken, die vor oder nach dem Erscheinen öffentlich aufgeführt oder vorgetragen sind, wird vermutet, daß derjenige der Urheber sei, welcher bei der Ankündigung der Aufführung oder des Vortrags als Verfasser bezeichnet worden ist.

§ 9

Ist auf einem Werke der Name eines Urhebers angegeben oder durch kenntliche Zeichen ausgedrückt, so wird vermutet, daß dieser der Urheber des Werkes sei.

Bei Werken, die unter einem anderen als dem wahren Namen des Urhebers oder ohne den Namen eines Urhebers erschienen sind, ist der Herausgeber, falls aber ein solcher nicht angegeben ist, der Verleger berechtigt, die Rechte des Urhebers wahrzunehmen.

Dazu: RBÜ Art. 15.

1. **Vermutung der Urheberschaft:** Urheber ist wer das Werk geschaffen hat. Als Schöpfer und damit als Träger des Urheberrechts wird (bis zum Beweis des Gegenteils) derjenige angesehen, der auf den Vervielfältigungen des erschienenen Werks an bestimmten Stellen als Verfasser namentlich genannt ist; bei Kunstwerken derjenige, dessen Namen oder Zeichen auf dem Originalstück angebracht ist. Die Entwürfe geben mit Recht die Beschränkung auf bestimmte Stellen auf, fordern nur Bezeichnung „in der üblichen Weise" und schließen (außer Entw. Hoff) die Photographie ausdrücklich ein. Die Vermutung greift aber auch bei allen sonstigen schutzwürdigen Werken Platz, also auch bei Werken der Ton-

kunst, Vorträgen, Reden, Aufführung von Bühnenwerken, Rundfunksendungen (Abs. 3).

2. Dem **Decknamen** (Pseudonym) legen die Entwürfe die gleiche Bedeutung bei. Dies entspricht auch dem geltenden Recht. In Abs. 1 ist nicht zwischen wahren und falschen Namen zu unterscheiden und Abs. 2 soll nur durch Legitimierung des Herausgebers oder Verlegers die Möglichkeit schaffen, die Rechte des Urhebers wahrzunehmen, ohne daß die Aufgabe der Pseudonymität oder Anonymität notwendig wird. Die Stellung des Herausgebers oder Verlegers ist nur die eines gesetzlichen Vertreters (so *Goldbaum,* S. 70; *Daude,* S. 24), allerdings mit der sich aus diesem Zweck der Vorschrift ergebenden Maßgabe, daß er sich gegenüber Ansprüchen, die gegen den Urheber zu richten wären, nicht auf die Vertretung berufen kann, sondern selbst dafür einzustehen hat (vgl. KG Ufita 1938, 296). Der *Umfang der Vertretungsmacht* ergibt sich aus dem Treueverhältnis, das den Verleger mit dem Urheber und ebenso natürlich auch den Herausgeber mit ihm verbindet. Denn ihr gemeinsames Schutzobjekt ist das Werk; der Inhalt des Schutzes ist auch keineswegs eng aufzufassen. Der für die Werksbezeichnung gewählte Name ist aber nicht ohne weiteres als bürgerlicher Name vor Behörden verwendbar (vgl. z. B. preuß. VO vom 25. Juni 1934 — GS S. 316 — und RdErl. des MdI vom 25. Juni 1934 — MBliV S. 886 —). Eine neue gesetzliche Regelung des Namensführungsrechts wird vom Bundesgesetzgeber vorbereitet.

Bei der Berechnung der *Schutzfrist* ist die rechtliche Behandlung unterschiedlich.

Werke, die unter einem Decknamen erscheinen (falschbenannt, pseudonym) oder ohne Namen (unbenannt, anonym), genießen die Schutzfrist nur vom Erscheinen an, die aber durch rechtzeitige Eintragung des wahren Namens auf fünfzig Jahre nach dem Tode erweitert werden kann (§ 31). Die Erweiterung ist auch dann anzunehmen, wenn der sich hinter dem Decknamen verbergende wahre Name offenkundig ist. Der nur einmal verwendete frei gewählte Name ist dadurch noch nicht Künstlername (anerkannter Deckname) geworden (KG in Ufita 1940, 36). Die anfänglich unterbliebene Nennung des Verfassernamens kann also mit voller Rechtswirkung nachgeholt werden; doch ist auf Bestreiten dann die Urheberschaft nachzuweisen. Die Nennung des wahren Namens erst in einer späteren Auflage ergreift die früheren Auflagen mit (vgl. *Hillig* in BBl 1912, 275; RGZ 139, 327).

Über *„Nebenluftausgaben"* s. Anm. 4 zu § 31.

3. **Nennung des Namens ein Recht des Verfassers:** Das Recht des Verfassers oder Herausgebers, daß sein Werk unter seinem Namen in der Öffentlichkeit erscheine und genannt werde, ist im LUG nicht ausdrücklich festgelegt, folgt aber aus dem Wesen des Urheberpersönlichkeitsrechts (s. § 11 Anm. II 2 S. 75) sowie aus den Änderungsverboten des LUG § 9 und VerlG § 13. Auch in Ankündigungen des Werks darf der Verleger den Namen nicht weglassen oder ändern (vgl. *Hillig* I Nr. 230, 231). S. auch AK-Entw. § 10 a Abs. 2.

Die Verwendung des Namens eines Verfassers für ein nicht von ihm verfaßtes Werk bedarf der Einwilligung des Verfassers oder seiner Rechtsnachfolger. Aber auch dann können Dritte dagegen wegen unlauteren Wettbewerbs einschreiten (vgl. *Hillig* I Nr. 271), weil der geschäftliche Verkehr vor Irreführungen zu schützen ist. Zum Schutz des Namens im Wettbewerbsrecht s. vor allem *Reimer* WuM S. 264 ff. und *Ulmer* S. 323.

4. Erscheinen:

a) Der Begriff des Erscheinens ist auch wichtig für die Anwendung anderer Bestimmungen (z. B. §§ 10, 19, 20, 21, 22, 23, 27, 35, 55, 62 sowie VerlG § 42), auch bei internationalen Fragen. *Erscheinen* ist eine besondere Form der Veröffentlichung: sobald Vervielfältigungen dem Verkehr zur Verfügung gestellt sind, ist das Werk erschienen. Nicht erforderlich ist, daß das Werk im Buch- oder Kunsthandel in Verkehr gebracht ist. Jedes öffentliche Angebot von Vervielfältigungen des Werkes erfüllt den Begriff „Erscheinen". Auch ein an der Theaterkasse öffentlich zum Verkauf vorliegendes Textbuch ist als erschienen anzusehen; Museums- und Ausstellungskataloge, sofern diese nicht nur für den Innengebrauch „als Manuskript" gedruckt sind. Denn es kann z. B. nicht der Sinn des Gesetzes sein, die Zitaterlaubnis verschieden zu behandeln, je nachdem ob die Bücher, Kataloge o. dgl. dem Publikum durch Vermittlung des Buchhandels oder ohne diese Vermittlung zugänglich gemacht worden sind, wenn sie ihnen nur überhaupt als allgemein erwerbbare Druckschriften zugänglich waren.

Das Werk muß nicht nur angeboten, sondern auch tatsächlich käuflich zu haben sein. Nach buchhändlerischem Gewohnheitsrecht, das in der Verkaufs- und Verkehrsordnung (letzte Fassung vom 8. Juni 1935) seinen Ausdruck gefunden hat, gilt als *Tag des Erscheinens* der Tag, an dem der Titel des Werkes im „Verzeichnis der Neuigkeiten" oder unter „Erschienene Neuigkeiten des deutschen Musikalienhandels" im Börsenblatt veröffentlicht ist (§ 4 Abs. 4 VerkO).

Wenn Noten nur in wenigen Abzügen hergestellt und diese zu Aufführungs- oder Aufnahmezwecken „verliehen" (vermietet) werden, ist das Werk noch nicht erschienen (vgl. § 22 Anm. 2 d).

Ein Bühnenwerk ist erschienen, wenn es als Buch in den Handel gekommen ist (KG in Ufita 1938, 300).

Wie viele Exemplare fertig ausgedruckt zum Verkauf liegen, ist gleichgültig; nach RGZ 107, 277 und 111, 14 genügt unter Umständen eines oder einige wenige. Das Ausstellen oder optische Vorführen eines Kunstwerkes oder einer Photographie gilt nicht als „Erscheinen".

b) „Erscheinen" ist ein Akt der *Veröffentlichung*. Dieser Begriff geht also weiter; veröffentlichen heißt: das Werk der Öffentlichkeit zugänglich machen, gleichviel auf welche Art das geschieht (so auch AK-Entw. § 9).

c) Ein Werk gilt aber nur dann als veröffentlicht, wenn es vom Berechtigten selbst oder mit *Zustimmung* des Berechtigten der Öffentlichkeit zugänglich gemacht worden ist, wenn also dieser entweder vorher in die Veröffentlichung eingewilligt oder sie nachträglich genehmigt hat. Berechtigt zur Veröffentlichung ist der Träger des Urheberrechts oder derjenige, dem das Werknutzungsrecht der Veröffentlichung übertragen oder eingeräumt ist, wie z. B. der Verleger (RJM-Entw. Begr. S. 44).

d) Begriff der Veröffentlichung nach *Konventionsrecht* Art. 4 Abs. 4 RBÜ.

§ 8

Das Recht des Urhebers geht auf die Erben über.

Ist der Fiskus oder eine andere juristische Person gesetzlicher Erbe, so erlischt das Recht, soweit es dem Erblasser zusteht, mit dessen Tode.

Das Recht kann beschränkt oder unbeschränkt auf andere übertragen werden; die Übertragung kann auch mit der Begrenzung auf ein bestimmtes Gebiet geschehen.

§ 10

Das Recht des Urhebers geht auf die Erben über.

Ist der Fiskus oder eine andere juristische Person gesetzlicher Erbe, so erlischt das Recht, soweit es dem Erblasser zuteht, mit dessen Tode.

Das Recht kann beschränkt oder unbeschränkt auf andere übertragen werden; die Übertragung kann auch mit der Begrenzung auf ein bestimmtes Gebiet geschehen.

Die Überlassung des Eigentums an einem Werke schließt, soweit nicht ein anderes vereinbart ist, die Übertragung des Rechts des Urhebers nicht in sich.

1. **Vererbung des Urheberrechts:**

Auf den oder die Erben geht das Recht des Urhebers im ganzen Umfange über, sowohl das Persönlichkeitsrecht wie die Benutzungsrechte, soweit sie der Urheber bei Lebzeiten nicht durch Vertrag anderen übertragen hat. Dies entspricht auch den internationalen Verträgen (RBÜ) und dem Gedanken der fünfzigjährigen Schutzfrist. Insbesondere sollen die Erben auch die Persönlichkeitsrechte des Verstorbenen wahrnehmen können, was immerhin bedenklich ist und dem Begriff des Rechts als eines höchstpersönlichen widerspricht. Wenn die Erben nicht nahe Angehörigen sind, wird für sie auch das Persönlichkeitsrecht nur kommerzielle Bedeutung haben. Es ist deshalb erwogen worden, die Befugnisse, die aus dem persönlichkeitsrechtlichen Teil des Urheberrechts fließen, auf nahe Angehörige übergehen zu lassen (so das poln. und das ital. URG). Dagegen wird eingewandt, daß sich das Persönlichkeitsrecht nicht von den Benutzungsrechten trennen läßt (*Ulmer*). Bejaht man die Vererblichkeit, so bin ich der Meinung, daß die Rechte daraus nur nahen Angehörigen oder dem Erblasser besonders vertrauten Personen überlassen werden sollten. Die Bedenken, die *de Boor* gegen diesen früher selbst von ihm vertretenen Vorschlag äußert (Beiträge zum Handels- und Wirtschaftsrecht 1950 S. 708), überzeugen nicht.

Selbst wenn sich verschiedene Träger beider Rechte ergeben, ist eine etwaige Spannungslage zwischen ihnen eher in Kauf zu nehmen, als eine den Interessen des Schöpfers zuwiderlaufende geistige, d. h. dann ungeistige Betreuung.

Durch *Testament* oder *Erbvertrag* können andere Personen als die gesetzlichen Erben zu Erben berufen werden. Der Erblasser kann auch gerade in Bezug auf das Urheberrecht besondere Bestimmungen (Verwaltung und Verwertung durch einen Testamentsvollstrecker, Auflagen an die Erben u. a.) treffen. Er kann es auch einer bestimmten Person als Vermächtnis aussetzen, der es dann die Erben zu übertragen haben. Hat der Erblasser nicht das Vertrauen zu seinen Erben, daß sie seinen literarischen und künstlerischen Nachlaß verständnisvoll verwalten, insbesondere sein Urheberpersönlichkeitsrecht gebührend beachten werden, so soll er von diesen Möglichkeiten Gebrauch machen und die Verwaltung und Betreuung des Nachlasses in ihm geeignet erscheinende Hände legen. Geschieht dies nicht, so bestehen außer den allgemeinen Grenzen, die für jedes Urheberrecht bestehen, keine weiteren Schranken für die Erben (anders 3. Aufl.). Das Verbot des Erblassers, das Werk zu veröffentlichen, bindet an sich die Erben nicht.

Bei *mehreren Erben* gelten die §§ 2032 ff. BGB (§ 6 LUG greift nicht ein). Sie werden nicht zu Miturhebern, bilden vielmehr eine erbrechtliche Gemeinschaft zur gesamten Hand. Die Verwaltung erfolgt nach den §§ 743, 745, 746, 748 BGB, also ähnlich wie bei der Miturheberschaft (vgl. § 6 Anm. 4 S. 58).

Jeder Miterbe kann jederzeit die Auseinandersetzung verlangen (§§ 2042 ff.); die Aufhebung der Gemeinschaft erfolgt, da Teilung in Natur ausgeschlossen, durch Veräußerung evtl. im Wege des Zwangsverkaufs, wenn das Werk erschienen ist, oder Aufteilung der Benutzungsrechte. (Vgl. hierzu auch Anm. 3 u. § 6 Anm. 4.)

Bei Errichtung eines Inventars oder sonstiger Aufstellungen über die Werte der Erbschaft werden Urheberrechte schwer zu schätzen sein; die *Schätzung* wird von Sachverständigen (Verlegern) vorgenommen werden müssen. Auch bei der Erbenauseinandersetzung (z. B. bei Abtretung an Miterben) ist dies wichtig. Nach § 2047 BGB bleiben Schriftstücke, die sich auf die persönlichen Verhältnisse des Erblassers, auf dessen Familie (Lebenserinnerungen, Briefe) oder auf den ganzen Nachlaß beziehen, gemeinschaftlich; d. h. sie gehören den Erben zur gesamten Hand. Ein Anspruch auf Teilung ist ausgeschlossen. Sofern Urheberrechte daran bestehen sind sie nur im Einverständnis aller Miterben, soweit zulässig, übertragbar (vgl. hierzu § 6 Anm. 4b S. 59).

Befindet sich das *Manuskript* nicht im Besitz der Erben, so dürfen diese von dem Besitzer unter ausreichender Sicherheitsleistung die Vorlegung des Manuskriptes zur Anfertigung einer Abschrift verlangen, weil ihnen sonst in einer gegen die guten Sitten verstoßenden Weise die Ausübung ihres Urheberrechts unmöglich gemacht werden würde (BGB §§ 226, 242). So auch *Freiesleben* S. 47. Die dauernde Herausgabe kann nicht gefordert werden (vgl. BGH, MDR 1952, 92).

2. **Erbloser Tod:**

Ist zur Zeit eines Erbfalles weder ein Verwandter noch ein Ehegatte des Erblassers, noch eine durch Testament zum Erben berufene Person (einschl. Staat) vorhanden, so ist an sich der Fiskus gesetzlicher Erbe. Diese Bestimmung des BGB (§ 1936) ist für den Übergang der Urheberrechte durch § 8 beseitigt. Das Urheberrecht erlischt, das Werk wird also gemeinfrei (so auch RJM-Entw. § 19). Soweit der Erblasser darüber verfügt hat, insbesondere Vervielfältigung- und Verwertungsrechte eingeräumt hat, bleiben diejenigen, zu deren Gunsten Verfügungen getroffen worden sind, Berechtigte. Das Erlöschen tritt nur bei erblosem Tod des Urhebers oder seines Rechtsnachfolgers im Vollrecht ein, nicht beim Tod des Trägers eines abgeleiteten Rechts (Verlags-Aufführungs-Vortrags-Sende-Bearbeitungsrecht). Vgl. *Ulmer* S. 211.

3. **Übertragung des Urheberrechts unter Lebenden:**

Das Urheberrecht umfaßt persönlichkeitsrechtliche und vermögensrechtliche Bestandteile (vgl. hierzu § 11 Anm. II u. III). Nur die vermögensrechtlichen Befugnisse: Werknutzungsrechte oder Benutzungsrechte genannt, sind nach dem RJM-Entw. und dem Hoffm.-Entw. übertragbar. Der AK-Entw. verneint auch deren Übertragbarkeit, sondern läßt nur Werknutzungsbewilligungen nach Art der patentrechtlichen Lizenz zu: Diese *„Erlaubnis das Werk auf einzelne oder alle zur Zeit der Erteilung bekannten Verwertungsarten zu nutzen“* gibt demjenigen, dem sie eingeräumt ist, das „Werknutzungsrecht“ (hier also im Sinne eines abgeleiteten Rechts gemeint), das mit Zustimmung des Urhebers übertragbar ist. Für das geltende Recht sind diese Formulierungen der Entwürfe insofern von Bedeutung, als sie die im Laufe der letzten Jahrzehnte durch die Wissenschaft und Rechtsprechung entwickelte Rechtsüberzeugung wiedergeben, daß das Urheberrecht in seiner Gesamtheit nicht übertragen werden kann — außer im Erbgang und bei Erbauseinandersetzungen (s. zu § 9) — vielmehr nur die Befugnisse, das Werk zu nutzen (§§ 11 LUG, 15 KUG) übertragbar oder einräumbar sind. Auch der Verkehr in Urheberrechtssachen, besonders auf dem Gebiet des literarischen Urheberrechts, hat durch die Verwendung der gebräuchlichen Verlagsvertragsformulare (s. bei *Elster* VerlG Anh. S. 182 ff. u. *Delp*, Der Verlagsvertrag 2. Aufl. 1951), die keine Übertragung des Urheberrechts, sondern nur die Übertragung des Vervielfältigungs- und Verbreitungsrechts vorsehen, zur Bildung eines Gewohnheitsrechts beigetragen, wonach im Falle der Auswertung eines Urheberrechts durch Vervielfältigung, Verbreitung, Vortrag, Aufführung, Funksendung, Schaustellung das Persönlichkeitsrecht und die *daraus fließenden Befugnisse* immer beim Werkschöpfer bleiben und nur die Verwertungsbefugnisse auf den Benutzer übergehen. Damit ist im Rechtsbewußtsein die Unübertragbarkeit des alle Bestandteile umfassenden Urheberrechts anerkannt und das „Recht“, von dem der Abs. III spricht, auf die Benutzungsrechte beschränkt worden. Auch schon heute erwirbt also jemand, dem das Urheberrecht übertragen wird, nur die vermögensrechtlichen Benutzungsbefugnisse. Ob alle oder einzelne dieser Befugnisse übertragen werden sollen, hängt, abgesehen vom Inhalt der Verträge, vom Werk und der beruflichen bzw. gewerblichen Stellung des Erwerbers ab.

Dem *Verleger* steht im Zweifel nicht das Bearbeitungs- und Verfilmungsrecht zu, dem *Filmunternehmer* nicht das Senderecht, dem *Musikverleger* nicht das Schallplattenrecht. Es empfiehlt sich überall, wo nach der Natur des Werkes Zweifel über das Ausmaß der übertragenen Befugnisse auftreten können, schriftliche Regelung. Beispiele zu Formularverträgen s. Anhang zum VerlG, und bei *Delp* (a. a. O.). An sich bedürfen die Übertragungs- und Verwertungsverträge nicht der Schriftform, um rechtsgültig zu sein.

Auch der *Verlagsvertrag* als Hauptfall der Einräumung von urheberrechtlichen Befugnissen ist insofern sachlich beschränkt, als dem Verfasser, auch wenn der Verleger das Recht aller Auflagen hat, außer dem UPR mindestens die im LUG § 14 und im VerlG § 2 Abs. 2 genannten Rechte verbleiben und nicht einmal die Verwertung des Werkes in anderer Form (Broschüre als Zeitschriftaufsatz, Aufsatz als Teil eines Buches usw.) erlaubt ist (Ausführlich s. VerlG § 2 Anm. 2, 3). Das Recht auf Abänderungen ist als Ausfluß des UPR unübertragbar, was nicht ausschließt, daß die Erlaubnis zur Vornahme von Veränderungen erteilt wird (vgl. § 9).

Bei der Übertragung oder Einräumung des Vervielfältigungsrechts an einem *Kunstwerk* kann die häufig auf eine bestimmte Reproduktionsart erfolgende Beschränkung dieses Rechts auch ohne ausdrückliche Erwähnung im Willen der Vertragschließenden dann liegen, wenn sich der Erwerber nach der dem Urheber bekannten Art seines Geschäftsbetriebes nur mit einer bestimmten Gattung von Vervielfältigungen befaßt; diese stillschweigende Beschränkung der Rechtsüberlassung kann insbesondere in der Bestimmung liegen, daß der Erwerber alle Nachbildungen nur bei einer bestimmten Kunstanstalt herstellen zu lassen habe (RGSt. 42, 32).

Die *Überlassung des Eigentums* an einem Werk schließt, sofern nicht ein anderes vereinbart ist, die Einräumung von urheberrechtlichen Verwertungsbefugnissen nicht in sich. Der Eigentümer ist verpflichtet, das Werk an den Urheber zur Ausübung von Verwertungsrechten herauszugeben. Museen, die nicht das Urheberrecht ihrer Bilder miterwerben, mußten sich bisher das *Katalog-Abbildungsrecht* ausdrücklich sichern; inzwischen ist die Befugnis ein zur öffentlichen Ausstellung überlassenes Werk im Ausstellungskatalog abzubilden, zum Gewohnheitsrecht geworden. Die Abbildungsfreiheit solcher Werke in wissenschaftlichen Arbeiten oder Schulbüchern ergibt sich aus § 21 KSchG. Auch der Presse sollte das Recht gegeben werden, bleibend oder vorübergehend ausgestellte Werke der bildenden Kunst bei ihrer Besprechung ohne Genehmigung abzubilden (vgl. *Hentzschel* Ufita 1933, S. 100).

4. **Lizenz:**

Werden das „Urheberrecht“ oder Benutzungsbefugnisse übertragen oder eingeräumt, so erwirbt der Empfänger ein *ausschließliches Recht,* das ihn befugt, die gleiche Benutzung des Werkes durch andere auch diesen unmittelbar zu verbieten (vgl. § 11 Anm. III A 2 S. 78). Die Vereinbarung kann aber auch den Charakter einer einfachen Erlaubnis oder Lizenz haben, die dem daraus Berechtigten keine Rechte gegen Dritte (nur gegen den Lizenzgeber) gibt und im Zweifel aufs engste auszulegen ist, z. B. nur auf *eine* Auflage, *eine* Aufführung und auch keine Vervielfältigungspflicht begründet.

Bei den im Musikverlag häufigen *Sammlungen* ist es jedoch üblich, daß sich die oft gegen erhebliche Vergütung erteilte Erlaubnis auf alle Auflagen der Sammlung erstreckt (*Freiesleben* S. 135).

Über verlagsrechtliche Lizenzen s. VerlG § 1, insb. S. 30 ff. Die Lizenzverträge der Nachkriegszeit begründen in der Regel ausschließliche Rechte.

§ 9

Im Falle der Übertragung des Urheberrechts hat der Erwerber, soweit nicht ein anderes vereinbart ist, nicht das Recht, an dem Werke selbst, an dessen Titel und an der Bezeichnung des Urhebers Zusätze, Kürzungen oder sonstige Änderungen vorzunehmen.

Zulässig sind Änderungen, für die der Berechtigte seine Einwilligung nach Treu und Glauben nicht versagen kann.

§ 12

Im Falle der Übertragung des Urheberrechts hat der Erwerber, soweit nicht ein anderes vereinbart ist, nicht das Recht, bei der Ausübung seiner Befugnisse an dem Werke selbst, an dessen Bezeichnung oder an der Bezeichnung des Urhebers Änderungen vorzunehmen.

Zulässig sind Änderungen, für die der Berechtigte seine Einwilligung nach Treu und Glauben nicht versagen kann.

§ 13

Der Name oder der Namenszug des Urhebers darf auf dem Werke von einem anderen als dem Urheber selbst nur mit dessen Einwilligung angebracht werden.

Dazu Art. 6 bis RBÜ.

1. **Verbot von Änderungen:** Die Bestimmung bildet den Kern des erst allmählich erkannten Urheberpersönlichkeitsrechts (RGZ 151, 50; vgl. dazu die Ausführungen § 11 Anm. II S. 74 und § 8 Anm. 3 S. 65).

Die Reform des Urheberrechts hat daher an diesen Grundsätzen nichts zu ändern, sie vielmehr nur stärker zu unterstreichen und in der Methodik des Gesetzes an eine richtigere Stelle zu setzen. Vgl. Entw.: RJM § 22, Hoffm. § 40, AK § 21. Der zuletztgenannte regelt auch das Änderungsrecht des „Urhebergehilfen" und der an einem Filmwerk schöpferisch mitarbeitenden Personen, in dem Sinne, daß bei Übertragung des Benutzungsrechts auch das Änderungsrecht auf den Miturheber bzw. Filmunternehmer übergeht.

Freie Werke unterliegen keinem Änderungsverbot. In der der 3. Aufl. und zu § 13 Anm. 4 VerlG ist die Auffassung vertreten worden, daß der Gemeinschaftsgedanke im Urheberrecht in Verbindung mit dem Persönlichkeitsrecht auch nach Ablauf der Schutzfrist ein von den Nachkommen des Werkschöpfers oder dem Staat aus eigenem „Kulturrecht" geltend zu machenden Anspruch begründe, Änderungen oder Bearbeitungen an Werken zu verbieten, die zum anerkannten Kulturgut des Volkes gehören, wenn diese Bearbeitungen eine Beeinträchtigung des Wertes des Werkes bedeuten. Der AK-Entwurf (§ 53) sieht eine entsprechende Bestimmung vor. Dem ist entgegen zu halten, daß ein echtes Kunstwerk „von allgemeiner Bedeutung", das 50 Jahre unangetastet existiert hat, seinen Eigenwert auch dann behalten wird, wenn es „geschmacklos" bearbeitet wird. Außerdem entspringt die Bewertung einer individuell ästhetischen Auffassung, für die sich keine allgemeinen Regeln aufstellen lassen.

Über das Änderungsverbot im literarischen Urheberrecht, s. § 14 VerlG, der dem § 9 entspricht, und die Erläuterungen, VerlG S. 85 ff.; insbesondere auch zu der Frage, wann *nach Treu und Glauben das Änderungsverbot nicht besteht* (Abs. 2). Auch in den Fällen, in denen Änderungen gestattet sind (Einwilligung oder nach Treu und Glauben), verbleibt dem Urheber das Recht, sich Entstellungen, Verstümmelungen oder sonstigen Änderungen seines Werkes zu widersetzen, die seiner Ehre oder seinem Ruf abträglich sind (vgl. Art. 6 bis RBÜ), als Ausfluß seines Urheberpersönlichkeitsrechts. Andererseits darf die Auslegung des Änderungsrechts nicht zu engherzig sein. Ist das Werk im ganzen gut betreut, dienen die Änderungen der auch im Interesse des Urhebers liegenden Verwertbarkeit des Werkes, so werden sie (z. B. Kürzungen) auch dann als erlaubt anzusehen sein, wenn sie im einzelnen einen Verlust bedeuten.

Die Vereinbarung, durch die Änderungen gestattet werden, kann mündlich oder stillschweigend getroffen werden. In der Übertragung des Bearbeitungsrechts ist auch die Änderungsbefugnis enthalten, aber nur insoweit, als sich die Änderung auf die Bearbeitung bezieht. (Vgl. hierzu bes. *Goldbaum* § 9 Anm. III a.)

Der Eigentümer eines *Kunstwerkes*, der das Urheberrecht nicht miterworben hat, ist nicht befugt, es ohne Einwilligung des Künstlers zu verändern (z. B. nackte Frauengestalten im Treppenhause eines beschränkt zugänglichen Privatgebäudes zu übermalen (RGZ 79, 397 ff.). Ebensowenig muß sich der Architekt eine Entstellung seines *Bauwerkes* gefallen lassen (LG Berlin Ufita 1931, 258). Aber auch bei „Mitübertragung" des Urheberrechts auf den Erwerber des Kunsthandwerkes darf dieser am Kunstwerk selbst, an dessen Bezeichnung oder an der Bezeichnung des Urhebers nicht beliebige Änderungen vornehmen, sondern nur solche, für die der Berechtigte seine Zustimmung nach Treu und Glauben nicht versagen kann. An einem Kunstwerk oder einer Photographie darf der Name oder der *Namenszug* (Signierung) des Urhebers von einem anderen als dem Urheber selbst nur mit dessen Einwilligung angebracht werden.

2. **Die Rechtsfolgen unbefugter Änderungen** sind dieselben wie bei unbefugter Vervielfältigung (s. hierzu ausführlich Anm. 1—10 zu § 36). Die

Schadensersatzpflicht folgt aus § 823 BGB, da das UPR ein „sonstiges Recht" ist. Der *Unterlassungsanspruch* aus § 1004 BGB (anal. Anwendung, RG 153, 27). Die *Strafbarkeit* ergibt sich aus § 38 II; neben der Strafe kann gemäß § 40 auf Buße erkannt werden. Ferner ist die *Vernichtung* (§§ 42, 43, 46 und als Schadensersatz nach § 249 BGB) möglich.

§ 10

Die Zwangsvollstreckung in das Recht des Urhebers oder in sein Werk findet gegen den Urheber selbst ohne dessen Einwilligung nicht statt; die Einwilligung kann nicht durch den gesetzlichen Vertreter erteilt werden. Gegen den Erben des Urhebers ist ohne seine Einwilligung die Zwangsvollstreckung nur zulässig, wenn das Werk erschienen ist.

§ 14

Die Zwangsvollstreckung in das Recht des Urhebers findet gegen den Urheber selbst ohne dessen Einwilligung nicht statt; die Einwilligung kann nicht durch den gesetzlichen Vertreter erteilt werden.

Gegen den Erben des Urhebers ist ohne seine Einwilligung die Zwangsvollstreckung nur zulässig, wenn das Werk oder eine Vervielfältigung davon erschienen ist.

Die gleichen Vorschriften gelten für die Zwangsvollstreckung in solche Formen, Platten, Steine oder sonstige Vorrichtungen, welche ausschließlich zur Vervielfältigung des Werkes bestimmt sind.

Zu unterscheiden ist:

A: Die Zwangsvollstreckung

1. gegen den *Urheber*,
2. gegen den *Erwerber* (Sonderrechtsnachfolger) von urheberrechtlichen Befugnissen (Verleger, Theater-, Filmunternehmer, Tonträgerfabrikant),
3. gegen den *Erben* des Urhebers.

B. Als Pfandobjekte kommen in Betracht:

1. das *Recht des Urhebers*,
2. das *Werk*,
3. die *Vorrichtungen*, die *zur Vervielfältigung* bestimmt sind,
4. die *Vervielfältigungsstücke* (Werkstücke, Exemplare),
5. die *Vergütungsansprüche*.

Zu A 1: **Gläubiger des Urhebers** können gegen diesen nur mit seiner Einwilligung vollstrecken, auch wenn das Werk erschienen ist. Denn auch nach der Veröffentlichung hat er aus ideellen Gründen ein Interesse daran, in wessen Hände das Verwertungsrecht gelangt und wie die Verwertung erfolgt. Nur in die urheberrechtlichen Befugnisse, die nicht aus dem Persönlichkeitsrecht fließen, könnte vollstreckt werden (s. zu B 1) und in das Werk (s. zu B 2). Die Einwilligung ist an keine Form gebunden; sie kann nicht von dem gesetzlichen Vertreter erteilt werden, wohl aber von einem rechtsgeschäftlich hierzu Bevollmächtigten;

bei *Sammelwerken* genügt Einwilligung des Herausgebers, bei verbundenen Werken und bei *Miturheberschaft* muß jeder der Urheber gefragt werden. Die Einwilligung kann auf einzelne Benutzungsrechte beschränkt werden. In der Einräumung eines Benutzungsrechts, z. B. des Verlagsrechts liegt auch gegenüber dem Berechtigten als Gläubiger die Einwilligung in die evtl. notwendig werdende zwangsweise Durchführung des Verlagsvertrages, also auch in die Vollstreckung auf Herausgabe des Originalmanuskriptes oder des fertiggestellten Manuskripts für die veränderte, neue Auflage.

Soweit die Zwangsvollstreckung zulässig ist, erfolgt sie nach § 857 ZPO. Näheres darüber zu A 2.

Zu A 2: **Gläubiger des Benutzungsberechtigten** können in das Benutzungsrecht grundsätzlich ohne Einwilligung des Urhebers, da er das Recht vergeben hat, vollstrecken. §§ 10 LUG, 14 KUG ergreifen diesen Fall nicht. Aber da die Weiterübertragung von Benutzungsrechten an die Zustimmung des Urhebers gebunden sein kann, ergeben sich auch hier Beschränkungen; z. B. ist das Verlagsrecht an einzelnen Werken nicht ohne Zustimmung des Urhebers übertragbar (§ 28 VerlG). Daher ist also auch für die *Pfändung des Verlagsrechts* beim Verleger die Zustimmung des Urhebers erforderlich.

Die Durchführung der Zwangsvollstreckung erfolgt nach § 857 ZPO. Mit der Zustellung des Pfändungsbeschlusses ist das Recht beschlagnahmt. Zu seiner Verwertung kann das Gericht die Veräußerung anordnen (§ 857 Abs. 5). Diese setzt aber die Zustimmung des Verfassers voraus (KG in OLG Rspr. 37, 197). Da der Verfasser zur Übertragung des Verlagsrechts seine Zustimmung nur verweigern kann, wenn ein wichtiger Grund vorliegt (§ 28 VerlG) könnte, sofern ein solcher nicht gegeben ist, gegen den Verfasser auf Erteilung der Zustimmung geklagt werden (streitig). Gleiches gilt für die nach § 857 Abs. 3 u. 4 zulässige Anordnung, daß die Ausübung des Rechts einem anderen zu überlassen ist. Deshalb empfiehlt sich die Anordnung einer Verwaltung des Verlagsrechts (§ 857 Abs. 4 Satz 2), durch einen vom Gericht zu bestellenden Treuhänder, der die Vervielfältigung und Verbreitung nicht selbst durchführt, sondern nur überwacht (ebenso *Ulmer* S. 271). Vgl. im übrigen VerlG § 28 Anm. 3. Über Konkurs des Verlages s. VerlG § 36 und die Erl. bei *Elster* a. a. O.

Das Aufführungsrecht kann an sich ohne Zustimmung des Urhebers weiter übertragen, also gepfändet und nach § 857 ZPO durch Anordnung des Gerichts einem anderen übertragen oder zur Ausübung überlassen werden. Zu beachten ist aber, daß die Bühnenvertriebe regelmäßig nur eine beschränkte, die Weiterübertragung nicht zulassende Aufführungsbefugnis erwerben, die sie nur zur Erteilung von Aufführungslizenzen an die Theaterunternehmungen berechtigt. Diese haben also ebenfalls nur ein meist auf das bestimmte Theater und zeitlich beschränktes Aufführungsrecht. Infolgedessen ist es weder beim Vertrieb noch beim Theaterunternehmer pfändbar.

Zu A 3: **Nachlaßgläubiger des Urhebers** oder sonstige Gläubiger des oder der Erben, können nur mit deren Einwilligung in das „Recht" oder „Werk" vollstrecken, solange es nicht erschienen ist (über den Begriff des Erscheinens s. § 7 Anm. 4a S. 62).

Es gilt das gleiche wie zu A 1. Ist das Werk erschienen, so bestehen nur die Beschränkungen, die sich bei der Vollstreckung in Benutzungsrechte, die vom Urheber weiter übertragbar sind, ergeben können (s. zu A 2). Aus dem Begriff „Recht" (s. zu B 1.) ergibt sich, daß die Befugnisse, die aus dem Persönlichkeitsrecht fließen, auch hier unpfändbar sind.

Zu B 1: **„Recht des Urhebers".** Als das Gesetz geschaffen wurde, verstand man hierunter wohl das volle Urheberrecht. Die Rechtsentwicklung rechtfertigt es, hierunter wie bei der Frage der Übertragbarkeit (vgl. § 8 Anm. 3 S. 65) nur die vermögensrechtlichen Befugnisse zu verstehen (Vervielfältigungs-, Verbreitungs-, Aufführungs-, Senderecht). Das Urheberpersönlichkeitsrecht und die daraus fließenden Befugnisse sind ebensowenig pfändbar, wie sie übertragbar sind.

Zu B 2: **„Werk" ist die Werksverkörperung,** also die Originalniederschrift des Sprach- oder Tonwerks. Auch Zeichnungen, Entwürfe, Beschreibungen des Bühnenvorgangs und dergleichen gehören zum Werk. Das Manuskript kann also dem Verfasser gegen seinen Willen nicht im Wege der Zwangsvollstreckung weggenommen werden. So weit es gepfändet werden kann, ist es nur verwertbar, wenn dem Gläubiger auch das Vervielfältigungs- und Verbreitungsrecht zusteht.

Werke der bildenden Kunst und *Bauwerke* sind, da § 14 KUG sie nicht nennt, ohne jede Beschränkung der Zwangsvollstreckung unterworfen. Die Entwürfe machen auch hier die Vollstreckung von der Zustimmung des Urhebers abhängig, solange die Werke (ausgenommen Bauwerke) dem Urheber oder seinen Erben gehören und noch nicht veröffentlicht worden sind.

Zu B 3: **Vorrichtungen zur Vervielfältigung** von *Werken der Sprache und Tonkunst*: Druckstöcke, Platten, Klischees usw. sind ohne *Beschränkung pfändbar,* aber wie das Manuskript *nur verwertbar,* wenn dem Gläubiger auch das Vervielfältigungs- und Verbreitungsrecht zusteht; sonst ist nur der Materialwert realisierbar.

In Vorrichtungen, die zur Vervielfältigung von *Werken der bildenden Kunst* dienen, kann nach § 14 Abs. 3 KUG gegen den Urheber nur mit dessen Einwilligung vollstreckt werden; solange das Werk noch nicht erschienen ist, kann auch gegen den Erben in solche Vorrichtungen nur vollstreckt werden, wenn er einwilligt.

Die Entwürfe unterwerfen der gleichen Beschränkung auch die Vorrichtungen, die zur Aufführung, Vorführung oder Funksendung dienen *(Platten, Bänder, Filmstreifen),* und zwar ohne Rücksicht darauf, gegen wen sich die Vollstreckung richtet, lassen sie aber in allen Fällen zu, soweit es zur Durchführung der Zwangsvollstreckung in ein Benutzungsrecht notwendig ist. Dementsprechend wird auch heute bei der Vollstreckung zu verfahren sein.

Zu B 4: **Vervielfältigungsstücke,** d. h. die fertig hergestellten *Exemplare* eines Buches (Schallplatten, Filmkopien) sind unbeschränkt pfändbar (bzgl. Filmkopien a. A. *v. Erffa* in GRUR 1926, 413). Die Vollstreckung erfolgt nach §§ 808 ff. ZPO durch Pfändung und Zwangsversteigerung. Handelt es sich um eine Vollstreckung gegen den Urheber oder den Werknutzungsberechtigten *(Verleger),* dann ist aber zu beachten, daß die bei ihm befindlichen, also noch nicht abgesetzten Exemplare wie auch die Rohbogen, seinem ausschließlichen *Verbreitungsrecht* unterliegen. Wenn ein Gläubiger oder ein Dritter Bücher oder Rohbogen in der Zwangsversteigerung erwirbt, ohne daß ihm auch vom Berechtigten die Verbreitungsbefugnis übertragen wird, kann er sie nur als Makulatur verwerten, nicht in den Handel bringen (ebenso *Ulmer* S. 236; *Runge* S. 398). Deshalb muß der Gläubiger des Verlegers auch das Verlagsrecht pfänden und wie zu A 2 erörtert vorgehen. Wird gegen einen Dritten *(Sortimenter)* vollstreckt, so können die versteigerten Bücher auch im Buchhandel weiter vertrieben werden, da sie schon verbreitet sind und damit das Verbreitungsrecht erschöpft ist.

Für das *gesetzliche Pfandrecht* des Buchdruckers oder Buchbinders (§ 647 BGB) an den von ihnen hergestellten Bogen oder Fertigexemplaren gilt das gleiche wie für das Pfändungspfandrecht. Ohne Zustimmung des Verbreitungsberechtigten (Urheber oder Verleger) ist nur die Verwertung als Makulatur möglich. (Vgl. *Runge,* BBl. 1950, 248; *Ulmer* S. 236.) Sie müssen also trotz des gesetzlichen Pfandrechts ihre Forderung einklagen und wie zu A 2 erörtert vorgehen.

Der Inhaber eines *vertraglich bestellten Pfandrechts* oder der *Sicherungseigentümer* hat mit der Einräumung des Pfandrechts oder der Übereignung auch die Zustimmung zur Verbreitung erlangt (ebenso *Ulmer* S. 236; mit anderer Begründung auch *Hillig* II 138). Die Verwertung erfolgt nach §§ 1228 ff. BGB.

Zu B 5: Die **Vergütungsansprüche,** die aus urheberrechtlichen Verträgen entstehen — Honorar des Autors, Aufführungstantieme des Verfassers eines Bühnenwerks oder des Komponisten, Honorar des Herausgebers oder Bearbeiters usw., sind nach den allgemeinen Regeln pfändbar (§§ 429 ZPO ff.).

Zweiter Abschnitt

Befugnisse des Urhebers

§ 11

Der Urheber hat die ausschließliche Befugnis, das Werk zu vervielfältigen und gewerbsmäßig zu verbreiten; die ausschließliche Befugnis erstreckt sich nicht auf das Verleihen. Der Urheber ist ferner, solange nicht der wesentliche Inhalt des Werkes öffentlich mitgeteilt ist, ausschließlich zu einer solchen Mitteilung befugt.

Das Urheberrecht an einem Bühnenwerk oder an einem Werke der Tonkunst enthält auch die ausschließliche Befugnis, das Werk öffentlich aufzuführen.

Der Urheber eines Schriftwerkes oder eines Vortrags hat, solange nicht das Werk erschienen ist, die ausschließliche Befugnis, das Werk öffentlich vorzutragen.

§ 15

Der Urheber hat die ausschließliche Befugnis, das Werk zu vervielfältigen, gewerbsmäßig zu verbreiten und gewerbsmäßig mittels mechanischer oder optischer Einrichtungen vorzuführen; die ausschließliche Befugnis erstreckt sich nicht auf das Verleihen. Als Vervielfältigung gilt auch die Nachbildung, bei Bauwerken und Entwürfen für Bauwerke auch das Nachbauen.

Dazu BRÜ Art. 11; 11bis, 11ter Brüss. Fass.

I. ALLGEMEINES:

Die „ausschließliche Befugnis“, die dem Urheber an seinem Werke gegeben wird, beruht auf dem persönlichkeitsrechtlichen Kern des Urheberrechts (s. zu II) und umreißt die vermögensrechtliche Substanz des Urheberrechts, die in den Benutzungsrechten (s. zu III) dem Urheber erwächst.

§ 11 entspricht in methodischer Hinsicht nicht den heutigen Erkenntnissen, er enthält jedoch die notwendigen gesetzlichen Grundlagen, aus denen Wissenschaft und Rechtsprechung die Lehren entwickeln konnten, die den gegenwärtigen Auffassungen vom Schutz des Werkes und der darin wirkenden schöpferischen Persönlichkeit (vgl. darüber zu § 1 Anm. II 1a S. 4) gerecht werden. In dem Wortlaut des § 11 sind Bestandteile des Persönlichkeitsrechts, z. B. die Befugnis der Mitteilung des Werkes — neben anderen, die z. B. in § 9 geregelt sind —, sowie Bestandteile des Benutzungsrechts enthalten, er hat jedoch die neueren Nutzungsarten wie Film und Rundfunksendung nicht ausdrücklich neben den alten Erscheinungsformen der Veröffentlichung, Verbreitung, Aufführung, Vorführung und des Vortrags genannt (weil es diese beim Erlaß des Gesetzes noch nicht gab). Die Entwürfe haben in ihren Vorschlägen die Folgerungen aus der tatsächlichen und rechtlichen Entwicklung gezogen. (Vgl. Einl. S. 1); sie sind deshalb schon heute als Grundlage für die Rechtsfindung heranzuziehen, insbesondere was das Urheberpersönlichkeitsrecht anbetrifft. „Wir haben hier die merkwürdige Lage, daß das bei uns geltende Recht, durch nicht zum Gesetz gewordene Entwürfe viel genauer wiedergegeben wird, als durch die veralteten Gesetzestexte selbst" (*de Boor*, Beiträge zum Handels- und Wirtschaftsrecht 1950 S. 122 ff.).

II. URHEBERPERSÖNLICHKEITSRECHT:

Neueres Schrifttum: *de Boor*, Vom Wesen des Urheberrechts, 1932; ders., Die Übertragbarkeit des Droit moral in Beitr. z. Handels- und Wirtschaftsrecht, 1950 S. 122 ff.; *Ulmer*, Lehrbuch, S. 66 ff. und 187 ff.; ders. SJZ 1948, 445 ff.; aus dem älteren Schrifttum: *Elster* in GRUR 1927, 431; 1928, 34; Ztschr. f. ausl. u. int. PrivR 6, 1932, 903; *Georg Müller* in Ufita 1929, 367; *Reinhardt*, Das Persönlichkeitsrecht in der geltenden Rechtsordnung, 1931; *Smoschewer*, Ufita 1930, 120 ff. u. 229 ff.

1. **Urheberpersönlichkeitsrecht (UPR) als Bestandteil des Urheberrechts:** Schon ehe die französische Delegation auf der Rom-Konferenz zur Revision der Berner Übereinkunft das „droit moral" propagiert und in die Berner Übereinkunft eingefügt hat (s. Art. 6 bis RBÜ), ist in der deutschen Praxis des Urheberrechts der persönlichkeitsrechtliche Bestandteil erkannt worden. Das Reichsgericht hat dies in einer Anzahl wichtiger Entscheidungen (z. B. RGZ 102, 141; 110, 397; 113, 413; 123, 312; 125, 177) zur Grundlage des Spruches oder zu einem wichtigen Teil der Erkenntnis gemacht. Es konnte danach nicht ausbleiben, daß auch die neue deutsche Auffassung ein solches „Urheberschaftsrecht" (*Elster*, S. 89) als wesentlichen Bestandteil des Urheberrechts, *ohne dessen Einheitlichkeit aufzuheben*, anerkannte.

Elster (3. Aufl.) führt hierzu aus: „Es ist richtig, daß eine „dualistische" Auffassung vom Urheberrecht logische und praktische Mißverständnisse und Schwierigkeiten mit sich bringen und das klare Verhältnis zwischen Autor und Werk und zwischen Autor und Allgemeinheit zerstören muß. Denn wie sollen Entschließungen rechtlicher Art auf der Grundlage der Urheberrechte oder der Sozialverbundenheit des Werkes getroffen werden, wenn die an Vertreter „übertragenen" Befugnisse echte Teile des Urheberrechts, also das Urheberrecht zu einem Teil sind! Selbstverständlich aber ist mit der Ablehnung eines solchen ausdrücklichen Dualismus nicht gesagt, daß man beim einheitlichen Urheberrecht nicht doch verschiedene immanente Teilerscheinungen, Aufbaubestandteile, Erkenntnisgruppen und Befugnisse feststellen kann und darf. Die wettbewerbliche Aufgabe, der persönlichkeitsrechtliche Kern und die vermögensrechtliche Gestalt des gewerblichen Rechtsschutzes bzw. des Urheberrechts, das sind Funktionselemente des einheitlichen Rechts, nicht trennbare Teile, sondern wesenseigene, zusammengehörige Bestandteile und Schichtungen, deren Lebensäußerungen, obwohl sie aus dem Ganzen entspringen, doch auch gesondert erkennbar sein können. Scheidet ein Urheber Befugnisse aus seinem einheitlichen Urheberrecht aus, so bestellt er damit für den Erwerber neue Rechte, ohne den Kern, sein Urheberschaftsrecht, das alles zusammenhält, aufzugeben oder auch nur aufgeben zu können."

Mit Rücksicht auf die Bedeutung, die diese von *Elster* auch in zahlreichen Aufsätzen vertretene Auffassung für die Rechtsentwicklung gehabt hat, wird sie hier nochmals wiedergegeben. Sie ist ihrem Wesen nach doch dualistisch. Auch ist es verwirrend, in das einheitliche Urheberrecht die „wettbewerbliche Aufgabe" hineinzulegen — diese erfüllen andere Vorschriften. Die treffendste und verständlichste Erklärung hat *Ulmer* in seinem Lehrbuch S. 66 ff. gefunden: „Das Verhältnis, in dem der Interessenschutz zur Gestalt des Urheberrechts und zu den aus dem Urheberrecht fließenden Befugnissen steht, kann man sich an einem Bild verdeutlichen. Die beiden Interessengruppen erscheinen, wie bei einem Baum, als die Wurzeln des Urheberrechts, und dieses selbst als der einheitliche Stamm. Die urheberrrechtlichen Befugnisse aber sind den Ästen und Zweigen vergleichbar, die aus dem Stamm erwachsen. *Sie ziehen die Kraft bald aus beiden, bald vorwiegend aus einer der Wurzeln.*"

2. **Grund und Inhalt des UPR:** Der *Grund* des UPR sind die *ideellen Interessen,* die den Schaffenden mit seinem Werk verbinden, das ein Stück seiner Persönlichkeit ist. Auch wenn sie sich in dem Werk objektiviert hat, ist dies doch damit nicht zur „Sache" geworden, sondern verkörpert zugleich die Persönlichkeit, deren Achtung „Verpflichtung aller staatlichen Gewalt" ist (Art. 1 Bonner GG). Das Wesen des Rechts an einem Geisteswerk, und heute auch das Bonner Grundgesetz, bilden die Rechtsgrundlagen des UPR.

Aus der *sozialen Gebundenheit* des Urheberrechts (s. § 1 Anm. I 2 S. 4) ergeben sich die Grenzen des Persönlichkeitsschutzes. Die keineswegs „nationalsozialistischem Gedankengut" erwachsene Erkenntnis von der sozialen Gebundenheit des UPR (vgl. La fonction sociale du droit moral, bei *Michalides-Wonaros,* Le droit moral, Paris 1935) erfordert eine kritische Betrachtung der früheren Judikatur, die teilweise den individuellen Persönlichkeitsstandpunkt im Hinblick auf die Interessen der Allgemeinheit oder der Vertragspartner überspannt. Vgl. z. B. RG in MuW 1927/28, 144; RGZ 119, 408; OLG Dresden in Ufita 1929, 333.

Der Inhalt des Urheberpersönlichkeitsrechts ist, wie bei allen Persönlichkeitsrechten, die Befugnis an der eigenen Person. Der Träger des Rechts ist zugleich dessen Gegenstand (*Müller* a. a. O.). Nach seinem Grunde besteht sein Inhalt also vor allem im:

a) Recht auf Anerkennung der Urheberschaft (Namensnennung),
b) Schutz der Eigensphäre (freier Entschluß zu Veröffentlichung oder Nichtveröffentlichung),
c) Schutz gegen ungenehmigte Änderungen,
d) Schutz gegen Verunstaltungen des Werks oder sonstige unzumutbare Beeinträchtigungen.

Zu a): *Recht auf Namensnennung* (Urheberehre). Dem Autor die Ehre zu geben, daß sein Name mit seinem Werk verbunden bleibt, ist eine Selbstverständlichkeit, wenn die betonte persönliche Zusammengehörigkeit zwischen dem Werk und seinem Schöpfer (vgl. § 1 Anm. II 1a S. 5) richtig ist. Damit hängt auch zusammen, daß das Urheberrecht sich zu einem unabtretbaren Recht entwickelt hat. Der Name ist nicht nur auf Druckschriften, sondern auch bei *unkörperlichen Wiedergaben* (Vortrag, Sendung) zu nennen. Zum Anrecht des Textdichters auf Namensnennung vgl. *Effler* GRUR 1948, 106.

Das Gleiche gilt für Pseudonyme, die berechtigtermaßen geführt werden (vgl. § 31).

Das Recht hat eine positive und eine negative Seite; ebensowenig wie die vom Urheber gewünschte Namensnennung unterdrückt werden darf, darf sie gegen seinen Willen erfolgen. *Signierung von Kunstwerken* durch fremde Hand ist somit unerlaubt, wenn der Künstler nicht seine Einwilligung gegeben hat. Bei Nachbildungen darf der mit nachgebildete Namenszug nicht entfernt, aber er darf auch nicht selbständig so angebracht werden, als sei die Nachbildung ein Original.

Beim *Film* haben nicht alle Mitwirkenden ein Recht auf Anbringung des Namens, sondern nur die schöpferisch tätig gewesenen. Dazu gehören die ausübenden, aufführenden, technisch Mitwirkenden nicht. (Vgl. § 12 Anm. 2e S. 94.)

Die schützenswerte *Urheberehre* beschränkt sich aber nicht auf die Namensnennung. Sie muß dem Werkschöpfer auch ein *Verbietungsrecht* gegenüber Veröffentlichungen und Verwertungen seines Werkes geben, wenn sein *Ansehen* oder sein *Ruf* dadurch erheblich *gefährdet* würde (vgl. auch unten zu d). Beispiele: ein ernster Aufsatz wird in ein Witzblatt genommen, wo es ihn lächerlich macht, ein guter Autor wird mit einem Skribenten in derselben Veröffentlichung zusammengebracht, ein Stück eines Dichters zusammen mit dem Stück seines Antipoden oder erbitterten Gegners aufgeführt.

Zu b): *Schutz der Eigensphäre* (freier Entschluß zur Veröffentlichung oder Nichtveröffentlichung). Eine der wichtigsten aus dem Persönlichkeitsrecht fließenden Befugnisse des Werkschöpfers ist die Verfügung darüber, ob, wie und wann das Werk veröffentlicht werden soll. In der ersten Veröffentlichung drücken sich die Beziehungen aus, in die der Urheber als Persönlichkeit zur Welt tritt. Er allein hat zu befinden, ob sein Werk fertig, reif, veröffentlichungsfähig ist.

Hat er das *Veröffentlichungsrecht* z. B. durch den Verlagsvertrag vergeben, steht ihm gleichwohl ein Verbietungsrecht zu, wenn ihm die Veröffentlichung oder Verwertung aus Gründen seiner künstlerischen oder wissenschaftlichen Überzeugung nicht zugemutet werden kann. Allerdings muß er in einem solchen Fall den Betroffenen angemessen entschädigen. — Auch über die *Form der Veröffentlichung* hat der Urheber allein zu bestimmen. Ist von ihm über das Veröffentlichungsrecht verfügt worden, so kann er gegen die äußere Form des Buches nur Einspruch erheben, wenn sie mit seiner *Urheberehre* unvereinbar ist (s. zu d).

Zu c): *Schutz gegen Änderungen*, vgl. hierzu die RG-Entscheidung RGZ 79, 397, die es dem Besitzer eines Gemäldes („Felseneiland mit Sirenen") untersagte, den Sirenen, die der Künstler unbekleidet gemalt hat, von fremder Hand Gewänder übermalen zu lassen; RGZ 151, 50 betrifft das Änderungsrecht des Verlegers an einer von ihm bestellten *Übersetzung;* es wird verneint, auch wenn diese Übersetzung Fehler aufweist. Damit wird das Persönlichkeitsrecht des Originalautors, von dem der Verlag seine Rechte ableitet, zu wenig berücksichtigt.

Zu d): Wenn die berechtigten persönlichen Interessen des Urhebers am Werk verletzt werden, muß er auch objektiv die Wirksamkeit des Werkes *herabsetzende Beeinträchtigungen* verbieten können. Auf den Wert des Werkes kann dabei nicht abgestellt werden, da Werturteile dem Urheberrecht fremd sind. Aber die *Kategorie des Werkes* und deren Bewertung (nicht der innere Wert des Werkes selbst) wird eine Rolle spielen. Ein wissenschaftliches Werk oder eine Dichtung ist anders zu behandeln, als Kataloge, Warenzeichnungen oder sonstige schutzfähige Nützlichkeitsarbeiten.

Die *Aufmachung* und *Werbung* muß dem Inhalt des Werkes entsprechen. Doch wird man hier keine zu strengen Maßstäbe anlegen dürfen. Die zur kommerziellen Verwertbarkeit notwendigen Maßnahmen sind Sache des Verlegers, der das Risiko trägt. Deshalb empfehlen sich in dieser Hinsicht besondere verträgliche Bestimmungen. In jedem Fall sind berechtigte Interessen des Urhebers verletzt, wenn die *Wiedergabe mangelhaft* ist, sofern die allgemeinen wirtschaftlichen Verhältnisse sie nicht zumutbar erscheinen lassen.

III. BENUTZUNGSRECHTE (WERKNUTZUNGSRECHTE)

A. Allgemeines

1. Die *Befugnisse*, die dem Urheber in Ansehung seines Werkes zustehen, oder, wie vielfach formuliert wird, aus seinem Urheberrecht fließen, sind, soweit sie nicht den Schutz seiner Persönlichkeit betreffen (s. zu II), *Rechte zur gewerblichen Verwertung* des Werkes. Eine strenge Scheidung zwischen persönlichkeitsrechtlichen und vermögensrechtlichen Befugnissen ist nicht möglich. Das Bearbeitungsrecht z. B. entspringt dem UPR, hat aber auch kommerziellen Charakter. Wegen Verletzung der persönlichkeitsrechtlichen Befugnisse (z. B. Nichtbenennung des Namens) können Schadensersatzansprüche gestellt werden; damit wird in gewissem Maße auch das Persönlichkeitsrecht verwertet, so daß in der Auswirkung die Unterscheidung auch sehr zweifelhaften Charakter haben kann.

Die Befugnisse, die dem Urheber das Recht geben, über die Wiedergabe des Werkes zu bestimmen, werden *Werknutzungsrechte* genannt. Man sollte sie generell *Benutzungsrechte* nennen (so *Ulmer*), da Nutzung auf wirtschaftliche Ausbeute hinweist, nicht jede Benutzungsbefugnis aber kommerzieller Natur ist (s. zu II). Auch wird vielfach, z. B. im AK-Entw. nur von abgeleiteten Befugnissen als Werknutzungsrechte gesprochen (vgl. § 18). Die Benutzungsrechte beziehen sich auf die

Veröffentlichung (Vervielfältigung im weitesten Sinne) des Werkes, die *Verbreitung, Aufführung, Vortrag, Vorführung, Filmung und Verfilmung, Rundfunksendung,* womit die technischen Möglichkeiten nicht einmal erschöpft zu sein brauchen. Die besondere Form der Wiedergabe ändert zunächst nichts an dem Grundgedanken des Rechtes, der dem Werkschöpfer die Bestimmung über die Schicksale seiner Schöpfung beimißt.

Jedes dieser Rechte ist bei dem *Erwerber* zumeist ein *gewerbliches Nutzungsrecht* am Urheberrecht oder es gestaltet sich dazu, wenn es wie eine patentrechtliche Lizenz nicht übertragen, sondern nur eingeräumt wird.

2. **„Ausschließliches Recht"** bedeutet, daß der Inhaber des Rechts unmittelbar gegen jeden Dritten die Befugnis geltend machen kann, also gegen jeden Unterlassungs- und Schadensersatzansprüche hat, der das Recht verletzt. Der Verleger z. B. ist also nicht darauf angewiesen, Verletzungen des Urheberrechts durch den Urheber, von dem er sein Recht ableitet, geltend machen zu lassen. Auch das ausschließliche Recht unterliegt Beschränkungen, wie sie sich beispielsweise aus dem Wiedergabe- und Entlehnungsrecht der §§ 17 ff., dem Eigengebrauchprivileg des § 15 Abs. 2, der Gemeinfreiheit der amtlichen Arbeit nach § 16 ergeben, und zwar nicht nur das originäre, sondern auch das abgeleitete (erworbene) Recht. Gegensatz zum ausschließlichen Recht ist die einfache Erlaubnis, z. B. die Gewährung des *Abdruckrechts,* die nur gegen den Berechtigten das Recht auf Abdruck und Verbreitung in dem vereinbarten Umfang, nicht aber Ansprüche gegen Dritte begründet. Im Zweifel wird anzunehmen sein, daß jede Vergabe von Befugnissen durch den Urheber die Übertragung des ausschließlichen Rechts zum Inhalt hat (vgl. *Marwitz-Möhring* § 11 Anm. 3).

B. **Die einzelnen Werknutzungsarten:**

I. **Vervielfältigung:**

1. Vervielfältigung ist die Verkörperung (Fixierung) des Werks durch Herstellung von einem oder mehreren Vervielfältigungsstücken (Werkstücken, Exemplaren). Auch die Übertragung auf Tonträger (Schallplatten, Schallbänder) ist also Vervielfältigung. Dagegen nicht die *Rundfunksendung* (RGZ 113, 415), da es jedenfalls bei dem Sendungsvorgang (auch wenn vom Band oder von der Platte gesendet wird) an einer Fixierung fehlt. Zum Begriff der Vervielfältigung vgl. im übrigen RG 107, 278; RJM-Entw. § 14; AK-Entw. § 12; zum Begriff der Wiedergabe *Hoffmann* in Ufita 1931, 474 ff. und *Elster* Ufita 1932, 177 ff. sowie RG 153, 1, insbes. 16 ff. (Schallplattenurteil).

Erforderlich ist immer die Herstellung eines körperlichen Gegenstandes, der das Werk in sinnlich wahrnehmbarer Weise wiedergibt. Im *Gegensatz* dazu stehen die unkörperlichen Wiedergaben, wie öffentliche Mitteilung, Sendung, Vortrag und Aufführung, Vorführung, Schaustellung (s. unten Anm. III S. 84).

2. Jede Art der *ungenehmigten Vervielfältigung* von Schriftwerken wird unter dem Begriff **Nachdruck** zusammengefaßt. Dazu gehört jede

nicht autorisierte Vervielfältigung: Druck eines nicht veröffentlichten Werkes ohne Genehmigung des Verfassers, nicht genehmigte Übersetzungen, Überdrucke, Überschreiten der Auflagenhöhe, nicht wörtliche Vervielfältigungen oder Plagiate (s. hierzu § 13 Anm. 1a S. 97). In welchem technischen Verfahren der Nachdruck bewirkt wird, ist gleich (RGZ 107, 278). Ein Nachdruck in einem der vielen photomechanischen Verfahren behufs täuschend genauer Wiedergabe des Originals kann überdies ein Verstoß gegen die guten Sitten oder, im Wettbewerb mit dem Original, unlauterer Wettbewerb sein (vgl. *Hillig* I Nr. 18 und 69). Zum *Manuldruck, Obraldruck* usw. *Hillig* I Nr. 18, 321, 322, 323, 324, 325, 326.

3. Auch die unschöpferische Ausführung von *Bauplänen* und *Bauentwürfen* oder von *Entwürfen zu Werken der bildenden Kunst* ist Vervielfältigung und wird hie und da geschäftlich-kunstgewerblich versucht.

Teilweise Wiedergabe ist ebenfalls Vervielfältigung, sofern der Teil wirklich als Teil des Werkes erkennbar ist; denn auch in seinen Teilen ist das Werk geschützt. Vgl. § 41 Anm. 1 S. 167. Über Teilplagiat s. § 19 Anm. 1 S. 116.

4. *Vervielfältigung der ungenehmigten Vervielfältigung* ist verboten. Das Vergehen eines anderen entschuldigt nicht (*Hillig* I Nr. 68). Ebensowenig ist es von Bedeutung, ob die Vervielfältigung nach einer vom Original genommenen oder aus dem Gedächtnis niedergeschriebenen Abschrift erfolgt.

5. *Vervielfältigung für das Ausland:* Es ist auch Vervielfältigung, wenn die Exemplare in Deutschland zur Verbreitung im Auslande hergestellt werden. Druckereien haben also ausländische Druckaufträge urheberrechtlich besonders sorgfältig zu prüfen, denn sie können sich straf- und haftbar machen (s. §§ 36 u. 37). Der bestellende Ausländer ist allerdings auch strafbar, aber der Strafverfolgung entzogen, solange er sich nicht in Deutschland betreffen läßt oder nicht nach den Gesetzen seines Landes strafbar ist. Wegen einer Vervielfältigung im Ausland zum Schaden eines deutschen Staatsbürgers (§§ 38, 39) kann die Verfolgung in Deutschland stattfinden, wenn der Täter zur Zeit der Begehung ein Deutscher war oder dies später wurde.

6. Als *Versuch* der rechtswidrigen Vervielfältigung ist der Beginn der Herstellung der erforderlichen Druckformen und Korrekturabzüge anzusehen.

Die *Ankündigung* einer Vervielfältigung ist noch nicht die vollendete Rechtsverletzung; sie genügt aber für den sich als gefährdet erkennenden Berechtigten, um mit Erfolg und auf Kosten des Anzeigenden vorbeugende Unterlassungsansprüche geltend zu machen. Über die Ankündigung eines zum Erscheinen nach Ablauf der Schutzfrist bestimmten Nachdruckes vor dem Ablauf s. unten zu 9 b.

7. Die *Nachahmung einer nachdruckfreien Originalausgabe* ist, wenn sie zum Zwecke der Täuschung erfolgt, nach BGB §§ 823, 824, 826, UnlWG §§ 1, 3, 16 verfolgbar. Beim Faksimiledruck kommt so zu dem Tatbestand der unerlaubten Vervielfältigung zumeist noch die Verletzung wettbewerbsrechtlicher Vorschriften.

8. *Rechtsverletzungen zwischen Autor und Verleger:* Als „Nachdruck" ist auch anzusehen der neue Abdruck von Werken, welchen der Urheber oder der Verleger dem unter ihnen bestehenden Vertrage zuwider veranstaltet, und die Anfertigung einer größeren Anzahl von Exemplaren, als dem Verleger vertragsmäßig oder gesetzlich gestattet sind (s. VerlG § 5). So auch *Hillig I* Nr. 185; milder KG in MuW 1920, 165 ff. — Umgekehrt ist der Verfasser, der ein in Verlag gegebenes Werk den Bestimmungen des Verlagsvertrages zuwider ganz oder teilweise einem zweiten Verleger überträgt, für diese Verletzung der dem ersten Verleger eingeräumten Rechte verantwortlich. Er haftet ihm auf Schadensersatz wegen Nichterfüllung; aber auch auf Lieferung des Manuskripts und Unterlassung anderweitiger Veröffentlichung und Verbreitung, wenn das Verlagsrecht nach der getroffenen Vereinbarung schon vor Ablieferung des Manuskripts entstanden ist, was im Zweifel mit Rücksicht auf § 9 VerlG nicht der Fall ist (vgl. *Kleine*, BBl 1952, 29).

Über die Art der Vervielfältigung (Ausstattung usw.) s. VerlG § 14.

Verletzungen infolge von Übertragung des Verlagsrechts von Verleger zu Verleger s. VerlG § 28.

9. a) Die rechtswidrige Vervielfältigung von Schriftwerken, Werken der Tonkunst, Abbildungen (im Sinne des LUG § 1) und Kunstwerken ist hiernach *vollendet*, sobald ein Exemplar, ganz oder teilweise, im Druck oder in dem den Druck vertretenden Verfahren rechtswidrig hergestellt ist, und zwar verkehrsfähig in der für die Verbreitung (den Handel) bestimmten Form. Die Herstellung von Probedrucken (Korrekturabzügen) ist an sich noch keine Rechtsverletzung.

Demgemäß wird auch im LUG (§§ 42, 43, 46, 47) zwischen Exemplar und Druckvorrichtung klar unterschieden.

Bei Bildwerken kann der Unterschied zwischen Korrekturabzug und ausgedrucktem Exemplar nicht so betont werden. Eine Nachbildung liegt vor, wenn die Nachbildung — gleichgültig ob schon fertig gedruckt oder nicht — vorgenommen worden ist und kein besonderer Rechtfertigungsgrund (z. B. Kopierrecht zum eigenen Bedarf) gegeben ist. Jedoch ist bei graphischen Arbeiten und Photographien erst ein verkehrsfähiger Abzug eine fertige Nachbildung; Druckform oder Negativ sind erst Mittel zum Zweck.

b) Die Vorbereitung von Druckformen zur Herstellung eines *Nachdrucks nach Ablauf der Schutzfrist* muß als gestattet gelten. Nach*setzen* ist noch kein Nach*druck*. RGZ 107, 278 (Gottfried Kellers Werke, die frei werden sollten) bestätigt, daß Vervielfältigung noch nicht vorliegt, wenn noch kein fertiges Exemplar hergestellt ist. Die bloße Herstellung des Drucksatzes und die Herstellung von Papiermatrizen sind nicht als Vervielfältigungen eines Werkes anzusehen, sondern lediglich als vorbereitende Maßnahmen. Die gleiche rechtliche Beurteilung muß billigerweise auch den Korrekturabzügen zuteil werden (a. A. *Marwitz-Möhring* § 11 Anm. 7; *Ulmer* S. 142). Diese Auffassung entspricht auch dem Begriff des Erscheinens. Hierüber s. § 7 Anm. 4 S. 62.

c) Hinsichtlich der noch innerhalb der Schutzfrist erfolgenden Ankündigung einer nach Ablauf der Frist erscheinenden Ausgabe sagt RGZ 107, 281, hier könnten gewisse Zweifel obwalten. Dies ist richtig insofern, als der Schutz beeinträchtigt wird, wenn Interessenten auf eine spätere ungeschützte Ausgabe hingewiesen werden. In der Verlagspraxis vollzieht sich der Übergang in der Regel so, daß der Berechtigte selbst vor Ablauf der Schutzfrist wohlfeile Ausgaben veranstaltet.

II. Verbreitung:

1. *Wandlung des Verbreitungsbegriffs.* Das LUG von 1870 (§ 25) hatte nur die Verbreitung derjenigen Exemplare verboten, die *widerrechtlich* hergestellt waren. Hiernach war es zulässig, in Deutschland Vervielfältigungen eines hier geschützten Werkes ungehindert zu verbreiten, falls sie in einem Lande hergestellt waren, dessen Gesetzgebung den Abdruck des Werkes freigab. Auch konnten bei einem Verlagsvertrag auf Zeit (s. VerlG § 29 Abs. 3) Exemplare auch noch nach Ablauf des Vertrages verbreitet werden, sofern sie rechtmäßig hergestellt waren. Das LUG von 1901 hat daher dem Urheber ein selbständiges Verbreitungsrecht gegeben.

Verbreitung bezieht sich nach heute herrschender Auffassung nur auf das Vervielfältigungsstück, nicht auf das Geistesgut als solches (s. u. zu b). Diese Auffassung wird im AK-Entw. § 13 und damit auch die Kritik bestätigt, die an der Begründung des *Rundfunkurteils* des RG (RGZ 113, 413) geübt worden ist (*Elster* in Arch. f. FunkR 1928, 213). Mit dem *Schallplattenurteil* (RGZ 153, 1) ist auch das RG dieser Kritik gefolgt.

An Vervielfältigungen, die mit Zustimmung des Berechtigten in Verkehr gebracht worden sind, ist die *Verbreitungsbefugnis erschöpft.* (Vgl. RGZ 63, 394; *Marwitz-Möhring* LUG § 11, Anm. 16; *Ulmer* S. 145; a. A. *de Boor* S. 127 ff.). Dieser Grundsatz wird jedoch dann durchbrochen, wenn der Urheber ein räumlich beschränktes Verlagsrecht erteilt hat (vgl. zu 2 c). Alsdann kann die Weiterverbreitung in einem anderen Gebiet als dem vertraglich vereinbarten von ihm verboten werden. Ist daher z. B. von dem gleichen Werk mit Zustimmung der Berechtigten eine West- und eine Ostausgabe veranstaltet worden, so kann der Verleger, der die Verlagsrechte für die Bundesrepublik erworben hat, den Vertrieb der in der Ostzone rechtmäßig in Verkehr gebrachten Exemplare in der Bundesrepublik verbieten. (OLG Düsseldorf, GRUR 1952, 423; ebenso *Ulmer* S. 145.)

Auch an rechtswidrig hergestellten Vervielfältigungsstücken hat der Urheber das Verbreitungsrecht. Nicht nur wer an einer mit Zustimmung des Berechtigten in Verkehr gebrachten Vervielfältigung Eigentum erworben hat, sondern auch der Käufer unter Eigentumsvorbehalt, der Kommissionär, der Bedingtkäufer usw. kann darüber verfügen, ohne daß er seinerseits der Einwilligung des Trägers des Verbreitungsrechts bedarf. Sind aber die Exemplare ohne Zustimmung des Berechtigten in Verkehr gebracht worden, so ist auch die Verbreitung durch die Händler rechtswidrig.

Der Berechtigte ist befugt die *Weiterverbreitung* an Bedingungen, z. B. Einhaltung des *festgesetzten Ladenpreises* zu knüpfen. Auch das in Vorbereitung befindliche *Gesetz gegen Wettbewerbsbeschränkungen* dürfte an der Zulässigkeit dieser „Preisbindung der zweiten Hand" nichts ändern. Der von der Bundesregierung und dem Bundesrat verabschiedete Entwurf (§ 11) läßt die Preisbindung für Verlagserzeugnisse, wie für Markenartikel gegenüber dem Abnehmer ausdrücklich zu. Dagegen ist fraglich, ob die horizontale Bindung aller Verleger und Sortimenter, wie sie früher durch die zum Gewohnheitsrecht gewordene buchhändlerische Verkaufs- und Verkehrsordnung vorgeschrieben war, aufrechterhalten bleibt. Nur die generelle Bindung aller Wiederverkäufer (mit Sanktionsmöglichkeit durch generelle Liefersperre) bildet aber einen wirksamen Schutz gegen Preisschleuderei, ohne den der Buchhandel, wie er sich in Deutschland gestaltet hat, nicht lebensfähig ist. Solange ein solches „Kartell" nicht für zulässig erklärt wird, muß man sich mit dem Revers-System helfen. Auf Grund des Verbreitungsrechts kann jedenfalls die Einhaltung des Ladenpreises nicht erzwungen werden (RGZ 63, 394).

2. **Tatbestände der unerlaubten Verbreitung:**

a) Es muß sich um Vervielfältigungsstücke handeln. Nicht unerlaubt ist die *geistige Verbreitung* des Gelesenen, Gesehenen, soweit es nicht als eigenes, sondern der Wahrheit gemäß als fremdes Gut oder als allgemeines Bildungsgut weitergegeben wird. Denn obwohl dem Urheber vorbehalten ist, sein Werk erstmalig an die Öffentlichkeit zu geben, so ist doch alsdann jedermann, der von dem Werk und seinem Inhalt Kenntnis erhält, urheberrechtlich nicht gehindert, von dieser Kenntnis öffentlich Gebrauch zu machen.

Aushängebogen sind noch keine Vervielfältigungsstücke des Werkes als solchem. Auch der Verleger bedarf der ausdrücklichen Genehmigung des Verfassers, wenn er Aushängebogen vor Herausgabe des Werkes in andere Hände geben will. Besonders in dem Fall, daß der Verleger Aushängebogen der Presse mitteilen will, hat nicht nur er sich der Zustimmung des Verfassers zu versichern, sondern auch die angegangene Zeitung oder Zeitschrift.

„Als Manuskript gedruckte Werke" sind nur dann wirkliche Manuskripte, die nicht beliebig verbreitet werden dürfen, wenn der Druck in der Tat nur bestimmten Kreisen oder Personen zugänglich gemacht worden ist (Familienschriften, Denkschriften, Gelegenheitsarbeiten, Pressekorrespondenzen). Die Bedeutung des Aufdruckes liegt darin, daß ein so bezeichnetes Werk nicht als erschienen oder veröffentlicht gelten soll, so daß also der Verfasser oder der sonst daran Berechtigte sich das Recht vorbehält, über das Ob und Wie der Verbreitung zu bestimmen. Eine öffentliche Wiedergabe solcher Arbeiten erscheint demnach unzulässig. Demgemäß ist auch die Zitat- und Entlehnungsfreiheit (§ 19 ff. LUG) nicht gegeben. Über die Begriffe „Erscheinen" und „Veröffentlichen" vgl. § 7 Anm. 4 S. 62.

b) Nur die *gewerbsmäßige Verbreitung* ist dem Berechtigten vorbehalten (Buchhändler, Kolporteure, Bücherreisende, Leihbibliotheken;

Nebenbetriebe, z. B. Theaterkassen für Operntexte, Warengeschäfte auf dem Lande für Schul- und Gesangbücher; auch Verbreitung im Kommissionsverlag). Auch die Verbreitung eines einzelnen Nachdruckes in gewerbsmäßigen Formen ist rechtswidrig. Dagegen ist es gleichgültig, ob innerhalb eines Gewerbebetriebes an der Verbreitung des einzelnen, bestimmten Nachdruckes Gewinn erzielt worden ist oder ob die Verbreitung gegen Entgelt geschah. So ist die Versendung von unberechneten Besprechungsexemplaren an die Presse durch Sortimenter oder andere dazu nicht berechtigte Stellen oder das Verschenken als Warenzugabe in Geschäften zweifellos rechtswidrig, da es hierfür genügt, wenn die Verbreitung zur Förderung der Zwecke des Gewerbebetriebes dient. Schon im bloßen *Feilhalten* liegt ein Verbreiten im Sinne des Gesetzes. Veräußerung ist nicht erforderlich.

Die Übergabe rechtswidrig hergestellter Vervielfältigungsstücke zwischen den Mittätern des Nachdrucks (vom Drucker an den Verleger oder an den Verfasser) ist noch keine Verbreitung.

Ob das Werk öffentlich angeboten oder nur einem bestimmten Kreis von Personen zugänglich gemacht wird, ist rechtlich belanglos. Die bei Verkauf jedes einzelnen Exemplars wiederholte Handlung der Verbreitung ist „fortgesetzte Handlung"; dagegen spricht bei Bemessung der Höhe des Schadens die Zahl der verkauften Exemplare mit. — Vertreibt jemand gleichzeitig mehrere Nachdrucke, so ist das nicht eine strafbare Handlung, sondern für jedes Werk ist die Strafe besonders auszusprechen. Andererseits gilt es als nur eine strafbare Handlung, wenn die Verbreitung eines Werkes die Rechte mehrerer Urheber verletzt.

c) Der Urheber kann die gewerbsmäßige Verbreitung seines Werkes räumlich, zeitlich oder sachlich beschränken. Die übliche Form der zeitlichen Beschränkung ist der Verlagsvertrag auf Zeit (VerlG § 29 Abs. 3), die der räumlichen Übertragung das geteilte Verlagsrecht (vgl. oben zu 1). Die Beschränkung gilt nicht für den Abnehmer des Verlegers, der die Exemplare in einem Zeitpunkt erworben hat, als der Verleger das unbeschränkte Verbreitungsrecht hatte. Auch jede andere Beschränkung ist rechtlich möglich, z. B. die Übertragung des Aufführungsrechts unter der Bedingung des Notenerwerbs, so daß die Aufführung mit geliehenen Noten das Urheberrecht verletzt.

d) *Verleihen* ist an sich noch keine Verbreitung (Abs. I S. 2), und zwar weder wenn das Manuskript verliehen wird, noch wenn ein Privater das Buch verleiht. Etwas anderes aber ist die gewerbsmäßige also auf Gewinn gerichtete Betätigung der Leih- und Mietbüchereien. Hier liegt Miete vor, die als Verbreitung angesehen werden muß. Vgl. des näheren § 14 VerlG und dortige Anmerkungen.

e) *Verhältnis zum Auslande.* Werkstücke, die nach deutschem Recht unzulässig, aber im Auslande hergestellt sind, dürfen in Deutschland nicht verbreitet werden. Die Verbreitung eines in Deutschland hergestellten Nachdrucks im Auslande ist zwar nicht strafrechtlich verfolgbar, wohl aber kann auf Entschädigung geklagt werden, auch wenn nach den Gesetzen des Staates, in dem die Verbreitung stattfand oder stattfinden soll, die in Deutschland rechtswidrige Vervielfältigung erlaubt ist.

Wenn jemand aus Deutschland Nachdruckexemplare ins Ausland versendet, so gilt der Versendungsort als Tatort.

III. Unkörperliche Wiedergaben:

Das geltende Gesetz kennt als unkörperliche Wiedergaben *Vortrag, Aufführung, Vorführung,* die rechtlich verschieden bewertet werden. Daraus mußten sich Schwierigkeiten ergeben, sobald neue Verwertungsarten auftauchten, bei denen es zweifelhaft sein konnte, ob sie „Vortrag" oder „Aufführung" sind, wie bei der Rundfunksendung, oder ob sie „Aufführung" oder „Vorführung" sind, wie beim Film oder der Schallplatte. Aufgabe der Urheberrechtsreform wird es sein, die Methodologie bei der Bezeichnung der Benutzungs- oder Werknutzungsrechte zu bereinigen, wobei zu beachten ist, daß Vervielfältigung und Verbreitung urheberrechtliche Grundbegriffe als Ausfluß eigener schöpferischer Tätigkeit sind, während Vortrag und Aufführung sich in der Hauptsache als abhängige Formgebung auf dem Boden fremder Schöpfung bewegen.

1. **Vortrag:** Unter Vortragen (als Wiedergabeform) versteht man, im Gegensatz zur Aufführung (s. u. zu 2) das *Vorlesen* oder das nach den Regeln der Kunst ohne szenische Einrichtungen bewirkte Vortragen des Inhalts von Schriftstücken; eine Vorlesung vor dem Bühnenvorhang ist keine Aufführung (OLG Dresden in Ufita 1928, 686), ein Vorlesen mit verteilten Rollen ohne Bühne und Kostüme ebenfalls nicht. Gleichgültig ist, ob das Vortragen unmittelbar mündlich oder durch Verwendung einer Schallvorrichtung geschieht (vgl. RJM-Entw. § 17). Über den Begriff *„öffentlich"* s. u. zu 5.

Der *Vortrag von Musikstücken* wird wie im Gesetz so auch in den Entwürfen „Aufführung" genannt; das ist irreführend. Denn der Solist jedenfalls „spielt" ein Violinkonzert, aber führt es nicht auf, der Sänger trägt ein Lied vor.

Voraussetzung aber ist immer, daß ein Vervielfältigungsstück in Verkehr gebracht, der Vortrag gehalten, die Aufführung erfolgt ist (s. unter II 2 b).

Das Vortragsrecht an einem Werk der Literatur besteht nur, solange als es *noch nicht erschienen* ist. Nicht selten wird ein Werk in der Absicht verfaßt, es überhaupt oder doch für den Anfang nicht im Wege des Verlages, sondern mittels öffentlichen Vortrag zu verwerten.

Der Vortrag erschienener Werke ist nach dem geltenden Gesetz schlechthin erlaubt. Diese Beschränkung des Vortragsschutzes wird iure conventionis durch Art. 11 der RBÜ Brüsseler Fassung aufgehoben. Auch die Entwürfe beseitigen sie. Auch nach Erscheinen hat der Urheber das ausschließliche Vortragsrecht. (RJM-Entw. Begr. S. 58; AK-Entw. § 11, I, 3.)

2. **Aufführung:** Aufführung ist nach dem Sprachgebrauch des Gesetzes, wie auch nach dem der Entwürfe, sowohl die *Sichtbarmachung* eines Werkes der Literatur, sowie die Wiedergabe eines Werkes der

Tonkunst *für das Gehör*. Das Werk wird jedenfalls nicht erst durch die Aufführung geschaffen, vielmehr nur als schon Vorhandenes wiedergegeben oder verwertet, — gleichgültig ob dies auf dem Theater, im Filmatelier, im Senderaum oder einem Studio geschieht, also ob unmittelbar oder mittelbar vor den Zuschauern oder Zuhörern. Somit ist also auch die ursprüngliche Darbietung im Senderaum als Aufführung zu bezeichnen (die gesendet wird). Das gilt auch für die Wiedergabe von Schallplatten durch den Rundfunk. Die Sendung ist auch bei Musikschallplatten Aufführung und nicht Vortrag (RGZ 153, 1). Demgemäß ist auch die *Aufführung* der Aufführung *mit anderen Wiedergabemitteln* von der Zustimmung des Urhebers abhängig, soweit sie nicht schon im Aufführungsvertrag erfaßt ist. Ausnahmen von der ausschließlichen Aufführungsbefugnis des Urhebers bei Werken der Tonkunst, s. §§ 22 a, 27. Mehrere Berechtigte, insbesondere Textverfasser und Komponist, s. § 28. .

Gegenstand des Aufführungsrechts sind mindestens alle Werke, die zur Aufführung bestimmt sind, gleichviel ob eine erfolgreiche Aufführung tatsächlich möglich ist oder nicht, insbesondere Bühnenwerke (auch das Textbuch einer Oper). Umgekehrt ist der Schutz gegen unbefugte Aufführung selbstverständlich nicht für Werke versagt, die ursprünglich nicht zur Aufführung bestimmt waren (Buchdramen, Schilderungen in szenischer Form), sich aber in gewissen Fällen doch dazu eignen. Konzertmäßige Wiedergabe von Opernmusik ist Aufführung (RG 80, 74). Von der gewöhnlichen Bühnen- oder Konzertaufführung darf nicht ohne besondere Genehmigung des Urhebers eine zur anderweitigen Aufführung bestimmte Aufnahme gemacht und diese aufgeführt werden. Dieser neue Akt der Wiedergabe gehört zur Aufführungsbefugnis des Urhebers. Die Lautsprecherwiedergabe des Rundfunkempfanges ist ebenfalls eine solche Aufführung der Aufführung, ein neuer Akt der Wiedergabe, und, sofern er öffentlich geschieht (Gaststätten, Straße), dem Urheber vorbehalten, also tantiemenpflichtig. Siehe dazu auch *v. Erffa* GRUR 1950, 542; *Schulze*, Das dt. Urheberrecht an Werken der Tonkunst und die Entwicklung der mechanischen Musik Bln. 1950; *Reimer* GRUR 1951, 428; *Ulmer* S. 152 und die dort zit. RGZ 136, 377; vgl. auch die Erl. zu § 22. So betont mit Recht die amtl. Begr. zum RJM-Entwurf ganz im Sinne früherer Darlegungen von *Elster*, daß es sich bei der Wiedergabe durch Lautsprecher und ähnliche technische Einrichtungen nicht um einen Teil der Rundfunksendung, sondern um Benutzung zu einer neuen urheberrechtlichen Verwertung, „die je nach der Art der Darbietung als öffentlicher Vortrag oder als eine öffentliche Aufführung oder Vorführung anzusehen ist", also einer neuen, zweiten Öffentlichkeit handelt.

Dies Ergebnis ist *auch* billig; beim *Verlagsrecht* wird jede Neubenutzung außerhalb der vertraglich begrenzten Verwertung als unerlaubt angesehen; es entspricht „dem wiederholt anerkannten Rechtsgrundsatz, daß dem Urheber tunlichst überall, wo aus seinen Geisteswerken Geldgewinn gezogen wird, ein Anteil daran zukommen soll" (RG 153, 22).

Vollendet ist das Vergehen der rechtswidrigen Aufführung, wenn diese begonnen, also teilweise stattgefunden hat, zumal bei Aufführungen gegen Entgelt die Einnahme bei Beginn stets erzielt sein wird.

Zivilrechtliche Ansprüche s. § 37, *Strafen* § 38.

Über Änderungen an einem Werke, auch bei Aufführung oder Vortrag, s. § 9. Anm.

3. a) **Überwachungs- und Verwertungspraxis bei Werken der Tonkunst:** Vor Erlaß des LUG von 1901 und noch bis zum Jahre 1904 ist, abgesehen von den musikdramatischen Bühnenwerken, die Aufführung von Tonwerken tatsächlich nahezu frei gewesen. Die Verleger pflegten das Recht der Aufführung lediglich an den rechtmäßigen Erwerb des Notenmaterials zu knüpfen. Aber auch diese Bedingung wurde vielfach nicht erfüllt, sondern das Verleihen und das Abschreiben der Noten war üblicher. Ein einseitig von Musikverlegern unternommener Versuch, 1897 eine Anstalt für musikalisches Aufführungsrecht zu gründen, scheiterte. Diese Zustände wurden völlig umgestaltet, als das LUG von 1901 das Aufführungsrecht des Urhebers schärfer betonte (1908 auch die RBÜ Art. 11). Die Tonsetzer schlossen sich, um das vielgestaltige und unendlich verzweigte Aufführungswesen wirksam zu überwachen, zu einer Genossenschaft zusammen und gründeten 1903 die „Anstalt für musikalisches Aufführungsrecht" (Afma).

Die Geschichte dieser Zusammenschlüsse, die der Überwachung der Musikdarbietungen und der Einziehung der Tantiemen dienten, zeigte mancherlei Gestaltungen: neben der Afma die GDT (Genossenschaft Deutscher Tonsetzer), 1916 Gründung der GEMA (Genossenschaft zur Verwertung musikalischer Aufführungsrechte); GEMA, GDT und AKM (Gesellschaft der Autoren, Komponisten und Musikverleger) schlossen sich 1930 zusammen; 1934 erfolgte die gesetzliche Vereinheitlichung in der STAGMA (Staatlich genehmigte Gesellschaft zur Verwertung musikalischer Aufführungsrechte) Gesetz vom 4. 7. 1933 (RGBl. I 452) mit DVO vom 15. 2. 1934 (RGBl. I 1000), abgedruckt im Anhang unter A.

b) Für die *mechanisch-musikalischen Rechte* wurde 1909 die Ammre (Anstalt für mechanisch-musikalische Rechte) gegründet. Diese ging infolge Fusion 1938 in der Stagma auf. Nach der Kapitulation wurde die Stagma in *‚Gesellschaft für musikalische Aufführungs- und mechanische Vervielfältigungsrechte' GEMA* umbenannt; „ohne daß an der rechtlichen Struktur der Organisation etwas geändert wurde. Die heutige Gema ist mit der Stagma identisch" (vgl. hierzu *Schulze,* Urh. i. d. Musik und die Deutsche Urheberrechtsgesellschaft Bln. 1951. *Schulze,* der Gen.-Direktor der Gema, gibt hier, S. 72 ff., auch eine Darstellung der Organisation der Gema).

c) Der Komponist, Textdichter oder Musikverleger, der der Gema beitritt, schließt mit ihr einen *Berechtigungsvertrag* ab, durch den er das Aufführungs- und Senderecht auf die Dauer von 3 Jahren, das Recht zur mechanischen Vervielfältigung (Schallplatten, Tonband, Magnetonband usw.), das sind die sog. *„kleinen Rechte"* auf 10 Jahre mit Verlängerungsklausel für bestimmte oder alle Werke überträgt. Die

Aufführungs- und mechanische Vervielfältigungsgenehmigung ist also von der Gema einzuholen, die dafür (nach *Tarifen*) Gebühren kassiert und diese nach einem Schlüssel an ihre Mitglieder verteilt. Die Monopolstellung der Gema wird vermutlich dazu führen, daß sie wieder unter Staatsaufsicht gestellt wird. Bekanntm. des BJM i. Mittbl. 1952, 13.

Der Verkehr mit dem Ausland erfolgt durch die CISAG (Confédération internationale des auteurs et compositeurs) und das BIEM (Bureau international de l'édition mécanique, Paris), in die die GEMA, wie die anderen nationalen Wahrnehmungsgesellschaften ihr „Repertoire" einbringt, d. h. ihnen die mechanischen Rechte überträgt. Der deutsche Schallplattenfabrikant muß also die Erlaubnis zur Aufnahme auch für inländische Werke von einer ausländischen Gesellschaft erwerben.

4. **Bühnenwerk:** Aufführung eines Bühnenwerkes ist die Wiedergabe durch Darsteller mit verteilten Rollen mit szenischen Vorrichtungen. RG und KG (RGZ 80, 74) betrachten auch die konzertmäßige Wiedergabe von Opernmusik als Aufführung eines „Bühnenwerks", weil der dramatische Charakter der Musik hier durch den Schöpfungsakt bestimmt werde. Wenn das richtig ist, so muß es auch für Film- und Rundfunkwiedergabe von Bühnenwerken zutreffen. *Sendespiele* und *Hörspiele* wird man zu den Bühnenwerken rechnen müssen, auch wohl fast alle Spielfilme. Infolgedessen liegt Aufführung eines Bühnenwerks vor, wenn ein Werk der Literatur *bühnenmäßig sichtbar* gemacht wird, gleichviel ob dies unmittelbar durch Menschen oder mittelbar durch technische Vorrichtungen (Bild und Schall) oder durch Marionetten (vgl. *Runge* S. 79) geschieht. Artisten führen zwar u. U. Stücke auf, führen jedoch ihre akrobatische Kunst vor. Über die Aufführung von *Opernteilen* (Konzert oder Bühnenaufführung?) s. KG in Ufita 1936, 422 = JW 1936, 2662. Praktische Bedeutung hat die Begriffsbestimmung, wenn vertraglich die Verwertung auf „Bühnenaufführung" abgegrenzt ist — ausdrücklich oder nach Lage der Dinge (Berufsstand, Arbeitsgebiet des Verwertenden).

5. **Öffentlich und gewerblich:** Öffentlich ist eine Aufführung, wenn der Zutritt, gleichviel ob entgeltlich oder unentgeltlich, im wesentlichen jedermann freisteht, nicht nur einem individuell von vornherein bestimmbaren Personenkreis. Wann Vereinsaufführungen und Liebhabertheatervorstellungen öffentlichen Charakter haben, was bei § 27 Abs. 1 Ziff. 3 von Bedeutung ist, richtet sich nach den Umständen. Jedenfalls ist der Begriff der Öffentlichkeit nicht zu eng zu ziehen. So kann z. B. sogar die Aufführung eines Theaterdilettantenvereins, an der nur Vereinsmitglieder teilnehmen, als öffentliche gelten, wenn nach dem ganzen Gefüge des Vereins, nach der Stärke der persönlichen Beziehungen seiner Mitglieder und nach den Voraussetzungen des Erwerbs und Verlustes seiner Mitgliedschaft kein innerlicher Zusammenschluß der einzelnen Mitglieder begründet wird, der ihnen die Eigenschaft eines engeren, nach außen bestimmt abgegrenzten Personenkreises verleiht. Orchester- oder Bühnenproben, zu denen der Zutritt nicht jedermann freisteht, sind keine öffentlichen Aufführungen (vgl. *Freiesleben* S. 44 f.).

Im § 27 Abs. 1 wird zwischen *gewerblichen* und anderen Zwecken unterschieden. *Entgeltlich* ist eine Aufführung nicht nur bei Erhebung von Eintrittsgeld, sondern auch wenn die Vergütung in Form von Abonnements, Kurtaxen, hohen „Garderobegebühren", Speise- und Getränkeaufschlägen zu entrichten sind. *Gewerblichen* Zwecken dienen nicht nur alle auf Erwerb gerichteten Musikvorträge bis zu denen herumziehender Musikanten herab, sondern auch alle Aufführungen in Gastwirtschaften, Cafés, Kur- und Badeorten, soweit sie dazu bestimmt sind, einen Anreiz zum Besuche des betreffenden Unternehmens zu bilden. Der gewerbliche Zweck erfordert nicht grundsätzlich, daß ein Gewinn beabsichtigt oder erzielt wird. Dies gilt auch für Betriebe staatlichen Eigentums. Bei Lichtspielbühnen gilt die öffentliche Aufführung ohne weiteres als gewerbsmäßige. Die gewerbsmäßige Musikübertragung durch Fernhörer u. dgl. ist als öffentliche Aufführung anzusehen. Über die Stellung des Rundfunks s. u. zu 8 b.

6. **Aufführungsvertrag:** Partner sind der Urheber (oder in seinem Auftrage der Verleger oder ein *Bühnenvertrieb)* und der Aufführende. Gegenstand des Vertrags ist die Überlassung des Aufführungsrechts zur Aufführung. Das ist kein Verlagsvertrag, sondern ein Vertrag eigener Art, freilich mit gewissen Ähnlichkeiten zum Verlagsvertrag; RG in Deutsche Bühne 1929, 246 und RGZ 115, 17 erblickt steuerrechtlich einen Pachtvertrag darin, was aber keine allgemeine und grundsätzliche Bedeutung für den regelmäßigen Charakter des Aufführungsvertrages hat (*Elster* in Handbuch des Theater- usw. Rechts S. 36). Der Zweck ist maßgebend (vgl. auch den Normalaufführungsvertrag der Bühnen); nach diesem enthält der Aufführungsvertrag einerseits ein in einer gewissen Umgrenzung *ausschließliches Recht* des Aufführenden mit der Pflicht zur Aufführung und zur Vergütungszahlung (Tantieme); im allgemeinen hat daher der Aufführende ein *Verbotsrecht* gegenüber anderen Aufführungen. Ist ihm jedoch die Aufführung nur gestattet, ohne daß er ein Ausschließungsrecht erhalten sollte, so kann der Urheber andere Aufführungen gleichzeitig und am gleichen Ort erlauben, ohne daß der Aufführungsberechtigte dagegen Einspruch erheben könnte (vgl. *Reiners*, Das Bühnenwerk und sein urheberrechtlicher Schutz S. 108). Regel ist die Ausschließlichkeit des Aufführungsrechts für einen bestimmten Ort und eine gewisse Zeit. Das Recht zur Weiterübertragung durch Rund oder Bildfunk oder andere technische Mittel ist grundsätzlich nicht eingeschlossen; der Urheber darf aber dieses Recht nicht gleichzeitig so vergeben, daß das Aufführungsrecht durch Kollision beeinträchtigt wird.

Der Aufführungsvertrag bedarf keiner besonderen Form, doch empfiehlt sich schriftliche Festlegung (vgl. die Normal-Aufführungsverträge).

Der Urheber hat dem Aufführenden die Möglichkeit der Aufführung einwandfrei durch Abtretung aller Rechte, die er dazu braucht, zu verschaffen, in der Regel für alle gleichartigen und gleichwertigen Bühnen des Unternehmers an demselben Ort, er hat ihm das schriftliche Material zur Aufführung (Manuskript oder gedruckte Texte, Rollen usw.) zu liefern (meist gegen eine frei zu vereinbarende Materialgebühr). Auch der Käufer des Materials darf es nur im Rahmen seines Aufführungsrechts verwenden und nicht etwa weiter vervielfältigen oder verbreiten; *Ausschreiben der Rollen* ist nur für den eigenen Bedarf gestattet.

Der Aufführungsberechtigte hat die Aufführung — sachlich und zeitlich möglichst gut — herauszubringen; und zwar hat er dies *selbst* zu tun, zur Weitergabe des Rechts ist er nicht befugt. Er muß so viele Wiederholungen herausbringen, wie es wirtschaftlich tragbar ist (Bühnen-Oberschiedsgericht vom 7. November 1936, Ufita 1937, 203). Er hat für geeignete Reklame zu sorgen (Näheres in den Allgemeinen Bestimmungen zum Normal-Aufführungsvertrag).

Die Vergütung des Urhebers besteht in der Regel in einem bestimmten Prozentsatz der *Roh*einnahmen. Üblich waren bisher 10 % mit einem Nachlaß bei einer bestimmten Zahl von Wiederholungen (z. B. von der 31. Aufführung an). Vgl. auch den Normalvertrag. Für die Auslegung von Aufführungsverträgen können *verlagsrechtliche Grundsätze* herangezogen werden. Die Haftung bestimmt sich nach allgemeinem bürgerlichen Recht. Fehlbesetzungen oder Aufführungsschwierigkeiten sind noch keine Vertragsverletzungen. Wird ein Stück oder eine Aufführung verboten, so wird jeder Vertragspartner von seiner Leistung frei. Eine Verpflichtung des Urhebers, sein Werk zu ändern, um die Freigabe zu erreichen, besteht nicht (a. A. *Elster*, 3. Aufl.).

Der Aufführungsvertrag endigt durch vollständige Erfüllung, durch Zeitablauf, wenn er auf Zeit geschlossen ist, durch Kündigung wegen wichtigen Grundes (Zerstörung des Vertrauens und guten Einvernehmens, RGZ 78, 389; 94, 235; 101, 395; s. auch die in RGZ 115, 358 entwickelten Grundsätze.

7. **Vorführung:**

Darunter verstehen im Anschluß an KUG § 15 I und die Rspr. zum Aufführungsbegriff die Entwürfe einen technischen Vorgang, d. h. eine *mechanische Wiedergabe von Werken,* und zwar *nur für das Auge.* Die 3. Aufl. u. *Elster,* zit. in RGZ 153, 16, vertrat die Auffassung, daß der Begriff Vorführung auch die hörbare Wiedergabe mit technischen Mitteln (Schallplattenkonzert) umfasse. Da eine klare und konsequente Scheidung der Begriffe notwendig ist, soll schon heute der Begriffsverwendung der Entwürfe grundsätzlich gefolgt werden. Zum Begriff der Vorführung gehört hiernach vornehmlich die *filmische Wiedergabe.*

Beim *Film* ist die Verfilmung als Bearbeitung eines Werkes von der Filmung als der Wiedergabe eines Werkes mit Mitteln des bewegten Bildes zu unterscheiden (vgl. § 1 Anm. II F 1 S. 19). Beides geschieht auf dem Wege einer Aufführung vor den Aufnahmeapparaten, die Wiedergabe in Lichtspieltheatern ist Vorführung.

Der Filmverwertungsvertrag, den der Filmproduzent mit dem Filmverleiher abschließt, soll diesem das Recht geben, in dem ihm zur Auswertung des Films überlassenen Bezirk *Vorführungsverträge* mit den Filmtheaterbesitzern abzuschließen. Der Verleiher muß also die urheberrechtliche Befugnis zur öffentlichen und gewerbsmäßigen Vorführung erwerben. Der Filmproduzent haftet für die Beschaffung dieses Rechts nach den allgemeinen Gewährleistungsvorschriften. Er ist zur Übertragung des Rechts in rechtsähnlicher Weise wie der Verlaggeber zur Verschaffung des Verlagsrechts verpflichtet (BGH in GRUR 1951, 471; dazu Anm. von *Ulmer* in Mittbl. 1952, 7).

Über das Urheberrecht am Film s. § 12 Anm. 2e S. 94.

8. **Sendung:**

a) Steht das *Senderecht* als ein vom ursprünglich Berechtigten (Urheber) vergebbares selbständiges Werknutzungsrecht fest, so taucht auch hier wie bei allen Verwertungsrechten die Frage der *Begrenzung in der Hand des Rechtserwerbers* auf.

In der Begründung des RJM.-Entw. heißt es u. a. darüber (S. 57), daß „das Recht, ein Werk durch Rundfunk zu senden, auch die Befugnis umfaßt, den Vortrag oder die Aufführung eines Werkes der Literatur oder Tonkunst oder ein Werk der bildenden Künste oder der Photographie auf elektrischem Wege von einer im In- oder Ausland gelegenen Stelle aus der Allgemeinheit im Inland in ähnlicher Unbegrenztheit wie beim Rundfunk, jedoch mit Hilfe von Leitungen wahrnehmbar zu machen". Das ist richtig, denn es kann für das Senderecht nicht darauf ankommen, durch welche Technik die Sendung geschieht. Unrichtig aber ist die Meinung, Radiovermittlungszentralen, angeschlossene Rundfunkempfangsanlagen seien ebenfalls ohne weiteres Teile der Rundfunksendung, die Weitergabe eines Werkes durch sie also in das Senderecht eingeschlossen. Dem steht entgegen, daß es sich dort, ebenso wie bei der Lautsprecherwiedergabe von Rundfunksendungen, um einen *neuen Akt* der Wiedergabe handelt (a. M. RGZ 136, 377; s. hierzu oben Anm. III 2). Öffentliche Lautsprecherwiedergabe ist wegen dieses Moments der Öffentlichkeit als neuer Vorgang der Nutzung anzusehen (Gaststätten, Unterhaltungsstätten); sowohl die Interessen des Autors wie die abgeleiteten Rechte der Sendegesellschaft (Rundfunk) verlangen diese Begrenzung (vgl. auch RJM-Entw. § 17 II; Ho § 9 II; AK-Entw. § 14, II). Anders, wenn der Lautsprecher nur dem eigenen Gebrauch dient; dann tritt kein Wiedergabeakt ein. Der Akt der Sendung — Aussendung und Empfang — gilt als ein einziger, zusammengehöriger. Ein neuer Akt entsteht erst, wenn der Empfang technisch verselbständigt, weiter geführt, durch Zusatzapparate neu veranstaltet wird (a. A. RJM-Entw. Begr. S. 60).

In RGZ 113, 413 (vgl. auch Arch. f. FunkR. I, 213) ist das Senderecht als Befugnis des Urhebers anerkannt und tritt terminologisch selbständig neben die anderen einräumungsfähigen Befugnisse (Vervielfältigung, Aufführung, Vorführung usw.). Die Festlegung dieser urheberrechtlichen Befugnis entspricht auch Art. 11 bis RBÜ Brüsseler Fassung, und zwar in dem Sinne, daß die Lautsprecherwiedergabe ein neuer Akt der Wiedergabe der Sendung ist. (Vgl. dazu *Baum*, GRUR 1949, 19.)

Es handelt sich um jede Art drahtloser Wiedergabe mit Hilfe von Hertzschen Wellen. „Ob die Sendung auch wirklich auf einer Empfangsanlage aufgenommen wird, ist gleichgültig; es genügt, daß die Möglichkeit hierzu geboten wird" (RJM-Entw. Begr. S. 56).

Man muß aber bei dem klaren Grundgedanken bleiben, daß die Sendung einen Vortrag oder eine Aufführung vor dem Mikrophon voraussetzt, also ihrerseits eine Wiedergabe dieser ursprünglichen Wiedergabe eines Werkes ist. Die Rundfunksendung ist also eine zusätzliche Verwertungsart für das Werk; das ist selbst bei eigens für den Rundfunk geschaffenen Hörspielen der Fall, da diese, falls die Sendung versagte, auch ohne die drahtlose Weitergabe aufgeführt werden könnten.

Das gleiche gilt bei Bildspielen für den Bildfunk.

Der Sendegesellschaft muß es gestattet sein, das zur Sendung bestimmte Werk zunächst auf einen Tonträger zu übertragen, da die Abwicklung des Programms zeitlich nicht immer die direkte Sendung zuläßt. Nach RBÜ Art. 11 bis Abs. 3 Br.F. schließt die Sendeerlaubnis nicht das Recht zu solchen ‚*enregistrements éphémères*' ein. Die Sendegesellschaft muß es sich also gesondert übertragen lassen. Es berechtigt, wenn nichts anderes vereinbart ist, nur zur einmaligen Sendung der Tonträgeraufnahme. Vgl. hierzu Oesterr. OGH in GRUR 1951, 43 und Joeden GRUR 1952, 184.

b) *Rechte an der Sendung:*

Dem Berechtigten der Sendung entsteht eine eigene Befugnis (wie dem Verleger, dem Theaterdirektor o. dgl.). Und da es auch selbständige Sendungen gibt (Aufnahmen der Natur oder von urheberrechtlich nicht geschützten Vorgängen), so bildet sich ganz natürlich ein selbständiges *Recht an der Sendung* (nur eingeschränkt durch das abgeleitete Senderecht). Auch für sie entsteht die Notwendigkeit des Schutzes gegen unbefugte Weitergabe des Empfangs, genau wie für den Urheber; denn „die Sendung ist die Arbeitsleistung der Sendegesellschaft, sie ist ihr gewerbliches Produkt" (*Willy Hoffmann* Arch. f. FunkR. 1930, 537). Sie, die Aufwendungen gemacht und das Verbreitungsrecht erworben hat, muß wie ein Verleger gegen Beeinträchtigung oder Ausnutzung ihres Rechts geschützt werden, gleichgültig ob an dem Inhalt der Sendung ein Urheberrecht besteht oder nicht.

So ist in den Entwürfen für die Sendegesellschaft ein *Leistungsschutzrecht* vorgesehen: Nur mit ihrer Zustimmung ist es gestattet, eine Funksendung gewerbsmäßig weiterzusenden oder auf Bild- oder Tonträgern zu übertragen und diese zu vervielfältigen und zu verbreiten. Nach *geltendem Recht* ist der Schutz nur aus wettbewerbsrechtlichen Gesichtspunkten (w. Ausnutzung fremder mit Mühen und Kosten verbundener Arbeitsleistung) gegeben. (Vgl. hierzu KG in JW 1929, 125; RGZ 128, 330 ff.)

§ 12

Die ausschließlichen Befugnisse, die dem Urheber nach § 11 in Ansehung des Werkes selbst zustehen, erstrecken sich auch auf die Bearbeitungen des Werkes.

Die Befugnisse des Urhebers erstrecken sich insbesondere auf:

1. die Übersetzung in eine andere Sprache oder in eine andere Mundart derselben Sprache, auch wenn die Übersetzung in gebundener Form abgefaßt ist;

2. die Rückübersetzung in die Sprache des Originalwerkes;
3. die Wiedergabe einer Erzählung in dramatischer Form oder eines Bühnenwerkes in der Form einer Erzählung;
4. die Herstellung von Auszügen aus Werken der Tonkunst sowie von Einrichtungen solcher Werke für einzelne oder mehrere Instrumente oder Stimmen;
5. die Übertragung des Werkes auf Vorrichtungen für Instrumente, die der mechanischen Wiedergabe für das Gehör dienen, insbesondere auf auswechselbare Scheiben, Platten, Walzen, Bänder und sonstige Zubehörstücke solcher Instrumente;
6. die Benutzung eines Schriftwerkes zu einer bildlichen Darstellung, welche das Originalwerk seinem Inhalt nach im Wege der Kinematographie oder eines ihr ähnlichen Verfahrens wiedergibt.

§ 15 Abs. 2

Auch wer durch Nachbildung eines bereits vorhandenen Werkes ein anderes Werk der bildenden Künste oder der Photographie hervorbringt, hat die im Abs. 1 bezeichneten Befugnisse; jedoch darf er diese Befugnisse, sofern der Urheber des Originalwerkes gleichfalls Schutz genießt, nur mit dessen Einwilligung ausüben.

§ 15a

Ist ein im Wege der Kinematographie oder eines ihr ähnlichen Verfahrens hergestelltes Werk wegen der Anordnung des Bühnenvorganges oder der Verbindung der dargestellten Begebenheiten als eine eigentümliche Schöpfung anzusehen, so erstreckt sich das Urheberrecht auch auf die bildliche Wiedergabe der dargestellten Handlung in geänderter Gestaltung. Der Urheber hat die ausschließliche Befugnis, das Werk öffentlich vorzuführen.

Dazu: RBÜ Art. 8, 12, 13, 14.

1. **Allgemeines:** Die Bestimmung will zum Ausdruck bringen, daß das Urheberrecht des Bearbeiters, das ihm an seiner Leistung, z. B. der Übersetzung, nach § 2 Abs. 1 zusteht, von dem Urheberrecht des Originalverfassers abhängig ist, weil die Schöpfung, die mit der Bearbeitung hervorgebracht wird, vom Originalwerk abhängt *(abhängige Nachschöpfung)*, der Bearbeiter also stets der Zustimmung des Originalautors bedarf, wenn er die „Bearbeitung" vervielfältigen und gewerbsmäßig vertreiben will. Das ist richtig, denn mit der Bearbeitung wird auch das bearbeitete Werk (in der Gestalt der Bearbeitung) wiedergegeben. Die Ausdrucksweise ist mißverständlich. Wenn Urheber ist, wer das Werk geschaffen hat, dann kann sich sein Recht nicht auf etwas erstrecken, was er nicht geschaffen hat.

Das Bearbeiten selbst ist eine grundsätzlich erlaubte Tätigkeit (z. B. die Niederschrift einer Übersetzung zum persönlichen Gebrauch), wenn sie nicht zugleich Vervielfältigung ist (z. B. die mechanische Fixierung auf Tonträger oder Film).

Über *Begriff der Bearbeitung* und *Urheberrecht des Bearbeiters* s. § 2 Anm. 3 S. 39 ff.

2. Die *besonderen Fälle der Bearbeitung:*

a) **Übersetzung.** Übersetzung ist die sprachkundige geistige Schöpfung, die eine vorhandene sprachliche Formgebung in eine andere sprachliche Formgebung sinngemäß überträgt; das gilt nicht nur für Übertragungen in eine Fremdsprache, sondern auch in ein anderes Idiom (Dialekt) oder in eine neuere Ausdrucksweise der gleichen Sprache (z. B. aus dem Mittelhochdeutschen).

Wer ein Werk in eine andere Sprache übersetzt, dem steht an der Übersetzung ein eigenes und neues Urheberrecht zu, weil die Übersetzung nur aus einer besonderen, schutzberechtigten geistigen Tätigkeit entstehen kann, die in der Wortprägekunst der des Verfassers nahe steht (z. B. Shakespeare-Übersetzung von Schlegel und Tieck, Homer von Voß). Auch sonst erfordert eine Übersetzung gründliche Beherrschung beider Sprachen, Formgewandtheit, Feingefühl, oft Fachkenntnisse. Der Übersetzer hat, wenn ihm der Verfasser Änderungen nicht gestattet hat, das Werk sinngetreu wiederzugeben (*Hillig* I Nr. 61), aber nicht unbedingt wörtlich.

Freiere dichterische Übersetzung — oft „Übertragung aus dem . . ." genannt — oder „Nachdichtungen" fremdsprachiger Werke der Dichtkunst können zu *freien Benutzungen* werden (s. dazu *Runge* S. 107).

Zur *Übertragung des Übersetzungsrechts* ist eine besondere Vereinbarung erforderlich (§ 14). Da das Recht des Übersetzers mit der Autorisierung durch den Originalautor ein selbständiges Recht neben dessen Recht ist, sind Änderungen der Übersetzung ohne Zustimmung des Übersetzers unzulässig, selbst wenn der Originalautor zustimmt. Vgl. hierzu RG in GRUR 1936, 827 (Sinclair Lewis-Übersetzung), auch *Schlechtriem*, Stellung und Aufgabe des Übersetzers, GRUR 1948, 36.

Ist der Übersetzer gestorben und die Schutzfrist abgelaufen, lebt aber der Verfasser des Originalwerks noch, so ist auch die Übersetzung nicht frei geworden, weil während der Schutzdauer für das Original das Übersetzungsrecht nur vom Originalurheber neu vergeben werden kann (RG 71, 92). Die *Rückübersetzung* ist der Übersetzung gleichgestellt (vgl. dazu RGSt 1937, 386).

Früher war streitig, ob das ausschließliche Recht zur Übersetzung zu den Rechten des Verfassers gehöre oder ob die Übersetzung nicht vielmehr ein neuer Rechtsgegenstand sei. Seit dem LUG von 1901 ist die Frage dahin entschieden, daß dem Urheber gegen Übersetzungen seines Werkes durch Dritte genau derselbe Schutz zukomme wie gegen den Nachdruck in der Ursprache. Auch dem ausländischen Urheber, der einem Verbandsland angehört, steht nach Art. 8 in Verbindung mit Art. 7 II RBÜ in den übrigen Verbandsländern während der ganzen Dauer seines Rechts am ursprünglichen Werk die ausschließliche Befugnis der Übersetzung zu; und zwar gilt die Frist, die die inländischen Gesetze vorsehen (a. A. *Goldbaum*, S. 294). Voraussetzung ist, daß die erste Veröffentlichung des betreffenden Werkes in einem der Verbandsländer erfolgt ist. Vgl. zum internationalen Recht der Übersetzung RGZ 130, 11 (Zola), 102, 134 u. 111, 14 (Strindberg).

Über Möglichkeiten und Bedingungen des Erwerbs ausländischer Übersetzungen sowie Übersetzer-Honorar ausführl. *Runge* S. 110 ff.

Auch die Nachsynchronisierung eines fremdsprachigen Filmtextes ist eine Übersetzung. Vgl. *Elster* in Ufita 1933, 95; LG Berlin Ufita 1933, 279.

b) Die **Dramatisierung** einer Erzählung oder die Umwandlung eines Bühnenwerks in eine Erzählung, in ein Epos oder umgekehrt, die Umgestaltung eines Schauspiels zum Texte einer Oper sind Bearbeitungen, an denen der Bearbeiter ein selbständiges Urheberrecht erwirbt (dessen Verwertung aber von der Autorisation des Originalurhebers abhängt). Vgl. § 12 Abs. 2, Ziff. 3; RBÜ Art. 2 Abs. 2.

Über die Abgrenzung zur „freien Benutzung" s. Anm. 1 zu § 13.

c) **Auszüge aus Werken der Tonkunst** und Einrichtung solcher Werke für einige oder mehrere Instrumente oder Stimmen sind Bearbeitungen. Ein Auszug kann entweder die Zusammenziehung einer Partitur zu einem Satze für wenige Stimmen oder z. B. nur für Klavier sein oder auch die Aushebung oder Abkürzung gewisser Teile des Werkes in eine zusammengedrängte neue Form. Die Regel bilden Klavierauszüge von Orchesterwerken oder Opern, also Vereinfachungen auf die dem Klavier eigenen Klangmittel.

Einrichtungen (Arrangements) sind ebenfalls meistens Vereinfachungen, soweit sie ein Werk für eine geringere Anzahl Mitwirkender brauchbar machen sollen, z. B. ein Orchesterwerk nur für Streich- oder nur für Blasinstrumente; aber auch die Ausarbeitung zu größerer Besetzung ist zunächst nur Bearbeitung. Eine Bearbeitung ist auch die Einrichtung schwieriger Sätze für schwächere Spieler. Gewerblich kommen am meisten in Betracht die Einrichtungen beliebter Tonstücke für die vielartigen Bedürfnisse der Musiktreibenden, also Umsetzungen von Liedern für andere Singstimmen, Hinzufügen von Strichart, Vortragzeichen, Fingersatz und dergleichen mehr.

Bei der generellen Übertragung des Urheberrechts am Original verbleibt das Recht zur Herstellung eines Auszuges oder zur Übertragung in eine andere Tonart oder Stimmlage beim Originalurheber § 14 Ziff. 3 LUG; § 2 Abs. 2 Ziff. 3 VerlG. Da es sich aber um Bearbeitungen handelt, bedarf der Verleger trotz Übertragung des Urheberrechts der Zustimmung des Autors für solche Veränderungen.

d) **Übertragung auf Tonträger** siehe § 2 Anm. 3e S. 41.

e) **Verfilmung:** Filmung, d. h. die filmische Wiedergabe eines niedergeschriebenen Filmwerkes, ist keine Bearbeitung, sondern nur Wiedergabe mit anderem Ausdrucksmittel; Bearbeitung liegt erst vor, wenn Änderungen der Textvorlage durchgeführt werden. Verfilmung, d. h. die filmische Umsetzung eines Schriftwerkes (Roman, Bühnendrama usw.) ist grundsätzlich Bearbeitung (§ 12 Abs. 2 Ziff. 6), soweit es nicht Neuschöpfung ist. Hierzu bedarf es der Genehmigung durch den Autor des verfilmten Werkes. Zumeist jedoch geht neben der Verfilmung eine selbständige Filmschöpfung her (Filmung).

Über die Schutzfähigkeit des Films und die verschiedenen Filmarten siehe § 1 Anm. II F S. 19.

Träger des Urheberrechts am Filmwerk: Die Frage, wem an einem Werk der Filmkunst das Urheberrecht zusteht, ist für das *geltende Recht* aus der Rechtsstruktur des Filmwerkschutzes zu beantworten. Hat der Film als Schriftwerk zu gelten, so kommen als Urheber in Betracht: der Manuskriptverfasser; Drehbuchautor, Verfasser des Treatments — häufig gemeinschaftlich; der Komponist der Musik; der Filmregisseur, wenn er eigenschöpferisch neben oder zu einem vorliegenden Manuskript Neues gestaltet, was vielfach der Fall sein wird, da sich die Filmregie ganz wesentlich von der Theaterregie unterscheidet; Zeichner, Architekten, Kostümkünstler können schöpferisch mitwirkend sein, Schauspieler handeln meist nach Weisungen des Regisseurs, sind also nur als ausübende Künstler tätig; ob es der Fall ist, entscheiden jeweils die tatsächlichen Verhältnisse. Der Operateur erwirbt in jedem Fall das Urheberrecht an der Photographie. Der *Produzent* dagegen erwirbt regelmäßig kein Urheberrecht, wenn er nicht selbst oder durch einen Produktionsleiter ebenfalls geistig-künstlerisch an dem Werke mitgestaltet hat. Daß ihm allein originär das Urheberrecht erwächst, widerspräche dem Gedanken, daß das Urheberrecht am Werk in der Person seines Schöpfers entsteht. In der Praxis wird allerdings der Produzent allein Träger der urheberrechtlichen Befugnisse sein, weil er sich durch entsprechende Verträge mit allen Werkbeteiligten alle etwaigen in ihrer Person entstehenden Urheberrechte übertragen läßt. Es wäre auch schwierig für ihn, das erhebliche Kostenrisiko zu tragen, wenn ihm nicht die Verwertungsbefugnisse unbedingt gesichert sind; auch muß sich der Filmtheaterbesitzer, dem der Unternehmer, bzw. Verleiher die Vorführung gestattet, darauf verlassen können, nicht irgendwelchen Unterlassungsansprüchen ausgesetzt zu sein. Diesen praktischen Notwendigkeiten wollen die Entwürfe Rechnung tragen. (Vgl. hierzu neuerdings *v. Metzler*, Die urheberrechtliche Stellung des Filmunternehmers GRUR 1952, 13.)

Hoffmann § 4 II gibt dem Unternehmer das Urheberrecht, auch wenn er eine juristische Person ist, weil nur damit die Rechtsunsicherheit beseitigt würde (*Hoffmann* Begr. S. 32). Die Entwürfe RJM und AK verneinen das Urheberrecht des Unternehmers. In der Begründung des RJM-Entwurfs (S. 40) heißt es: „In Übereinstimmung mit dem geltenden Gesetz lehnt der Entwurf es ab, als Urheber von gewerbsmäßig hergestellten Werken der Kinematographie stets den Unternehmer als Urheber zu behandeln, auf dessen Rechnung ein solches Werk geschaffen wurde. Es ist zwar richtig, daß bei den genannten Werken der Anstoß zur Herstellung zumeist vom Unternehmer ausgeht, daß dieser die Mittel zur Schaffung des Werkes bereitstellt und daß die dabei mitwirkenden Personen ihre Tätigkeit für den Unternehmer und auf sein Geheiß hin entfalten ... Alle diese Umstände können es aber nicht rechtfertigen, den Grundsatz zu durchbrechen, daß das Urheberrecht an einem literarischen oder künstlerischen Werk nur in der Person seines Schöpfers entstehen kann. Es geht nicht an, den schöpferisch tätigen Personen hier die Rechte zu versagen, die das Gesetz dem Urheber ganz allgemein einräumt, und sie statt dessen dem Unternehmer zu geben, dessen Tätigkeit in der Regel keine eigenschöpferische Leistung darstellt, sondern auf wirtschaftlichem und organisatorischem Gebiete liegt." Dem ist zuzustimmen. (Ebenso *Reimer* S. 11; *Runge* S. 268; *Ulmer* S. 130 ff.)

Es ist auch nicht richtig, daß der Film als Geistes- und Kulturwerk erst bei den Aufnahmen entstehe und daß der Filmhersteller „mithin" der alleinige originäre Filmautor sei; ebensowenig, daß der Regisseur dem Drehbuchautor oder dessen Vor- und Mitarbeitern gegenüber stets in allen Teilen Neuschöpfer des Werkes sei. Auch die Konstruktion, daß das Filmurheberrecht an der Kombinations- und Handlungsidee besteht — vgl. hierzu *Goldbaum* S. 25; dagegen *Lion* in Ufita 1928, 663 Die Kombinationsidee im Spielfilm — die dann als Aufnahme erst zu einer eigentümlichen Schöpfung wird, führt nicht weiter.

Wie weit „der Drehbuchautor", „der Regisseur", „der Filmunternehmer" wirklich (nach Lage der Dinge) Autor der „eigentümlichen Schöpfung", die sich Film nennt, ist und deshalb Urheberrechte hat, ist Tatfrage, und ob aus praktischen Gründen dem einen von diesen das Urheberrecht vorenthalten und dem anderen gegeben werden soll, kommt erst als Folgeerscheinung in Betracht. Grundsätzlich wichtig ist, daß das Urheberrecht dem Schöpfer des Werkes zustehen muß.

Die notwendige Sicherung des Produzenten und Vorführers wollen die Entwürfe RJM § 21 und AK § 19 b dadurch schaffen, daß sie dem Unternehmer das ausschließliche Recht, das Werk zu vervielfältigen, zu verbreiten, öffentlich vorzuführen und zu senden (Werknutzungsrechte) zubilligen; nach dem RJM-Entwurf erwirbt der Unternehmer diese Werknutzungsrechte *kraft Gesetzes*, nach dem AK-Entwurf erhält der Unternehmer eine ausschließliche Lizenz.

Nach der Anregung von *Elster* in der 3. Auflage ist m. E. davon auszugehen, daß der Film den Charakter eines *Sammelwerkes* hat, zu dem Drehbuchautor, Komponist usw. einzelne Beiträge leisten. Jeder Beiträger hat an seinem Werkteil, so weit er sich von den anderen trennen läßt, was bezgl. der Musik immer der Fall ist, ein selbständiges Urheberrecht. Bei dem Urheberrecht des mitgestaltenden Regisseurs wird es sich um ein Miturheberrecht oder um ein Bearbeitungsurheberrecht handeln, was Tatfrage ist. Dem Filmhersteller wäre für den „Verlag" ein Leistungsschutzrecht zu gewähren. (So im Ergebnis auch *Baum* in GRUR 1949, 6 und neuerdings *Ulmer* in GRUR 1952, 5 ff., der dort mit zutreffender Begründung einen ausgezeichnet formulierten Vorschlag für eine gesetzliche Regelung in diesem Sinne macht).

3. Wo die Arbeit so „abhängig" ist, daß sie schon keine schöpferische Leistung mehr bedeutet, spricht man nicht von Bearbeitung sondern **Plagiat** (s. hierzu bes. § 13 Anm. 1 c S. 99). Wo die an sich „abhängig" angelegte oder durch das Originalwerk „angeregte" Arbeit zur eigenartigen und deshalb unabhängigen, selbständigen, also persönlichen

Schöpfung wird, spricht man von **„freier Benutzung"**, die nicht an die Zustimmung des Originalautors geknüpft ist (hierzu s. § 13 und Erläuterungen).

§ 13

Unbeschadet der ausschließlichen Befugnisse, die dem Urheber nach § 12 Abs. 2 zustehen, ist die freie Benutzung seines Werkes zulässig, wenn dadurch eine eigentümliche Schöpfung hervorgebracht wird.

Bei einem Werke der Tonkunst ist jede Benutzung unzulässig, durch welche eine Melodie erkennbar dem Werke entnommen und einer neuen Arbeit zugrunde gelegt wird.

§ 16

Die freie Benutzung eines Werkes ist zulässig, wenn dadurch eine eigentümliche Schöpfung hervorgebracht wird.

1. **Freie Benutzung des Werkes:** Abs. 1 will sagen: „Die Benutzung eines Werkes bei der Schaffung eines anderen macht dieses nicht zur Bearbeitung, wenn es im Vergleich zu dem benutzten Werke ein selbständiges neues Werk darstellt." Dies ist die sehr knappe und klare Formulierung des gleichen Gedankens im Österr. URG v. 1936 (§ 5 II).

Die Abgrenzung zwischen „Bearbeitung" und „freier Benutzung" ist nicht immer leicht. Auszugehen ist von dem Begriff des „schutzfähigen Werkes", wie er § 1 Anm. II S. 4 erörtert ist. Festgestellt werden muß, ob im Verhältnis zum Originalwerk eine *eigentümliche Schöpfung* zu neuem literarischen oder künstlerischen Zweck vorliegt, die in ihrer *Eigenart* über den schöpferischen Gehalt einer Bearbeitung (den diese ebenfalls aufweisen muß) hinausgeht. Nur *ausnahmsweise* wird dies der Fall sein. Wird ein vorhandenes Werk benutzt, so ist in der Regel die Benutzung „unfrei". Immer ist sie unfrei, wenn einer der in § 12 Abs. 2 Ziff. 1—4, 6 aufgeführten Bearbeitungsarten vorliegt. Durch diese gesetzliche Bestimmung, was Bearbeitung ist, wird die Annahme einer freien Benutzung in den dort aufgeführten Fällen ausgeschlossen (ebenso *Goldbaum* S. 151; *Allfeld* § 13 Anm. 2; a. A. *Marwitz-Möhring* § 12 Anm. 4 b; *Ulmer* S. 156).

a) Freie Benutzung eines vorhandenen Werkes *durch den Urheber selbst:* Dem Urheber ist jede Art der Wiederholung seines Werkes in veränderter oder unveränderter Form an sich gestattet; sein eigenes Urheberrecht kann er nicht verletzen. Wohl aber kann er, wenn er das erste Werk bereits in Verlag gegeben, dieses Verlagsrecht verletzen, denn die Verpflichtung des Verfassers, sich seinerseits der Vervielfältigung und Verbreitung zu enthalten, ist nicht auf das Werk in seiner unveränderten Gestalt beschränkt (vgl. VerlG § 2 Anm. 2), außerdem kann in solchem *Selbstplagiat* eine Irreführung des Publikums liegen (s. u.).

Ob eine erlaubte freie Benutzung oder eine unerlaubte unfreie vorliegt, wird stets Tatfrage sein. Indessen muß die Möglichkeit freier Benutzung bei den eigenen Arbeiten des Verfassers weiter sein als bei fremden, der Begriff der eigentümlichen Schöpfung zu neuem literarischen Zweck und neuer Formgebung liegt hier näher. Denn es ist ein in der menschlichen Sphäre des Schaffenden wohlbegründetes Streben, eigene Ideengänge und Schöpfungen immer wieder durchzudenken und durchzufühlen, um Vollkommeneres auf einem begangenen Weg zu erreichen, oder als erfolgreich Erprobtes nochmals in anderer Gattung zu wiederholen. Das Reichsgericht hat sich daher auf einen für den Urheber, den Dichter und Künstler, sehr günstigen Standpunkt gestellt, der dann auch den Werken „kleiner Münze" zugute kommt (s. dazu aber auch unter c).

Besonders dem *bildenden Künstler*, ist es oft Bedürfnis gewesen, einen Grundgedanken in immer neuen verbesserten, oftmals nicht gar zu weit voneinander abweichenden Formen zu gestalten. Maßgebend ist, ob das Neue als Ganzes etwas Eigentümliches ist, wobei die Eigentümlichkeit bei demselben Urheber eben gerade in den Abwandlungen gelegen sein kann, während man bei der Benutzung fremder Arbeiten den Begriff der Eigentümlichkeit weit enger fassen muß. Begrenzt ist die „Selbstplagiat"-Freiheit durch die Verpflichtungen gegenüber dem Benutzungsberechtigten am Originalwerk (z. B. Verleger) und durch die wettbewerbsrechtlichen Grundsätze (s. o.). Es kann z. B. eine Irreführung des Publikums darin liegen, das ein neues Werk glaubt erwarten zu dürfen und nur die veränderte Gestalt eines älteren Werkes vorfindet. (Vgl. dazu RG in GRUR 1928, 221; *Elster* in JW 1928, 795 und GRUR 1928, 366.)

b) *Freie Benutzung eines vorhandenen Werkes durch andere:* Die Benutzung gemeinfreier *Stoffe* ist keine Benutzung des vorhandenen Werks, wenn dieses selbst einen gemeinfreien Stoff zum Gegenstand hat. Gemeinfrei sind historische Ereignisse, Tagesereignisse, Sagen, überlieferte Märchen; *Ideen oder Motive;* wissenschaftliche *Lehren und Theorien* (vgl. § 1 Anm. II 2 S. 6).

Als frei benutzbares Thema darf man aber nicht ansehen, was schon spezielle Ausgestaltung der literarischen oder musikalischen Formgebung ist, zumal Stoffe zu neuen Themata schwer zu schaffen sind.

Je ausgeprägter die Eigenart des benutzten Werkes ist, um so weniger kommt eine „eigenartige Neuschöpfung" in Betracht (vgl. RGZ 169, 114). Es gibt Werke von solcher Eigenart, daß eine Benutzung nach der „Natur der Sache" immer unfrei sein muß. Besonders gilt das bei modernen Werken; z. B. eine Novelle, wie „Die Letzte am Schafott" von Gertrud von Le Fort, besitzt sowohl im Thema wie in dessen Gestaltung eine so ausgeprägte Individualität, daß jede Benutzung, mag sie noch so schöpferisch sein, ihre charakteristischen Züge tragen muß. Hinzufügungen, Änderungen, Streichungen spielen dann keine Rolle. Nimmt man an, daß auch bei den in § 12 Abs. 2 festgelegten Bearbeitungsarten eine „freie Benutzung" möglich sein kann, was an sich abzulehnen ist (s. o. zu a), so muß beachtet werden, daß diese andere Gesetze haben, deren Berücksichtigung viele Änderungen des benutzten Werkes notwendig, dieses damit aber noch nicht zu einer selbständigen eigentümlichen Schöpfung macht, da selbstverständlich Drama und Film andere

Anforderungen als z. B. die Novelle stellen. In allen Fällen muß der *Maßstab ein sehr strenger* sein (ebenso *Ulmer* S. 163). Die frühere Rechtsprechung des RG, die in der Zulassung der Benutzung sehr weit ging (RGZ 63, 159; 82, 16) ist mit *Goldbaum* S. 153 ff. abzulehnen. Es kommt nicht auf die Unterschiede, sondern das Gemeinsame an. Ist die Fabel in ihrem Kern gleich, so ist die Benutzung nicht frei, auch wenn die psychologischen Ausdeutungen abweichen.

„Selbständige Denktätigkeit", wie das Reichsgericht sagt (RGZ 116, 292), würde auch bei *geringer* Abänderung vorliegen, kann also als Maßstab nicht genügen und könnte sogar u. U. gerade noch das Plagiat rechtfertigen. Daß die Entlehnungen „in den Hintergrund treten", ist ein quantitatives Moment, auf das es allein nicht ankommt. Art und Maß der aufgewendeteten Geistestätigkeit und das aus ihr erwachsene Leistungsergebnis ist zu berücksichtigen (RGZ 129, 256), es wird also auch vielfach eine *Bewertung* der „Nachschöpfung" notwendig sein. „Es geht nicht an, einen Operettenführer schon darum zu den Früchten freier Benutzung und zu den eigentümlichen Schöpfungen zu zählen, weil er die Musik- und Textzitate im Geleit einer kurzen Handlungsschilderung mit etlichen Ausdrücken urteilenden Sinnes über die Melodien darbietet und so vielleicht dem Bedürfnis weiter Kreise nach einer Belehrung genügt. Damit würde sowohl das Erfordernis freier Benutzung, wie das der eigentümlichen Schöpfung allzusehr verringert und veräußerlicht." (RG a. a. O.)

c) Vor einem durchgebildeten Rechtsgefühl sind alle derartigen Benutzungen von Vorhandenem nur zulässig, wenn sie dem Benutzer nicht etwa eigene Arbeit ersparen sollen, vielmehr ihn zu solcher anspornen. Dem Urheber der Vorarbeit kann eine derartige Anknüpfung an sein Werk als ehrende Anerkennung seiner Leistung dann nur willkommen sein. Verwerflich ist aber die Ausschlachtung fremder Arbeit unter der Maske eigener, das Plagiat, und die an sich in der Regel erlaubte Benutzung (§§ 19 ff.), bei der aber der Benutzer die Quellen verschweigt (*Hillig* I Nr. 71 u. 72). Über den *Begriff des Plagiats* s. bes. *Engländer* Ufita 1930, S. 20 ff.: Danach ist unter Plagiat „diejenige besondere Form einer durch unzulässige Werknutzung begangenen Urheberrechtsverletzung zu verstehen, die gekennzeichnet ist durch den bewußt verübten Eingriff des Täters in das Urheberpersönlichkeitsrecht des anderen, und zwar verübt durch *Anmaßung der Urheberschaft* am fremden Werke oder an einem wesentlichen Bestandteil davon".

Wenn ein urheberrechtlicher Schutz unter dem Gesichtspunkt der Bearbeitung nicht gegeben ist, so kommt wettbewerbsrechtlicher Schutz aus § 1 UWG in Frage. In der „freien Benutzung" kann, besonders bei Werken „kleiner Münze", sittenwidrige Ausbeutung fremder mit Mühen und Kosten erworbener Arbeitsergebnisse liegen. Vgl. hierzu *Reimer*, Wettb. u. Warenzrecht S. 343; *Tetzner* SJZ 50, 179. Aber vor Überspannung ist auch hier zu warnen, wenn es sich um kleine Entlehnungen handelt, vgl. OLG Köln in JW 34, 2796 (fremder Werbevers in einem Lustspielfilm). Trotz freier Benutzung können aber auch *Teilplagiate* festzustellen sein (vgl. hierzu Anm. I 1 c zu § 1 u. Anm. zu § 41).

2. **Freie Benutzung von Musikschöpfungen (Schutz der Melodie):** Die Vorschrift des Abs. II entspricht veralteten Tonkunstbegriffen. Die Melodie — eine prägnante, möglichst singbare Folge von verschiedenen Tönen, die in einem bestimmten Verhältnis zueinander stehen — ist ein Werkbestandteil, wie Harmonik, Rhythmus, Kontrapunkt es gleichermaßen sind. Es besteht keine Veranlassung sie besonders herauszuheben. Daß es im Gesetz geschieht, ist als eine Verkennung des umfassenderen Problems der freien Benutzung gegenüber dem Plagiat anzusehen, da das Problem sich generell darstellt und auch beim musikalischen Kunstwerk nicht nur eng umgrenzte Äußerungen der künstlerischen Erfindung betrifft. Die Entwürfe RJM und AK haben richtigerweise den Melodienschutz nicht übernommen. Das Werk der Tonkunst ist danach in allen Bestandteilen benutzbar. Ob die Benutzung frei ist oder eine Bearbeitung vorliegt, unterscheidet sich nach allgemeinen Grundsätzen (s. zu 1 b). Schon danach müssen aber Transskriptionen, Paraphrasen, Phantasien über „beliebte Melodien" als Bearbeitungen angesehen werden, die nur mit Zustimmung des Originalkomponisten in Verkehr gebracht werden dürfen. Zitatweise Verwendung musikalischer Stellen und Motive ist weder „Bearbeitung" noch „freie Benutzung", hat also mit diesen Gruppen nichts zu tun (a. M. und abwegig *Allfeld* § 13 Anm. 9); es ist Zitat und in dessen Grenzen erlaubt (vgl. LG Leipzig in JW 35, 3063) über ein musikalisches Zitat im Tonfilm. Die Benutzung eines Themas in einem neuen, selbständigen Variationenwerk ist nach RJM-Entw. § 39; *Hoffm.* § 21 und AK-Entw. § 35 frei; nach heute geltendem Recht nur mit Zustimmung des Originalkomponisten erlaubt.

Über satirische oder karrikierende Benutzung vorhandener Melodien vgl. die grundsätzlichen Bemerkungen zu § 1 Anm. II J 2 S. 31; sie ist frei. Die hier früher vertretene Auffassung, daß sie als „Verballhornung" aus Gründen der Achtung vor dem echten Kunstwerk zu verbieten sei, geht zu weit. Ein wirklich ernsthaftes Kunstwerk wird dadurch auch nicht gefährdet; ebenso *Ulmer* S. 177; *Engländer* Ufita 1930, 20 ff.; *Riedel* GRUR 1949, 236.

3. **Freie Benutzung eines Werkes der bildenden Kunst:**

a) An der *„Nachbildung" bestehen die gleichen Rechte,* wie an der „Bearbeitung". Das Urheberrecht ist abhängig vom Urheberrecht am Originalwerk. Wird dieses „nur frei benutzt", ist das Urheberrecht unabhängig, eine Zustimmung des Originalautors also nicht erforderlich. Für die Abgrenzung gelten die allgemeinen Grundsätze (s. o. zu 1). Die Anwendung eines anderen Verfahrens (Benutzung eines Gemäldes im Kupferstich oder in einer Radierung) macht die Benutzung noch nicht zu einer freien. Es kommt stets darauf an, ob etwas Neues, Eigentümliches entstanden ist. Ist das Nachschaffen einem selbständigen künstlerischen Zweck dienstbar, demgegenüber die stoffliche Wiedergabe der fremden Schöpfung zufällig und nebensächlich erscheint, entsteht eine eigentümliche Schöpfung (vgl. *Osterrieth* S. 31). Dem fremden Bildwerke dürfen zwar Anregungen entnommen, gleichzeitig aber muß ein auf eigener schaffender Tätigkeit beruhendes Werk geschaffen werden;

die Anbringung von Änderungen ohne neuen Gedankeninhalt, bloße Weglassungen einzelner Teile, Veränderungen in der Farbengebung oder im Umfange oder Beifügung sonstiger Zutaten ist keine freie Benutzung (RGSt 42, 83); Grundsätzliches über die Nachbildung eines Kunstwerkes vgl. RGZ 71, 355 ff.

b) Nach denselben Grundsätzen ist die Benutzung einer *Photographie* zur Herstellung eines Werkes der bildenden Künste zu beurteilen. Die bloße Übermalung mit gewohnheitsmäßigen Farben ist Nachbildung; ebenso ist die Anfertigung eines Ölgemäldes nach einer Photographie, wobei „Kopfhaltung und Blickrichtung weitgehend übernommen werden“ keine freie Benutzung, sondern bei dem heutigen Stand der Porträtphotographie Nachbildung. Die gegenteilige Ansicht des RG in RGZ 169, 109 war zeit- und zweckbedingt. (Es handelt sich um ein Hitlerbild). Die Benutzung des photographisch erzeugten Motives zur Darstellung eigentümlicher Farben- oder Beleuchtungswerte oder die künstlerische Weiterbildung des Motives durch Betonung des Hauptsächlichen oder Unterdrückung des Nebensächlichen ist freie Benutzung. (Über Nachbildungen von Photographien und Postkarten vgl. auch RGSt 42, 83.)

c) Über die Nachbildung von *Mustern* und *Modellen* vgl. § 5 GeschmMG, der ausdrücklich feststellt, daß auch die Anwendung eines anderen Verfahrens oder der Gebrauch anderer Abmessungen oder Farben die Unzulässigkeit der Nachbildung nicht bestätigt. Wenn ein Verleger bei gefügigen Malern freie Variationen erfolgreich gewesener Bildgedanken bestellt und diese Nachahmungen vervielfältigt, so wird jedenfalls mit wettbewerbsrechtlichen Vorschriften dagegen vorzugehen sein.

§ 14

Im Falle der Übertragung des Urheberrechts verbleiben, soweit nicht ein Anderes vereinbart ist, dem Urheber seine ausschließlichen Befugnisse:

1. **für die Übersetzung eines Werkes in eine andere Sprache oder in eine andere Mundart;**
2. **für die Wiedergabe einer Erzählung in dramatischer Form oder eines Bühnenwerkes in der Form einer Erzählung;**
3. **für die Bearbeitung eines Werkes der Tonkunst, soweit sie nicht bloß ein Auszug oder eine Übertragung in eine andere Tonart oder Stimmlage ist;**
4. **für die Benutzung des Werkes zum Zwecke der mechanischen Wiedergabe für das Gehör (§ 12 Abs. 2 Nr. 5);**
5. **für die Benutzung eines Schriftwerkes zum Zwecke der kinematographischen Wiedergabe (§ 12 Abs. 2 Nr. 6).**

Vgl. Erl. zu § 12 insbes. Ziff. 2 a—e; § 2 VerlG wiederholt dies für die Einräumung des Verlagsrechts (vgl. die Bem. dort). Auch § 14 enthält einen Grundsatz, der analog auf etwa noch nicht bekannte und genannte Bearbeitungsarten anwendbar ist. Bei Übertragung des „gesamten“ Urheberrechts, z. B. „mit allen Rechten“, sind die Befugnisse, die der § 14 nennt, im Zweifel nicht mit abgetreten. Vgl. auch *Anschütz* IV Nr. 20, 21; *Hillig* I Nr. 47, 60.

Die Bestimmung entspricht dem Charakter des Bearbeitungsrechts. Wenn dieses in erster Linie Ausfluß des persönlichkeitsrechtlichen Kerns des Urheberrechtes ist, so muß es auch bei der Übertragung „sämtlicher" Benutzungsrechte beim Urheber verbleiben, es sei denn, daß die Bearbeitungsbefugnis ausdrücklich übertragen oder eingeräumt wird.

§ 15

Eine Vervielfältigung ohne Einwilligung des Berechtigten ist unzulässig, gleichviel durch welches Verfahren sie bewirkt wird; auch begründet es keinen Unterschied, ob das Werk in einem oder in mehreren Exemplaren vervielfältigt wird.

Eine Vervielfältigung zum persönlichen Gebrauch ist zulässig, wenn sie nicht den Zweck hat, aus dem Werke eine Einnahme zu erzielen.

§ 17

Eine Vervielfältigung ohne Einwilligung des Berechtigten ist unzulässig, gleichviel durch welches Verfahren sie bewirkt wird; auch begründet es keinen Unterschied, ob das Werk in einem oder in mehreren Exemplaren vervielfältigt wird.

§ 18

Eine Vervielfältigung zum eigenen Gebrauch ist mit Ausnahme des Nachbauens zulässig, wenn sie unentgeltlich bewirkt wird.

Bei Bildnissen einer Person ist dem Besteller und seinem Rechtsnachfolger gestattet, soweit nicht ein anderes vereinbart ist, das Werk zu vervielfältigen. Ist das Bildnis ein Werk der bildenden Künste, so darf, solange der Urheber lebt, unbeschadet der Vorschrift des Abs. 1 die Vervielfältigung nur im Wege der Photographie erfolgen.

Verboten ist es, den Namen oder eine sonstige Bezeichnung des Urhebers des Werkes in einer Weise auf der Vervielfältigung anzubringen, die zu Verwechslungen Anlaß geben kann.

1. **Absatz 1** ist nur eine Paraphrase oder Erläuterung, indem er in Ergänzung des § 11 nochmals betont, daß es gleichgültig sei, in welchen Verfahren (in weitestem Sinne genommen, denn auf das Gedankliche, nicht auf das Äußerliche kommt es an) die Vervielfältigung vorgenommen wird und in wieviel Exemplaren.

2. **Vervielfältigung zum persönlichen oder eigenen Gebrauch.** Wie jede Ausnahmebestimmung ist die Vorschrift eng anzulegen: a) eine Vervielfältigung darf hergestellt werden, b) nur zum persönlichen (im Kunstschutz: eigenen) Gebrauch, c) ohne daß eine Einnahme aus dem Werk erzielt wird.

a) Unter *einer* Vervielfältigung zum persönlichen Gebrauch sind ein Stück oder einige wenige Stücke zu verstehen. Da der Gesetzgeber nur an Abschriften gedacht hat, die der Gebraucher mit der Hand bewirkt, scheidet eine Vielzahl von vornherein aus. Die Frage hat für die unter b) behandelten Fälle Bedeutung.

Streitig ist, ob als *Vervielfältigung* im Sinne dieser Bestimmung auch auf photomechanischem Wege hergestellte Kopien (**Photokopie, Mikrokopie**) anzusehen sind. Nach LG Leipzig (BBl 1933, 244) ist jede Vervielfältigung auch zum persönlichen Gebrauch untersagt, wenn sie mit Hilfe eines Verfahrens bewirkt wird, welches einen erheblichen technischen Fortschritt im Vergleich zu jenen Kopierverfahren darstellt, die 1901 üblich waren. Nach *v. Erffa* GRUR 1951, 226 kann eine photomechanische Vervielfältigung dann nicht unter die Bestimmung des Absatz 2 fallen, wenn zunächst ein Negativ hergestellt wird, von dem eine beliebige Anzahl von Positiven abgezogen werden kann, was jedenfalls beim Mikrophot in der Regel der Fall ist. Ebenso lehnen *Möhring* NJW 1951, 742 und *Ulmer* S. 168 die Anwendung des Abs. 2 auf Mikrophotographien ab.

M. E. können heute unter Vervielfältigungen im Sinne von Abs. 2 weder Mikrokopien noch sonstige *Photoduplikate* verstanden werden. Entscheidend ist, daß das LUG alle technischen Vervielfältigungsmethoden, die eine Massenherstellung ermöglichen, dem Urheber vorbehält. Läßt man die Verwendung solcher Methoden bei der Herstellung von Vervielfältigungen zum persönlichen Gebrauch zu — nicht nur das mikrographische Verfahren, sondern auch das moderne Photokopierverfahren ermöglicht eine Massenproduktion — so setzt man das ausschließliche Vervielfältigungs- und Verbreitungsrecht des Urhebers in einem Umfange außer Kraft, der durch nichts gerechtfertigt ist, vielmehr dem Mißbrauch Tür und Tor öffnet. Deshalb ist für solche mechanische Vervielfältigungen, auch wenn sie zum persönlichen Gebrauch dienen sollen, die Genehmigung des Berechtigten erforderlich (vgl. hierzu auch: *De Boor* Dda 1951, 29; *Runge* S. 154 ff.; *Splett* DAZ 1949, 246; ders. GRUR 1949, 154; *Tetzner* SJZ 1949, 179; *Abel* JBl 1951, 431; *Raysser*, Die Entwicklung der Mikrographie im Jahre 1948/49 BBl 1950, 69).

Ebensowenig fällt die *Herstellung von Tonträgern* unter die Ausnahmebestimmung des Abs. 2. *Schallplatte* und *Magnetonband* sind allerdings auch Vervielfältigungen. Die Ansicht von *Runge* GRUR 1951, 234, die Magnetofonaufnahme zu eigenem Gebrauch sei durch § 15 Abs. 2 nicht gedeckt, weil es sich um eine Bearbeitung, nicht um eine Vervielfältigung handele, ist irrig. § 2 Abs. 2 stellt eine Schallplatte nur der Bearbeitung gleich. Das schließt aber nicht aus, daß sie grundsätzlich eine unveränderte Wiedergabe des Werkes, also eine Vervielfältigung ist. Aber auch hier ist die Anwendung des Abs. 2 nicht möglich, weil darunter nach seinem Sinn nicht technische Verfahren fallen können, die eine unbegrenzte Verbreitungsmöglichkeit gestatten und eine Kontrolle des Urhebers praktisch ausschließen. A. A. *Medinger* GRUR 1951, 382; *v. Erffa* GRUR 1951, 227; auch das *Kammergericht* in NJW 1951, 766 hält die Herstellung einer Schallplatte zum persönlichen Gebrauch für zulässig. Dagegen *Möhring* NJW 1951, 742. Nach dem zit. KG-Urteil ist es erlaubt, daß ein Tonstudio den Musikvortrag eines Kunden aufnimmt ohne die

Erlaubnis des Komponisten einzuholen, wenn die Aufnahme dem persönlichen Gebrauch des Kunden (z. B. Kontrolle seines Vortrages) dient.

Auch das *künftige Gesetz* sollte dieses generelle Verbot, für die Herstellung von Vervielfältigungen zum persönlichen Gebrauch technische Verfahren zu verwenden, beibehalten. Damit wird keineswegs die Ausnützung der technischen Errungenschaften schlechthin verhindert. Was die *Photoduplikate* anbetrifft, so wird der Urheber oder der Verleger die Erlaubnis erteilen, wenn er nicht in der Lage ist, das Originalwerk zu liefern. Daß ihm aber dies in erster Linie vorbehalten bleiben muß, ist ein Gebot, das sich nicht nur aus den Grundprinzipien des Urheberrechts, sondern auch aus der Erwägung ergibt, daß im anderen Falle das wissenschaftliche Schrifttum, insbesondere die Zeitschriftenproduktion — denn zumeist wird es sich um die Kopierung von fachwissenschaftlichen insbesondere naturwissenschaftlichen Zeitschriftenaufsätzen handeln — erheblich bedroht wird, was wiederum dem wissenschaftlichen Schriftsteller die Publikationsmöglichkeit gefährdet.

Die Zulassung der *Tonvervielfältigung* zu eigenem Gebrauch könnte zur Folge haben, daß sich jedermann durch Überspielen der Rundfunksendung oder geliehener Platten auf Band eine Musikbibliothek anlegt, die er ohne Kosten unter Verwendung der gleichen Bänder variieren kann, da sich die Aufnahmen auf dem Band ohne weiteres löschen lassen. Das würde bedeuten, daß die Komponisten und besonders auch die vortragenden Künstler einen erheblichen Teil ihrer berechtigten Einnahmen aus den mechanischen Rechten verlören, was dem Sinn und Zweck des Urheberrechtsschutzes genau zuwiderläuft. Mit Rücksicht auf die Rechte der vortragenden Künstler aus § 2 Abs. 2 ist es auch nicht angebracht, zwischen geschützten und freien Werken zu unterscheiden.

Diese Erwägungen treffen nicht zu, wenn der Urheber einer *Rundfunksendung des gesprochenen Wortes* (Vortrag, politische Rede, Festansprache, Interview) sich von der Sendung zur Erinnerung oder Kontrolle eine Tonband- oder Schallplattenaufnahme anfertigt oder anfertigen läßt, da kein fremdes Recht verletzt wird. Der Rundfunk erwirbt nicht das Urheberrecht des Vortragenden, sondern nur die Sendebefugnis, die ihn gegen gewerbsmäßige Verbreitung seiner Darbietungen schützt (vgl. § 11 Anm. B III 8 b S. 91). Ein Unternehmer, der solche Rundfunksendungen auf Band überspielt und dem Redner dieses Band oder eine davon geschnittene Schallplatte anbietet, handelt gewerbsmäßig (a. A. *Neumann-Duesberg* GRUR 1952, 179).

b) **Persönlicher Gebrauch** ist Gebrauch für die eigene Person oder für die ihr durch ein persönliches Band nahestehende Person. Auf den Vervielfältiger selbst kann man, wie *Goldbaum* S. 171 annimmt, den Gebrauch nicht beschränken. Herstellung der Vervielfältigung durch eine *Hilfsperson* muß zulässig sein. Aber der Gebrauch muß, abgesehen von Angehörigen, auf die Person beschränkt sein, die die Vervielfältigung anfertigen läßt. Wenn anderen der Gebrauch überlassen wird oder überlassen werden soll, liegt kein „persönlicher Gebrauch" mehr vor (RG 41, 401; *de Boor* S. 146 ff.).

Gibt eine *juristische Person* den Vervielfältigungsauftrag, so kann das Vervielfältigungsstück nur von der natürlichen Person gebraucht werden, die sie angefordert hat. Der Leiter der technischen Abteilung eines *Industriewerks* kann sie also nur selbst benutzen oder von seinen Assistenten benutzen lassen, sie kann aber nicht anderen Abteilungen weitergegeben oder gar in die Bibliothek des Werkes zur Benutzung für jeden eingeordnet werden. Entsprechendes gilt für einen *Behördenvorsteher*. Die Grenze des persönlichen Gebrauchs ist überschritten, wenn er das Vervielfältigungsstück, z. B. die Abschrift oder Photokopie für Mitglieder der Behörde „in Umlauf" gibt, was praktisch einer Vervielfältigung des Eigen-Gebrauch-Stücks gleichkommt.

Ein *Musikverein* kann sich Noten abschreiben lassen, er kann sie aber nur durch seine Mitglieder persönlich für eine private Veranstaltung verwenden lassen. Wenn eine öffentliche Aufführung geplant ist, ist die Herstellung der Notenabschrift unzulässig. Unerheblich ist, ob die Noten nur „zur Ermöglichung ausreichender Proben" abgeschrieben werden (RGSt 48, 130). „Wesentlich ist vielmehr, ob ... das Tonwerk dem Genuß beliebiger Dritter zugänglich gemacht werden sollte" (RGSt a. a. O.). Vgl. auch OLG Dresden in GRUR 1939, 659 betr. Vervielfältigung eines Schlagerliedes innerhalb der HJ-Schar.

Bibliotheken gebrauchen die Bücher nicht selbst, sondern halten sie zum Gebrauch durch andere bereit. Sie dürfen also nicht für sich selbst Vervielfältigungsstücke herstellen und „ausleihen". Zulässig ist, sofern man die Verwendung technischer Verfahren für erlaubt hält, wenn sie ein bestelltes Vervielfältigungsstück selbst z. B. mit einem „im eigenen Hause" aufgestellten Photokopie- oder Mikrokopier-Apparat gegen Erstattung der Selbstkosten als Beauftragter des Eigengebrauchers herstellen, da sie anders als ein mechanisches Vervielfältigungsunternehmen keinen Erwerbszweck damit verfolgen (s. dazu c).

„Eigener Gebrauch" sagt § 18 KUG. Der Kreis ist enger als bei „persönlichem Gebrauch". Er ist ausnahmslos auf die Person desjenigen beschränkt, der die Vervielfältigung bewirkt oder bewirken läßt. Das bedeutet bei der Kopie von Kunstwerken, daß die Kopie weder ausgestellt noch im Lichtbild öffentlich vorgeführt noch in den Handel gebracht werden darf. Es ist daher wohl gestattet, solche Kopien aus dem Nachlasse eines Künstlers zu erwerben — denn sonst bliebe nur Vernichtung übrig —, nicht aber sie zu veräußern, auch nicht in einer Zwangsversteigerung.

Eine Ausnahme von der Ausnahme bilden die Bildnisse. Diese darf der Besteller oder sein Rechtsnachfolger vervielfältigen oder (auch entgeltlich) vervielfältigen lassen, wenn mit dem Urheber nicht ein anderes vereinbart ist, vgl. § 18 Abs. 2 KUG.

c) **Ohne Einnahmeerzielung:**

„Aus dem Werk" wird keine Einnahme erzielt, wenn die Stenotypistin es abschreibt; die Kopieranstalten betreiben die Herstellung der Photo- oder Mikrokopie *gewerbsmäßig*. Sie wollen also damit eine Einnahme erzielen. Eine Einnahme aus der Herstellung der Vervielfältigung des

Werkes ist eine Einnahme aus dem Werk. „Was denn sonst?“ fragt mit Recht *Goldbaum* S. 172 (streitig). Wem die Einnahme zufließt, ob dem Vervielfältiger oder dem Gebraucher, ist ohne Belang. „Es genügt, daß das Werk überhaupt als Einnahmequelle verwendet und somit diese allein dem Urheber zustehende Benutzung ihm in dem besonderen Fall entzogen worden ist“ (RGSt 1948, 131; unzutreffend *Splett* GRUR 1949, 156; s. hierzu auch oben letzter Absatz vor b).

Ob im Einzelfall wegen der Geringfügigkeit des Umfangs (kleine Stellen, einzelne Zeitschriftenaufsätze) der Unternehmer tatsächlich keinen Gewinn erzielt, ist gleichgültig (a. A. *Ulmer* S. 168). Die *Kopie,* die sich das *gewerbliche Unternehmen* oder der einzelne Gewerbetreibende aus der betreffenden Fachliteratur herstellen läßt, dient auch in seiner Person dem Zweck, eine Einnahme aus dem Werk zu erzielen, wenn er die Kopie für die Zwecke seines Gewerbes, zu der z. B. in der *chemischen Industrie* auch die Forschung gehört, verwendet. Auch der Rechtsanwalt ist insoweit Gewerbetreibender (a. A. *Splett* GRUR a.a.O.).

3. **Die Ausführung fremder Pläne und Entwürfe** würde, wenn sie zum eigenen Gebrauch zugelassen würde, die Gefahr der Verfälschung des fremden Geistesguts in sich schließen. Es ist demgemäß eine Folgerung des Urheberpersönlichkeitsrechts, daß solches stets untersagt ist. Ein Nachbauen und Weiterbauen würde auch der Natur der Sache nach über den Eigengebrauch in der Regel hinausgehen. Um Schwierigkeiten der Auslegung zu entgehen, soll das *generelle Verbot der baulichen Eigenkopie* im künftigen Gesetz ausgesprochen werden.

§ 16

Zulässig ist der Abdruck von Gesetzbüchern, Gesetzen, Verordnungen, amtlichen Erlassen und Entscheidungen sowie von anderen zum amtlichen Gebrauche hergestellten amtlichen Schriften.

1. **Gemeinfreiheit (Allgemeines).** § 16 nennt nicht alle freien Werke. Es gibt folgende Gruppen:

1. Werke, die durch Ablauf der Schutzdauer frei geworden sind (s. § 29);
2. Werke, deren Schöpfungscharakter unter der Schwelle der Schutzfähigkeit liegt (s. § 1);
3. amtliche Schriften und öffentlich-rechtliche Reden (§§ 16 und 17);
4. tatsächliche Pressenachrichten (§ 18 Abs. 3).

Daneben steht Nachdruckfreiheit für „einzelne Stellen“: *Entlehnungsfreiheit* (§ 18, Abs. 1 und 2, § 19). Der Grund für die Gemeinfreiheit ist bei den vier Gruppen verschieden, wenn er auch einen einheitlichen Stamm hat. Der einheitliche Stamm ist die mangelnde Monopolfähigkeit. Die Verschiedenheit beruht auf folgendem: bei 1: das Monopol muß ablaufen, damit der Allgemeinheit wieder zufließe, was teilweise aus ihr entnommen und zeitweise personengebunden war; bei 2: das Monopol wäre ungerechtfertigt, weil es sich um Werke handelt, die entweder dem Werkbegriff nicht entsprechen oder, obwohl sie ihm an sich entsprechen würden, nicht den Anforderungen der Priorität und Originalität entsprechen, die das Monopol rechtfertigen könnten; bei 3: das Monopol ist von vornherein unangebracht, weil die Herkunft der amtlichen Schriften und öffentlich-rechtlichen Reden Gemeinschaftsdienst ist und der Zweck ebenfalls von vornherein das Wohl der Allgemeinheit betrifft (s. u. zu 2); bei 4: das Monopol ist von vornherein unangebracht, weil die verbreitungswürdige Tatsache, nicht ihre schöpferische Formgebung das Wesentliche bei den journalistischen Nachrichten ist (s. zu § 18).

2. **Amtliche Werke:** Nicht alle „amtlichen" Werke sind gemeinfrei. § 16 behandelt die Nachdruckfreiheit als eine Ausnahmeerlaubnis, hält also diese amtlichen Werke an sich für schutzwürdig. Dafür spricht, daß sich durch den amtlichen Charakter nicht der Begriff des schutzfähigen Werkes ändert, sondern es ist der Gemeinschaftszweck, der dem Werke das Monopolrecht nimmt. Daraus ergibt sich, daß jede besondere, private Arbeit (an einem amtlichen Werk) schutzwürdig und schutzfähig bleibt (s. u. Ziff. 5). Die Abdruckfreiheit gestattet also nicht, das amtliche Werk wie ein eigenes Werk zu behandeln.

Jede Art der Wiedergabe ist erlaubt, z. B. auch Rundfunksendung.

Die Entwürfe folgen dem österreichischen URG und verneinen den Urheberrechtsschutz schlechthin, was jedoch mit der RBÜ Br. F. in Widerspruch steht.

Es sind zu unterscheiden: unbedingt freie amtliche Werke: nämlich Gesetze, Verordnungen, Erlasse, Bekanntmachungen, Entscheidungen; bedingt freie amtliche Werke: nämlich solche anderen amtlichen Schriften, die zum öffentlichen Gebrauch (d. h. nur oder in erster Linie zu öffentlichen Zwecken) hergestellt sind.

3. **Unbedingt gemeinfreie amtliche Schriftwerke:** Gesetze und Verordnungen, die in den Gesetz- und Verordnungsblättern des Bundes oder der Länder verkündet sind. Zu den Gesetzen sind auch Staatsverträge zu rechnen, die im Teil II des BGBl veröffentlicht werden.

Amtliche Erlasse sind Anordnungen, Dienstanweisungen, Bescheide oder sonstige Kundgebungen von Behörden aller Art (Ministerien, staatliche und kommunale Verwaltungsstellen, Universitäten, Kirchen). Eine von der Generalverwaltung der Königlichen Museen herausgegebene Beschreibung der pergamenischen Bildwerke wurde nicht zum amtlichen Erlaß und daher als geschützt erklärt, weil er nur aus Anlaß des Amtes, nicht in Erfüllung amtlicher Pflichten entstanden ist.

Entscheidungen sind Urteile, Beschlüsse, Verfügungen von Gerichten oder von Verwaltungsbehörden. Entscheidungen von Schiedsgerichten gehören nur dann dazu, wenn diese auf Grund gesetzlicher Vorschriften zum staatlichen Organismus gehörige Behörden darstellen. Nicht dazu gehören Schiedsgerichte, die auf Grund privater Vereinbarungen in Wirksamkeit treten.

Diese unbedingt freien amtlichen Werke dürfen wegen ihrer amtlichen Funktion, die ein privates Schutzrecht daran ausschließt, von jedermann verwertet, z. B. auch übersetzt oder sonstwie bearbeitet werden. Aber nur der Originaltext der amtlichen Schriften ist dem Nachdrucke freigegeben; nicht die aus eigener Arbeit einzelner hervorgegangenen *Bearbeitungen,* Zusammenstellungen, Erläuterungen oder Anmerkungen.

Gerichtliche Entscheidungen sind frei nur in der amtlichen Form, nicht in der Bearbeitung, in der sie in einer Fachzeitschrift abgedruckt sind oder in der ausgewählten Zusammenstellung, in der z. B. die Entscheidungen des Bundesgerichtshofes oder anderer Gerichte herausgegeben werden. Solche *Sammlungen* sind auch als Ganzes geschützt, und zwar als Bearbeitungen. Der Schutz kann sich, wenn die Voraussetzungen des Bearbeitungsschutzes fehlen, auch aus dem Wettbewerbsrecht ergeben (sittenwidrige Ausnutzung eines fremden mit Mühen und Kosten erworbenen Arbeitsergebnisses, § 1 UWG).

4. **Bedingt gemeinfreie amtliche Schriftwerke:** Darunter sind Schriftwerke und wissenschaftliche oder technische Abbildungen zu verstehen, die „von einer Behörde oder einer zur Ausübung eines öffentlichen Amtes bestellten Person über einen amtlichen Gegenstand vermöge amtlicher Verpflichtung verfaßt und ausschließlich oder vorwiegend zum amtlichen Gebrauch bestimmt sind" (Begr. z. RJM-Entw. S. 39). Eine vierfache Amtlichkeit (Urheber, Gegenstand, Anlaß und Zweck) ist also Voraussetzung der Gemeinfreiheit.

Von diesen vier Amtlichkeiten als Voraussetzungen der Gemeinfreiheit ist die des Urhebers (Amtsperson) und des Anlasses (Auftrag, Ressort) verhältnismäßig leicht festzustellen; schwieriger, ob es sich um einen amtlichen „Gegenstand", und noch schwieriger, ob es sich um einen amtlichen Zweck handelt; denn häufig gehen amtliche und private Zwecke ineinander über, z. B. Benutzung der Eisenbahnfahrpläne, des Fernsprechbuchs, amtlicher Museumskataloge usw. Richtiger ist wohl zu sagen: es muß sich um amtliche Werke handeln, „die im amtlichen Interesse zur allgemeinen Kenntnisnahme veröffentlicht werden".

Dahin gehören *Eisenbahnfahrpläne, Fernsprechbücher* und andere allgemeine öffentliche Zweckveröffentlichungen, während wissenschaftliche, zugleich für öffentlichen und privaten Gebrauch bestimmte Veröffentlichungen nicht lediglich zu öffentlichen Zwecken bekanntgemacht sind, z. B. das amtliche Regel- und Wörterverzeichnis für die eingeführte Rechtschreibung, Generalstabs- und ähnliche amtliche Karten, die dem Publikum zugleich im Buchhandel zugänglich sind, Museumskataloge, literarische Gesetzeszusammenstellungen (Textausgaben).

5. Von amtlichen Schriften sind zu unterscheiden *Schriften im amtlichen Auftrage,* auf amtliche Veranlassung, nach amtlichen Quellen. Solche Werke sind urheberrechtlich *Privatarbeiten,* denen der volle Schutz zusteht, falls sie nicht aus besonderen Umständen als rein amtliche Schriften anzusehen sind. *Patentanmeldungen* (zur Erlangung von Patenten) nebst den dazugehörigen Abbildungen, Sachverständigengutachten u. dgl. sind geschützt. Jedoch müssen vom Patentamt im Druck veröffentlichte Beschreibungen patentierter Erfindungen *(Patentschriften)* als amtliche Schriften angesehen werden. Amtliche Schreibvorlagen *(s. Hillig* I Nr. 84) werden zumeist keinen Schutz genießen. Die Verlaggabe einer amtlichen Schrift läßt auf die Absicht und Ansicht der verlaggebenden Behörde schließen, die Schrift nicht als gemeinfrei gelten zu lassen (dagegen *Runge* S. 145, der darauf hinweist, daß es allein auf die objektive

Bestimmung des Gebrauchszwecks ankomme). Gleiches gilt im Zweifel, wenn ein Nachdruckverbot ausdrücklich aufgedruckt ist, es sei denn, daß an dem völlig amtlichen Charakter (s. oben) kein Zweifel sein kann.

§ 17

Zulässig ist:

1. die Wiedergabe eines Vortrags oder einer Rede in Zeitungen oder Zeitschriften, sofern der Vortrag oder die Rede Bestandteil einer öffentlichen Verhandlung ist;

2. die Vervielfältigung von Vorträgen oder Reden, die bei den Verhandlungen der Gerichte, der politischen, kommunalen und kirchlichen Vertretungen gehalten werden.

Die Vervielfältigung ist jedoch unzulässig, wenn sie in einer Sammlung erfolgt, die der Hauptsache nach Reden desselben Verfassers enthält.

1. Die Vorschrift soll dem **Bedürfnis der Öffentlichkeit nach Informationen** entsprechen. Die Wiedergabefreiheit setzt voraus, daß der Vortrag oder die Rede *Bestandteil einer öffentlichen Verhandlung* ist. Da das Wort Versammlung im Gegensatz zu § 7 des Ges. v. 1870 nicht gebraucht wird, ist anzunehmen, daß es sich um eine Veranstaltung handeln muß, in der eine Diskussion über ein Thema des Vortrags oder der Rede stattfinden kann (RSt 1944, 182). Ob sie stattgefunden hat, ist bedeutungslos. Praktisch kann man daher die „öffentliche Verhandlung" gleichsetzen der *„öffentlichen Versammlung"* (so auch *Goldbaum* S. 175). Hierher gehören also politische Versammlungen, Tagungen und Kongresse, die in der Öffentlichkeit stattfinden, d. h. *öffentlich bekanntgemacht worden sind.*

Die Wiedergabe ist nur in Zeitungen und Zeitschriften erlaubt; ganz oder auszugsweise.

In *Buchform,* als Flugschrift (Broschüre) dürfen also solche Vorträge auf öffentlichen Versammlungen und Reden nicht ohne Erlaubnis gedruckt werden. Auch der Leiter der Verhandlung hat dieses Recht nicht. Will ein Kongreß usw. seine Verhandlungen in Buchform herausgeben, so muß er zuvor die Genehmigung eines jeden Redners erwirken, etwa durch eine Erklärung vor dem Beginn der Verhandlungen, daß die Meldung zum Worte jene Genehmigung enthalten solle. Wenn ein Redner diese Zusage nachträglich zurückzieht, so müssen seine Reden im Wortlaut fehlen; Bericht über den Inhalt der Rede wäre statthaft.

2. Schlechthin können Vorträge und Reden für sich allein wie auch im Zusammenhang mit den sonstigen Vorträgen und Reden vervielfältigt werden, die bei *Gerichtsverhandlungen, Parlamentssitzungen,* auch bei den *Sitzungen der kommunalen und kirchlichen Körperschaften* gehalten werden; die Ausschüsse stehen dem Plenum gleich; die Vervielfältigung kann in jeder Weise erfolgen, auch in Buchform. Mit Rücksicht auf § 26 ist auch die Übertragung durch Rundfunk ohne Einwilligung des Redners zulässig (vgl. *Runge* S. 161); ebenso die Aufnahme einer Strafgerichtssitzung auf Band und deren Sendung (LG Koblenz

GRUR 1951, 474 m. Anm. v. *Becker*). Daß die Verhandlung vor den *zuständigen* staatlichen Stellen stattgefunden hat, ist nicht erforderlich, um die Wiedergabefreiheit zu begründen. Es muß sich aber nach dem Sinn der Bestimmung um öffentliche Angelegenheiten handeln, d. h. Angelegenheiten, die für die Allgemeinheit von Bedeutung sind.

Von dem ungeschützten *Referat*, das Vorkommnisse im Gerichtssaal wiedergibt, ist zu unterscheiden die *Darstellung* einer gerichtlichen Entscheidung, der Rechtsfrage auf Grund des Einzelfalles mit dem erkennbaren Zweck der Belehrung des Publikums, besonders wenn der Fall zu wissenschaftlicher Bearbeitung geeignet war und eine solche durch eigenartige Darstellung erfahren hat. Dann liegt eine Ausarbeitung im Sinne von § 18 II vor, gleichviel ob die Arbeit gut oder schlecht war und die Wissenschaft daraus Gewinn zieht oder nicht. Strafprozesse sind bestimmt „öffentliche Angelegenheiten", Zivilprozesse müssen, weil die Rechtspflege eine öffentliche Angelegenheit ist, ebenfalls dahin gezählt werden. Wenn aber in einer Verhandlung die Öffentlichkeit ausgeschlossen worden ist, so ist naturgemäß aus diesem (polizeirechtlichen) Grunde die öffentliche Wiedergabe nicht gestattet.

3. **Berichte über Verhandlungen:** Abgekürzte Bearbeitungen von Verhandlungen und Reden sowie deren Glossierung werden, sofern sie sich selbst wieder als Schriftwerke darstellen, durch die Vorschriften des § 17 überhaupt nicht getroffen, genießen vielmehr, wie alle sonstigen Schriftwerke, den Schutz gegen allgemeinen Abdruck.

4. Soweit die Wiedergabe nicht durch § 17 ausdrücklich gestattet ist, genießen Reden und Vorträge urheberrechtlichen Schutz.

Daß bei solchen Reden und Vorträgen die Wiedergabe *nicht in einer Sammlung* erfolgen darf, die der Hauptsache nach Reden desselben Verfassers enthält, beruht darauf, daß bei solcher „Gesamtausgabe" der persönliche Charakter im Sinne einer Arbeit des Urhebers wieder stärker hervortritt, die öffentliche Funktion also hinter dem privaten Interesse zurücktritt. Die Entwürfe verbieten die Wiedergabe in jeder Sammlung.

§ 18

Zulässig ist der Abdruck einzelner Artikel aus Zeitungen in anderen Zeitungen, soweit die Artikel nicht mit einem Vorbehalt der Rechte versehen sind; jedoch ist nur ein Abdruck gestattet, durch den der Sinn nicht entstellt wird. Bei dem Abdruck ist die Quelle deutlich anzugeben.

Der Abdruck von Ausarbeitungen wissenschaftlichen, technischen oder unterhaltenden Inhalts ist, auch wenn ein Vorbehalt der Rechte fehlt, unzulässig.

Vermischte Nachrichten tatsächlichen Inhalts und Tagesneuigkeiten dürfen aus Zeitungen oder Zeitschriften stets abgedruckt werden.

Dazu RBÜ Art. 9; Br. F. Art. 10.

1. **Zur Entwicklung der Bestimmung:** Nach dem LUG von 1870 (§ 7 b) war nicht als Nachdruck anzusehen „der Abdruck einzelner Artikel aus Zeitschriften und anderen öffentlichen Blättern mit Ausnahme von novellistischen Erzeugnissen und wissenschaftlichen Ausarbeitungen sowie von sonstigen größeren Mitteilungen, sofern an der Spitze der letzteren der Abdruck untersagt ist". Diese Erlaubnis ermöglichte die Existenz einer großen Anzahl von großen, kleinen und kleinsten Zeitungen, die lediglich von Raub und Plünderung anderer Blätter lebten. Das LUG von 1901, im wesentlichen im Einklang mit dem Art. 7 der Berner Übereinkunft von 1886 und 1896, schaffte darin Wandel. (Über die Entwicklung der betreffenden Bestimmung der RBÜ siehe „Propositions avec exposée des motifs, préparées par l'Administration Belge et le Bureau de l'Union", Bern 1934, Bureau de l'Union Internationale pour la protection des oeuvres littéraires et artistiques, und *Elster*, Urheberrechtsmißbrauch in Presse, Rundfunk und Film, in Deutsche Landesreferate zum II. Internationalen Kongreß für Rechtsvergleichung im Haag 1937 S. 284 ff. [Sonderheft v. Rabels Z. 1937].)

Art. 9 RBÜ bezeichnet die zum Nachdruck freigegebenen Artikel ihrem Inhalte nach, ohne zwischen Zeitungen und Zeitschriften einen Unterschied zu machen; und zwar solche über politische, wirtschaftliche und religiöse Tagesfragen, während § 18 nur negativ bestimmt, welche Artikel auf Grund ihres Inhalts dem Verfasser vorbehalten bleiben.

2. Im § 18 werden unterschieden:

a) Ausarbeitungen wissenschaftlichen, technischen oder unterhaltenden Inhalts. Diese dürfen überhaupt nicht nachgedruckt werden;

b) einzelne Artikel aus Zeitungen (nicht Zeitschriften), die in anderen Zeitungen (nicht Zeitschriften) abgedruckt werden dürfen, falls der Abdruck nicht ausdrücklich untersagt ist. Abgrenzung zwischen Zeitung und Zeitschrift s. § 4 Anm. 1 a S. 47;

c) vermischte Nachrichten tatsächlichen Inhalts und Tagesneuigkeiten aus Zeitungen und Zeitschriften. Diese dürfen unbeschränkt ohne Angabe der Quelle nachgedruckt werden;

d) der sonstige Inhalt von Zeitungen und Zeitschriften, insbesondere die Anzeigen. In der Regel besitzt diese Klasse nicht die Schutzfähigkeit, weil es an eigentümlicher geistiger Schöpfung fehlt.

3. Die Entw. RJM und AK folgen der Methode der RBÜ, erklären also den Abdruck einzelner Artikel über wirtschaftliche, politische oder religiöse Tagesfragen aus *Zeitungen oder Zeitschriften in* Zeitungen oder Zeitschriften für erlaubt, wenn kein Nachdrucksvorbehalt gemacht ist. Aus der Begründung des RJM-Entwurfs: „Nur Artikel über wirtschaftliche, politische oder religiöse Tagesfragen können durch die Presse abgedruckt werden, wenn ihre Wiedergabe nicht ausdrücklich vorbehalten ist. Damit ist im Interesse der Allgemeinheit eine wichtige Ausnahme zugelassen. Für die Bildung der öffentlichen Meinung über die bezeichneten Tagesfragen ist es von großer Bedeutung, daß andere Blätter bereits erschienene Artikel, soweit sie solche Tagesfragen betreffen, aufgreifen können, um die darin vertretene Stellungnahme sich zu eigen zu machen, sie zu

unterstützen oder zu bekämpfen. Eine solche Weiterverbreitung der genannten Artikel liegt auch regelmäßig im Interesse der Zeitung oder Zeitschrift selbst, deren Artikel abgedruckt wird, da dadurch für ihre Stellungnahme in den weitesten Kreisen Propaganda gemacht wird. Wünscht sie gleichwohl den Abdruck nicht, so läßt Art. 9 (RBÜ) einen Vorbehalt zu, durch den der Abdruck verboten wird."

4. **Anwendung der Bestimmung:** Bei der Auslegung der Bestimmung wird man sich schon heute, abgesehen von der weiter zu beachtenden Unterscheidung zwischen Zeitungen und Zeitschriften an die Entwürfe und die RBÜ Art. 9 halten und gegenüber Artikeln zu wirtschaftlichen, politischen oder religiösen Tagesfragen grundsätzlich den Einwand, es handele sich um eine Ausarbeitung i. S. des Abs. II nicht zulassen.

Der Begriff Tagesfragen muß eng ausgelegt werden. Ist das Thema wirklich aktuell, so ist im Zweifel für die Nachdruckfreiheit zu entscheiden, auch wenn der Verfasser sich bei der Behandlung des Stoffes einer wissenschaftlichen Methode bedient. Andrerseits dürfen mit Hilfe von Abs. II nicht Artikel nachdruckfrei werden, die vielleicht zwar nicht Ausarbeitungen in diesem Sinne sind, aber über das Journalistische hinausgehen: Rezensionen von Büchern, Kunstwerken, Theater- und Konzertaufführungen, Artikel über Gesundheitspflege, über gerade auftauchende Rechtsfragen, Gerichtsverhandlungsberichte und andere Artikel dieser Art.

5. Als **„einzelne" Zeitungsartikel** sind, unter den zu 2 erörterten Gesichtspunkten, insbesondere *Leitartikel,* aber auch alle sonstigen Artikel anzusehen, in denen die Zeitungen öffentliche Angelegenheiten zu erörtern pflegen, z. B. kurze Studien über Tagesfragen, vor allem über wirtschaftliche und politische Dinge, Kritiken über wissenschaftliche, künstlerische und andere Leistungen. Es ist eine Notwendigkeit des Verkehrs, daß solche Artikel von anderen Blättern zum Ausgangspunkt eigener Erörterungen gemacht werden können, wozu ihr Abdruck, ganz oder teilweise, unentbehrlich ist, wenigstens soweit dies im Rahmen des Zitats bleibt. Ob ein völliger Abdruck aber nicht häufig genug statt zum Meinungskampf nur zur Beschaffung billigen Stoffes geschieht, bleibt eine offene Frage.

Die Untersagung des Abdrucks erfolgt in der Regel unmittelbar an der Spitze des zu schützenden Artikels. Zwar läßt das LUG „nach dem Vorgange der RBÜ das Erfordernis fallen, daß der Vorbehalt sich an der Spitze des Artikels befinde. Hieraus folgt indessen nicht, daß, wenn sich ein Beitrag durch mehrere Nummern hinzieht, der erst bei der Fortsetzung oder am Schlusse hinzugefügte Vorbehalt genügen soll, um auch die schon erschienenen Artikel gegen Abdruck zu schützen" (Begr.). Jedenfalls muß das Nachdruckverbot deutlich und leicht auffindbar sein. Wörtliche Wiedergabe ist nicht vorgeschrieben, aber sie muß sinngetreu sein.

Deutliche Quellenangabe ist erforderlich; Form s. § 25, Strafen § 44; versteckte Angabe erfüllt diese Forderung nicht. Die Angabe der Quelle ist für die benutzten Zeitungen eine verdiente Empfehlung und den benutzenden nur dann nachteilig, wenn sie von der Ausplünderung anderer leben wollen. Zur Quellenangabe gehört auch der Name des Verfassers, wenn er genannt ist (*Ulmer* S. 173).

6. **Rundfunk und Presseartikel:** Was Nachdruckfreiheit genießt, kann auch gesendet werden (§ 26); ebenso *Ulmer* S. 173; a. A. in bezug auf Artikel *Marwitz-Möhring* § 26, Anm. 2). Die Sendung, die nachdruckfrei wäre, würde sie in einer Zeitung oder Zeitschrift erschienen sein, kann nachgedruckt werden, wäre die logische Konsequenz aus Satz 1. Die herrschende Meinung nimmt aber Vorträge, gleichgültig welchen Inhalts, aus, „weil sie sich als individuelle Leistungen bestimmter einzelner Persönlichkeiten darstellen". Das sind aber Zeitungsartikel über politische, wirtschaftspolitische Tagesfragen ebenfalls. Für die Nachdruck- und Sendefreiheit, die auf den Interessen der Allgemeinheit beruht, kann nicht die Art der Veröffentlichung, sondern nur der Gegenstand maßgebend sein. Der AK-Entw. läßt den Abdruck von Funksendungen nur zu, wenn es sich um vermischte Nachrichten tatsächlichen Inhalts und Tagesneuigkeiten handelt. Das Unterscheidungsmerkmal, daß in dem einen Fall das Werk dauerfixiert ist, in dem anderen nicht, kann bei der so viel größeren Verbreitungsmöglichkeit des Rundfunks nicht ausschlaggebend sein. Die Gerechtigkeit verlangt, daß das schutzwürdige Werk in gleichem Maße geschützt ist, mag es der Presse oder der Rundfunksendung sich zur Verbreitung bedienen, und daß andererseits das zur Tageserörterung nötige Werk im Gemeininteresse genau so frei ist, ob es in einer Zeitung oder im Radio erstmalig wiedergegeben worden ist. Über Rundfunkmeldungen s. unten zu 7.

7. **Vermischte Nachrichten tatsächlichen Inhalts und Tagesneuigkeiten** dürfen stets abgedruckt werden, auch wenn (irrtümlich) ihr Nachdruck untersagt worden sein sollte. Es sind lediglich tatsächliche Mitteilungen gemeint, nicht solche Artikel, die auf der Unterlage tatsächlicher Nachrichten Ausarbeitungen wissenschaftlichen (z. B. Zusammenfassung einer Urteilsbegründung, Herausschälen der Grundgedanken in origineller Form), technischen oder unterhaltenden Inhalts darstellen. Ausarbeitungen dieser Art sind geschützt. Ebenso sind in Zeitungen abgedruckte Gedichte, die zwar Tagesneuigkeiten schildern, den Gegenstand jedoch zu einer scherzhaften, durch Form und Art der Darstellung besonders wirksamen Darlegung weiterbilden, vermöge ihres Inhalts nicht mehr zu den freigegebenen vermischten Nachrichten zu zählen. Wenn ein ungenauer Sprachgebrauch unter vermischten Nachrichten auch Anekdoten, Betrachtungen, Ausschmückungen von tatsächlichen Mitteilungen, Aphorismen und sonstige kleine Artikel begreift, so ist dies rechtlich nicht zutreffend; diese sind als Ausarbeitungen unterhaltenden Inhalts anzusehen und daher geschützt.

Vermischte Nachrichten tatsächlichen Inhalts beziehen viele Zeitungen durch Telegramme oder im Ferngespräch. Obwohl dies mit großen Kosten verknüpft ist, genießen solche Mitteilungen keinen Schutz; ihr „Schutz" ist nur ihre Schnelligkeit; in dem „Zuerst" erschöpfen sie ihr Recht. Es kann jedoch u. U. § 1 UnlWG herangezogen werden, falls die nachdruckende Zeitung sich in einer gegen die gute Sitte verstoßenden Weise den Anschein zu geben sucht, als erhalte sie die Telegramme oder Fernmeldungen aus erster Hand. Nur aus Zeitungen und Zeitschriften darf der Abdruck erfolgen, nicht aus *Zeitungskorrespondenzen* (OLG Hamburg MDR 50, 624). Der Abdruck von *Rundfunkmeldungen* in Zeitungen usw. ist als zulässig erklärt worden (RGZ 128, 330). Was gegen diese Entscheidung angeführt werden konnte (grundsätzliche Schutzfähigkeit der Nachrichten, Ausnahmecharakter der Vorschrift, daher Nichtausdehnung von Zeitung auf Rundfunk), kann heute nicht mehr als zutreffend gelten. Die tatsächliche Nachricht ist nicht Gegenstand des Urheberrechts. Ebenso AK-Entw. § 33.

Quellenangabe ist hier nicht notwendig, da kaum richtig durchführbar: Ein und dieselbe Mitteilung wird oft von Zeitungskorrespondenten an die verschiedensten Zeitungen gesandt und in diesen gleichzeitig abgedruckt. Welche Zeitung ist dann die Quelle? Oder eine aus einer größeren Zeitung ohne Quellenangabe von einem anderen Blatt übernommene Mitteilung wird in einer dritten Zeitung abgedruckt; wird die zweite Zeitung als Quelle angegeben, so führt das nur zu falschen Schlüssen.

§ 19

Zulässig ist die Vervielfältigung:

1. **wenn einzelne Stellen oder kleinere Teile eines Schriftwerks, eines Vortrags oder einer Rede nach der Veröffentlichung in einer selbständigen literarischen Arbeit angeführt werden;**
2. **wenn einzelne Aufsätze von geringem Umfang oder einzelne Gedichte nach dem Erscheinen in eine selbständige wissenschaftliche Arbeit aufgenommen werden;**
3. **wenn einzelne Gedichte nach dem Erscheinen in eine Sammlung aufgenommen werden, die Werke einer größeren Zahl von Schriftstellern vereinigt und ihrer Beschaffenheit nach zur Benutzung bei Gesangsvorträgen bestimmt ist;**
4. **wenn einzelne Aufsätze von geringem Umfang, einzelne Gedichte oder kleinere Teile eines Schriftwerkes nach dem Erscheinen in eine Sammlung aufgenommen werden, die Werke einer größeren Zahl von Schriftstellern vereinigt und ihrer Beschaffenheit nach für den Kirchen-, Schul- oder Unterrichtsgebrauch oder zu einem eigentümlichen literarischen Zwecke bestimmt ist. Bei einer Sammlung zu einem eigentümlichen literarischen Zwecke bedarf es, solange der Urheber lebt, seiner persönlichen Einwilligung.**

Die Einwilligung gilt als erteilt, wenn der Urheber nicht innerhalb eines Monats, nachdem ihm von der Absicht des Verfassers Mitteilung gemacht ist, Widerspruch erhebt.

§ 19

Zulässig ist die Vervielfältigung und Verbreitung, wenn einzelne Werke in eine selbständige wissenschaftliche Arbeit oder in ein für den Schul- oder Unterrichtsgebrauch bestimmtes Schriftwerk ausschließlich zur Erläuterung des Inhalts aufgenommen werden. Auf Werke, die weder erschienen noch bleibend öffentlich ausgestellt sind, erstreckt sich diese Befugnis nicht.

Wer ein fremdes Werk in dieser Weise benutzt, hat die Quelle, sofern sie auf dem Werke genannt ist, deutlich anzugeben.

§ 20

Zulässig ist die Vervielfältigung von Werken, die sich bleibend an öffentlichen Wegen, Straßen oder Plätzen befinden, durch malende oder zeichnende Kunst oder durch Photographie. Die Vervielfältigung darf nicht an einem Bauwerk erfolgen.

Bei Bauwerken erstreckt sich die Befugnis zur Vervielfältigung nur auf die äußere Ansicht.

Soweit ein Werk hiernach vervielfältigt werden darf, ist auch die Verbreitung und Vorführung zulässig.

Dazu: RBÜ Art. 10.

1. **Allgemeines:** Ist ein Werk veröffentlicht oder erschienen, so engt sich das Monopol des Urhebers zu Gunsten der Allgemeinheit ein. Diese hat ein Recht darauf, daß die Werke einzelner zur Förderung des kulturellen Lebens in einem durch den Zweck des geistigen Fortschritts gerechtfertigten Umfang frei benutzt werden können. Auch das *Entlehnungsrecht* ist also keine Ausnahmevorschrift, die eng auszulegen ist, sondern stellt die Grenzen fest, die dem Urheberrecht aus seiner sozialen Gebundenheit heraus gesetzt sind. Vgl. § 1 Anm. 2 S. 4. Die Benutzung fremder Arbeit darf aber nur dazu dienen, die eigenen Darlegungen zu begründen oder zu vertiefen, sei es, daß die entlehnte Darlegung kritisiert, zur Unterstützung der eigenen herangezogen oder als Grundlage für die Fortsetzung eigener Gedankengänge benutzt wird. Die Entlehnungen müssen also in innerem, gefügten Zusammenhange mit dem Aufbau des entlehnenden Werkes stehen, müssen dessen literarischer Form oder wissenschaftlichem Zwecke dienbar sein. Was darüber hinausgeht ist Zitatenmißbrauch. Auch die Benutzung von fremden Materialien, durch die der Wert des eigenen Werks erhöht werden soll, wie z. B. die Übernahme von Lauttafeln aus einem fremden Werk in ein Sprachlehrbuch fällt darunter (vgl. *Hillig* I Nr. 85).

Ein mechanischer Maßstab ist nicht angebracht, selbst wenn ein solcher gelegentlich (etwa $^1/_{15}$ von dem Umfange des zu benutzenden Werkes) angelegt worden ist. Zu den sachlichen Gesichtspunkten, aus denen heraus die Beurteilung zu erfolgen hat, gehört insbesondere der, ob die Werke in *Wettbewerb* miteinander stehen; das ist nicht nur dann zu bejahen, wenn sie einander offensichtlich als Erzeugnisse Konkurrenz machen, sondern auch dann, wenn sie nach ihrem Inhalt miteinander in geistigem Wettbewerb stehen, das neuere Werk also in einem die notwendige Auseinandersetzung überschreitenden Maße geistige Anleihen bei dem älteren, noch geschützten Werke macht — es sei denn, daß es sich um sachliche Polemik handelt. Im Interesse der geistigen Kultur muß zwar der eine auf den Schultern des anderen stehen, aber das entlehnende Werk muß selbständig sein und bleiben. Die Frage der Selbständigkeit tritt insbesondere bei den referierenden Wiedergaben auf. Hier wird sehr häufig Zitatmißbrauch unter der Maske des Referats oder der Besprechung getrieben. Eine neue Überschrift, Einleitung und Schlußbemerkung frisieren den entlehnten sachlichen Hauptinhalt so, als handele es sich um ein selbständiges literarisches Werk; so hier und da in Zeitschriften und Zeitungen, die solche Entlehnungen als ihre publizistische Aufgabe entschuldigen. Dagegen mit Recht RGSt. 37, 296: „Eine selbständige Arbeit literarischer, d. h. schriftstellerischer Art hat zur Voraussetzung, daß der Verfasser ein eigenes Werk, welches auf eigener Geistestätigkeit beruht, schaffen will und schafft, daß er dabei die Teile des fremden Werkes nur wiedergibt, weil und insoweit sie der eigenen Besprechung dienen sollen, daß der Zweck und der Gegenstand der Arbeit nicht der ist, jenes fremde Werk selbst zur Kenntnis anderer zu bringen, zu vervielfältigen oder zu veröffentlichen, sondern der, eigene Gedanken auszusprechen, mögen sich dieselben auch gerade auf das fremde Werk beziehen, insbesondere sich mit einer Besprechung oder einer Kritik des letzteren befassen." Den besonderen Aufgaben der Presse wird durch § 18 gedient; darüber hinaus besteht kein Anlaß, Grundsätze des Schutzrechts des Schaffenden zu begrenzen.

Man unterscheidet Kleinzitat, „Anführung" (Ziff. 1 des § 19), und Großzitat, „Aufnahme" (Ziff. 2—4); letzteres soll nach den Entwürfen eingeschränkt werden.

2. **Erlaubte Anführung (Kleinzitat):** Die Anführung oder das Zitat im engeren Sinne (Ziff. 1) ist die Übernahme *einzelner Stellen* eines fremden Werkes, teils um die eigene Auffassung durch eine andere zu stützen, teils um an die andere die eigene Erörterung anzuknüpfen, teils als Beleg für eine Behauptung.

Der Begriff *„kleinere Teile"* hat etwas Unsicheres an sich (und soll deshalb in dem künftigen Gesetz fortfallen); denn es ist strittig, mit welchem Maßstab man dabei messen soll: ob der Teil „klein" sein muß im Rahmen des Werkes, aus welchem entlehnt wurde, oder im Rahmen des Werkes, in welches entlehnt wird.

„Einzelne Stellen" ist gemäß dem Ausdruck „Stelle" deutlicher. „Einzeln" ist hier in keiner Weise ein Zahlwort, das durch kleinliches Rechnen festzulegen wäre (s. oben zu 1) und kann auch nicht immer, obschon in der Regel, mit „einige wenige" gleichgesetzt werden. Dies hängt vielmehr von dem *„durch den Zweck gerechtfertigten Umfang"* (so die Entwürfe), auch hier ab: es darf nicht durch das Zitat die eigene Geistesarbeit ersetzt werden; wenn aber etwa eine Auseinandersetzung mit einer anderen Arbeit vor sich geht, so muß und darf die Wiedergabe so vieler Stellen geschehen, wie dies dem durch diesen berechtigten Zweck gerechtfertigten Umfang entspricht.

3. Erlaubnis der Aufnahme (Großzitat):

a) Ziff. 2—4 stellen sich insofern als Ausnahme dar, als die Erlaubnis auf *wissenschaftliche Werke, Liederbücher* und auf Werke für den *Schul-, Kirchen- und Unterrichtsgebrauch sowie auf Anthologien* (die der AK-Entw. zu Unrecht streicht) beschränkt ist. Der Begriff des wissenschaftlichen Werkes ist eng auszulegen. Die Unterscheidung in Ziff. 1 und 2: literarisch — wissenschaftlich ist so zu verstehen, daß „literarisch" sich mehr auf die Form bezieht, die den an ein Schriftwerk überhaupt zu stellenden literarisch-technischen Anforderungen entsprechen muß. Dagegen betrifft der Ausdruck „wissenschaftlich" den Inhalt. „Literarisch" ist der weitere Begriff, an einen Gegensatz zwischen Literatur und Wissenschaft ist nicht gedacht.

Ob es sich um ein wissenschaftliches Werk handelt, hat der Richter mit Hilfe Sachverständiger zu ermitteln. *Osterrieth* (S. 148) fordert von einer wissenschaftlichen Arbeit, daß sie auf einem Gebiete wissenschaftlicher Forschung liege und daß der Verfasser dem Gegenstand mit der Selbständigkeit entgegentrete, die die Übung methodischen Denkens verleiht. Unterhaltungsschriften belehrenden Inhalts sind in der Regel keine wissenschaftlichen Arbeiten. Das *Reichsgericht* bezeichnet den Inhalt einer Geistesarbeit als wissenschaftlich, wenn er nach der Art der Erörterung und Darstellung offensichtlich einem wissenschaftlichen Zwecke dienen soll und hierzu eine eigenartige, selbständige Behandlung des Stoffes in systematischer, nach durchgreifenden Hauptgedanken geordneter Darstellung im wesentlichen zum Zweck der Belehrung kommt (RGZ 22, 59; 36, 48). Entscheidend ist also im wesentlichen die Absicht, der Zweck; ob er erreicht, ob das Werk wissenschaftlich wertvoll oder wertlos ist, ist rechtlich ohne Bedeutung.

b) Die **Aufnahme** ist eine *Anführung in erweitertem Umfange.* Sie dient vornehmlich dem Zwecke, wissenschaftlichen Anknüpfungen und Darlegungen Grundlage, Stütze und Ergänzung zu verschaffen. Ihr Begriff erfordert innerliche Verbindung zwischen den beiden Schriftwerken dergestalt, daß die fremde Schrift zu einem innerlich damit zusammenhängenden Bestandteil des ein einheitliches Ganze bildenden Werkes geworden ist. Unter dieser Voraussetzung ist es gestattet, einzelne Gedichte, einzelne Aufsätze geringeren Umfangs oder kleinere Teile eines Schriftwerks in einer *wissenschaftlichen* Erörterung, zu deren Gegenstand man sie machen wollte, darzubieten, da man den Lesern dieser Erörterung nicht zumuten kann, sich jene anderen Werke zu verschaffen. Desgleichen ist es erlaubt, zur Ergänzung der eigenen Arbeit eine fremde in mäßigem Umfange zu benutzen, wenn die fremde durch eigene Darlegungen nicht oder nur unvollkommen zu ersetzen sein würde. Z. B. kann ein Historiker zur Belebung seiner Darstellung Ausführungen aus anderen historischen Werken einflechten, sofern dies durch den Zweck des entlehnenden wissenschaftlichen Werkes gerechtfertigt wird; aber es ist ein enger und strenger Maßstab anzulegen (vgl. RGZ 144, 112).

c) **Zwecke:** Zum Kirchengebrauch, d. i. zum Gebrauche in der Kirche, dienen nur Gesang- und Gebetbücher; Erbauungsbücher, Predigtsammlungen u. dgl. sind für den häuslichen Gebrauch bestimmt. Unter Umständen können sie unter den Begriff „Sammlung zu einem eigentümlichen literarischen Zweck" fallen.

Unter Werken für den Schulgebrauch sind nur in den Schulen gebrauchte Bücher zu verstehen, ob höhere oder niedere Schule, ist gleichgültig; Hochschulen (Universitäten, technische oder Handelshochschulen, Akademien) sind hier nicht gemeint. Vor allem handelt es sich um die nach Schulart und Klassenziel aus Prosa und Gedichten zusammengestellten *Lesebücher* und *Lesehefte*. Es genügt ihre Eignung und Bestimmung für den Schulgebrauch, der *nicht* einmal *ausschließlicher* Zweck zu sein braucht (RGZ 155, 33).

Werke für den *Unterrichtsgebrauch* sind Werke, die einen an sich wissenschaftlichen Inhalt in einer der Aufnahmefähigkeit der lernenden Jugend angepaßten Verdünnung wiedergeben (*Osterrieth* S. 150) und für ein Verhältnis zwischen Lehrer und Schüler bestimmt sind, wenn auch für ein neben den Schulen organisiertes; also auch Werke für den Privatunterricht, aber nicht solche für den Selbstunterricht (vgl. RGZ 80, 78; *Allfeld* § 19 Anm. 25). Ob der Lehrstoff nach pädagogischen Rücksichten ausgewählt und behandelt ist, ist weiter das objektive Kennzeichen. Unter Unterrichtsgebrauch ist auch der Gebrauch für Universitäten und Hochschulen sowie für jede sonstige Art der Unterrichtserteilung zu verstehen (a. A. *Marwitz-Möhring*, die nur Unterrichtswerke niederer Disziplinen hierzu rechnen). Es begründet keinen Unterschied, ob das Schriftwerk daneben auch zur eigenen Belehrung geeignet ist oder nicht.

Über Änderungen s. § 24.

Die Bestimmung für Kirchen-, Schul- und Unterrichtsgebrauch ergibt sich nicht aus der Benennung, also etwa daraus, daß das Werk ein „Schulbuch" sein möchte, sondern daraus, ob es dies *„seiner Beschaffenheit nach"* wirklich ist; damit ist nicht verlangt, daß es bereits behördlich als solches genehmigt sein muß (*Allfeld* Anm. 25 zu § 19), oder daß jene Bestimmung jede andere Brauchbarkeit ausschließt. Ob in dem Erfordernis „seiner Beschaffenheit nach" das Merkmal der Eignung liegt, wird zu bejahen sein (vgl. auch *Hillig* I Nr. 89), ohne daß freilich die kritische Beurteilung besserer oder geringerer Eignung maßgebend sein kann. Vgl. *Hillig* I Nr. 90, der auch die *äußere Gestalt* des Schulbuches für wesentlich erklärt.

4. Was darf als Anführung entlehnt und benutzt werden?

a) Einzelne Stellen oder kleine Teile eines Schriftwerks, eines Vortrags oder einer Rede, einzelne Aufsätze von geringem Umfang, einzelne Gedichte; über „einzelne" (s. o. zu 3).

Werke ausländischer Schriftsteller dürfen in Sammlungen zum Kirchen-, Schul- und Unterrichtsgebrauche benutzt werden wie die von Inländern (vgl. RBÜ Art. 10). Dagegen ist es nicht gestattet, ganze Stücke oder Auszüge aus solchen in Sammlungen aufzunehmen (a. M. *Hillig* I Nr. 92).

Nur *erschienene* Werke dürfen benutzt werden, soweit es sich nicht um Vorträge oder Reden handelt, sonst *veröffentlichte* nicht. Die Benutzung unveröffentlichter Werke ist durch §§ 11 Abs. 1, 39 verboten. *Berichterstattung* über Vorträge und Reden s. § 17.

b) Wissenschaftliche und technische Abbildungen, s. § 23.

c) Bildwerke, s. § 23.

d) Verbindung mit Musik, s. § 20.

e) Musik-Zitate, s. § 21.

5. **Anthologien und ähnliche Sammlungen:** Die zu Gunsten der Entlehnung in Liederbüchern, Gedichtsammlungen, sonstigen Anthologien (Prosa-Sammlungen) bestehende Zitierfreiheit soll nach RJM- und AK-Entwurf künftig gestrichen werden, weil, wie die amtliche Begründung des RJM-Entwurfs sagt, „es nicht einzusehen ist, warum der Urheber in der Verwertung seiner Werke zu Zwecken der Unterhaltung (Liederbücher) und zu Zwecken der Befriedigung literarischen Interesses (Anthologien) beschränkt und verpflichtet werden müßte, seine Werke hierzu unentgeltlich zur Verfügung zu stellen."

Es erscheint verfehlt, im gegenwärtigen Zeitpunkt Anthologien aus dem Entlehnungsrecht herauszunehmen. Die bisherigen Bestimmungen sollten (wie auch im Entw. *Hoffmann*) beibehalten werden, weil die Produktion solcher Sammlungen, die die oft im Kriege vernichteten Einzelwerke der zitierten Autoren ersetzen, nicht erschwert werden darf. Der lebende Autor geht nicht leer aus, da er seine *Zustimmung,* die auch nach geltendem Recht erforderlich ist, von der Bezahlung einer angemessenen Vergütung abhängig machen kann.

Bezüglich der Singbücher hat die Rechtsprechung des Reichsgerichts die Aufnahmefreiheit eingeschränkt, z. B. Schlagerliederbücher schon unter der Geltung des jetzigen Gesetzes von der Begünstigung ausgenommen (RGZ 122, 66; 128, 102). Immerhin besteht heute noch die Möglichkeit, die besten Erzeugnisse einer bestimmten Literaturgattung in einer Übersicht, die dem Leser das Durchsuchen einer Menge der ursprünglichen Ausgaben erspart, in einer nach bestimmten Leitgedanken geordneten, für den praktischen Gebrauch handlichen Form darzubieten. *Selbständige geistige Arbeit des Herausgebers* ist Voraussetzung (*Hillig* I Nr. 91, 96, 97). Sammlungen von Gedichten zu Gesangvorträgen können ohne Befragen der Verfasser der einzelnen Gedichte veranstaltet werden (RG in GRUR 1928, 832); bei Anthologien besteht die Einschränkung, daß die Verfasser der benutzten Aufsätze, Abschnitte oder Gedichte zu Lebzeiten gefragt werden müssen. Die Erlaubnis muß von ihnen persönlich eingeholt werden. Die Erlaubnis des Verlegers genügt nicht. Auch soll der Verleger nicht berechtigt sein, die vom Verfasser erteilte Erlaubnis seinerseits zu verweigern, selbst wenn der Verfasser ihm dahingehende Rechte eingeräumt haben sollte. — Nach dem Tode des Verfassers ist keine Anfrage mehr nötig (so auch *Allfeld* § 19 Anm. 27); die Herausgeber der Sammlungen sollen von Nachforschungen befreit sein, wer und wo die Erben sind. Daß der Verleger auch dann nicht befragt zu werden braucht, ergibt sich aus dem oben Gesagten.

Die Einwilligung des Verfassers gilt, wenn nicht anderes vereinbart, nur für eine Auflage (*Hillig* I Nr. 220).

Änderungen in den benutzten Stücken sind verboten (s. § 24 Anm. 1). Für die bisher vorhandenen Sammlungen ergibt sich aber aus § 62, daß diejenigen noch geschützten Stücke, welche weiter benutzt werden können, weil der Verfasser nicht mehr lebt, also nicht mehr befragt zu werden braucht, auch in einer Bearbeitung weiter benutzt werden dürfen, die für ein neu aufzunehmendes Stück unzulässig sein würde.

6. **Entlehnung von Werken der bildenden Kunst:**

a) KUG § 19 gestattet die Entlehnung, wenn einzelne Werke der bildenden Kunst oder der Photographie „in eine selbständige wissenschaftliche Arbeit oder in ein für den Schul- oder Unterrichtsgebrauch bestimmtes Schriftwerk ausschließlich zur Erläuterung des Inhalts aufgenommen werden". Die Worte *„ausschließlich zur Erläuterung des Inhalts"* beziehen sich nicht, wie man schließen könnte, nur auf Werke für den Schul- oder Unterrichtsgebrauch, sondern auch auf wissenschaftliche Arbeiten. „Ausschließlich" bedeutet, daß das Schriftwerk um seiner selbst willen geschrieben sein muß, das Bild darf nur hinzutreten, um das, was die Worte ausdrücken, besser zu veranschaulichen (*Wassermann* Ufita 1930, 487). Eine Bildersammlung mit verbindendem Text läßt sich nicht auf § 19 stützen. Ob unter „einzelnen" Werken auch „einige wenige" zu verstehen sind, geht aus dem Wortlaut des § 19 nicht hervor, dürfte sich aber von Fall zu Fall in *Würdigung des Zweckes* unschwer entscheiden lassen. „Literarische" Werke dürfen Kunstwerke überhaupt nicht entlehnen, wohl aber „Abbildungen" (§ 23 LUG).

Zu beachten ist der Gegensatz zwischen „selbständiger wissenschaftlicher *Arbeit*" (s. o. S. 117) und einem „für den Schul- oder Unterrichtsgebrauch bestimmten *Schriftwerk*". — Auch ist zu berücksichtigen, daß bei Wiedergabe eines Kunstwerks drei Rechte nebeneinander laufen können: des Künstlers, des Photographen und des Verlegers. Erlaubnis des Eigentümers eines Bildwerks ist nur insofern erforderlich, als er kraft Hausrechts den zur Vervielfältigung nötigen Zutritt zu den Bildwerken verweigern kann.

Abbildungen s. § 23.

b) Bauwerke an öffentlichen Wegen usw. Eine dem LUG § 19 verwandte Ausnahme zu gemeinem Nutzen bildet KUG § 20, wonach die Vervielfältigung von Werken (Denkmäler, Gebäude), die sich bleibend an öffentlichen Wegen, Straßen oder Plätzen befinden, zulässig ist. Die Vervielfältigung darf nicht in derselben Kunstform und nicht an einem Bauwerk erfolgen, sondern nur durch *malende oder zeichnende Kunst oder durch Photographie*. Unter öffentlichen Wegen sind solche zu verstehen, die jedermann ohne weiteres offenstehen, also auch Privatstraßen.

(So auch *Osterrieth* S. 134.) *Osterrieth* meint, die Bestimmung des § 20 sei weder aus dem Wesen des Urheberrechts noch sonst zu rechtfertigen;

sie entstamme einer unklaren sozialpolitischen Menschenfreundlichkeit und sei daher aufs engste auszulegen.

7. Bei **Entlehnung aus Bearbeitungen** oder aus Übersetzungen gilt (vgl. § 2 LUG) der Bearbeiter bzw. der Übersetzer als Urheber; an ihn sind also die bei Entlehnungen nötigen Anfragen zu richten. Seine Erlaubnis deckt den Anfragenden, auch wenn der Befragte mehr erlaubt, als ihm nach seinem Verhältnis zu dem noch lebenden Urheber zusteht, es sei denn, daß der Fragesteller den Mangel dieses Rechtes zur unbegrenzten Erlaubnis kennt oder kennen mußte.

8. „*Bearbeitungen*" werden zu unlauteren Entlehnungen, wenn die Bearbeitung bewußt verschleiert und das Werk als eigenes Gedankengut ausgegeben wird. Dann spricht man von **Plagiat** (zum Begriff Plagiat s. § 13 Anm. 1 c S. 99). Auch für Zitate ohne Quellenangabe oder Kenntlichmachung des Textes als Zitat verwendet man den Ausdruck Plagiat, unter dem man jeden „geistigen Diebstahl" versteht. Plagiat ist kein Rechtsbegriff (über seine Entstehung und Verwendung vgl. *Ulmer* S. 35 und 160). *Ulmer* S. 161 nennt Plagiat im Rechtssinn die „Anmaßung der Urheberschaft unter Verletzung des im Urheberrecht enthaltenen Persönlichkeitsrecht".

9. Eine **Vergütung für den Urheber** des benutzten Werkes ist nach geltendem Recht nur bei Verwendung in Sammlungen zu einem eigentümlichen literarischen Zweck, und zwar insofern vorgesehen, als er seine Einwilligung von der Bezahlung abhängig machen kann. Nach dem AK-Entw., der das Anthologieprivileg streicht (s. zu 5), ist für Aufnahmen in Sammlungen für Kirchen, Schulen und Unterricht eine angemessene Entschädigung zu gewähren. Die Erlaubnis braucht jedoch vorher nicht eingeholt zu werden. Bei Streit über die Angemessenheit entscheidet das Gericht.

10. Das Entlehnungsrecht schließt das Recht zur *Verbreitung*, der öffentlichen *Aufführung* und des *Vortrags* ein (vgl. § 26).

11. Art. 10 RBÜ überläßt die Entlehnungsfreiheit den Verbandsländern: „in einem den Zweck rechtfertigenden Umfang". Für die Zitatfreiheit geschützter *ausländischer Werke* von Verbandsangehörigen gilt deutsches Recht. (Vgl. auch *Bappert*, Rechtsfragen, S. 284.)

§ 20

Zulässig ist die Vervielfältigung, wenn kleinere Teile einer Dichtung oder Gedichte von geringem Umfange nach ihrem Erscheinen als Text zu einem neuen Werke der Tonkunst in Verbindung mit diesem wiedergegeben werden. Für eine Aufführung des Werkes darf die Dichtung auch allein wiedergegeben werden, sofern der Abdruck ausschließlich zum Gebrauche der Hörer bestimmt ist.

Unzulässig ist die Vervielfältigung von Dichtungen, die ihrer Gattung nach zur Komposition bestimmt sind.

Die Vorschriften des Abs. 1 finden keine Anwendung, soweit der Text in Verbindung mit der mechanischen Wiedergabe eines Werkes der Tonkunst (§ 12 Abs. 2 Nr. 5) vervielfältigt werden soll.

Vertonungsfreiheit des Liedes:

1. *Grundsätzliches:* Wenn einem Tondichter zu Versen, die er gelesen hat, die Melodie zufließt, so ist es ein alter Brauch, daß er den Text mit der Tondichtung zusammen abdrucken und aufführen darf. Das Gesetz gibt ihm das Recht dazu. Ob man es beibehalten soll, erscheint fraglich. Zwar ist der Textdichter gegen Verschandelungen seines Werkes durch seine Urheberpersönlichkeitsrechte (vgl. § 11 Anm. II 2 d S. 77) geschützt. Aber man sollte *dem noch lebenden Urheber* die Entscheidung darüber, was er als Verschandelung empfindet, selbst überlassen. Man kann dem Berechtigten insbesondere auch nicht verwehren, die Verbindung des betreffenden Sprachwerks mit Musik als eine Beeinträchtigung seines Werkes anzusehen, mag auch für andere Betrachter eine Herabsetzung nicht festzustellen sein. Hier dürften die persönlichsten Interessen des Urhebers die der Allgemeinheit überwiegen. Es gibt Werke der Sprache, die zugleich Musik sind und Vertonung deshalb nicht vertragen. Andererseits ist aber nicht zu verkennen, daß wir der Vertonungsfreiheit wertvollste Liederkompositionen verdanken, die nicht entstanden oder nicht zur Veröffentlichung gelangt wären, wenn der Dichter hätte um Erlaubnis gebeten werden müssen. Die Entwürfe behalten die Vertonungsfreiheit bei, sehen jedoch vor, daß der Urheber des Werkes der Tonkunst dem Urheber des vertonten Werkes einen angemessenen *Teil am Ertrag* gewährt, den er durch die Verwertung seines Werkes in Verbindung mit dem Text erzielt. Das entspricht der *heutigen Rechtsübung,* die dahin geht, daß der Textverfasser zwar nichts gegen die Benutzung und den Mitabdruck seines Gedichts einwenden kann, wohl aber als Miturheber im Sinne des § 5 an den Erlösen der sonstigen Verwertung (z. B. Aufführung, mechanische Vervielfältigung, Sendung) beteiligt werden muß.

Die Vorschriften des § 20 beziehen sich nur auf kleinere Dichtungen (Lieder, Balladen u. dgl.) oder kleine Teile größerer Dichtungen. Zu größeren, vorher geplanten Arbeiten muß der Komponist immer die Erlaubnis des Textdichters einholen.

2. **Dichtungen, die ihrer Gattung nach zur Komposition bestimmt sind:** Texte zu Opern, Oratorien, größeren Chorwerken, Operetten, Singspielen, Tanzschlagern, Gesangsschlagern, Couplets, Melodramen, überhaupt alle „Dichtungen in Prosa und Reim, die schon als literarische Werke Bedeutung haben können, ihre volle Wirkung aber erst in Verbindung mit der Musik äußern“ (Begr.). Lyrische Gedichte sind nicht ihrer Gattung nach zu Kompositionen bestimmt. Maßgebend für die Beurteilung ist die *objektive Eignung* der Dichtung, nicht die subjektive Bestimmung des Dichters (OLG Dresden GRUR 1936, 273). Deshalb kann ein Gedicht von geringem Umfang, das nicht unter Abs. II fällt, auch dann von einem andern vertont werden, wenn es mit Einwilligung des

Dichters als Text einer Komposition veröffentlicht ist. Dies trifft auch den Fall, daß Text und Musik von demselben Autor sind. Dessen Text darf ein anderer Komponist ebenfalls vertonen, falls der Text nicht seiner Gattung nach zur Komposition bestimmt ist. Das Werk der Tonkunst muß neu sein. Ein noch geschützter Text kann daher nicht in Verbindung mit einer schon vorhandenen, auch nicht einer gemeinfreien Melodie herausgebracht werden (ebenso *Allfeld* § 20 Anm. 6). Die gesamte Dichtung muß, soweit sie abgedruckt wird, vertont sein, da nur in Verbindung mit dem Tonwerk die Dichtung benutzt werden darf.

Änderungen an den benutzten Texten sind nach § 24 unstatthaft, soweit nicht der Zweck der Benutzung eine Änderung erfordert (s. § 24).

Die Unterscheidung zwischen den gesetzlich zulässigen und unzulässigen Fällen der Vervielfältigung bildet einen Bestandteil der Strafnorm des § 38 Nr. 1 (RGSt 36, 8).

3. Auf **Tonträgern** dürfen Texte von kleinen Teilen einer Dichtung oder von Gedichten geringeren Umfangs, die an sich nicht zur Vertonung bestimmt sind, auch in Verbindung mit der Musik nicht wiedergegeben werden (Abs. 3). Bei der Übertragung auf Schallplatten oder -Bänder ist die Benutzung des Textes in jedem Fall nur mit Zustimmung des Textdichters zulässig. Die Abfindung durch Beteiligung am Ertrag genügt nicht. Ist das Werk, z. B. das vertonte Lied, im Druck erschienen und das mechanische Vervielfältigungsrecht einem andern eingeräumt worden, so kann jeder die Zustimmung verlangen (Zwangslizenz § 22 II). Das Textrecht wird regelmäßig von der GEMA ausgeübt, der es von den Komponisten übertragen wird, die den Textdichter nach § 22 II zu vertreten haben.

4. **Programmdruckfreiheit:** Zum Gebrauch bei musikalischen Veranstaltungen darf die vertonte Dichtung auch allein vervielfältigt werden. Die äußere Ausstattung solcher Programmhefte oder -zettel muß erkennen lassen, daß sie *ausschließlich zum Gebrauch der Hörer* des betreffenden Konzerts bestimmt sind. Die Abdruckfreiheit gilt auch für Rundfunkprogramme, die für die im Senderaum anwesenden Hörer bestimmt sind. Programme für die häuslichen Rundfunkhörer fallen nicht darunter (ebenso *Runge* S. 190 und der AK-Entw.), da Teilnahme der Hörer an einer unmittelbaren, persönlichen Wiedergabe am Aufführungsort Voraussetzung ist. Bei *Tonträgern* darf der Text als Aufdruck oder in Beilagen dazu mitgeteilt werden (AK-Entw. § 37 Abs. 3 Ziff. 3). Rechtsverhältnis zwischen Musik und Text s. § 5 Anm.

5. *Änderungsverbot* s. § 24.
6. *Angabe der Quelle* s. § 25.
7. *Verbreitung* § 26.

§ 21

Zulässig ist die Vervielfältigung:

1. **wenn einzelne Stellen eines bereits erschienenen Werkes der Tonkunst in einer selbständigen literarischen Arbeit angeführt werden;**

2. wenn kleinere Kompositionen nach dem Erscheinen in eine selbständige wissenschaftliche Arbeit aufgenommen werden;

3. wenn kleinere Kompositionen nach dem Erscheinen in eine Sammlung aufgenommen werden, die Werke einer größeren Zahl von Komponisten vereinigt und ihrer Beschaffenheit nach für den Unterricht in Schulen mit Ausschluß der Musikschulen bestimmt ist.

1. **Anführung und Aufnahme** von musikalischen Kompositionen in *literarischen* und *wissenschaftlichen* Arbeiten. Die Ziff. 1 und 2 sind, unter Anwendung auf Werke der Tonkunst, Wiederholungen des § 19 Abs. 1 Ziff. 1 und 2. Vgl. die Anm. zu § 19.

Bei der Prüfung, ob ein Tonwerk ein „kleineres" ist, sind zum Vergleich nur Werke gleicher Kunstgattung heranzuziehen (*Hillig* Musikh. u. Musikpfl. 1919 Nr. 12 unter Bezugn. auf KG Berlin vom 27. 5. 1916 und Gutachten d. Berl. Mus. Sachverst.-K.). Ein die Klavierbegleitung zu Liedern enthaltender Ergänzungsband zu einem aus neun Heften bestehenden eingeführten Liederbuch für höhere Schulen ist von einem Schiedsgericht als unzulässig erklärt worden (Musikh. u. Musikpfl. 1927 Nr. 48).

2. **Sammlungen für Schulen.** In Ziff. 3 ist das Recht der Benutzung von Werken der Tonkunst durch Abdruck der Noten erheblich enger begrenzt als im § 19 Ziff. 4 zum gleichen Zwecke das von Schriftwerken. Schriftwerke dürfen in Sammlungen zum Kirchen-, Schul- und Unterrichtsgebrauch benutzt werden; Werke der Tonkunst nur in Sammlungen für den Unterricht in Schulen, höheren und niederen, öffentlichen und privaten, mit *Ausschluß der Musikschulen.* Der Kirchengebrauch und der Unterrichtsgebrauch außerhalb der Schulen sind also ganz ausgeschlossen, und von den Schulen sind die Musikschulen abgeschieden; die Lehrerbildungsanstalten sind den Musikschulen nicht gleichzustellen. *Hillig* (I Nr. 95) hält den § 21 für anwendbar auch auf das die Instrumentierung enthaltende Ergänzungsheft zu einem Schulsingbuch.

Unter dem Vorwande einer Sammlung für Schulen darf kein Unternehmen erscheinen, das eigentlich für den Gebrauch außerhalb der Schule, etwa für Gesangvereine, bestimmt ist. „Um dies festzustellen, wird im einzelnen Falle namentlich zu prüfen sein, ob überall auf den Stimmumfang von Schülern erkennbare Rücksicht genommen ist, ob der Stoff in der Weise angeordnet ist, daß planmäßig vom Leichteren zum Schwereren fortgeschritten wird, und ob die Texte geeignet ausgewählt und nach pädagogischen Grundsätzen zusammengestellt sind." (Begr.) Bestimmung für den Unterricht ist nicht gegeben bei Sammlungen für Schulausflüge und andere Nebenzwecke.

Verbot von Änderungen s. § 24. Angabe der Quelle s. § 25.

Zitate aus Tonwerken *in andern Tonwerken* sind, soweit es sich um die Melodie handelt, nach § 13 II verboten. Dieser Schutz geht nach heutiger Auffassung zu weit (s. § 13 Anm. 2 S. 100). Es besteht kein innerer Grund, zwischen Werken der Sprache und Werken der Tonkunst einen Unterschied zu machen. Der AK-Entw. sieht deshalb vor, daß einzelne Stellen eines erschienenen Werkes der Tonkunst in einem neuen selbständigen Werk der Tonkunst in einem durch den Zweck gerechtfertigten Umfang angeführt werden können, insbesondere wird für erlaubt erklärt, ein Thema in einem selbständigen Variationenwerk anzuführen und zu benutzen.

§ 22

Gestattet der Urheber eines Werkes der Tonkunst einem anderen, das Werk zum Zwecke der mechanischen Wiedergabe (§ 12 Abs. 2 Nr. 5) gewerbsmäßig zu vervielfältigen, so kann, nachdem das Werk erschienen ist, jeder Dritte, der im Inland eine gewerbliche Hauptniederlassung oder den Wohnsitz hat, verlangen, daß ihm der Urheber gegen eine angemessene Vergütung gleichfalls eine solche Erlaubnis erteile; für die Entstehung des Anspruchs begründet es keinen Unterschied, ob der Urheber dem anderen die Vervielfältigung mit oder ohne Übertragung der ausschließlichen Befugnis gestattet. Die Erlaubnis wirkt nur in bezug auf die Verbreitung im Inland und die Ausfuhr nach solchen Staaten, in denen der Urheber keinen Schutz gegen die mechanische Wiedergabe des Werkes genießt. Der [Reichskanzler] **kann durch Bekanntmachung im** Reichs-**Gesetzblatt für das Verhältnis zu einem Staate, in dem er die Gegenseitigkeit für verbürgt erachtet, bestimmen, inwieweit ein Dritter, auch wenn er im Inland weder eine gewerbliche Niederlassung noch den Wohnsitz hat, die Erlaubnis verlangen darf und daß die Erlaubnis auch für die Ausfuhr nach jenem Staate wirkt.**

Gehört als Text zu dem Werke der Tonkunst ein geschütztes Schriftwerk, dessen Urheber einem anderen gestattet hat, es zum Zwecke der mechanischen Wiedergabe gewerbsmäßig zu vervielfältigen, so finden die Vorschriften des Abs. 1 auch auf den Text Anwendung. An Stelle des Urhebers des Textes ist jedoch der Urheber des Werkes der Tonkunst berechtigt und verpflichtet, die Erlaubnis zu erteilen; er hat, wenn er die Erlaubnis erteilt, dem Urheber des Textes einen angemessenen Teil der Vergütung auszuzahlen.

1. **Mechanische Wiedergabe:**

a) § 12 Abs. 2 Ziff. 5 stellt die Vervielfältigungs- und Verbreitungsbefugnis des Urhebers an der auf Tonträger (Vorrichtungen für Instrumente, die der mechanischen Wiedergabe für das Gehör dienen) fixierten Aufnahme eines Werkes fest, die nach § 2 Abs. 2 einer Bearbeitung gleichgestellt ist, als solche also auch schon ohne diese ausdrückliche Feststellung nur mit Genehmigung des Urhebers verwertet werden kann. (Vgl. hierzu § 2 Anm. 3 e S. 41.) Zur technischen Entwicklung der mechanischen Musik und zur Geschichte des Rechtsschutzes vgl. besonders

RGZ 134, 198 ff.; *Schulze,* Das deutsche Urheberrecht an Werken der Tonkunst und die Entwicklung der mechanischen Musik, Berlin 1950.

b) Das mechanische Vervielfältigungsrecht des *Urhebers* „überlagert" *(Ulmer)* das *Bearbeitungsrecht des vortragenden Künstlers* aus § 2 Abs. 2, der das Werk zwecks Aufnahme auf den Tonträger vorträgt. Der Hersteller des Tonträgers erwirbt dieses Recht stillschweigend oder durch Vertrag. Im Verhältnis zum Urheber ist er zur Verwertung des Tonträgers durch das von ihm zu erwerbende mechanische Vervielfältigungs- und Verbreitungsrecht legitimiert. Einschränkungen des Vortragsrechts, die dem Künstler als Bearbeiter gemacht werden, wirken nicht gegen den Tonträgerfabrikanten (s. hierzu auch § 2 Anm. 3 e S. 42).

Das vom Urheber abgeleitete mechanische Vervielfältigungsrecht und das vom interpretierenden Künstler abgeleitete Bearbeitungsurheberrecht des *Tonträgerfabrikanten* gibt ihm das *ausschließliche Vervielfältigungs- und Verbreitungsrecht.* Er kann also auch eine Aufnahme des festgehaltenen Werkes auf einen anderen Tonträger (Magnetofonaufnahme) verbieten. Ein Aufführungsrecht hat er nicht. Siehe dazu § 22 a und die Anm. 1 a f S. 129.

2. **Zwangslizenz:**

a) Gibt der Urheber einem anderen die Erlaubnis zur mechanischen Vervielfältigung und Verbreitung seines Werkes, so gilt zur Verhütung von Monopolen dieses *Recht als verallgemeinert,* d. h. jeder Dritte, der im Inland seinen Wohnsitz oder eine gewerbliche Hauptniederlassung hat, kann verlangen, daß ihm gegen angemessene Vergütung die gleiche Erlaubnis erteilt wird.

Das Gesetz selbst erteilt die Erlaubnis noch nicht (gesetzl. Lizenz), sondern es zwingt nur den Urheber, die Erlaubnis dem sie Beanspruchenden zu erteilen (Zwangslizenz). Vgl. hierzu § 15 PatG, der nicht die Erlaubniserteilung an einen anderen, sondern nur das öffentliche Interesse an der Verwertung der Erfindung voraussetzt.

b) Einem **„anderen gestatten"** setzt nicht voraus, daß der „andere" Tonträgerfabrikant ist. Auch die Überlassung des mechanischen Rechts durch Abtretung der gesamten Urheberrechte an den Verleger oder im Rahmen eines Berechtigungsvertrages, wie ihn die GEMA abschließt, begründet den Anspruch auf Einräumung eines mechanischen Vervielfältigungs- und Verbreitungsrechts (ebenso *Marwitz-Möhring* § 22 Anm. 3, *Allfeld* § 22 Anm. 3). Da die Vervielfältigung, abgesehen von dem technischen Vorgang, den Vortrag durch den Künstler vor dem Aufnahmegerät (Bearbeitung) voraussetzt, umfaßt das „Gestatten" auch die Bearbeitungsbefugnis.

Kein „Gestatten" liegt vor, wenn der Urheber selbst die mechanische Vervielfältigung besorgt, was für Magnetofonaufnahmen möglich ist. Gestattet er aber die gewerbsmäßige Verbreitung, so ist die Voraussetzung des § 22 erfüllt, da nach dem durch die Verweisungen in § 22 und § 12 in Bezug genommen § 11 heute noch Vervielfältigungs- und Verbreitungsbefugnis ein einheitliches Werknutzungsrecht bilden.

c) Nur auf Werke der Tonkunst bezieht sich die Bestimmung, auf *Sprachwerke* nur insoweit, als es sich um Text zu dem Tonwerk handelt (Abs. 2). Infolgedessen fallen unter Abs. 1 neben reiner Instrumentalmusik auch Lieder, Operetten, Opern, Musikdramen (a. A. *Goldbaum* S. 191). AK-Entw. § 45, der § 22 entspricht, sagt ausdrücklich, daß Abs. 1 auch für vertonte Sprachwerke gilt, die in Verbindung mit dem Tonwerk auf Schallvorrichtungen übertragen werden.

d) **Erschienen** muß das Werk sein; da das Gesetz vom Erscheinen spricht, erfüllt nicht etwa nur die Veröffentlichung eines das Werk wiedergebenden Tonträgers die Voraussetzungen des § 22. Von der ersten Lizenz braucht noch kein Gebrauch gemacht worden zu sein. (Vgl. auch § 63 a und die dortige Anm.) Andererseits ist allein die Veröffentlichung eines Tonträgers zur Begründung der Zwangslizenz nicht ausreichend. Denn Erscheinen ist nach geltendem Recht das Inverkehrbringen von Vervielfältigungsstücken eines Schriftwerks. (Zum Begriff des Erscheinens s. § 7 Anm. 4 S. 62.) Die Noten des Musikstücks müssen also gedruckt und in Verkehr gebracht sein (a. A. *Goldbaum* S. 192). Wenn der Musikverleger nur wenige Abzüge der Noten herstellt und diese zur Aufführung oder Aufnahme des Werks auf Tonträger „verleiht", kann von einem Dritten keine Lizenz beansprucht werden. Ob das Werk im Inland oder im Ausland erschienen ist, ist gleichgültig.

e) **Berechtigt** ist jeder, der im Inland Wohnsitz oder gewerbliche Hauptniederlassung hat. Ob eine Haupt- oder nur eine Zweigniederlassung vorliegt, ist Tatfrage. Regelmäßig gibt darüber das Handelsregister Auskunft (§ 13 Abs. 2 und 3 HGB).

f) **Passiv legitimiert** für die Erteilung der Erlaubnis ist der Urheber. Hat er das mechanische Recht einem andern unbeschränkt übertragen, so ist von diesem die Erlaubnis zu erteilen (§ 22 b, s. dort). Bei beschränkten Übertragungen bleibt der Urheber legitimiert. Der Komponist vertritt gegenüber dem Anspruchsteller auch den Textverfasser, den er aber an der Vergütung angemessen beteiligen muß.

g) Die **Wirkung der Erlaubnis** erstreckt sich, was die Verbreitung anbetrifft, nur auf Deutschland. Die Ausfuhr darf nur in solche Länder erfolgen, in denen der Urheber keinen Schutz gegen die mechanische Wiedergabe genießt. sei es daß ein solcher Schutz gesetzlich überhaupt nicht vorgesehen ist, sei es daß im Einzelfall durch Ablauf der Schutzfrist oder Fehlen der Registrierung kein Schutz besteht.

h) **Zug um Zug** gegen die Erteilung der Erlaubnis ist die **Lizenzgebühr** zu zahlen; in „angemessener" Höhe, die mangels Einigung der Parteien der Richter, eventuell unter Hinzuziehung von Sachverständigen und unter Berücksichtigung der Vergütung für die erste Erlaubnis, festzusetzen hat.

i) Zum *Prozeßverfahren* s. Anm. zu § 22 c.

3. Die gesetzlichen Bestimmungen über die Zwangslizenz haben wenig praktische Bedeutung, wenn und solange der Komponist und Textverfasser seine mechanischen Rechte einer Wahrnehmungsgesellschaft (GEMA) abtritt und die inländischen und ausländischen Organisationen

dieser Art internationale Verträge abschließen (s. hierzu § 11 Anm. B III 3 S. 86), durch die sie ihr Repertoire den Fabrikanten zur Verfügung stellen. Durch den Beitritt zum BIEM-Vertrag erwirbt zur Zeit der Tonträgerfabrikant ohne weiteres die mechanischen Rechte an den gängigen Werken des Weltrepertoires mit Ausnahme der USA. Die Gebühr nach dem BIEM-Vertrag beträgt zur Zeit 4 % für die Seite, d. h. 8 % für die zweiseitig bespielte Platte von der Hälfte des Einzelverkaufspreises (bzw. dem ganzen Preis) der billigsten Standardplatte von etwa 25 cm in dem betreffenden Land.

§ 22 a

Vorrichtungen, die auf Grund einer gemäß § 22 erteilten Erlaubnis hergestellt sind, dürfen mit der im § 22 Abs. 1 Satz 2 festgesetzten Beschränkung ohne eine weitere Erlaubnis zu öffentlichen Aufführungen benutzt werden. Hat der Urheber vor oder nach dem Inkrafttreten dieser Vorschrift die ausschließliche Befugnis zur Aufführung einem anderen übertragen, so hat er dem anderen einen angemessenen Teil der Vergütung auszuzahlen.

Die Vorschriften des Abs. 1 finden auch dann Anwendung, wenn der Urheber freiwillig einem anderen die Erlaubnis erteilt, das Werk zum Zwecke der mechanischen Wiedergabe zu vervielfältigen.

Dazu RBÜ Art. 13 Abs. 2.

1. **Aufführungen** des auf dem Tonträger festgehaltenen Werkes sind frei, wenn der Tonträger dazu benutzt wird. Das Aufführungsrecht des Urhebers (§ 11 Abs. 2) und das des Bearbeiters (§ 2 Abs. 2, § 12 Abs. 2) sind insoweit gegenstandslos. Voraussetzung ist, daß der Urheber die Vervielfältigungserlaubnis erteilt hat, auf Grund der Zwangslizenz oder freiwillig (Abs. 2). Mit dieser Erlaubnis begibt sich der Urheber seines Aufführungsrechts, einer weiteren „Erlaubnis" bedarf es dazu nicht. Schallplattenkonzerte (in Konzertsälen wie in Gaststätten) sind also ohne Genehmigung des Komponisten und des Fabrikanten zulässig. Ob dazu ein Lautsprecher benutzt wird, ändert hieran nichts (s. u.). Die **Sendung** von Schallplattenmusik durch Rundfunk ist keine öffentliche Aufführung i. S. von § 22 a, da das Gesetz mit dieser Bestimmung nur eine *Ausnahme* für die erstmalige auf dem Grammophon zum unmittelbaren Hören bestimmte Wiedergabe des Tonwerks bezweckte — RGZ 153, 1 (24). Wohl ist die Rundfunksendung grundsätzlich eine öffentliche Aufführung i. S. vom § 11 Abs. 2 (s. dort). Die Rundfunkwiedergabe der Schallplatte ist aber eine Wiedergabeart von so andersartigen Ausmaßen, daß darauf die Novelle von 1910 nicht angewandt werden kann. *Elster*, 3. Aufl. S. 183, argumentiert wie folgt:

„Nach RGZ 123, 312 ist der Grundsatz maßgebend: Die ihrem Wesen nach ausschließliche Befugnis des Urhebers (LUG § 11) strebt in ihrer Anwendung auf das Verkehrsleben danach, daß tunlichst überall, wo aus einem Geisteswerke geldwerter Gewinn gezogen werden kann, dem Urheber ermöglicht werden soll, daran teilzunehmen (RGZ 128, 113). Unbeschadet solcher Grundsätze können jedoch urheberrechtliche Befugnisse — sei es ihrem Stoffe, sei es nur der Ausübung nach — in verschiedenem Umfang übertragen werden (LUG § 8). Für den Umfang, in dem der Berechtigte sich ihrer entäußert, wird jeweils der Zweck erheblich sein, dem das Rechtsgeschäft dienen soll. Wenn an die Vervielfältigung eine Bearbeitung sich anschließt, so ist ein neuer Akt des Gemeinsamkeitsbegriffs der Wiedergabe eingetreten; desgleichen, wenn an die Aufführung sich eine Vervielfältigung oder an eine Vervielfältigung sich eine Aufführung anschließt. Der neue Akt der Wiedergabe tritt also ein, sobald eine der Gruppen überschritten wird. Nach dieser Erkenntnis ist die Rundfunksendung ein neuer Akt der Wiedergabe gegenüber dem Vortrag, der Aufführung, der Schallplattenherstellung (auch der Schallplattenaufführung), der sonstigen Vervielfältigung."

Der Rundfunk bedarf also für die Sendung von mechanischer Musik der Zustimmung des Komponisten und des Fabrikanten. Ebenso bedarf der **Musikveranstalter**, insbesondere also der Gastwirt, der in seiner Gaststätte die Schallplattensendung des Rundfunks durch Lautsprecher für die Gäste hörbar macht, dieser beiden Genehmigungen. Unter Hinweis auf die Begründung des Schallplattenurteils RGZ 153, 1 ff erklärt *Schulze*, Das deutsche Urheberrecht an Werken der Tonkunst usw. S. 21 ff., auch die unmittelbare Wiedergabe der Schallplatte durch den am Plattenspieler angeschlossenen (elektrodynamischen) Lautsprecher für genehmigungspflichtig. Dabei wird aber vor allem übersehen, daß die Wiedergabe durch Lautsprecher an Stelle der durch den Schalltrichter keine so „umwälzende" technische Neuerung wie die Rundfunksendung gegenüber der Schalltrichterwiedergabe ist; die Hörbarmachung der Rundfunksendung mittels Ätherwellen ist mit der elektrodynamischen Tonübertragung bei der modernen Schallplattenwiedergabe nicht zu vergleichen. Hier handelt es sich nur um einen üblichen technischen Fortschritt, den das Gesetz miterfaßt, auch wenn ihn der Gesetzgeber noch nicht vorausgesehen hat oder voraussehen konnte. Mit Rücksicht auf die Veränderung des Standes der Technik kann das eindeutig nach seinem Wortlaut den Tatbestand treffende Gesetz nicht in sein Gegenteil verkehrt werden. (Vgl. dazu *Medinger* GRUR 1951, 384.) Zum Schallplattenschutzrecht s. auch *Elster* GRUR 1940 S. 140 ff. u. 206 ff.; Schutz der ausländischen Schallplatte Ufita 1941, 137.

Die Bestimmung ist wie §§ 2 Abs. 2, 11 Abs. 2 Z. 5 auch auf **Magnetophonbänder** und sonstige ausschließlich der Schallkonservierung dienende Vorrichtungen anwendbar, dagegen nicht auf Schall- oder Tonfilme (vgl. dazu *Möhring* Ufita 1938, 210 und *Müller* Ufita 1938, 339).

2. Nach den Entwürfen soll § 22 a entfallen. In der vorliegenden Fassung wird er mit Rücksicht auf RBÜ Art. 13 Abs. 1 Ziff. 2 Br. F., der dem Urheber das ausschließliche Aufführungsrecht auch bei der mechanischen Wiedergabe seines Werkes vorbehält, nicht bestehen bleiben. Ob man dem Urheber aber ein ausschließliches Recht, oder nur einen Vergütungsanspruch zubilligen soll (was RBÜ Art. 13 Abs. 2 zuließe), ist umstritten. Die phonographische Industrie ist in der RBÜ Br. F. nicht berücksichtigt, da deren Rechte im Rahmen einer convention des

droits voisins (vgl. dazu § 2 Anm. 5 S. 44) geregelt werden sollen. AK-Entw. sieht für den Fabrikanten ebenfalls einen Vergütungsanspruch vor, der zu Unrecht bekämpft wird mit der Erwägung, daß dadurch die Verdienstmöglichkeiten des Urhebers geschmälert werden. Dies scheint eine Überspannung der Interessen des Urhebers zu sein; soweit es sich um Unterhaltungs- und Tanzmusik handelt, verdankt er nicht dem Notenverleger sondern dem Schallplattenfabrikanten, dem "éditeur sonore", die Veröffentlichung seines Werkes, da diese Art Musik erst in Noten erscheint, wenn sie zur Aufnahme auf Schallplatten angenommen ist; vielfach erscheinen überhaupt keine Noten.

§ 22 b

Hat der Urheber die ausschließliche Befugnis zur mechanischen Wiedergabe einem anderen in beschränktem Umfang übertragen, so ist die im § 22 bestimmte Erlaubnis gleichwohl nur von ihm zu erteilen. Im Falle einer unbeschränkten Übertragung ist die Erlaubnis von dem Rechtsnachfolger zu erteilen.

1. Der **Anspruch auf Erlaubniserteilung** oder die Klage richten sich grundsätzlich gegen den Urheber. Hat er sein mechanisches Vervielfältigungsrecht unbeschränkt einem anderen übertragen, so ist der Anspruch gegen diesen geltend zu machen (Musikalienverleger oder GEMA). In älteren Verträgen ist das gesamte Urheberrecht, also auch das mechanische Recht, unbeschränkt übertragen.

2. Ist die Übertragung örtlich, zeitlich oder sachlich beschränkt erfolgt, so bleibt der Urheber passiv legitimiert. Die Berechtigungsverträge mit der GEMA gewähren nach dem gegenwärtigen Vertragsformular nur ein zeitlich beschränktes Recht.

3. Die Regelung ist überaus *schwerfällig.* Zweckmäßiger wäre es, wie im englischen Recht, die Erlaubnis als erteilt anzusehen, wenn der Urheber innerhalb einer bestimmten Frist nach Empfang der Mitteilung des Tonträgerfabrikanten keinen Widerspruch erhebt und die angemessene Gebühr, wenn keine Einigung erzielt wird, durch das Gericht festsetzen zu lassen.

4. Mit der rechtskräftigen Verurteilung die Erlaubnis zu erteilen, ist sie gemäß § 894 ZPO erteilt. Der Tonträgerfabrikant kann sich schon vorher durch eine einstweilige Verfügung zur Herstellung und zum Vertrieb ermächtigen zu lassen (s. hierzu § 22 c).

§ 22 c

Für Klagen, durch die ein Anspruch auf Erteilung der Erlaubnis geltend gemacht wird, sind, sofern der Urheber im Inland keinen allgemeinen Gerichtsstand hat, die Gerichte der Stadt Leipzig zuständig.

Einstweilige Verfügungen können erlassen werden, auch wenn die in den §§ 935, 940 der Zivilprozeßordnung bezeichneten Voraussetzungen nicht zutreffen.

1. **Gerichtsstand:** Zur Erteilung der Zwangslizenz sind nicht nur Inländer, sondern auch Ausländer verpflichtet. Die Zuständigkeit der Leipziger Gerichte für Ansprüche gegen Ausländer besteht z. Zt. fort. Gegen Inländer ist in ihrem allgemeinen Gerichtsstand zu klagen.

2. Damit die Erteilung der Zwangslizenz von den Berechtigten nicht mangels Einigung über die angemessene Vergütung verschleppt werden kann, erleichtert § 22 c dem die Zwangslizenz Begehrenden, unbeschadet späterer Festsetzung der Höhe der Vergütung, wenigstens die Lizenz selbst zu erlangen und **mit der Fabrikation zu beginnen.** Es wird ihm darum der sonst (ZPO §§ 935, 940) geforderte Nachweis erlassen, daß Veränderungen des bestehenden Zustandes zu besorgen oder wesentliche Nachteile abzuwehren sind. Nur die Grundlagen und Voraussetzungen des Anspruchs auf die Zwangslizenz müssen glaubhaft gemacht und eine angemessene Vergütung angeboten werden, in deren Höhe das Gericht Hinterlegung anordnen kann, wenn die Erfüllung des Vergütungsanspruchs ungewiß erscheint. Mit dem Einwand der Zahlungsunfähigkeit kann der Anspruch selbst nicht bekämpft werden (a. A. *Goldbaum* S. 193).

§ 23

Zulässig ist die Vervielfältigung, wenn einem Schriftwerk ausschließlich zur Erläuterung des Inhalts einzelne Abbildungen aus einem erschienenen Werke beigefügt werden.

1. **Entlehnung von Bildwerk:** Wie bei Schriftwerken und Werken der Tonkunst (§§ 19, 21) besteht auch bei Bildwerk aller Art das Bedürfnis der Anführung und Aufnahme. Die Benutzung bildlicher Ausbeute von Forschungsreisen, bildlicher Darstellung neuer wissenschaftlicher Entdeckungen oder Erfindungen, die Bebilderung medizinischer und naturwissenschaftlicher Werke bedarf des Abbildungsmaterials, bei dem häufig der technische oder photographische Ursprung und das künstlerische Schaffen schwer auseinanderzuhalten ist.

Die begriffliche Unterscheidung liegt in Folgendem: *Wissenschaftliche* und *technische Abbildungen* haben den Zweck, sachliche Darstellung zu geben — mag auch ihre Ausführung künstlerisch sein; *Kunstbildwerke* haben ihrem Wesen nach den Zweck, ästhetisch zu wirken, gleichgültig ob ihnen das gelingt oder nicht und ob sie daneben sachliche Kenntnisse vermitteln. Das gilt insbesondere auch für aktuelle Bilder in Zeitschriften und Zeitungen. Vgl. hierzu auch § 18 über die besondere journalistische Zitierfreiheit.

Fragt man jedoch nach dem gerechtfertigten Umfang der Entlehnung, so liegt die Versuchung, einzige oder schwer erreichbare notwendige Abbildungen mit wünschenswerten zu verwechseln, so nahe wie der Wunsch, angesichts einer zweckentsprechenden fremden Abbildung die Kosten für eine eigene neue zu ersparen, zumal sich viele Dinge nur in einer Weise darstellen lassen, von der wesentliche Abweichungen schwer möglich sind (z. B. Teile des menschlichen oder tierischen Körpers, Maschinen). Ein Bedürfnis zur Entlehnung von fremden Abbildungen besteht also, und zwar viel weiter gehend, als ein Gesetz es je gestatten kann. Daraus hat sich seit der Wiederaufnahme des Holzschnitts gegen Mitte des 19. Jahrhunderts ein wichtiger Nebenzweig des Verlagshandels entwickelt, der *Klischeehandel* (s. VerlG § 8 Anm. 8). Solange man durch diesen rechtmäßig und doch wohlfeil Kopien fremder Abbildungen erhalten konnte, lag kein Anreiz zu ihrer Nachbildung vor; man erhielt Kopien freilich nur zu Zwecken, die dem Besitzer des Urbildes nicht unbequem erschienen. Am Ende des 19. Jahrhunderts aber begannen die billigen photomechanischen Verfahren die Verhältnisse umzugestalten.

2. **Abbildungen in Schriftwerken:** In Betracht kommen Abbildungen

a) von *Abbildungen,* die in einem erschienenen Werke enthalten sind;

b) von *Werken der bildenden Kunst,* sei es, daß sie in einem erschienenen Werk veröffentlicht, „bleibend" öffentlich ausgestellt sind oder sich bleibend an öffentlichen Wegen, Straßen oder Plätzen befinden;

c) von *Photographien,* die erschienen oder bleibend öffentlich ausgestellt sind.

Zu a): Die Abbildungen können einem Schriftwerk beliebigen Inhalts beigefügt werden, es darf sich aber nur um einzelne Abbildungen handeln.

Zu b) und c): In allen Fällen darf die Entlehnung nur zur *Erläuterung des Inhalts* des Schriftwerks erfolgen. Diese Vorschrift ist aufs engste auszulegen. S. hierzu § 19 Anm. 6.

Es genügt nicht, daß nur gewisse Beziehungen zwischen Text und entlehntem Bild bestehen, daß das Bild etwa zur Abrundung des im Text Gesagten dient, jedoch ein, wenn auch erläuternder, Fremdkörper bleibt. Erlaubt wäre danach z. B. die Entlehnung von Darstellungen des Gekreuzigten, um die Unterschiede in der Auffassung der Künstler klarzumachen; unerlaubt aber dieselbe Nachbildung in einem Erbauungsbuche zur Vertiefung der Stimmung oder gar nur zum Schmucke; ebenso die Abbildungen von neueren Funden „zur Erläuterung" eines volkstümlich-wissenschaftlichen Werkes über griechische Sagen.

Das Schriftwerk muß die Hauptsache, die Abbildung darf nur Nebensache (ebenso *Marwitz-Möhring* § 23, Anm. 3), d. h. nur dazu bestimmt sein, „dem im Worttext offenbarten Gedankeninhalt aufzuhellen, zu veranschaulichen" (RG in Ufita 1932, 177; vgl. hierzu auch *Bappert,* Rechtsfragen S. 291).

Über das *räumliche Verhältnis* der entlehnten Abbildungen zum benutzten und benutzenden Werke hat der erste internationale Verlegerkongreß in Paris (1896) sich nicht einigen können, trotz langwieriger Verhandlung. Die einen schlugen vor, einen Teil des benutzten Werkes, ein Zehntel oder ein Zwanzigstel, für den Nachdruck freizugeben. Andere wollten aus einem Werke nicht mehr als drei Seiten nachgedruckt haben, gleichviel welchen Umfang dieses Werk hätte. Auch darüber gingen die Meinungen auseinander, ob die drei Seiten sich nach dem Formate des benutzenden oder des benutzten Werkes richten sollten.

Mathematische Formeln sind auch hier nicht angebracht. Nach den Entwürfen muß sich der Umfang durch den Zweck rechtfertigen. Das entspricht auch der heute geübten Praxis. Es ist darauf abzustellen, daß die zur Erläuterung dienenden Abbildungen ehrlich als Fremdkörper in der gebotenen Bescheidenheit verwendet werden und, obschon sie nicht unbedingt Neues oder Ergänzendes bringen müssen, doch ihrer sachdienlichen Funktion treu bleiben. Es darf jedenfalls nicht unter dem Schein des Zitats ein *bildnerischer Selbstzweck* verfolgt werden, also etwa unter dem vorgeschützten Zweck der Erläuterung eines (geringfügigen) Textes eine Bildzusammenstellung wie zum Selbstzweck geschehen; im allgemeinen wird in solchen Fällen ein Wettbewerbsverhältnis vorliegen, so daß auch wettbewerbsrechtliche Gesichtspunkte (Ausnutzung fremder mit Mühe und Kosten erworbener Arbeitsergebnisse) heranzuziehen sind. Ob es sich dabei um technische, wissenschaftliche, künstlerische, tatsächliche, politische Abbildungen handelt, macht keinen wesentlichen Unterschied.

3. Nicht erforderlich ist, daß das **Werk aus dem entlehnt wird**, verbindenden Text aufweist. Eine lose Verbindung einzelner Abbildungen (z. B. Landkarten) macht noch kein „Werk" aus.

4. **Einzeln erschienene Abbildungen:** Während nach geltendem Recht Voraussetzung ist, daß die Abbildung in einem erschienenen Werke enthalten ist, soll nach den Entwürfen die Entlehnungsbefugnis auch für einzeln erschienene wissenschaftliche und technische Abbildungen gelten. Damit würde einem schon seit Jahrzehnten geäußerten Wunsch des Verlages und anderer Kreise Rechnung getragen; es betrifft in der Hauptsache *Landkarten, industrielle Aufnahmen, Modezeichnungen* u. dgl. Aber gerade wenn es sich um einzelne selbständig erschienene Abbildungen handelt, muß das Erfordernis, daß nur einzelne dem Werk beigefügt werden dürfen, besonders streng genommen werden. Wird eine größere Anzahl von Abbildungen aus ein und derselben Quelle einzeln entnommen — Serie von Karten, Entwürfen einer Firma, Apparate einer Fabrik — wird der durch den Zweck gerechtfertigte Umfang der Entlehnung überschritten.

Das entlehnte Bildwerk muß stets mit dem Schriftwerk *fest verbunden*, darf nicht etwa in losen Blättern beigegeben sein. Der Abdruck entlehnter Abbildungen in Vertriebsdrucksachen ist unstatthaft (*Hillig* I Nr. 235, 236).

5. **Sammlungen von Abbildungen** in dem Sinne, in dem nach LUG § 19, 21 Sammlungen von Schriftwerken und Werken der Tonkunst erlaubt sind, sind unzulässig. Bei Werken der Kunst oder Photographie versteht sich dies ohne weiteres, da das KUG eine solche Ausnahmebestimmung nicht enthält. Aber auch für eine Sammlung von Abbildungen im Sinne des LUG § 1 Ziff. 3, sofern der Herausgeber deren Urheber ist, muß das gelten (ebenso *Allfeld* § 23 Anm. 2).

6. Für **Entlehnung aus ausländischen Werken** ist RBÜ Art. 10, der auf die Gesetzgebung der Verbandsländer und etwa abgeschlossene Abkommen hinweist, maßgebend. Im Zweifel ist § 19 ff. anwendbar (Fälle

bei *Hillig* I Nr. 136—140), bei Entlehnung aus dem Deutschen in fremdländische Werke das betreffende Gesetz des Ursprungslandes.

Bekanntlich machen die Vereinigten Staaten von Nordamerika ihren Urheberrechtsschutz von bestimmten aufzudruckenden Vermerken abhängig. Wer ein mit diesen Vermerken versehenes Bildwerk entlehnt, wird gut tun, den Schutzvermerk mit zu übernehmen. Unterläßt dies der Entlehner und erwächst dadurch den Originalverlegern ein Mangel am Schutze in Amerika, so kommt er in die Gefahr, schadensersatzpflichtig zu werden. Dies gilt auch für den Abdruck in Katalogen.

7. **Entlehnung von Werken der bildenden Kunst:** s. hierzu § 19 Anm. 6 S. 120.

§ 24

Auf Grund der §§ 19 bis 23 ist die Vervielfältigung eines fremden Werkes nur zulässig, wenn an den wiedergegebenen Teilen keine Änderung vorgenommen wird. Jedoch sind, soweit der Zweck der Wiedergabe es erfordert, Übersetzungen eines Schriftwerkes und solche Bearbeitungen eines Werkes der Tonkunst gestattet, die nur Auszüge oder Übertragungen in eine andere Tonart oder Stimmlage oder Einrichtungen für die im § 12 bezeichneten Instrumente darstellen. Werden einzelne Aufsätze, einzelne Gedichte oder kleinere Teile eines Schriftwerkes in eine Sammlung zum Schulgebrauch aufgenommen, so sind die für diesen Gebrauch erforderlichen Änderungen gestattet, jedoch bedarf es, solange der Urheber lebt, seiner persönlichen Einwilligung. Die Einwilligung gilt als erteilt, wenn der Urheber nicht innerhalb eines Monats, nachdem ihm von der beabsichtigten Änderung Mitteilung gemacht ist, Widerspruch erhebt.

§ 21

Eine Vervielfältigung auf Grund der §§ 19, 20 ist nur zulässig, wenn an dem wiedergegebenen Werke keine Änderung vorgenommen wird. Jedoch sind Übertragungen des Werkes in eine andere Größe und solche Änderungen gestattet, welche das für die Vervielfältigung angewendete Verfahren mit sich bringt.

1. **Unveränderte Benutzung:** Das Urheberpersönlichkeitsrecht schützt den Urheber gegen Veränderungen an seinem Werk, auch wenn er die Benutzungsrechte übertragen hat (vgl. § 9 und die Erl. dazu). § 24 dient der entsprechenden Sicherung gegen diejenigen, die ein fremdes Werk ohne Befragung des Verfassers auf Grund der §§ 19—23 benutzen. Der Sinn ist hier wie dort der gleiche: wer berechtigtermaßen ein fremdes Werk verwertet, gleichviel auf welche Art, muß es in seiner wahren Gestalt lassen, auch soweit es sich nur um Teilbenutzung handelt. Der § 24 spricht das besonders aus, weil es bei erlaubten Entlehnungen u. U. schwierig sein mag, das Zitat oder die Entlehnung wirklich in seiner Werkechtheit zu erhalten. „Wenn die Benutzung eines Werkes nach

Maßgabe der §§ 19—23 für eine neue Arbeit gestattet wird, so hat doch der Verfasser des benutzten Werkes vermöge der persönlichen Natur des Urheberrechts im allgemeinen Anspruch darauf, daß Änderungen seines Werkes bei der Benutzung unterbleiben. ... Jede unzulässige Änderung macht die Benutzung zu einer unerlaubten.“ (Begr.) Der Benutzer kann sich nicht damit entschuldigen, daß er die Änderung aus einem anderen Werk als dem Originalwerk *unwissentlich* übernommen habe. Zur erforderlichen Sorgfalt gehört, daß der Benutzer an die Quelle geht. Bei jeder Art der Benutzung ist somit die größte Vorsicht dringend geboten, denn schon eine nicht ganz zweifelfreie Benutzung einer einzigen Stelle kann das benutzte Werk entstellen und das benutzende dem Verbot der Verbreitung, Beschlagnahme, teilweiser Vernichtung usw. aussetzen.

Auf die Benutzung des Inhaltes von *Zeitungen* und *Zeitschriften* bezieht sich § 24 nicht, da darüber der § 18 besondere Vorschriften enthält (s. § 18 Anm. 4—6 S. 112).

2. **Erlaubte Änderungen:** Die Pflicht zur unveränderten Benutzung ist jedoch durch den Zweck, der die Entlehnung rechtfertigt, begrenzt.

Zulässig sind, soweit der Zweck der Wiedergabe es erfordert:

a) *Übersetzungen* (und Rückübersetzungen). Denn das ändert, wenn die Übersetzung richtig ist, nichts an der inhaltlichen Wahrheit des entlehnten Werkes.

b) *Bearbeitungen eines Werkes der Tonkunst,* die nur Auszüge oder Übertragungen in eine andere Tonart oder Stimmlage sind. Die Benutzung in Form anderer Bearbeitungen (vgl. § 12) ist nicht gestattet. Erlaubt ist z. B. eine Stelle aus einem Orchesterstück im Klavierauszuge anzuführen oder in einer Sammlung für den Schulgebrauch ein Lied in die für Schüler angemessene Stimmlage, folglich in eine andere Tonart zu bringen.

c) *Bildwerk:* Zulässig sind solche Veränderungen, die der Zweck der Entlehnung und das für die Vervielfältigung angewendete Verfahren mit sich bringt. Dazu gehört vor allem die zweckmäßige *Veränderung des Maßstabes,* in der Regel die Verkleinerung, die einfarbige Wiedergabe mehrfarbiger Originale oder eine bloß lineare Nachbildung des Wesentlichen. Es können aber auch Teile des Originals ganz weggelassen werden, wenn der übernommene Teil zur Erläuterung des Textes genügt. Bei Photographien ist es oft nötig und daher üblich, die Teile des Bildes wegzulassen, die nicht zur Sache gehören, sondern nur mit auf das Bild kamen, weil die Platte den (toten) Raum bot. — Änderungen in den Teilen des Bildes, auf die es bei der Entlehnung ankommt, sind unzulässig (vgl. *Anschütz* III Nr. 25; *Hillig* I Nr. 104). — Ist der Name oder das Zeichen des Urhebers auf der entlehnten Abbildung oder dem entlehnten Teile angebracht und gestattet die Art der Nachbildung (Verkleinerung) die erkennbare Wiedergabe, so darf der Name oder das Zeichen nicht entfernt werden. — Daß eine Änderung vorgenommen ist, muß deutlich angegeben werden; z. B. „Ausschnitt". Bei gewöhnlichen Photographien ist diese Rücksicht freilich unnötig und darum nicht üblich.

3. *Änderungsrecht bei mechanischen Musikwerken* s. § 22.

4. **Änderungen in Sammlungen zum Schulgebrauch:** Satz 3 des § 24 enthält zu Gunsten besonders der Schullesebücher eine weitere Ausdehnung jener Änderungsbefugnisse.

Die herkömmliche Befugnis der Herausgeber von Lesebüchern, in den benutzten Stücken aus pädagogischen Rücksichten zu ändern, ist manchmal zu prüden und törichten Verballhornungen von Gedichten usw. mißbraucht worden. Andererseits ist es für Schulzwecke unbedingt notwendig, daß teils kleinere, teils größere Abänderungen an den aufzunehmenden Lesestücken vorgenommen werden, ja sogar, daß vollständige Umarbeitungen erfolgen, welche den Zweck haben, Inhalt und Form des Stückes dem Fassungsvermögen der Schüler anzupassen. Außerdem kommen in sonst geeigneten Lesestücken häufig einzelne Ausdrücke oder Wendungen vor, welche aus ethischen oder religiösen Gründen den Gebrauch des unveränderten Lesestückes in der Schule unmöglich machen würden, was bezüglich des ganzen Stückes schade wäre. Daher die nach langen Erörterungen gefaßte, freilich wohl zu kasuistisch geratene Bestimmung des § 24; die *Entwürfe* sehen vor, daß grundsätzlich nur diejenigen Änderungen zuzulassen sind, mit denen nach Treu und Glauben der Werkschöpfer einverstanden sein muß und die durch den Zweck der Entlehnung bedingt sind. Der Maßstab ist in jedem Fall ein objektiver. Änderungen, die sich nur aus der Geschmacksrichtung der Herausgeber der Sammlungen (besonders in Gedichten) ergeben, scheiden aus.

Im § 24 ist nur von Sammlungen zum Schulgebrauche die Rede, und es liegt kein Anlaß vor, die Ausnahme — etwa gemäß § 19 Ziff. 4 — auf den Kirchen-, Schul- oder Unterrichtsgebrauch auszudehnen. Anders der AK-Entw. der auch den Unterrichtsgebrauch einschließt.

5. Die **persönliche Einwilligung des Urhebers** ist erforderlich; das Verbotsrecht erlischt mit dem Tode des Urhebers. Aber auch dann sind nur die objektiv erforderlichen Änderungen zulässig.

§ 25

Wer ein fremdes Werk nach Maßgabe der §§ 19 bis 23 benutzt, hat die Quelle deutlich anzugeben.

Dazu: RBÜ Art. 9.

1. **Pflicht zur Quellenangabe:** Entlehnt man einer fremden Arbeit ein Bruchstück, eine tatsächliche Mitteilung oder eine Meinungsäußerung, so ist die Nennung der Quelle Forderung des Anstandes und, zur eigenen Deckung, der Vorsicht. Für Entlehnungen aus Zeitungen und Zeitschriften ist schon die Quellenangabe in § 18 vorgeschrieben; bei mecha-

nischen Musikwerken ist auf den Vorrichtungen ebenfalls die Quelle anzugeben. Für den *Kunstschutz* vgl. § 19 Abs. 2 (abgedr. bei § 19 LUG).

2. **Art der Quellenangabe:** Die Quellenangabe muß sich auf dasjenige Werk beziehen, aus dem *unmittelbar* geschöpft worden ist; ist nicht dieses die eigentliche Quelle, sondern ein drittes Werk, und kann man nicht selbst auf dieses zurückgreifen, so pflegt man diesen Sachverhalt zu erkennen zu geben.

Die Quelle muß *deutlich* angegeben sein. Allgemein gebräuchliche und verständliche Abkürzungen sind gestattet (dazu dienen z. B. die Abkürzungsverzeichnisse in wissenschaftlichen Werken). Deutlichkeit bedeutet Verständlichkeit für den Leser und leichte Zugänglichkeit (die also die Quellenangabe nicht versteckt). Bei Entnahme von Tagesneuigkeiten genügt in Zeitungen als Quellenangabe in der Regel der Name des benutzten Blattes; soll die Anführung aber für die Dauer sein, so wird noch Jahrgang und Nummer hinzugesetzt. Ist der Verfasser des Artikels genannt, so pflegt man ihn auch bei der Entlehnung zu nennen. Bei *Büchern* pflegt man in deutlicher Form *Verfasser* und *Titel* zu nennen, möglichst auch Erscheinungsjahr, Erscheinungsort und *Verleger*. Für das neue Gesetz ist vorgeschlagen worden, die Angabe des Verlages grundsätzlich zur Pflicht zu machen. Nur in wissenschaftlichen Werken wird man bei Zitaten aus allgemein bekannten Werken des betreffenden Wissenschaftsgebietes auf die Verlagsangabe verzichten können.

Bei Liedertexten wird häufig die Angabe des Dichternamens genügen müssen.

Wenn *keine körperliche Fixierung* des entlehnenden Werkes vorliegt, wird nicht immer eine Quellenangabe in Betracht kommen. Über die Frage, wann sie notwendig und wann sie entbehrlich ist, äußert sich die RJM-Entw. Begr. zu § 51: „Legt man diesen Maßstab von Treu und Glauben zu Grunde, so wird man für eine Reihe freier Werknutzungen zu dem Ergebnis kommen müssen, daß es von der Lage des einzelnen Falles abhängt, ob und wieweit eine Quellenangabe erforderlich ist. So wird es zumeist nicht angebracht sein, für *Vervielfältigungen zum eigenen Gebrauch*, bei denen eine Verwertung der Entnahme nach außen hin nicht in Betracht kommt, die Quellenangabe zu verlangen. Ebenso läßt sich für die Wiedergabe von *Vorträgen* und *Reden* öffentlichen Interesses nicht eine für alle Fälle geltende Vorschrift aufstellen, da hier ein Zwang zur Quellenangabe manchmal unzweckmäßig und praktisch nicht durchführbar sein würde. Dasselbe gilt für die *kinematographische Berichterstattung*. Bei Vervielfältigungen von *Werken der bildenden Künste* oder der Photographie für Zwecke wissenschaftlicher oder belehrender Vorträge sowie bei Vervielfältigungen solcher Werke, die sich bleibend an öffentlichen Straßen oder Plätzen befinden, wird die Pflicht zur Quellenangabe ganz von den Besonderheiten des einzelnen Falles abhängen, insbesondere davon, ob das dargestellte Kunstwerk den Hauptgegenstand der Abbildung oder bloß nebensächliches Beiwerk bildet. Bei Herstellung von *Bild- oder Schallvorrichtungen* wird die Angabepflicht die Regel bilden; aber auch hier sind Ausnahmefälle denkbar (z. B. bei kleinen Drehorgeln, die nur als Kinderspielzeug in Verkehr gebracht werden). Auch für *Vorträge, Aufführungen* und *Rundfunksendungen* wird alles von den Anschauungen der beteiligten Kreise über Treu und Glauben im Verkehr abhängen. Es würde zu weit führen, sollte jeder Leierkastenmann verpflichtet sein, bei seinen Darbietungen nähere Angaben über Werk und Schöpfer zu machen. Auch geht es nicht an, vorzuschreiben, daß der Fluß einer Rede, eines Vortrags jedesmal durch peinliche Quellenangabe unterbrochen werde, sobald ein literarisches Kleinzitat eingeflochten wird. Andererseits wird unzweifelhaft bei einem wissenschaftlichen Zitat in einem wissenschaftlichen Vortrag die Verpflichtung bestehen, den Verfasser des benutzten Werkes zu bezeichnen, wie überhaupt auch für Vorträge, Aufführungen und Rundfunksendungen zunächst von dem Grundsatz auszugehen ist, daß es sich für den Entlehnenden gehört, den Schöpfer des benutzten Werkes zu nennen."

Unter deutlicher Quellenangabe bei entlehntem *Bildwerk* ist genaue Bezeichnung des Titels und der Auflage des Werkes sowie der Seitenzahl und Nummer der Abbildung zu verstehen. Siehe hierzu RGZ 130, 196 ff. insbes. 207. Nennung auch des *Verlages* ist nicht erforderlich, aber *üblich*. Die Quellenangabe erfolgt in der Regel unter jedem einzelnen entlehnten Stück oder jedem entlehnten Bilde. Dem Gesetz genügt aber die Angabe auch an anderem Orte, soweit dabei die Deutlichkeit nicht leidet. Unter Umständen empfiehlt es sich sogar, eben der Deutlichkeit wegen, die Quellennachweise gesammelt an einer gewissen Stelle des Schriftwerks zu geben und unmittelbar bei dem entlehnten Stück oder Bild nur kurz darauf hinzuweisen.

3. **Unterlassung der Quellenangabe** wird nicht einer sonstigen Verletzung von Urheberrechten gleichgestellt, sondern lediglich als Übertretung gemäß § 44 bestraft; der Tatbestand ist also nicht dem des Plagiates gleich; beabsichtigt ist im künftigen Recht, die Quellenangabe nur mit zivilrechtlichem Schutz zu sichern.

Auch die fahrlässige Unterlassung der Quellenangabe ist strafbar (vgl. § 44).

§ 26

Soweit ein Werk nach den §§ 16 bis 21, 23, 24 ohne Einwilligung des Berechtigten vervielfältigt werden darf, ist auch die Verbreitung, die öffentliche Aufführung sowie der öffentliche Vortrag zulässig.

§ 20 Abs. 3

Soweit ein Werk hiernach vervielfältigt werden darf, ist auch die Verbreitung und Vorführung zulässig.

1. **Umfang der Entlehnungsfreiheit:** Ist die *Vervielfältigung* erlaubt, so ist auch die *Verbreitung*, bei Werken der Literatur und der Tonkunst auch die öffentliche *Aufführung* und der öffentliche *Vortrag* gestattet.

Man darf z. B. Vorträge und Reden, die Bestandteile öffentlicher Verhandlungen sind (§ 17), wieder vortragen und man darf erlaubterweise entnommene Zitate (§ 19) innerhalb erlaubter Aufführungen mitnehmen. Da neue Verbreitungsarten dem Sinn der Erlaubnis in der Regel nicht entgegenstehen, gilt dies auch für die Sendung im Rundfunk, so daß man also beispielsweise journalistische Zeitungsartikel auch im Rundfunk wiedergeben kann. Über Filmberichterstattung s. zu 3.

Ist das Zitat bei dem Zeitereignis erlaubt gewesen, so muß dies auch für die erlaubte Wiedergabe gelten. Es wäre formalistisch, hier wegen der schriftlichen oder bildlichen oder akustischen Fixierung ein anderes Recht eintreten zu lassen. Handelt es sich um selbständige Bestandteile des Tagesereignisses (Spielen eines Marsches, Sichtbarkeit eines geschützten Bildwerkes, Vortrag eines Gedichts), so muß der Rechtsgedanke der pressemäßigen Berichterstattung und des Überwiegens des Allgemeininteresses über dem Individualrecht an dem Bestandteil den Ausschlag geben. Das hat seine Grenze dort, wo etwa die Form des Tatsachenberichts nur als Deckmantel des eigentlichen Zweckes der Wiedergabe des betreffenden geschützten Werkes gewählt würde, was jedoch wohl kaum vorkommen dürfte.

2. **Musik und Schallplatten insbesondere:** Entlehnte Texte, die mit der Musik vervielfältigt werden durften (§ 20), müssen natürlich auch mit der Musik aufgeführt werden können, während die *„Programmfreiheit"* — das Abdrucken zum Gebrauch der Hörer — sich nur auf die drucktechnische Wiedergabe bezieht. Bei Sammlungen zum Schul- und Kirchengebrauch (§ 21) ist dieser Zweck auch für Vortrag, Aufführung und Rundfunksendung zu wahren, d. h. die Entlehnungsbefugnis gilt nicht für Vorträge, Aufführungen und Sendungen außerhalb des Schul- oder Kirchenbetriebes.

Für die Wiedergabe mittels Bild- und Schallvorrichtungen sagt die Begründung zum RJM-Entwurf S. 89: „Die freie Werknutzung des Vortrags und der Aufführung umfaßt übrigens auch die ... (mit Bild-, Schallvorrichtungen, Lautsprecher u. dgl. bewirkten) Vortrags- und Aufführungsformen (also als Objekte der Benutzung, nicht als Mittel der Benutzung), doch greift insoweit die Vorschrift ergänzend ein, wonach ein Vortrag oder eine Aufführung mittels Bild- oder Schallvorrichtung oder mittels Wiedergabe einer Rundfunksendung nur zulässig ist, wenn durch die Herstellung und den Vertrieb der Vorrichtung oder durch die Rundfunksendung urheberrechtliche Befugnisse nicht verletzt werden." Die Wiedergabe mittels *Bild- und Tonträger* ist Vervielfältigung des Werkes, die Entlehnung ist also schon auf Grund und nach Maßgabe der die Wiedergabefreiheit festlegenden Bestimmungen gestattet. Eine Sammlung für den Schulgebrauch kann demnach ohne Genehmigung auch auf Tonträgern fixiert werden, sofern diese selbst auch nur für den Schulgebrauch bestimmt sind und verwendet werden. Die Sendung ist für diesen Zweck (Schulfunk) ohne Genehmigung erlaubt, weil es sich um eine öffentliche Aufführung handelt.

3. Die Wiedergabe von urheberrechtlich geschützten Werken im Rahmen der **Filmberichterstattung** *(Wochenschau)* ist nach dem Gesetz vom 30. 4. 36 RGBl. S. 404, erlaubt, das folgenden Wortlaut hat: *„Unternehmen [die von der Reichsfilmkammer zur Herstellung von Filmberichten über Tagesereignisse zugelassen sind] ist es gestattet, bei der Aufnahme solcher Berichte auch urheberrechtlich geschützte Werke, die im Verlauf der festgehaltenen Vorgänge für Auge oder Ohr wahrnehmbar werden, auf die Bild- oder Schallvorrichtungen zu übertragen. Die Vorrichtungen dürfen für Zwecke der Filmberichterstattung vervielfältigt, verbreitet und zur öffentlichen Wiedergabe benutzt werden."* Vgl. dazu *Kühnemann* DJ 1936, 726 ff.; *Roeber*, Ufita 1936, 366 ff.; und zwar für alle Filmunternehmen, da die Beschränkung auf von der Reichsfilmkammer zugelassene, weggefallen ist. In den Entwürfen wird die Wiedergabefreiheit geschützter Werke im Rahmen von Funkberichten ausdrücklich für erlaubt erklärt. Ebenso für Film und Funk Art. 10 RBÜ Br. F., den die geltende Romfassung nicht enthält.

4. Verbreitung, Aufführung und Vortrag sind nur dann zulässig, wenn bei der Vervielfältigung nicht unbefugte Änderungen vorgenommen sind (§ 24).

Zuwiderhandlungen fallen unter die §§ 36—38, 40—43.

§ 27

Für öffentliche Aufführungen eines erschienenen Werkes der Tonkunst bedarf es der Einwillgung des Berechtigten nicht, wenn sie keinem gewerblichen Zwecke dienen und die Hörer ohne Entgelt zugelassen werden. Im übrigen sind solche Aufführungen ohne Einwilligung des Berechtigten zulässig:

1. **wenn sie bei Volksfesten, mit Ausnahme der Musikfeste, stattfinden;**
2. **wenn der Ertrag ausschließlich für wohltätige Zwecke bestimmt ist und die Mitwirkenden keine Vergütung für ihre Tätigkeit erhalten;**
3. **wenn sie von Vereinen veranstaltet werden und nur die Mitglieder sowie die zu ihrem Hausstande gehörigen Personen als Hörer zugelassen werden.**

Auf die bühnenmäßige Aufführung einer Oper oder eines sonstigen Werkes der Tonkunst, zu welchem ein Text gehört, finden diese Vorschriften keine Anwendung.

1. **Grundsätzliches:** An den Bedürfnissen der Allgemeinheit findet das Urheberrecht seine Grenzen (soziale Gebundenheit, s. dazu § 1 Anm. I 2 S. 4). Im Anschluß an hergebrachte Gewohnheiten wird deshalb im § 27 bestimmt, daß gewisse ungewerbsmäßige und unentgeltliche Aufführungen ohne Genehmigung des Urhebers gestattet sind. Satz 1 des § 27 ist also keine „Ausnahme"vorschrift und bedarf deshalb keineswegs besonders enger Auslegung (a. A. *Ulmer* S. 181).

Gewerblicher Zweck ist jeder Erwerbszweck; es kommt nicht darauf an, ob er zugunsten des *Veranstalters* der Aufführung, der *Kapelle* oder eines *Dritten* verfolgt wird. Konzerte in *Gastwirtschaften* fördern den Umsatz von Speisen und Getränken, dienen also gewerblichen Zwecken, auch wenn die Kapelle nicht entlohnt wird. Das Gleiche soll nach LG Berlin (West) (GRUR 1951, 522) für Musikaufführungen bei *Betriebsfeiern* gelten, da sie nicht nur im Interesse der Belegschaft veranstaltet werden, sondern deren Arbeitskraft zu erhalten und zu erhöhen geeignet sind und damit die gesamte Produktion steigern!

Die in Badeorten veranstalteten *Kurkonzerte* dienen ebenfalls einem gewerblichen Zwecke und sind auch insofern nicht unentgeltlich, als das Entgelt in der Kurtaxe enthalten ist. Die öffentliche Aufführung erschienener Werke durch Kurkapellen bedarf daher der Einwilligung des Berechtigten (RGSt 43, 189; RG in JW 1911, 682 ff., wo die strafrechtliche Verantwortlichkeit des auf das Konzertprogramm Einfluß ausübenden Bürgermeisters im Sinne eines Mitaufführenden bejaht wird). Weiteres s. § 38 Anm. 2 h S. 163. Veranstaltungen im Bereich der *Schule* und *Kirche* sind genehmigungsfrei, ebenso das Aufspielen bei öffentlichen *Umzügen*, bei öffentlichen *patriotischen Festen*, bei öffentlichen *Leichenzügen*. — Von zwar ungewerbsmäßigen, aber in der Regel entgeltlichen Aufführungen werden ferner freigegeben solche bei *Volksfesten* (s. unten zu 2), bei *Wohltätigkeitsvorstellungen* (s. unten zu 3) und bei *Vereinsaufführungen* (s. unten zu 4).

Es kommt oft vor, z. B. bei Musikaufführungen in Kirchen, daß an den Türen die Texte verkauft werden oder gar das Recht zum Eintritt an den Kauf des Textes geknüpft wird. Soweit der Text zu den im § 20 Satz 1 begriffenen gehört, ist das zulässig. Die weitere Folgerung aber, daß die Gebührenfreiheit der durch § 27 erlaubten Aufführungen sich auch auf Nachdrucke der zugehörigen Texte beziehe, hat das LUG nicht gezogen. Die Texte oder das Recht, sie nachzudrucken, müssen von dem Berechtigten erworben werden.

Zum Begriff der Öffentlichkeit s. § 11 Anm. B III 5 S. 87.

Änderungen in den aufzuführenden Werken sind verboten: nach § 9, falls das Aufführungsrecht erworben, nach § 24, wenn es freigegeben ist.

2. **Aufführungen bei Volksfesten** sind gebührenfrei, weil hier alte Gewohnheiten geschont werden sollten und weil die Einholung der Erlaubnis „mit erheblichen, zu dem voraussichtlichen Ertrag in keinem Verhältnisse stehenden Belästigungen verbunden wäre" (Begr.). Diese Begründung rechtfertigt die Bestimmung nicht. Die Entwürfe übernehmen sie mit Recht nicht, zumal die Abgrenzung des Begriffs des Volksfestes stets zu besonderen Zweifeln Anlaß gegeben hat. Vgl. KG in JW 1939, 432, ferner *Ritter*, Das Volksfest im musikalischen Urheberrecht, Ufita 1935, 149 ff. und die dort zitierten Entscheidungen, namentlich OLG München in JW 32, 890. Im allgemeinen rechnen zu diesen „Volksfesten" Karneval, Kirchweih, Oktoberfest, Schützenfeste. „Bei" Volksfesten bedeutet enge räumliche Zugehörigkeit; dies ist nicht auf Örtlichkeiten, z. B. Gaststätten in der Nähe, anzuwenden, die bei Gelegenheit

des Volksfestes ihrerseits mitfeiern (vgl. auch KG in Ufita 1939, 133). Gehören Tanzlustbarkeiten unmittelbar und planmäßig zu einem Volksfeste, so ist das Aufspielen frei. — *Musikfeste*, nach dem Sprachgebrauch besonders großartige, meist mehrtägige Aufführungen, gehören nicht zu den „Volksfesten"; für sie muß das Aufführungsrecht erworben werden.

3. **Wohltätigkeitsaufführungen** sind freigegeben, weil sie stets gebührenfrei stattgefunden haben und eine Änderung dem Volksgefühl widerstreben würde; als wohltätiger Zweck ist die unmittelbare Milderung eines allgemeinen Übels, insbesondere von sozialer Not, Krankheit und sittlichem Verfall, anzusehen; ebenso die Linderung der Not eines Einzelnen (Künstlerwitwe).

Die bei Wohltätigkeitsaufführungen Mitwirkenden dürfen keine Vergütung erhalten; geschieht es doch, so kann man dem Urheber eine solche nicht versagen, auch dann nicht, wenn nur einzelnen hervorragenden Künstlern Entgelt gewährt wird.

4. **Aufführungen in Vereinen** sind gebührenfrei, wenn nur Mitglieder und die zu deren Hausstande gehörenden Personen als Hörer zugelassen werden. *Ulmer* S. 182 und *Allfeld* § 27 Anm. 13 wollen die Aufführungsfreiheit nur für Vereine gelten lassen, die sich der Pflege der Musik widmen, ebenso AG Berlin-Charlottenburg in st.Rspr. und LG Berlin GEMA Nachr. 1952, 24; wie hier KG Ufita 1939, S. 133; neuerdings auch AG Köln — 43 C 1967/51). Mit dem geltenden Recht ist dies nicht vereinbar, andrerseits ist zuzugeben, daß keine Veranlassung besteht, die bezahlte Tanz- oder Unterhaltungsmusik bei einer Vereinsfeier für tantiemefrei zu erklären.

5. **Bühnenmäßige Aufführungen** von Werken der Tonkunst, zu denen ein Text gehört, werden vom § 27 nicht berührt (Abs. 2); die Erlaubnis ist also stets zu erwirken, auch für Volksfeste, Wohltätigkeits- und Vereinsvorstellungen. Auch der Komponist eines Liedes ist „dagegen geschützt, daß das Lied in einer Opernvorstellung, die wohltätigen Zwecken dient oder die von einem Vereine veranstaltet wird, ohne seine Zustimmung als Einlage zum Vortrage kommt" (Begr.). — Pantomimen mit musikalischer Begleitung sind zu den Werken der Tonkunst mit Text zu rechnen; denn es kann keinen Unterschied machen, ob der „Text" gesprochen, gesungen oder nur mimisch stumm vermittelt wird.

§ 28

Zur Veranstaltung einer öffentlichen Aufführung ist, wenn mehrere Berechtigte vorhanden sind, die Einwilligung eines jeden erforderlich.

Bei einer Oper oder einem sonstigen Werke der Tonkunst, zu welchem ein Text gehört, bedarf der Veranstalter der Aufführung nur der Einwilligung desjenigen, welchem das Urheberrecht an dem musikalischen Teile zusteht.

1. Über **öffentliche Aufführung** vgl. § 11 Anm. III 2 S. 84 und 5 S. 87.

2. Gehört zu einem Werke der Tonkunst ein Text, so gilt nach § 5 für Musik und Text der Verfasser als Urheber und jedem steht das Aufführungsrecht an seinem Werke zu. An sich ist also zur öffentlichen Aufführung die Erlaubnis eines jeden erforderlich; das besagt § 28 Abs. 1. In der Praxis sind meist nicht die Urheber sondern die Inhaber der Verwertungsrechte (z. B. Verleger, Gema, Bühnenvertrieb) die Berechtigten. Auch Bearbeiter und Übersetzer sowie Miturheber i. S. von § 6 kommen als „mehrere Berechtigte" in Betracht. Eine Vereinbarung, daß eine Aufführung nicht ohne Zustimmung eines Dritten gestattet werden darf, macht diesen noch nicht zum Berechtigten. (*Marwitz-Möhring* § 28 Anm. 3.)

3. **Gesetzliche Bevollmächtigung des Komponisten:** Abs. 2 verweist den Veranstalter der Aufführung nur auf die Einwilligung dessen, dem das Urheberrecht an dem musikalischen Teil zusteht, oder an dessen Rechtsnachfolger; das ist eine unberechtigte Zurücksetzung des Textverfassers, die im künftigen Recht wegfallen soll. Die Bestimmung ist nicht damit zu begründen, daß sie der Vereinfachung des Verkehrs dient. Warum soll dies gerade bei der Verbindung von Musik und Text anders sein als bei der Miturheberschaft mehrerer an anderen Werkgattungen? Auch daß die Komposition Hauptsache, der Text Nebensache sei, ist weder sachlich allgemein richtig noch ein Rechtsgrund für diese Regelung. Sie ist also jedenfalls eng auszulegen.

Wenn das Gesetz von Einwilligung spricht, so muß gemäß § 183 BGB die *Zustimmung vor der Aufführung* eingeholt werden. Die nachträgliche Genehmigung heilt den Mangel der Einwilligung nicht (ebenso *Marwitz-Möhring* § 28 Anm. 5; a. A. *Elster* in der 3. Aufl.).

§ 28 Abs. 2 hebt „das Urheberrecht des Textdichters nicht auf; er beschränkt es auch nicht virtuell; er regelt lediglich das Verhältnis der beiden gleichberechtigt nebeneinander stehenden Urheber gegenüber Dritten . . . Eine materielle Einschränkung des Urheberrechts des einen oder andern findet durch die Vorschrift nicht statt. Man kann das Verhältnis als das einer gesetzlichen Vertretung des Textdichters durch den Komponisten auffassen. Diese Vertretung ist aber nicht im Interesse des Vertretenen, sondern im Interesse des dritten Kontrahenten, des Veranstalters der Aufführung, eingeführt. Unterstellt man eine vom Gesetz fingierte Bevollmächtigung des Komponisten, so ist zwar diese, weil nur im Interesse der Veranstalter der Aufführung bestimmt, den Dispositionen und dem Widerruf des Textdichters entzogen, aber in allen übrigen Beziehungen bleibt das Urheberrecht des Textdichters völlig unberührt" (RGZ 67, 84 ff.). — Insbesondere zieht das **Erlöschen des Urheberrechts des Komponisten** nicht auch den Untergang des Urheberrechts des Textdichters nach sich, vielmehr ist in solchem Falle nach Wegfall der Vertretungsmacht des Komponisten die Einwilligung des Textdichters zur Aufführung nötig (RGZ a. a. O.). § 28 Abs. 2 beschränkt das Urheberrecht des Textdichters überhaupt nur, soweit es sich um die öffentliche Aufführung handelt. — Ist der Originaltext rechtmäßig übersetzt, so hat der Übersetzer zwar ein selbständiges Urheberrecht an der Übersetzung, sein Erlöschen beeinträchtigt aber die Rechte des Urhebers des Originaltextes nicht; deshalb kann dieser nunmehr Vervielfältigung, Verbreitung und Aufführung auch der Übersetzung verbieten. Dies Ergebnis folgt aus der Erwägung, daß der Übersetzer nur ein fremdes Geisteswerk benutzt hat, dessen Schutz sich nach der Person des Urhebers dieses Originalwerkes richtet („Carmen"-Fall).

4. Außer Opern, die das Gesetz für sich nennt, sind ebenso zu behandeln: Operetten, Oratorien, Chorwerke, meist auch Lieder. Bei letzteren ist es manchmal zweifelhaft, ob der Text zur Musik oder die Musik zum Text gehört. Bei Melodramen, Balletts, dramatischen Schriftwerken, denen Ouvertüren, Zwischenaktmusik, Vertonungen einzelner Szenen, Monologe oder einzelne Lieder eingeflochten sind, gehört die Musik zum Text. Couplets werden oft auf eine bestimmte Komposition hin gedichtet, und auch bei Liedern geschieht das.

5. **Tonsetzer und Unternehmer:** Der Tonsetzer wird selten Neigung und Fähigkeit haben, die mit der Übertragung des Aufführungsrechtes verbundenen Geschäfte selbst zu führen; es ist für ihn vorteilhafter, sie einem Geschäftskundigen zu überlassen. Den Bühnen gegenüber ist das in der Regel ein Agent. Überläßt der Tonsetzer die Verwertung des gesamten Aufführungsrechtes einem solchen Unternehmer, so schließt er entweder einen „Aufführungsrechts-Übertragungsvertrag" oder einen „Aufführungs-Agenturvertrag". In jenem überträgt der Urheber alle Rechte gegen einmalige Abfindung an einen Unternehmer; in diesem überträgt er zwar auch sein Aufführungsrecht, behält sich aber einen Anteil (75—90 v. H.) an dem Ertrage vor. In beiden Fällen erwirbt der Verleger oder der Agent das Aufführungsrecht in vollem Umfange; er allein ist fortan der „Berechtigte". Er ist berechtigt und verpflichtet, Dritten gegenüber den Tonsetzer zu vertreten und dessen Vorteil wahrzunehmen. — Erteilt der Tonsetzer unter Umgehung aller Zwischenpersonen selbst die Aufführungsgenehmigung, so schließt er einen „Aufführungsvertrag". In der Regel gewährt dieser nichts als eine entgeltliche oder unentgeltliche Erlaubnis. Denkbar ist aber auch die ausschließliche Übertragung an einen Aufführungsunternehmer (Bühne), der sowohl selbst aufführt als auch an Dritte Lizenzen erteilen kann.

Über den *Aufführungsvertrag* s. § 11 Anm. III 6 S. 88. Die Aufführungsverträge sind keine Pachtverträge (vgl. dazu RGZ 115, 17 und BGH in GRUR 1951, 471).

Dritter Abschnitt

Dauer des Schutzes

§ 29

Der Schutz des Urheberrechts endigt, wenn seit dem Tode des Urhebers fünfzig Jahre und außerdem seit der ersten Veröffentlichung des Werkes zehn Jahre abgelaufen sind. Ist die Veröffentlichung bis zum Ablaufe von fünfzig Jahren seit dem Tode des Urhebers nicht erfolgt, so wird vermutet, daß das Urheberrecht dem Eigentümer des Werkes zustehe.

§ 25 Abs. 1

Der Schutz des Urheberrechts an einem Werke der bildenden Künste endigt, wenn seit dem Tode des Urhebers fünfzig Jahre abgelaufen sind.

Steht einer juristischen Person nach §§ 5, 6 das Urheberrecht zu, so endigt der Schutz mit dem Ablaufe von fünfzig Jahren seit dem Erscheinen des Werkes. Jedoch endigt der Schutz mit dem Ablaufe der im Abs. 1 bestimmten Frist, wenn das Werk erst nach dem Tode desjenigen erscheint, welcher es hervorgebracht hat.

§ 26

Der Schutz des Urheberrechts an einem Werke der Photographie endigt mit dem Ablaufe von fünfundzwanzig Jahren seit dem Erscheinen des Werkes. Jedoch endigt der Schutz mit dem Ablaufe von fünfundzwanzig Jahren seit dem Tode des Urhebers, wenn bis zu dessen Tode das Werk noch nicht erschienen war.

Dazu: RBÜ Art. 7, 7 bis.

1. **Die 50jährige Schutzfrist:** Im Gegensatz zum Eigentum an Sachgütern ist das „geistige Eigentum" zeitlich begrenzt. Wie die Gedanken und Lehren sofort mit ihrer Mitteilung der Allgemeinheit gehören, wird das Werk in dem sie verkörpert sind, Gemeingut, wenn der Urheber verstorben und eine gewisse Zeit verstrichen ist. Um die Dauer der Zeit, für die den Erben der Schutz, den der Werkschöpfer genoß, zu belassen ist (wie auch für den Umfang des Schutzes), fanden heftige Kämpfe statt (s. hierzu die 1. u. 2. Aufl. ds. Kommentars; ferner *Heymann*, Die zeitliche Begrenzung des Urheberrechts, 1927). In Deutschland ist durch das Gesetz vom 13. 12. 1934 (RGBl II S. 1395) die bis dahin 30 Jahre betragende Schutzfrist auf 50 Jahre verlängert worden.

In den meisten Ländern hat sich die Frist von 50 Jahren durchgesetzt. Die RBÜ in der Br. F. (Art. 7) schreibt die 50jährige Schutzfrist post mortem autoris für die Mitgliedstaaten *zwingend* vor. Die *Schweiz* und *Schweden* haben noch die 30jährige Schutzfrist. Sie haben aber auf der Brüsseler Konferenz erklärt, auf diesen kürzeren Schutz verzichten zu wollen, wie auch Großbritannien zum Ausdruck gebracht hat, daß es das dort geltende Lizenzsystem (25 Jahre unbedingter Schutz, aber dann 25 Jahre Abdrucksrecht für jedermann gegen Zahlung einer Entschädigung von 10 % des Verkaufspreises) zugunsten eines unbedingten Schutzes für die gesamten 50 Jahre aufzuheben bereit sei. (Vgl. hierzu *Baum*, GRUR 1949, 13.)

Eine Verlängerung der Schutzfrist um die *Dauer der beiden Weltkriege* ist in Deutschland nicht erfolgt, wohl aber in Frankreich.

Als *Übergangsregelung* bestimmt § 2 d. G. v. 13. 12. 1934:

„Die Verlängerung der Schutzdauer tritt auch für die bereits geschaffenen Werke ein, die beim Inkrafttreten dieses Gesetzes noch urheberrechtlich geschützt sind.

Wurde das Urheberrecht vor Inkrafttreten dieses Gesetzes ganz oder teilweise einem anderen übertragen, so erstreckt sich diese Verfügung im Zweifel nicht auf die Dauer der Verlängerung der Schutzfrist. Wer jedoch vor dem Inkrafttreten ein Urheberrecht erworben oder die Erlaubnis zur Ausübung einer urheberrechtlichen Befugnis erhalten hat, bleibt weiterhin gegen angemessene Vergütung zur Nutzung des Werkes berechtigt."

Es handelt sich um die Werke, die durch das LUG und das KUG geschützt sind, während die ebenfalls nach dem letzteren Gesetz 10 Jahre lang geschützten Erzeugnisse der Photographie nach dem Gesetz vom 12. Mai 1940 (RGBl. S. 785) bis 25 Jahre nach dem Tode des Urhebers Schutz genießen. Vgl. § 1 Anm. H S. 26.

Werke, deren Schutzfrist bereits vor Erlaß des Gesetzes abgelaufen war, bleiben gemeinfrei. Ein *Wiederaufleben der Schutzfrist* kommt nicht in Frage. Das mag im Einzelfall ungerecht erscheinen, aber irgendein Schnittpunkt mußte gefunden werden. Wer also vor dem 31. Dezember 1903 gestorben ist, ist für seine Erben um 20 Jahre Schutzfrist ärmer als derjenige, der nach dem 31. Dezember 1903 gestorben ist. Insbesondere ist zu beachten, daß damit auch eine Verlängerung der Schutzfrist von Werken derjenigen *ausländischen* nach dem 31. Dezember 1903 verstorbenen Autoren in Deutschland einhergeht, deren Ursprungsland die 50jährige Schutzfrist hat und die nunmehr — im Gegensatz zu dem bisherigen Rechtszustand in Deutschland — hier nun auch noch vom 31. bis zum 50. Jahr nach dem Tode des Autors Schutz genießen. Denn die Schutzdauer richtet sich nach dem Inlandsrecht, d. h. nach dem Recht des Landes, in welchem der Schutz begehrt wird.

Bei nachgelassenen Werken, deren Urheber 30 Jahre tot sind, tritt die Verlängerung der Schutzfrist auf 50 Jahre ein, wenn seit Veröffentlichung des Werkes bei Inkrafttreten des neuen Gesetzes noch nicht 10 Jahre verstrichen sind (s. darüber unten zu 2).

Sind über das Werk vor Inkrafttreten des Gesetzes (20. 12. 1934) *Verlags-* oder sonstige *Benutzungs-* oder *Verwertungsverträge* abgeschlossen worden, so endet das Werknutzungsrecht im Zweifel mit dem Ablauf der früheren Schutzfrist. Dem Werknutzungsberechtigten, also insbesondere dem *Verleger*, ist aber eine gesetzliche Lizenz gewährt, das

Werk für die weiteren 20 Jahre gegen angemessene Vergütung zu nutzen. Die Lizenz ist keine ausschließliche, sondern nur eine einfache, gibt also keine Rechte gegen Dritte. (Vgl. *Ulmer* S. 204 und *Kühnemann* DJ 1935, 1668 ff.; a. A. *Hoffmann* DJ 1936, 143 und OLG München, Ufita 1937, 439 ff. Siehe ferner *Voigtländer-Elster* VerlG § 29 Anm. 6 und *Hoffmann* Ufita 1940, 120.)

2. **Die 10jährige Nachfrist:** § 29 i. d. F. des G. vom 13. 12. 1934 bringt als eine besonders für die Herausgeber von Lebenserinnerungen wichtige Neuerung: eine 10jährige Schutzfrist für solche Werke, die erst nach Ablauf der gewöhnlichen Schutzfrist zum ersten Male veröffentlicht werden und bis 1901 schutzlos gewesen sind.

3. **Schutz der Erstlingsausgabe (Editio princeps):** Nach BGB § 1006 ist zugunsten des Besitzers einer beweglichen Sache zu vermuten, daß er Eigentümer der Sache sei. Der Besitzer kann sich ihrer so lange als seiner eigenen bedienen, bis ein anderer sein besseres Recht erweist. Findet sich also ein noch unveröffentlichtes Werk der Literatur oder Kunst nach Ablauf von mehr als 50 Jahren nach dem Tode des Urhebers in fremdem Besitze vor (wie z. B. im Jahre 1910 eine Urform von Goethes „Wilhelm Meister“ in Zürich), so kann der Besitzer es unter dem durch § 29 begründeten 10jährigen Schutze veröffentlichen, wenn nicht die Erben des Verfassers den ihnen obliegenden Beweis bringen, daß der Erblasser das Werk dem Besitzer oder dessen Rechtsvorgänger nicht zur Benutzung oder wirtschaftlichen Verwertung übereignet habe. Dieser Beweis wird leicht oder überflüssig, wenn, wie in jenem Züricher Fall, der Fund nicht das Werk selbst ist, d. h. die vom Verfasser oder in seinem Auftrage gefertigte Niederschrift, sondern nur eine Abschrift; der Beweis wird sehr schwierig, wenn der Fund das Werk selbst ist. — Ist der Fund nur eine Abschrift, so ist er nicht „das Werk“ im Sinne des § 29, und der Besitzer kann für sich keine andere Vermutung anführen, als daß der Urheber einst die Abschrift, etwa zu persönlichem Gebrauch, gestattet, nicht etwa das Vervielfältigungsrecht übereignet habe. Über das besondere Recht der Erstlingsausgabe vgl. Näheres bei *Elster*, Über den Schutz der Editio princeps, in Ufita 1936, S. 30 ff.

Erfolgt die erste Veröffentlichung innerhalb des 50-Jahr-Schutzzeitraums, so wird das Urheberrecht des Autors noch anerkannt, geschieht sie später, so tritt eine „Vermutung“ für das Urheberrecht des Eigentümers ein. Ob dies eine glückliche Lösung ist, kann fraglich sein; denn wenn Erben sich legitimieren, tritt ein *„ewiges“ Urheberrecht* ein, d. h. „ewig“ für den Beginn der Schutzrechtfrist vor der Auffindung, was eine Ungeheuerlichkeit des Urheberrechts gegenüber dem Interesse der Allgemeinheit auf Gemeinfreiheit älterer Werke ist. Der AK-Entw. streicht deshalb die Vermutung für den Eigentümer des Manuskripts. Da aber der Schutz des Herausgebers nachgelassener Werke berechtigt ist, wird angestrebt, ihm ein Leistungsschutzrecht (auf die Dauer von 10 Jahren seit Veröffentlichung) zu gewähren, und zwar auch dann, wenn es sich um Werke handelt, die niemals unter Urheberrechtsschutz standen (ebenso *Ulmer*, S. 203), sofern nicht schon der Schutz unter dem Gesichtspunkt der „Bearbeitung" gegeben ist.

Nach *geltendem Recht* soll sich der Schutz (wie die Begr. sagt) beziehen „weder auf Schriften, die schon in früherer Zeit veröffentlicht waren, aber verlorengegangen sind und erst später wieder aufgefunden werden, noch auf alte Urkunden, auf Inschriften und ähnliche Gegenstände. Die hierher gehörigen Stücke, an denen ein Urheberrecht von Anfang an nicht bestand, unterliegen der freien Verwertung seitens der Wissenschaft. Erläuterungen, die der Herausgeber dem von ihm festgestellten Texte beifügt, sind als solche gegen Abdruck gesichert. Die Tätigkeit der Entzifferung, Prüfung und Feststellung des Textes aber bietet keinen Grund, dem Herausgeber ein ausschließliches Recht *an dem Texte selbst* beizulegen" (Vgl. auch *Hillig* I Nr. 21). Das ist wohl grundsätzlich richtig. Aber nicht immer ist die Entzifferung und Herstellung von Texten eine rein technische Angelegenheit, sondern ein W e r k persönlicher Prägung (vgl. z. B. zur Herstellung der *Hölderlintexte: Beissner,* Hölderlin Jahrbuch 1948/1949 S. 5 und S. 66 ff.). In solchen Fällen ist nach heutiger Auffassung ein ausschließlicher Schutz zu gewähren; der Entwurf gibt ihn in Form eines *Leistungsschutzrechtes* (mit abgekürzter Schutzfrist). Außerdem kann die Leistung aus wettbewerbsrechtlichen Gründen (Ausbeutung eines mit Mühen und Kosten geschaffenen fremden Arbeitsergebnisses — § 1 UWG) Schutz genießen. Vgl. im übrigen zu Textrezensionen auch § 1 Anm. III A 2 d S. 12.

Verlagsrecht an schutzlosen Werken s. VerlG § 39.

4. **Berechnung der Schutzdauer** s. § 34; bei Werken mehrerer Urheber (gemeinsamen und Sammelwerken): § 30; bei un- oder falschbenannten Werken: § 31; bei Werken juristischer Personen: § 32; bei Bänden, Heften, Lieferungen: § 33.

Ist der Urheber verschollen, so berechnet sich die Schutzfrist von seiner Todeserklärung an (vgl. Verschollenheitsgesetz vom 4. 7. 1939 i. d. Fassung des Gesetzes der Bundesrepublik vom 15. 1. 1951 (BGBl S. 59).

§ 30

Steht das Urheberrecht an einem Werke mehreren gemeinschaftlich zu, so bestimmt sich, soweit der Zeitpunkt des Todes für die Schutzfrist maßgebend ist, deren Ablauf nach dem Tode des Letztlebenden.

§ 27

Steht das Urheberrecht an einem Werke mehreren gemeinschaftlich zu, so bestimmt sich, soweit der Zeitpunkt des Todes für die Schutzfrist maßgebend ist, deren Ablauf nach dem Tode des Letztlebenden.

Dazu Art. 7 bis RBÜ.

1. Die in dieser Bestimmung liegende **Verlängerung**, der für den Verstorbenen an sich nach § 29 laufenden Schutzfrist kommt dem Rechtsnachfolger (Erben) und nicht etwa dem überlebenden Miturheber zugute. Hat aber der Verstorbene keine Erben hinterlassen, so *wächst* sein Ur-

heberrecht den Überlebenden *an*. Das Interesse des Miturhebers hat den Vorrang vor dem Interesse der Allgemeinheit am Freiwerden des Werkes (*Ulmer* S. 128 und die dort zit. h. M.).

2. **Geltungsbereich:** „Die Vorschrift des § 30 greift nicht nur Platz, wenn mehrere ein Werk gemäß § 6 gemeinsam verfaßt haben, sondern auch dann, wenn auf Grund des § 4 mehreren Herausgebern oder Verlegern das Urheberrecht an einem *Sammelwerke* gemeinschaftlich zusteht.“ (Begr.)

Ist die Schutzfrist eines Sammelwerkes als Ganzes abgelaufen, so besteht die etwa länger laufende Schutzfrist des in ihm enthaltenen einzelnen Beitrags weiter (OLG Dresden in GRUR 1925, 200); umgekehrt kann die Schutzfrist des einzelnen Beitrags erlöschen, während der Schutz für das Werk als Ganzes fortbesteht.

Ist bei einem gemeinsamen Werke der eine Miturheber nicht oder deckbenannt geblieben („verschwiegene Miturheberschaft“), so läuft die Schutzfrist 50 Jahre nach dem Tode des mit dem wahren Namen genannten Miturhebers ab.

Auf Gehilfen des Verfassers bezieht sich der § 30 nicht, da diesen kein Urheberrecht zusteht (s. § 6 Anm. 3 S. 57).

§ 31

Ist der wahre Name des Urhebers nicht bei der ersten Veröffentlichung gemäß § 7 Abs. 1, 3 angegeben worden, so endigt der Schutz mit dem Ablaufe von fünfzig Jahren seit der Veröffentlichung.

Wird der wahre Name des Urhebers binnen der fünfzigjährigen Frist gemäß § 7 Abs. 1, 3 angegeben oder von dem Berechtigten zur Eintragung in die Eintragsrolle (§ 56) angemeldet, so finden die Vorschriften des § 29 Anwendung. Das gleiche gilt, wenn das Werk erst nach dem Tode des Urhebers veröffentlicht wird.

1. **Schutzdauer anonymer oder pseudonymer Werke:** Solange sich der Verfasser eines un- oder deckbenannten Werkes (s. § 7 Anm. 2 S. 61) nicht genannt hat, kann der Schutz nicht an seine *Person* anknüpfen, sondern die Schutzfrist kann nur für das Werk von dessen Veröffentlichung an (nicht vom ersten Erscheinen an; Unterschied s. § 7 Anm. 4 S. 62) berechnet werden. Das gilt aber, da der Grundsatz nun einmal aufgestellt ist, auch für die Fälle, in denen der wahre Träger des Pseudonyms oder der Autor des anonymen Werkes *allgemein bekannt* oder leicht feststellbar ist. — Enthält eine neue Auflage erweiternde Zusätze, so beginnt für die Zusätze eine selbständige Schutzfrist (vgl. unten zu 4).

2. **Nachträgliche Nennung des Verfassers:** Der Verfasser oder sein Erbe (der „Berechtigte“) kann innerhalb der Schutzdauer jederzeit die Berechnung der Frist von seinem Tode an herbeiführen, indem er nachträglich den wahren Namen nennt, entweder durch die Eintragsrolle „oder bei einer anderweitigen Veröffentlichung des Werkes, wozu auch ein Neudruck oder eine wiederholte Aufführung zu rechnen ist. Im

letzteren Falle genügt es, wenn die Angabe des Namens auf die im § 7 Abs. 1 und 3 vorgesehene Weise erfolgt" (Begr.). Die Namensnennung bei einer wiederholten Veröffentlichung deckt also die vorhergegangenen ohne weiteres. — Ist der wahre Name bei der ersten Veröffentlichung genannt, bei einer späteren nicht, so errechnet sich die Schutzfrist doch nach der Lebensdauer.

Dies gilt auch für Herausgeber von gemeinsam verfaßten Werken (§ 6) und Sammelwerken (§ 4), für Mitarbeiter an solchen und für Übersetzer. War das gemeinsam verfaßte Werk zuerst ohne Nennung des wahren Namens der Urheber erschienen und wird später der Name eines von ihnen zur Eintragsrolle angemeldet, so hat dies zur Folge, daß die Schutzfrist des Ganzen nach der Lebensdauer dieses einen bemessen wird. Überlebt ihn ein unbenannter Miturheber, so ändert das an der Fristberechnung nichts, denn der Letztlebende muß als Urheber benannt sein, falls die Schutzfrist an seine Lebensdauer anknüpfen soll.

3. **Hinterlassene Werke:** Wird ein un- oder deckbenanntes Werk nach dem Tode des Verfassers zum ersten Male veröffentlicht, so würde die Vorschrift des Abs. 1 zu einer ungerechtfertigten Erweiterung des Schutzes führen. Es würde z. B. ein Werk, das 10 Jahre nach dem Tode des Verfassers veröffentlicht wird, statt des Restes von 40 Jahren der vom Todesjahr an zu berechnenden Schutzfrist eine solche von 50 Jahren, von der Veröffentlichung an gerechnet, genießen. Daher die Einschränkung im Abs. 2 Satz 2. — Wird ein solches Werk mehr als 40 Jahre nach dem Tode des Verfassers veröffentlicht, so ist es von diesem Zeitpunkt ab 10 Jahre geschützt (§ 29 Satz 1, 2. Halbsatz). So lange der wahre Name des Verfassers oder die Tatsache, daß er seit mehr als 50 Jahren tot ist, nicht bekannt ist, bleibt es riskant, vor Ablauf von 50 Jahren nach der Veröffentlichung das Werk nachzudrucken, da man nicht wissen kann, ob der wahre Name nicht noch anmeldungsberechtigt ist.

4. **„Nebenluftausgaben":** Unter „Nebenluftausgaben" (diese Bezeichnung einer Finte stammt von *A. Elster*) versteht man Ausgaben von Werken verstorbener Schriftsteller, die einzelne Werke ursprünglich ohne ihren Namen zu nennen oder unter einem Decknamen herausgegeben, es aber unterlassen haben, ihre Autorschaft in der Eintragrolle (§ 56) beglaubigen zu lassen, und die dann in der ursprünglichen namenlosen Fassung neu gedruckt wurden, als seien sie gemeinfrei. Denn das LUG von 1870 gewährte solchen Werken Schutz nur bis 30 Jahre nach ihrem ersten Erscheinen, und dies haben findige Köpfe ausgenutzt, indem sie solche Werke 30 Jahre nach dem ersten Erscheinen, jedoch vor Ablauf der 30 Jahre nach dem Tode des Verfassers nachdruckten, obgleich in späteren Ausgaben der Werke der Autorname genannt worden war. Dieser Unfug ist anfänglich sogar durch OLG Dresden gestützt, dann aber ziemlich einmütig abgelehnt worden, auch vom RG (RGZ 86, 241, bestätigt durch RGZ 139, 327 — Wilhelm-Busch-Album).

§ 32

Steht einer juristischen Person nach den §§ 3, 4 das Urheberrecht zu, so endigt der Schutz mit dem Ablaufe von fünfzig Jahren seit der Veröffentlichung. Jedoch endigt der Schutz mit dem Ablaufe der im § 29 bestimmten Fristen, wenn das Werk erst nach dem Tode des Verfassers veröffentlicht wird.

1. **Juristische Personen:** Zu den juristischen Personen gehören nicht nur die des öffentlichen Rechts (§ 3), sondern juristische Personen überhaupt. § 13 LUG von 1870, an den § 32 sich anlehnt, nannte u. a. Akademien, Universitäten, öffentliche Unterrichtsanstalten sowie gelehrte oder andere Gesellschaften. Daß insbesondere „für Handelsgesellschaften, auch soweit sie nicht zu den juristischen Personen gerechnet werden, das gleiche gelten muß, ist aus dem Zwecke der Vorschrift ohne weiteres zu entnehmen" (Begr.). Auch eine offene Handelsgesellschaft oder Kommanditgesellschaft kann also als Herausgeberin von Sammelwerken im Sinne des § 4 gelten (siehe im übrigen hierzu Erl. zu § 3 S. 45).

2. **Rechtsverhältnis der juristischen Person und der Verfasser:** Sind der oder die Verfasser des von der juristischen Person herausgegebenen Werkes mit ihrem wahren Namen genannt, so wird die Schutzfrist nach ihrer Lebensdauer gemäß §§ 29 und 30 berechnet. Erscheint also das von der juristischen Person herausgegebene Werk erst nach dem Tode eines genannten Urhebers, so berechnet sich die Schutzfrist an dessen Anteil nach seiner Lebensdauer, also nicht mehr auf volle 50 Jahre. — Sind der oder die Verfasser nicht genannt, so tritt die juristische Person in ihre Urheberrechte ein, wie wenn sie originäre Inhaberin der Urheberrechte wäre. Auch das Urheberrecht der juristischen Person als Herausgeberin wird für die Berechnung der Schutzfrist wie ein ursprüngliches angesehen.

3. **Schutzdauer:** Da bei einer juristischen Person nicht an die physische Lebensdauer angeknüpft werden kann, wird ihr nur die Schutzfrist nach der Veröffentlichung gewährt, die in diesem Falle stets mit dem Erscheinen (Unterschied s. § 7 Anm. 4b S. 62) zusammenfallen wird.

Es fragt sich, ob bei unbenannten Werken die Verfasser durch Anmeldung zur Eintragrolle nachträglich die längere Schutzfrist der physischen Personen erwerben können. Mit *Allfeld*, § 32 Anm. 2, ist dies nur für den Fall zu bejahen, daß der Verfasser sich der juristischen Person gegenüber dies Recht vertraglich vorbehalten hat. Sonst gilt die juristische Person als Träger des Urheberrechts und dem eigentlichen Verfasser steht überhaupt kein Recht zu.

Sind die Beiträge oder das Werk benannt herausgegeben, so bewendet es hinsichtlich der Verfasser bei den Vorschriften des § 29; nur die Herausgeberschaft der juristischen Person wird nach § 32 geschützt.

4. Bei **Filmwerken** ist der Ablauf der Schutzfrist so zweifelhaft, wie die Frage nach der Urheberschaft umstritten ist (s. o. § 12 Anm. 2 e S. 94). Steht den einzelnen Miturhebern (z. B. Verfasser des Treatments, Dreh-

buchautor, Spielleiter, Komponist, Zeichner) gemeinschaftlich das Urheberrecht zu, so liefe die Schutzfrist vom Tode des zuletzt Verstorbenen an. Vorweg bliebe aber immer noch die schwierige Frage zu klären, wer zu den Urhebern des betreffenden Films gehört. Meines Erachtens hat der Film den Charakter eines Sammelwerks (vgl. § 12 Anm. 3 e S. 96). Deshalb sind §§ 4, 32 für die Berechnung der Schutzfrist analog anzuwenden. Billigt man in Zukunft dem Filmhersteller für das Gesamtwerk neben dem gemeinschaftlichen Urheberrecht ein Leistungsschutzrecht zu, so käme als Schutzfrist die dafür vorgesehene Zeitdauer (25 Jahre) in Frage, die auch ausreichend erscheint.

5. Für den **Kunstschutz** gilt das gleiche s. § 25 Abs. 2 abgedr. bei § 29.

§ 33

Bei Werken, die aus mehreren in Zwischenräumen veröffentlichten Bänden bestehen, sowie bei fortlaufenden Berichten oder Heften wird jeder Band, jeder Bericht oder jedes Heft für die Berechnung der Schutzfristen als ein besonderes Werk angesehen.

Bei den in Lieferungen veröffentlichten Werken wird die Schutzfrist erst von der Veröffentlichung der letzten Lieferung an berechnet.

§ 28

Bei Werken, die aus mehreren in Zwischenräumen veröffentlichten Abteilungen bestehen, sowie bei fortlaufenden Blättern oder Heften wird jede Abteilung, jedes Blatt oder Heft für die Berechnung der Schutzfristen als ein besonderes Werk angesehen.

Bei den in Lieferungen veröffentlichten Werken wird die Schutzfrist erst von der Veröffentlichung der letzten Lieferung an berechnet.

1. **Berechnung der Schutzfrist:** § 33 hat Bedeutung für Werke, die unbenannt oder deckbenannt (§ 31) oder von juristischen Personen (§ 32) veröffentlicht worden sind oder die zehnjährige Nachfrist des § 29 genießen. Die Schutzfrist soll für Werke, die in Bänden, Berichten oder Heften erscheinen, mit der Veröffentlichung eines jeden Stückes beginnen, für Lieferungswerke erst mit der letzten Lieferung. Daraus ergibt sich für Lieferungswerke eine um die Zeit zwischen Erscheinen der ersten und letzten Lieferung verlängerte Schutzfrist, für die in Bänden, Berichten oder Heften erscheinenden eine für das Ganze verkürzte. Diese Ungleichheit läßt sich bei un- oder deckbenannten Werken beseitigten durch nachträgliche Anmeldung des Urhebers zur Eintragsrolle (§ 31 Abs. 2). Bei Werken juristischer Personen können allerdings sehr erhebliche Verlängerungen der Schutzfrist eintreten. Erscheinen sie in langen Pausen lieferungsweise, ein von einer Akademie herausgegebenes Wörterbuch z. B. binnen 20 Jahren, so wird die Schutzfrist der ersten Lieferung 70 Jahre statt 50 betragen. — Ein Werk kann auch gleichzeitig in *Bänden und Lieferungen* erscheinen; dann ist der Erscheinungstermin des Bandes, nicht der Lieferung und auch nicht erst des ganzen Werkes maßgebend. — In dem Fall, daß die beabsichtigte letzte

Lieferung eines Werkes überhaupt nicht erscheint, das Werk also unvollendet bleibt, ist die letzterschienene als die „letzte" anzusehen. Ob die erschienenen Bände usw. einzeln käuflich sind oder nicht, ist rechtlich bedeutungslos.

2. **Bände, Berichte, Hefte, Lieferungen:** Diese Ausdrücke geben zu Zweifeln Anlaß. Unter Band versteht der Sprachgebrauch immer einen in sich abgeschlossenen Teil eines Werkes, unter Lieferung eine inhaltlich unabgeschlossene, nur äußerlich in einem Umschlag vereinigte Folge von Druckbogen. Bei Heften schwankt der Sprachgebrauch. Berichte (Bulletins der RBÜ) sind in dieser Beziehung in Deutschland überhaupt kein buchhändlerischer Begriff. Im KUG § 28 heißt es anstatt Berichte *Blätter.* Der das Register eines Sammelwerks enthaltende Band pflegt unter die Bandzahl eingerechnet zu werden.

§ 34

Die Schutzfristen beginnen mit dem Ablaufe des Kalenderjahrs, in welchem der Urheber gestorben oder das Werk veröffentlicht worden ist.

§ 29

Die Schutzfristen beginnen mit dem Ablaufe des Kalenderjahrs, in welchem der Urheber gestorben oder das Werk erschienen ist.

1. Bei der Berechnung von der Veröffentlichung an gilt das Jahr, in dem das Werk tatsächlich veröffentlicht ist; das ist bei Büchern aber nicht ohne weiteres die Jahreszahl des Titels, weil diese häufig die des dem Erscheinen folgenden Jahres ist. Die wahre Zeit des Erscheinens ist aus den amtlichen Bücherverzeichnissen des deutschen Buchhandels zu ermitteln (Verzeichnis der Neuerscheinungen BBl.; Kataloge der Deutschen Bibliothek in Frankfurt a. Main).

2. **Beweislast:** Wer wegen Verletzung eines Urheberrechts klagt, hat das Bestehen der Schutzfrist, also das Todesjahr des Verfassers oder das Jahr der ersten Veröffentlichung zu beweisen, letzteres auch dann, wenn das Werk vor dem Erscheinen schon veröffentlicht gewesen ist (durch Aufführung oder Vortrag).

§ 35

Soweit der in diesem Gesetze gewährte Schutz davon abhängt, ob ein Werk erschienen oder anderweit veröffentlicht oder ob der wesentliche Inhalt eines Werkes öffentlich mitgeteilt worden ist, kommt nur eine Veröffentlichung oder Mitteilung in Betracht, die der Berechtigte bewirkt hat.

§ 30

Soweit der in diesem Gesetz gewährte Schutz davon abhängt, ob ein Werk erschienen ist, kommt nur ein Erscheinen in Betracht, das der Berechtigte bewirkt hat.

1. „Für die Wirksamkeit des Urheberrechts ist in mehrfachen Richtungen die Veröffentlichung, die öffentliche Mitteilung oder das Er-

scheinen des Werkes von Bedeutung. In einzelnen Fällen (§§ 31 Abs. 1, 32) läuft die Schutzfrist von der Veröffentlichung an; der Schutz des Ausländers hängt davon ab, daß das Werk zuerst im Inland erscheint (§ 55); die ausschließliche Befugnis zur Veröffentlichung eines Werkes endigt, sobald der wesentliche Inhalt des Werkes einmal öffentlich mitgeteilt ist (§ 11 Abs. 1 S. 2); ebenso endigt die ausschließliche Befugnis zum öffentlichen Vortrag eines Schriftwerks mit dessen Erscheinen (§ 11 Abs. 3); das Recht, ein fremdes Werk nach Maßgabe der §§ 19—24, 27 Abs. 1 zu benutzen, hat zur Voraussetzung, daß das Werk erschienen ist. — Alle hierher gehörigen Vorschriften greifen aber nur Platz gegenüber einer Veröffentlichung oder Mitteilung, die durch den Berechtigten bewirkt ist. Eine Handlung, durch die das Werk ohne Erlaubnis veröffentlicht oder seinem wesentlichen Inhalte nach öffentlich mitgeteilt worden ist, bleibt für den Schutz des Berechtigten außer Betracht. Dies wird durch § 35 klargestellt." (Begr.)

2. Erscheinen und Veröffentlichen s. § 7 Anm. 4 S. 62.

3. *Berechtigter* ist der Urheber oder sein Rechtsnachfolger, soweit dieser über die Veröffentlichung entscheiden kann. Der Berechtigte *bewirkt* eine Veröffentlichung, wenn diese mit seinem Willen erfolgt. Sie kann also auch durch einen anderen geschehen (vgl. *Allfeld* § 35 Anm. 2).

Vierter Abschnitt

Rechtsverletzungen

§ 36

Wer vorsätzlich oder fahrlässig unter Verletzung der ausschließlichen Befugnis des Urhebers ein Werk vervielfältigt, gewerbsmäßig verbreitet oder den wesentlichen Inhalt eines Werkes öffentlich mitteilt, ist dem Berechtigten zum Ersatze des daraus entstehenden Schadens verpflichtet.

§ 37

Wer vorsäzlich oder fahrlässig unter Verletzung der ausschließlichen Befugnis des Urhebers ein Werk öffentlich aufführt oder öffentlich vorträgt, ist dem Berechtigten zum Ersatze des daraus entstehenden Schadens verpflichtet. Die gleiche Verpflichtung trifft denjenigen, welcher vorsätzlich oder fahrlässig eine dramatische Bearbeitung, die nach § 12 unzulässig ist, öffentlich aufführt oder eine bildliche Darstellung, die nach § 12 unzulässig ist, öffentlich vorführt.

§ 31

Wer vorsätzlich oder fahrlässig unter Verletzung der ausschließlichen Befugnis des Urhebers ein Werk vervielfältigt, gewerbsmäßig verbreitet oder gewerbsmäßig mittels mechanischer oder optischer Einrichtungen vorführt, ist dem Berechtigten zum Ersatze des daraus entstehenden Schadens verpflichtet. Der gewerbsmäßigen Vorführung steht, soweit die Kinematographie oder ein ihr ähnliches Verfahren angewandt wird, die öffentliche Vorführung gleich.

RECHTSFOLGEN DER URHEBERRECHTSVERLETZUNG

1. Der **Unterlassungsanspruch** ist in diesem Gesetz nicht ausdrücklich genannt, er bildet aber den wesentlichsten Rechtsbehelf gegen widerrechtliche Störungen des Urheberpersönlichkeitsrechts oder der urheberrechtlichen Befugnisse; er ist gegeben, sowohl um gegenwärtige Störungen zu *beseitigen,* wie auch um zukünftigen Störungen *vorzubeugen.* Die Rechtsprechung hat den Anspruch wie für alle ausschließlichen Rechte aus den §§ 1004, 862, 12 BGB entwickelt. (Grundlegend: RGZ 84, 146; ferner: 102, 134; 112, 8; 128, 297.) Voraussetzung für die vorbeugende Unterlassungslage ist *Wiederholungsgefahr,* die, wenn eine Verletzungshandlung bereits vorliegt, zu vermuten ist. Ist noch keine Verletzung erfolgt, so muß dargetan werden können, daß eine Verletzung bevorsteht, z. B. Werbemaßnahmen, Beginn der Satzarbeiten u. ä., bloße *Besorgnis* eines Eingriffes reicht nicht aus.

Verschulden des Störers ist zur Begründung des Anspruchs nicht erforderlich; liegt es vor, so stützt sich der Anspruch auch auf §§ 823, 249 BGB. Wichtig ist dies für die Frage der Zuständigkeit des angerufenen Gerichts (s. unten Anm. 9); auch wettbewerbsrechtliche Vorschriften §§ 1, 16 ff. können in Betracht kommen.

2. Der **Schadensersatzanspruch** ist in §§ 36, 37 ausdrücklich vorgesehen. Er folgt dem Grundsatz, daß jede *schuldhafte* Verletzung ausschließlicher Rechte zum Ersatz des dadurch verursachten Schadens verpflichtet. Die Vorschriften des BGB, insbes. §§ 823 ff. über unerlaubte Handlungen sind ergänzend heranzuziehen. Die Pflicht zur Entschädigung des Verletzten tritt ein für *schuldhaft widerrechtliche Ausübung* der dem Urheber oder seinem Rechtsnachfolger vorbehaltenen Befugnisse (vgl. § 11).

Die Aufzählung der Befugnisse ist nicht erschöpfend. Die zur Zeit der Verkündung des Gesetzes (1901/1910) unbekannten Benutzungsarten sind dem Urheber in jedem Fall vorbehalten. Da auch Änderungen am Werk, seinem Titel oder der Urheberbezeichnung ohne Zustimmung seines Schöpfers unzulässig sind (vgl. § 9), ist auch die Benutzung mit Änderungen widerrechtlich; ebenso die ungenehmigte Bearbeitung, und zwar jede Bearbeitung; die dramatische und filmische sind vom Gesetz nur besonders erwähnt, weil sie nicht das Werk in seiner ursprünglichen Gestalt unmittelbar verändern. Auch sonstige Verletzungen des Urheberpersönlichkeitsrechts (Recht auf Urheberbenennung, Schutz gegen Entstellung) verpflichten zum Schadensersatz nach §§ 823 I BGB (vgl. *Ulmer* S. 304).

Verschulden ist Vorsatz und Fahrlässigkeit; leichte Fahrlässigkeit genügt. Im übrigen s. hierzu § 38 Anm. 3. Als schuldhaft hat z. B. auch zu gelten, wenn Fachleute die einschlägige maßgebende Rechtsprechung nicht kennen; vgl. RGZ 144, 107 und KG in Ufita 1938, 284 und 55.

Auch ein durch den *Versuch* des Nachdrucks entstehender Schaden ist nach BGB § 823 Abs. 1 (Verletzung „eines sonstigen Rechts") zu ersetzen.

Wegen eines Schadens, der *nicht Vermögensschaden* ist, kann Entschädigung in Geld nur in den durch das Gesetz bestimmten Fällen gefordert werden (BGB § 253). Eine solche Bestimmung fehlt im LUG und KunstUG. Die Entwürfe sehen eine „billige Entschädigung" auch für den ideellen Schaden vor. Soweit Eingriffe in das UPR auch Vermögensschäden zur Folge haben, besteht Ersatzpflicht (§ 823 I, s. o.).

3. Die **Schadensberechnung:** Nach der ständigen Rechtsprechung des RG (vgl. insbesondere in GRUR 1934, 627; RGZ 156, 65; GRUR 1938, 449) stehen dem in seinen urheberrechtlichen Befugnissen Verletzten *wahlweise* drei Wege der Schadensberechnung offen:

a) Der Verletzte kann gemäß § 249 BGB verlangen, daß der Vermögensstand hergestellt wird, der bestünde, wenn die Urheberrechtsverletzung nicht stattgefunden hätte. Bei dieser Schadensliquidation handelt es sich um einen echten Schadensersatz, der nach § 252 BGB auch den **entgangenen Gewinn** umfaßt. Dieser kann darin liegen, daß der Absatz des von dem Verletzten hergestellten und verbreiteten Werkes durch die Verletzung (z. B. Herstellung und Vertrieb einer unfreien Benutzung) gemindert oder schlechthin verhindert wird. Der Verletzte hat nur nachzuweisen, daß nach dem gewöhnlichen Lauf der Dinge oder nach den besonderen Umständen, insbesondere nach den getroffenen Anstalten und Vorkehrungen dieser von ihm geltend gemachte Gewinn mit Wahrscheinlichkeit erwartet werden konnte (§ 252 Satz 2 BGB).

b) Der Verletzte kann den Ersatz dessen verlangen, was er erlangt hätte, wenn er den Eingriff in seine Befugnisse gegen Entgelt gestattet hätte; das bedeutet die Bezahlung einer **angemessenen Vergütung** für die Benutzung (Honorar, Nachdrucklizenz, Aufführungstantieme). Diese Schadensliquidation ergibt sich nicht aus den allgemeinen Schadensersatzvorschriften, sondern beruht auf der ständigen Rechtsprechung des RG und ist heute als *Gewohnheitsrecht* anzusehen, so daß es auf die rechtlichen Bedenken, die insbesondere *Marwitz-Möhring* § 36 Anm. 11 ff. gegen die Berechnungsmethoden des RG erhoben haben, nicht mehr ankommt.

c) Der Verletzte kann die **Herausgabe des Gewinns** verlangen, den der Verletzer durch die unbefugte Benutzung erzielt hat. Dieser Anspruch ist vom RG in entsprechender Anwendung der §§ 687 Abs. 2, 681, 667 BGB entwickelt worden.

Der Anspruch auf *Auskunftserteilung* und *Rechenschaftslegung*, der logisch die Voraussetzung für diesen Ersatzanspruch ist, folgt aus §§ 687 Abs. 2; 681, 666 BGB.

Grundsätzlich gilt hier das gleiche wie zu b. Unter den Begriff des zu ersetzenden Schadens fällt nach den allgemeinen Regeln des BGB der vom Verletzer erzielte Gewinn nicht. Aber der Anspruch ist heute *gewohnheitsrechtlich* begründet. (Vgl. hierzu *Palandt* § 687 Anm. 2 c.)

d) Im übrigen hat der Richter die Höhe des Schadens unter Würdigung aller Umstände nach *freier Überzeugung* zu ermitteln. Die Methoden b und c sind jedenfalls Grundlagen für die Schätzung. Bei dieser kann sich der Richter auch durch Gutachten von literarischen und künstlerischen Sachverständigenkammern unterstützen lassen (§ 49).

4. **Anspruch auf Buße,** s. Erl. zu § 40.

5. **Bereicherungsanspruch:** Auch *schuldlose* Verletzungen der urheberrechtlichen Befugnisse haben eine Entschädigungspflicht in der Form zur Folge, als dem Verletzten die *Bereicherung* herauszugeben ist, die der Verletzer auf Grund der rechtwidrigen Benutzung auf Kosten des Berechtigten erlangt hat. (RG, früher schwankend, hat ab RGZ 121, 259 den Bereicherungsanspruch in ständ. Rechtspr. bejaht, vgl. hierzu insbes. *Marwitz-Möhring,* Anm. 4 vor § 36.) *Auf Kosten des Berechtigten* ist der vom Verletzer erzielte Gewinn erlangt, den der Berechtigte hätte erzielen können, wenn er nicht in der Benutzung gestört worden wäre. Es kommt also darauf an, welche Verwertung der Berechtigte beabsichtigt hatte. Der Verfasser eines Buches z. B. hätte mit der Vergabe des Verlagsrechts ein Honorar verdient, der Verleger den Gewinn aus der Vervielfältigung und der Verbreitung gezogen. Der Verfasser kann also, wenn er selbst die Verlagsrechte gegen ein Pauschalhonorar vergeben hätte, nur einen diesem entsprechenden Betrag verlangen, der Verleger einen seinen üblichen Gewinnkalkulationen entsprechenden Betrag, oder einen Betrag in Höhe der Lizenz, die er erlangt hätte, wenn er eine Lizenzausgabe vergeben hätte.

§ 818 BGB, insbesondere Abs. 3, wonach die Herausgabepflicht entfällt, wenn die Bereicherung nicht mehr vorhanden ist, findet Anwendung. Nach Klageerhebung haftet der Verletzer nach den allgemeinen Vorschriften, d. h. wie wenn auch Verschulden vorläge (§ 818 Abs. 4).

Die Entwürfe gewähren einen besonderen Anspruch auf *„Vergütung"*, wenn und soweit eine solche in Anbetracht des vom Verleger erzielten Gewinns *angemessen* erscheint.

6. Der **Vernichtungsanspruch,** s. Erl. zu §§ 42, 43, 47, 48, 52, 53.

7. **Aktivlegitimation:** Die Unterlassungs- und Schadensersatzansprüche stehen dem *„Berechtigten"* zu, in dessen Befugnisse durch die Verletzungshandlung eingegriffen wird. Hat der Urheber die Befugnis einem anderen übertragen, so ist nur dieser zur Verfolgung der Verletzung legitimiert. Zu beachten ist, daß vielfach nur einzelne Befugnisse übertragen werden, z. B. beim Verlagsvertrag schon von Gesetzes wegen, trotz Übertragung des „gesamten Urheberrechts", die in § 14 aufgeführten Befugnisse nicht auf den Verleger mit übergehen. (Vgl. auch § 2 Abs. 2 VerlG). Meist wird auch das Aufführungsrecht auf den Verleger des Bühnenstücks nicht mitübertragen. Der *Verleger* kann, wie sich aus § 9 VerlG ergibt, nur insoweit es der Schutz des Verlagsrechts erfordert, gegen Verletzungen vorgehen. Insoweit ist der *Urheber* nicht berechtigt gegen Verletzungen Dritter vorzugehen. Der Verleger kann dem Verfasser gegenüber und dieser dem Verleger gegenüber der verletzte Berechtigte sein. Der Berechtigte kann z. B. auch ein Kunst-

verleger sein, der gar nicht das Recht für das Verfahren, in welchem der Nachdruck hergestellt ist, besitzt. (Vgl. RGSt. 14, 217; im übrigen s. auch § 45 Anm. 2 S. 173.)

8. **Passivlegitimation:** Passiv legitimiert für den Unterlassungs-, Schadensersatz- und Bereicherungsanspruch ist der *Verletzer. Mittäter* haften als Gesamtschuldner; *Anstifter* und *Gehilfen* stehen den Mittätern gleich (§ 830 BGB). Hat ein *Angestellter* die ersatzpflichtige Handlung begangen, so haftet der Geschäftsführer nach § 831 BGB; er kann sich aber exkulpieren, wenn er sorgfältige Auswahl oder Aufsicht nachweist. Für den Unterlassungsanspruch, der kein Verschulden voraussetzt, haftet der Geschäftsführer immer. Wer im einzelnen als Verletzer in Betracht kommt, bestimmt sich nach strafrechtlichen Grundsätzen. Hierzu § 38 Anm. 2 S. 161. Für den *Vernichtungsanspruch* sind die an der Herstellung und Verbreitung Beteiligten sowie deren Erben passiv legitimiert (§ 42 Abs. 2).

9. **Gerichtsstand:** Bei nicht schuldhaften Urheberrechtsverletzungen ist nur der *allgemeine Gerichtsstand* (§§ 12—18 ZPO), grundsätzlich also der Wohnsitz, bei juristischen Personen der Sitz der Verwaltung, gegeben. Wird zugleich aber auch eine schuldhafte auf § 823 BGB gestützte Verletzung geltend gemacht, so kann auch im *Gerichtsstand der unerlaubten Handlung* (Tatort) geklagt werden. Dieser ist überall gegeben, wo irgendein Tatbestandsmerkmal verwirklicht ist. Der unerlaubte Nachdruck kann also am Ort der Herstellung und da verfolgt werden, wo ein Exemplar verbreitet worden ist. Der Verletzte handelt nicht arglistig, wenn er die Begründung des Gerichtsstandes erst dadurch herbeiführt, daß er einen Dritten veranlaßt, ein Vervielfältigungsstück zu bestellen (OLG Düsseldorf GRUR 1951, 519).

Der Kläger hat die Wahl. Der Eintritt der Schadensfolgen begründet nicht die Zuständigkeit. Der Verletzte kann also nicht beim Gericht seines Wohnortes klagen mit der Begründung, daß ein dort befindliches Vermögen geschädigt sei (unzutreffend LG Berlin i. GEMA Nachrichten 1950, 31). Wird die Klage *auch* auf wettbewerbsrechtliche Vorschriften gestützt, so bleibt trotz des § 24 UWG der Gerichtsstand des Tatortes begründet (vgl. *Reimer* S. 671).

Ein *Ausländer* kann wegen der in Deutschland begangenen Rechtsverletzungen auch da verklagt werden, wo er Vermögen hat (§ 23 ZPO). Ein ausländischer Buchhändler hat Vermögen in der Regel bei seinem Kommissionär in Form entweder eines Guthabens oder eines Lagers von Verlagswerken des Kommittenten oder von Durchgangssendungen Dritter an diesen in fester Rechnung oder in Barpaketen, denn diese gehen nach buchhändlerischer Übung mit der Übergabe an den buchhändlerischen Kommissionär in das Eigentum des Kommittenten über.

10. **Einstweilige Verfügungen:** Der Eingriff in urheberrechtliche Befugnisse ist immer mit wesentlichen Nachteilen ideeller und materieller Art verbunden. Deshalb kann schon im Wege der einstweiligen Verfügung ein *vorläufiges Verbot* der vorgenommenen oder beabsichtigten Verletzungshandlung ausgesprochen werden. Die von §§ 936, 920 vor-

geschriebene *Glaubhaftmachung der Dringlichkeit* ergibt sich zumeist aus dem Sachverhalt selbst. Der Anspruch, d. h. die Berechtigung und ihre Verletzung bzw. die Tatsachen, die die Annahme einer bevorstehenden Verletzung begründen, sind in jedem Fall glaubhaft zu machen. Die Entwürfe drücken dies so aus, daß sie einstweilige Verfügungen auch für zulässig erklären, wenn die Voraussetzungen des §§ 935, 940 ZPO nicht vorliegen. Auch die *Sicherstellung der Vervielfältigungsstücke* durch einstweilige Verfügung ist möglich.

§ 38

Mit Geldstrafe bis zu zehntausend Deutsche Mark wird bestraft:

1. wer in anderen als den gesetzlich zugelassenen Fällen vorsätzlich ohne Einwilligung des Berechtigten ein Werk vervielfältigt oder gewerbsmäßig verbreitet;

2. wer in anderen als den gesetzlich zugelassenen Fällen vorsätzlich ohne Einwilligung des Berechtigten ein Bühnenwerk, ein Werk der Tonkunst oder eine dramatische Bearbeitung, die nach § 12 unzulässig ist, öffentlich aufführt oder eine bildliche Darstellung, die nach § 12 unzulässig ist, öffentlich vorführt oder ein Werk, bevor es erschienen ist, öffentlich vorträgt.

War die Einwilligung des Berechtigten nur deshalb erforderlich, weil an dem Werke selbst, an dessen Titel oder an der Bezeichnung des Urhebers Änderungen vorgekommen sind, so tritt Geldstrafe bis zu dreihundert Deutsche Mark ein.

Soll eine nicht beizutreibende Geldstrafe in Gefängnisstrafe umgewandelt werden, so darf deren Dauer in den Fällen des Abs. 1 sechs Monate, in den Fällen des Abs. 2 einen Monat nicht übersteigen.

§ 32

Wer in anderen als den gesetzlich zugelassenen Fällen vorsätzlich ohne Einwilligung des Berechtigten ein Werk vervielfältigt, gewerbsmäßig verbreitet oder gewerbsmäßig mittels mechanischer oder optischer Einrichtungen vorführt, wird mit Geldstrafe bis zu dreitausend DM bestraft. Der gewerbsmäßigen Vorführung steht, soweit die Kinematographie oder ein ihr ähnliches Verfahren angewendet wird, die öffentliche Vorführung gleich.

War die Einwilligung des Berechtigten nur deshalb erforderlich, weil an dem Werke selbst, an dessen Bezeichnung oder an der Bezeichnung des Urhebers Änderungen vorgenommen sind, so tritt Geldstrafe bis zu dreihundert DM ein.

Soll eine nicht beizutreibende Geldstrafe in Gefängnisstrafe umgewandelt werden, so darf deren Dauer in den Fällen des Abs. 1 sechs Monate, in den Fällen des Abs. 2 einen Monat nicht übersteigen.

§ 33

Mit Geldstrafe bis zu eintausend Deutsche Mark wird bestraft:

1. *wer der Vorschrift des § 18 Abs. 3 zuwider vorsätzlich den Namen oder eine sonstige Bezeichnung des Urhebers des Werkes auf der Vervielfältigung anbringt;*
2. *wer den Vorschriften der §§ 22, 23 zuwider vorsätzlich ein Bildnis verbreitet oder öffentlich zur Schau stellt.*

Soll eine nicht beizutreibende Geldstrafe in Gefängnisstrafe umgewandelt werden, so darf deren Dauer zwei Monate nicht übersteigen.

§ 34

Wer der Vorschrift des § 13 zuwider vorsätzlich auf dem Werke den Namen oder den Namenszug des Urhebers anbringt, wird mit Geldstrafe bis zu dreihundert Deutsche Mark bestraft.

Soll eine nicht beizutreibende Geldstrafe in Gefängnisstrafe umgewandelt werden, so darf deren Dauer einen Monat nicht übersteigen.

1. **Vorbemerkungen:**

a) Die §§ 38 und 39 betreffen diejenigen Verletzungen des Urheberrechts, die als **strafbare Handlungen** gelten. Die Entschädigungspflicht (§§ 36, 37, 40) bleibt durch die erfolgte Bestrafung unberührt. Andererseits ist die Entstehung eines Schadens nicht Voraussetzung der Strafbarkeit, und die voraussehbare Nichtentstehung eines solchen berechtigt den Verletzer nicht zu der Annahme, der Urheber werde mit dem Eingriff in sein Recht einverstanden sein. Ebensowenig ist es für die Strafbarkeit von Belang, ob die Erzielung eines Gewinns beabsichtigt oder aus welchen Motiven sonst die Verletzung erfolgt war (RG in JW 1905, 352).

Die im Gesetz gekennzeichneten Tatbestände müssen erfüllt sein; analoge Ausdehnung der Vorschriften ist anders als im Zivilrecht ausgeschlossen. Die **Höhe** der Geldstrafe richtet sich jetzt nach der VO über Vermögensstrafen und Bußen vom 6. 2. 1924 (Höchstmaß 10 000 RM) in Verbindung mit § 2 WährG, durch die der § 27 StGB neu gefaßt worden ist. Ist die Geldstrafe uneinbringlich und auch nicht durch freie Arbeit zu tilgen (§ 28 b), so kann sie in Freiheitsstrafe umgewandelt werden (§ 29 StGB).

Sämtliche Urheberrechtsdelikte werden *nur auf Antrag* verfolgt (§ 45).

b) Hinsichtlich des Kreises der strafbaren Handlungen steht das LUG von 1901 in ausgeprägtem Gegensatz zu dem von 1870, indem es **nur vorsätzliche** Handlungen mit Straße bedroht, fahrlässige nicht mehr (dies ist auch für das künftige Recht vorgesehen).

c) In einer Bearbeitung wird auch das Originalwerk vervielfältigt und verbreitet. Auch die ungenehmigten Bearbeitungen sind also strafbar, wenn sie vervielfältigt und verbreitet werden. Im übrigen siehe zu den Begriffen:

Vervielfältigungen und Verbreiten § 11 Anm. B I S. 78 u. II S. 81;
Öffentliche Aufführung § 11 Anm. B III 2 S. 84;
Öffentliche Vorführung einer bild. Darstellung § 11 Anm. B III 7 S. 89;

Öffentlicher Vortrag § 11 Anm. B III 1 S. 84.

d) Das *gewerbliche Handeln* bildet keine besondere Begehungsform der Straftat, sondern hat nur die Bedeutung einer zur Verbreitung hinzutretenden Eigenschaft; das Tatbestandsmerkmal „gewerbsmäßig" bringt nur zum Ausdruck, daß Voraussetzung der Strafbarkeit die Verbreitung innerhalb eines Gewerbebetriebes für die Zwecke des Erwerbs und Gewinns ist (RG im „Recht" 1909 Nr. 3509). Vgl. im übrigen Anm. B III 5 zu § 11 S. 87.

e) An sich genügt zur Annahme eines *Verbreitens* nach § 38 Ziff. 1 die Überlassung des Werkes an eine bestimmte Person, sofern nach Lage der Sache anzunehmen und der Wille des Überlassenden darauf gerichtet ist, daß durch jene Person das Werk einem größeren Personenkreis zugänglich gemacht werde.

Für die Bestrafung des Täters ist es bedeutungslos, ob der zwischen Urheber und Verleger abgeschlossene Verlagsvertrag rechtsgültig ist oder nicht (RGSt. 44, 180).

f) Bei § 38 Abs. 2 (Änderungen ohne Einwilligung) handelt es sich um Eingriffe in das UPR. Die Vorschrift ist durch die VO vom 6. 2. 1924 hinfällig geworden (RGSt. 8, 428). Es ist auch heute nicht mehr einzusehen, warum diese milder bestraft werden sollen, als die Verletzung der vermögensrechtlichen Befugnisse.

Wird durch Veranstaltung einer *neuen Auflage* der unzulässige Nachdruck von neuem wiederholt, so liegt eine neue selbständige Straftat vor und eine neue Verjährungsfrist beginnt zu laufen; der Täter kann nicht einwenden, daß von der Verjährung des durch Verbreitung der ersten Auflage verübten Nachdrucks auch die neue Verbreitung ergriffen werde (RG in DJZ 1912, 404).

2. **Täterschaft:**

a) Allgemeine Grundsätze. Täter ist (nach *Kohlrausch-Lange*, Komm. z. StGB 39. u. 40. Aufl. S. 93) wer eine Straftat selbst oder dadurch ausführt, daß er einen anderen für sich handeln läßt (mittelbare Täterschaft). Wenn mehrere eine strafbare Handlung gemeinsam, in gegenseitigem Einvernehmen ausführen, so wird jeder als *Täter (Mittäter)* bestraft (StGB § 47); als *Anstifter*, wer einen anderen zu der strafbaren Handlung durch Geschenke oder Versprechen, durch Drohung, Mißbrauch des Ansehens oder der Gewalt, durch absichtliche Herbeiführung oder Förderung eines Irrtums oder durch andere Mittel vorsätzlich bestimmt (StGB § 48); als *Gehilfe*, wer dem Täter durch Rat und Tat wissentlich Hilfe leistet (StGB § 49); als *Begünstiger*, wer nach Begehung einer strafbaren Handlung dem Täter oder Teilnehmer wissentlich Beistand leistet, um ihn der Bestrafung zu entziehen oder um ihm die Vorteile der Tat zu sichern (StGB § 257). Es genügt zur Täterschaft die Rechtswidrigkeit der Tat; gleichgültig ist der Beweggrund. Der Täter kann sich zur Tat, insbesondere zur verbotenen Vervielfältigung, auch dritter Personen als Werkzeuge bedienen, wenn diese in Unkenntnis handeln, sonst sind sie Mittäter oder Gehilfen.

Der *Versuch* von Verletzungen des Urheberrechts ist nicht strafbar, da dies im Gesetze nicht ausdrücklich bestimmt ist (vgl. StGB § 43 Abs. 2).

b) **Personen der Täter:** Bei Verletzungen des Urheberrechts kommen als Täter, Mittäter, Anstifter, Gehilfen, Begünstiger in Betracht, z. B.: Verfasser, Herausgeber, Mitarbeiter, Bearbeiter;

als Vervielfältiger: Verleger, Druckereibesitzer, Drucker, Setzer, Hersteller von Druckstöcken in Schnitt, Stich, Ätzung sowie die Angestellten dieser Personen; Filmhersteller, Rundfunksender, Schallplattenhersteller;

als Verbreiter: Verleger, Sortiments-, Reise- und Versandbuchhändler, Buchvertreter sowie deren Angestellte; Kommissionäre; Sender;

als Aufführende: Theater- und Konzertunternehmer, Gastwirte, Badeverwaltungen, Kurdirektoren, Saalbesitzer; Kapellmeister, Solisten, Chordirektoren; Mitwirkende (Regisseure, Schauspieler, Orchestermitglieder, Sänger); Lichtspieltheaterunternehmer.

c) Verfasser als Täter: Ein Verfasser (Übersetzer, Bearbeiter), der weiß, daß er in seinem Werke einen Eingriff in fremde Urheberrechte begangen hat, der dies aber dem Verleger oder Drucker verschweigt und diese so zur widerrechtlichen Vervielfältigung und Verbreitung verleitet, ist Anstifter oder mittelbarer Täter. Er ist nicht nur selbst strafbar, sondern sowohl dem Verletzten (BGB §§ 830 bis 832) als auch dem Verleger gegenüber haftbar (s. VerlG §§ 8, 30, 31).

d) **Verleger als Täter:** Der Verleger hat die Pflicht, zu prüfen, ob die von ihm zum Verlag angenommenen Werke nicht gegen fremde Urheberrechte verstoßen (s. VerlG § 8 Anm. 4). Er ist nur dann von Fahrlässigkeit freizusprechen, wenn ihm nach Prüfung der Person des Autors und der Umstände „als einem das Rechte wollenden und suchenden Manne" nichts Verdächtiges auffallen konnte. Entlastend vom Vorwurf der Fahrlässigkeit wirkt auch die ausdrückliche Erklärung des Verfassers im Verlagsvertrag, daß er allein über das Urheberrecht verfüge und das Werk auch nicht teilweise gegen andere Rechte verstoße. Rückgriff auf den Verfasser s. VerlG § 8. — Das gleiche gilt, wenn ein vom Verleger angestellter Schriftleiter, ein Prokurist oder Gehilfe einen Nachdruck anordnet. Stellt der Verleger vertrauenswürdige Personen an (vgl. auch unten bei g), so wird er in der Regel seiner Pflicht zur Anwendung der im Verkehr erforderlichen Sorgfalt genügt haben. Der Inhaber eines Geschäfts muß *persönlich darüber wachen*, daß das fremde Schutzrecht in seinem Geschäftsbetriebe nicht verletzt wird, und zu der Besorgung der einschlägigen Geschäfte einen zuverlässigen Angestellten bestellen (RGZ 72, 162). Jedenfalls aber muß dem Verleger, will man ihn verantwortlich machen, bei den durch Angestellte verschuldeten Verstößen die *Kenntnis der Unrechtmäßigkeit* der Veröffentlichung nachgewiesen werden. Ist ein Redakteur dagegen nur vorgeschobene oder ganz untergeordnete Person und der Verleger überwacht die Veröffentlichungen im allgemeinen selbständig, so kann die Bestrafung des Verlegers wegen eines von diesem Redakteur durchgelassenen Nachdrucks auf Grund des dolus eventualis zu erfolgen haben. Nach § 7 des PresseG (vgl. auch dessen § 18) kann nur als verantwortlicher Redakteur gelten, wer tatsächlich die Redaktionsgeschäfte besorgt. Hat der Redakteur eines Beiblattes, in dem der Nachdruck erschien, ohne Mitwissen des Verlegers und Chefredakteurs die Aufnahme des Artikels angeordnet, so ist er als mittelbarer Täter, der sich der weiter beteiligten, ohne strafbaren Vorsatz handelnden Personen (Setzer, Drucker), als Werkzeuge bedient hat, allein strafbar.

e) *Kommissionsverleger.* Wer den Kommissionsverlag eines Werkes übernimmt, wozu häufig auch die Besorgung des Druckes gehört, hat die gleiche Sorgfalt anzuwenden wie der Verleger.

f) **Sortiments- und Kolportagebuchhändlern** kann bei der Menge der ihnen unter die Hand kommenden Schriften eine Prüfung der einzelnen nicht angesonnen werden. „Nach der Anschauung des Verkehrs ist der Sortimentshändler nicht verpflichtet, über die Berechtigung der Verleger, die ihm Werke zur Verbreitung überlassen, Erkundigungen einzuziehen; er handelt also nicht fahrlässig, wenn er Nachforschungen in dieser Richtung unterläßt.“ (Begr.)

g) **Technische Anstalten:** Was für die Sorgfalt des Verlegers gilt, gilt auch hinsichtlich der Leiter der technischen Anstalten, insbesondere für die Druckereibesitzer, für Holzschneider, Zinkätzer und für ihre Angestellten, ferner für Buchbinder. Zwar werden alle diese Personen selten für Nachdruck verantwortlich gemacht werden können, weil sie weder vorsätzlich gehandelt haben noch fahrlässig und weil ihnen die Prüfung der Berechtigung der ihnen in Auftrag gegebenen Vervielfältigung nicht zugemutet werden kann. Aber jeder ist, innerhalb seines Gesichtskreises, hinsichtlich fremder Urheberrechte zu der von ihm billigerweise zu verlangenden Sorgfalt verpflichtet, auch bei Ausführung von Aufträgen aus Ländern, in denen deutsche Werke keinen Schutz genießen (s. § 15). Wer weiß, daß er an der Herstellung eines Nachdrucks mitwirkt, handelt vorsätzlich und macht sich (als Mittäter oder Gehilfe) mit strafbar und ersatzpflichtig. *In der Regel* aber sind graphische Anstalten *nicht zur Erkundigung verpflichtet,* ob ihre Auftraggeber zur Vervielfältigung befugt sind.

h) **Aufführende:** Als Veranstalter der Aufführung ist derjenige anzusehen, der sie angeordnet hat und durch dessen ausschlaggebende Tätigkeit sie ins Werk gesetzt ist; dazu ist jedoch bei Musikdarbietungen nicht die Auswahl jedes einzelnen Musikstücks erforderlich, auch Anordnungen allgemeiner Art, z. B. an die verpflichtete *Kurkapelle,* zur Veranstaltung von Sammelaufführungen moderner, noch nicht gemeinfreier Werke, genügen zur Annahme der Mittäterschaft mit dem *Kapellmeister* (RGSt. 41, 287, auch RGZ 38, 22). Beschränkt sich die Tätigkeit eines Beteiligten auf Leitung der Aufführung *(Regisseur),* ohne daß er auf die Auswahl des Werkes zur Aufführung irgendwie bestimmenden Einfluß hatte, so kommt nicht unbefugte Veranstaltung, sondern höchstens Beihilfe in Frage (RG im Recht 1908 Nr. 3506). — Ein *Kurdirektor,* der dem Badekapellmeister die selbständige Aufstellung der Programme überläßt, ihm aber zur Pflicht macht, keine „tantiemepflichtigen Stücke“ zu spielen, macht sich nur bei Vorliegen ganz besonderer Tatumstände strafbar (RG in JW 1909, 530 ff.). Hat ein *Saalbesitzer* auf die Auswahl der Musikstücke bestimmenden Einfluß nicht ausgeübt, so kann er im allgemeinen als vorsätzlicher Veranstalter der Aufführung nicht in Frage kommen, unter Umständen kann jedoch dolus eventualis vorliegen. Doch kann dieser nur für jeden Einzelfall durch die Feststellung gedeckt werden, daß der Täter gerade die zur Aburteilung stehende Tat ihrem wesentlichen Inhalte nach sich als möglich vorgestellt und für diesen Fall gebilligt hat; die Annahme eines generellen Eventualdolus für den Fall ungenügender Beaufsichtigung ist unzulässig. Aber auch wenn die Strafbarkeit fehlt, kann gleichwohl zivilrechtliche Haftung gegeben sein (vgl. zu §§ 36, 37). Zu den „Aufführenden“ gehört auch der *Gastwirt*, der in seinem Vergnügungsetablissement durch eine von ihm angenommene Kapelle im Interesse seines Wirtschaftsbetriebs Konzerte veranstaltet; er hat deshalb dafür zu sorgen, daß durch die Aufführungen dieser Kapelle Rechte Dritter nicht verletzt werden, und kann sich durch eine Übereinkunft mit dem Kapellmeister, wonach dieser die Alleinverantwortung tragen soll, nicht entlasten (RGZ 78, 84 ff.; LG Berlin GEMA-Nachr. 1952, 23). Im übrigen ist der Veranstalter derjenige, der die Veranstaltung auf seinen Namen bei der Behörde anmeldet (AG Charlottenburg GEMA-Nachr. 1951, 37). Ausschlaggebend ist die Verantwortlichkeit in organisatorischer und finanzieller Hinsicht (LG Berlin, GEMA-Nachr. 1951, 32).

3. Vorsatz, Fahrlässigkeit, Irrtum.

a) *Vorsatz* bedeutet, daß der Täter die Tat mit Wissen und Wollen begangen hat. Daß ihm das Rechtswidrige seines Tuns bewußt war, gehört nicht zum Vorsatz. Hierzu unter c) Irrtum. Die Absicht (Gewinnsucht, Übermut, Scherz, Bosheit) ist gleichgültig. Zum Vorsatz ist auch der Eventualdolus zu rechnen, der Wille zur Verletzung des Urheberrechts auch für den nicht bestimmt im Bewußtsein liegenden, aber für möglich gehaltenen und in Kauf genommenen Fall, daß ein geschütztes Urheberrecht besteht.

b) *Fahrlässigkeit:* „Fahrlässig handelt, wer die im Verkehr erforderliche Sorgfalt außer acht läßt“ (BGB § 276). Bei der Prüfung und Feststellung, ob dem Täter eine Fahrlässigkeit zur Last zu legen sei, ist ein strenger Maßstab anzulegen. Es wird von den Buchhändlern und Schriftstellern verlangt, daß sie sich mit den sie angehenden Verhältnissen und Gesetzen genau vertraut machen und jede Verletzung fremder Rechte vermeiden (vgl. § 37 Anm. 1).

c) *Irrtum:* Früher wurde zwischen beachtlichem Sachverhaltsirrtum und Irrtum über außerstrafrechtliche Rechtssätze einerseits und dem unbeachtlichen Strafrechtsirrtum (Unkenntnis des Strafgesetzes oder der Strafbarkeit) unterschieden. Diese Ansicht des RG, die von der Rechtswissenschaft seit langem bekämpft wird, ist durch die grundlegende Entscheidung des BGH — Großer Strafsenat v. 18. 3. 1952 — (JZ 1952, 335 ff. mit Anm. von *Welzel*) nunmehr auch von der Rechtsprechung überwunden. Die irrige Annahme, ein Tatumstand, der zum gesetzlichen Tatbestand gehört, liege nicht vor, ist Tatbestandsirrtum, der nach § 59 StGB die Strafbarkeit beseitigt. Der Täter hält sein Tun für erlaubt, weil er nicht weiß, was er tut. Ein Sortimentsbuchhändler, der einen unerlaubten Nachdruck vertreibt, ohne diesen Umstand zu kennen, ist nicht starfbar. Kennen müssen steht dem Kennen nur gleich, wenn die fahrlässige Verwirklichung des Straftatbestandes mit Strafe bedroht ist, was hier nicht der Fall ist. Weiß der Täter, was er tut, nimmt er aber irrigerweise an, es sei erlaubt, weil er die Verbotsnormen nicht kennt, oder verkennt, oder die Tat bei grundsätzlichem Verbot durch eine Gegennorm für gerechtfertigt hält, dann fehlt es ihm am *Bewußtsein der Rechtswidrigkeit*. Dessen Vorhandensein ist an sich Voraussetzung der Strafbarkeit. Hätte der Täter sich aber der Rechtswidrigkeit seines Tuns „bei gehöriger Anpassung des Gewissens“ bewußt werden können, so ist ihm der *Verbotsirrtum als Schuld* zuzurechnen. Denn „der Mensch ist jederzeit in die verantwortliche Entscheidung gerufen, sich als Teilhaber der Rechtsgemeinschaft rechtmäßig zu verhalten und Unrecht zu vermeiden. Dieser Pflicht genügt er nicht, wenn er lediglich das nicht tut, was ihm als Unrecht klar vor Augen steht; vielmehr hat er bei allem, was er zu tun im Begriff steht, sich bewußt zu machen, ob es mit den Sätzen des rechtlichen Wollens in Einklang steht“. (BGH a. a. O.) Der verschuldete Verbotsirrtum kann aber den Schuldvorwurf und damit die Strafe mindern, er schließt sie nur aus, wenn er unüberwindlich war.

4. **Tatort** ist jeder Ort, an dem ein zur Herstellung von Nachdrucksexemplaren gehöriger Akt vorgenommen wird, also vor allem der Sitz der Druckerei, der im Einzelfalle davon verschiedene Ort der Handelsniederlassung des Verlegers, von der aus der Druck angeordnet wird, und der Wohnort des Verfassers, wenn dieser als mittelbarer Täter von dort aus den Nachdruck durch Übersendung des Manuskripts an den Verleger veranlaßt. Tatort ist auch der Ort der Verbreitung, nicht der Ort, wo sich das geschädigte Vermögen befindet. (Vgl. § 36 Anm. 9 S. 158.)

§ 39

Wer den wesentlichen Inhalt eines Werkes, bevor der Inhalt öffentlich mitgeteilt ist, vorsätzlich ohne Einwilligung des Berechtigten öffentlich mitteilt, wird mit Geldstrafe bis zu zehntausend Deutsche Mark bestraft. Soll eine nicht beizutreibende Geldstrafe in Gefängnisstrafe umgewandelt werden, so darf deren Dauer drei Monate nicht übersteigen.

Vgl. § 11 Anm. II 2 S. 76. Es handelt sich hier um eine Verletzung des *Urheberpersönlichkeitsrechts*. Über Strafmaß s. zu §§ 37, 38.

§ 40

Auf Verlangen des Berechtigten kann neben der Strafe auf eine an ihn zu erlegende Buße bis zum Betrage von zehntausend DM erkannt werden. Die zu dieser Buße Verurteilten haften als Gesamtschuldner.

Eine erkannte Buße schließt die Geltendmachung eines weiteren Anspruchs auf Schadensersatz aus.

§ 35

Auf Verlangen des Verletzten kann neben der Strafe auf eine an ihn zu erlegende Buße bis zum Betrage von sechstausend DM erkannt werden. Die zu dieser Buße Verurteilten haften als Gesamtschuldner.

Eine erkannte Buße schließt die Geltendmachung eines weiteren Anspruchs auf Schadensersatz aus.

1. **Buße statt Entschädigung:** Die Bestimmung, daß im Strafverfahren (§ 38) statt jeder sonstigen Entschädigung auf Buße erkannt werden könne, vereinfacht die Bemessung einer Entschädigung, indem sie dem Geschädigten den oft unmöglichen ziffermäßigen Nachweis seines Schadens und die Anrufung eines Zivilgerichts neben dem Strafgericht erspart. Die Strafverfolgung muß er aber selbst *„im Wege der Privatklage"* betreiben (§ 374, Ziff. 8 StPO). Der Staatsanwalt nimmt ihm die Arbeit und die Kosten nicht ab, da im allgemeinen das *öffentliche Interesse* an der Bestrafung verneint wird (vgl. § 45).

Buße ist eine *Entschädigung*, keine Strafe; sie ist nicht nach dem Grade der Strafwürdigkeit, sondern nach der Höhe des Schadens zu bemessen. Wird keine Strafe verhängt, d. h. wird der Beschuldigte freigesprochen oder das Verfahren wegen mangelnden Strafantrags eingestellt, so kann auch keine Buße auferlegt werden, sondern der Geschädigte ist nunmehr auf den bürgerlichen Rechtsweg angewiesen, dem durch das Strafverfahren nicht vorgegriffen wird (vgl. RGSt 44, 296 und RGZ 79, 148). Nur die *erkannte,* nicht die beantragte Buße *schließt die Enschädigungsklage im Zivilverfahren aus;* wird der Antrag auf Buße abgelehnt, so steht das Zivilverfahren immer noch offen. — Ist auf eine Buße erkannt und ist diese auch ungenügend, so kann eine höhere Entschädigung nicht mehr im Zivilverfahren verfolgt werden; dagegen schließt ein auf Entschädigung lautendes Urteil im Zivilprozeß nicht die Geltendmachung einer höheren Buße im Strafverfahren aus, bei der die zivilrechtliche Entschädigung allerdings zu berücksichtigen ist.

Die *Höhe* der Buße ist nach der VO vom 6. 2. 1924 in Verb. mit § 2 WährG auf mindestens 3 höchstens 10 000 DM festgesetzt.

Sind *mehrere Inhaber* desselben Urheberrechts (Miturheber) durch eine Straftat geschädigt, so hat jeder von ihnen auf eine Buße Anspruch. Die Gesamthöhe darf jedoch nie 10 000 DM übersteigen. (Vgl. *Marwitz-Möhring,* § 40 Anm. 2 a II.) Sind durch eine Straftat *mehrere Rechte* geschädigt worden, z. B. durch Nachdruck eines Sammelwerkes, so darf auch dann die Buße insgesamt den Höchstbetrag nicht übersteigen; erscheint dieser Betrag im Einzelfalle ungenügend, so ist der Zivilprozeß der allein gegebene Weg.

Mehrere wegen derselben Urheberrechtsverletzung zu einer Buße Verurteilte haften für sie gesamtschuldnerisch (BGB §§ 421 bis 426).

2. **Verfahren:** Das Verfahren bestimmt sich nach § 406 d i. V. mit § 403 ff. StPO. Diese Vorschriften sehen jetzt allgemein die Zuerkennung eines

Schadensersatzanspruches im Strafverfahren *(Adhäsionsverfahren)* vor. Der Antrag auf Buße als Entschädigung ist vom Verletzten oder seinem Erben in der Hauptverhandlung bis zum Beginn der Schlußvorträge zu stellen. Die Entschädigung über den Antrag steht einem im bürgerlichen Rechtsstreit ergangenen Endurteil gleich. Näheres s. §§ 403 ff. StPO.

§ 41

Die in den §§ 36 bis 39 bezeichneten Handlungen sind auch dann rechtswidrig, wenn das Werk nur zu einem Teile vervielfältigt, verbreitet, öffentlich mitgeteilt, aufgeführt, vorgeführt oder vorgetragen wird.

§ 36

Die in den §§ 31, 32 bezeichneten Handlungen sind auch dann rechtswidrig, wenn das Werk nur zu einem Teile vervielfältigt, verbreitet oder vorgeführt wird.

Rechtsverletzung durch Teilbenutzung: „Das Werk zu einem Teil" ist nicht gleichbedeutend mit jedem Teilchen des Werkes, etwa einzelnen Wörtern (vgl. hierzu § 1 Anm. II 3 S. 8); es kommt auf die Bedeutung des betreffenden Teiles als eines Bestandteiles des betreffenden Werkes an. Ob eine teilweise Rechtsverletzung, d. h. eine Verletzung in Beziehung auf einen Werkteil, vorliegt, richtet sich somit auch nach dem Verhältnis des Entnommenen zu dem benutzten und zu dem benutzenden Werke und nach den Umständen des Einzelfalls. Eine quantitativ und qualitativ geringfügige Entlehnung braucht noch keine Rechtsverletzung zu sein; eine erhebliche und inhaltlich bedeutende Entlehnung ist es in der Regel. RGZ 144, 79; RGSt 39, 153; KG in Ufita 1937, 182.

Die Annahme eines teilweisen Nachdruckes erfordert nicht, daß sich gerade im entlehnten Teile die Eigenart oder Individualität des Urhebers offenbare (RGSt a. a. O.). Es genügt, daß der Werkteil als solcher die erforderliche Individualität besitzt *(Ulmer* S. 83).

Das Urheberrecht des Herausgebers eines *Sammelwerkes* kann durch Vervielfältigung eines Teiles des Werkes verletzt werden, aber nicht schon durch den Nachdruck eines einzelnen Beitrags. Vgl. § 4 Anm. 2 S. 49. Nachdruck eines Liederverses in Form von Wandschmuck siehe *Anschütz* I S. 31.

Praktisch wird die Frage partiellen *Plagiats* bei dem im allgemeinen wettbewerbsrechtlichen Problem des *Titelschutzes* (vgl. hierzu die Anm. K zu § 1 S. 34, insbes. auch RG in GRUR 1937, 953 und KG in GRUR 38, 84).

§ 42

Die widerrechtlich hergestellten oder verbreiteten Exemplare und die zur widerrechtlichen Vervielfältigung ausschließlich bestimmten Vorrichtungen, wie Formen, Platten, Steine, Stereotypen, unterliegen der Vernichtung. Ist nur ein Teil des Werkes widerrechtlich hergestellt oder verbreitet, so ist auf Vernichtung dieses Teiles und der entsprechenden Vorrichtungen zu erkennen.

Gegenstand der Vernichtung sind alle Exemplare und Vorrichtungen, welche sich im Eigentume der an der Herstellung oder der Verbreitung Beteiligten sowie der Erben dieser Personen befinden.

Auf die Vernichtung ist auch dann zu erkennen, wenn die Herstellung oder die Verbreitung weder vorsätzlich noch fahrlässig erfolgt. Das gleiche gilt, wenn die Herstellung noch nicht vollendet ist.

Die Vernichtung hat zu erfolgen, nachdem dem Eigentümer gegenüber rechtskräftig darauf erkannt ist. Soweit die Exemplare oder die Vorrichtungen in anderer Weise als durch Vernichtung unschädlich gemacht werden können, hat dies zu geschehen, falls der Eigentümer die Kosten übernimmt.

§ 37

Die widerrechtlich hergestellten, verbreiteten oder vorgeführten Exemplare und die zur widerrechtlichen Vervielfältigung oder Vorführung ausschließlich bestimmten Vorrichtungen, wie Formen, Platten, Steine, unterliegen der Vernichtung. Das gleiche gilt von den widerrechtlich verbreiteten oder öffentlich zur Schau gestellten Bildnissen und den zu deren Vervielfältigung ausschließlich bestimmten Vorrichtungen. Ist nur ein Teil des Werkes widerrechtlich hergestellt, verbreitet oder vorgeführt, so ist auf Vernichtung dieses Teiles und der entsprechenden Vorrichtungen zu erkennen.

Gegenstand der Vernichtung sind alle Exemplare und Vorrichtungen, welche sich im Eigentume der an der Herstellung, der Verbreitung, der Vorführung oder der Schaustellung Beteiligten sowie der Erben dieser Personen befinden.

Auf die Vernichtung ist auch dann zu erkennen, wenn die Herstellung, die Verbreitung, die Vorführung oder die Schaustellung weder vorsätzlich noch fahrlässig erfolgt. Das gleiche gilt, wenn die Herstellung noch nicht vollendet ist.

Die Vernichtung hat zu erfolgen, nachdem dem Eigentümer gegenüber rechtskräftig darauf erkannt ist. Soweit die Exemplare oder die Vorrichtungen in anderer Weise als durch Vernichtung unschädlich gemacht werden können, hat dies zu geschehen, falls der Eigentümer die Kosten übernimmt.

Vorstehende Bestimmungen finden auf Bauwerke keine Anwendung.

Dazu: RBÜ Art. 16.

1. **Zweck und Art der Vernichtung:** Die Vernichtung kann sowohl in Zivil- wie im Strafverfahren beantragt werden (§ 46). Es handelt sich um keine Einziehung zugunsten des Fiskus, auch um keine Strafe, wenn auch die Vernichtung als solche wirkt, sondern um eine *Sicherungsmaßnahme.* Die Vernichtung soll vorbeugend die Gegenstände unschädlich machen, sie ihrer gefährlichen Form entkleiden, soweit sie rechtswidrig sind, d. h. ihnen der *Makel der rechtswidrigen Herstellung oder Verbreitung oder rechtswidrigen Zweckbestimmung anhaftet (Ulmer* S. 302). Der

Verurteilte hat Anspruch auf die *mildeste Form* des Unbrauchbarmachens (Abs. 4 Satz 2). Fertige Bücher sind zu makulieren unter Sicherheitsmaßregeln (völlige Vernichtung einzelner Bogen, des Titels u. dgl.). Schriftsatz ist abzulegen, soweit das noch nicht geschehen; die Lettern selbst dürfen nicht vernichtet werden. Steindrucke sind abzuschleifen, Zeilenguß, Stereotyp-, Zink-, Stahl- und Kupferplatten einzuschmelzen oder sonst unbrauchbar zu machen. Schallplatten und -matrizen sowie Filmbänder sind einzuschmelzen, Tonbänder zu löschen. Die Kosten hat der zur Vernichtung Verpflichtete (Eigentümer) zu tragen.

Die Vernichtung als Vorbeugungsmaßregel kann auch dann angeordnet werden, wenn weder Vorsatz noch Fahrlässigkeit, also auch keine strafbare Handlung vorliegt, weitergehend als § 41 StGB, wonach des Inhalts wegen Schriften usw. nur eingezogen werden können, wenn sie strafbar sind. Sie kann auch gegen die für die Straftat nicht verantwortlichen Erben verfügt werden. Durch § 42 wird für das Gebiet des Urheberrechts die Anwendung von StGB §§ 40 ff. ausgeschlossen.

Auch beim *Versuch* ist die Vernichtung statthaft, selbst wenn der Täter den Versuch freiwillig aufgegeben hat (§ 42 Abs. 3 Satz 2).

In der Annahme des vom Urheber verlangten Nachdruckshonorars kann eine den Vernichtungsanspruch beseitigende nachträgliche Übertragung des Urheberrechts oder ein Verzicht auf die Vernichtung liegen.

2. **Gegenstand der Vernichtung** sind alle rechtswidrig hergestellten Exemplare und die zur Herstellung dienenden Vorrichtungen (s. zu 1), die sich im Eigentum der an der Herstellung oder Verbreitung Beteiligten *(nicht im Privatbesitz)* befinden. In erster Linie werden das Verleger und Drucker sein, in zweiter Linie Sortiments- (Kolportage-) Buchhändler. Diesen können die in ihrem Eigentum befindlichen (fest gekauften) Abzüge nur in einem gegen sie selbst, nicht in einem gegen den Hersteller des Nachdrucks gerichteten Verfahren aberkannt werden. Auf die bei ihnen bedingt (à condition) befindlichen und disponierten Exemplare bezieht sich das aber nicht; denn diese sind Eigentum des Verlegers (Verkehrsordnung des Börsenvereins vom 8. 6. 1935, § 13 a), sie werden also von dem *gegen den Verleger* auf Vernichtung ergangenen Titel mitumfaßt. Außerhalb des Buchhandels kommen in Betracht: *Kunsthändler, Schallplattenhersteller, Filmproduzenten* und *-verleiher*.

Bei widerrechtlicher Aufführung und widerrechtlichem Vortrag ist Einziehung der dazu benutzten Exemplare (Textbücher, Partituren, Rollen, Stimmen, Regiebücher) nur möglich, falls sie zu gewerbsmäßiger widerrechtlicher Verbreitung bestimmt sind. Als Privatbesitz können auch sie nicht angetastet werden. Der AK-Entwurf schlägt auch deren Vernichtung auf Antrag vor.

Werke der bildenden Kunst und **Photographien** unterliegen ebenfalls der Vernichtung, ausgenommen *Bauwerke* (§ 37 Abs. 5 KUG) und *Sammelwerke,* wenn nur einzelne Teile widerrechtlich, aber ohne Verschulden hergestellt oder verbreitet sind (s. dazu bei § 43). In entsprechender Anwendung des § 39 KUG kann auch bei *Filmwerken* keine Vernichtung verlangt werden, wenn die Urheberrechtsverletzung ohne

Verschulden des Herstellers, seiner Angestellten oder Beauftragten erfolgt ist. (Vgl. auch AK-Entw. § 66.)

3. *Übernahme* der Exemplare und Vorrichtungen s. § 43.

4. *Verfahren* s. § 47.

5. Die *Wirkung* des Vernichtungstitels erstreckt sich nur auf das Inland und nicht auf das Ausland.

§ 43

Der Berechtigte kann statt der Vernichtung verlangen, daß ihm das Recht zuerkannt wird, die Exemplare und Vorrichtungen ganz oder teilweise gegen eine angemessene, höchstens dem Betrage der Herstellungskosten gleichkommende Vergütung zu übernehmen.

§ 38

Der Verletzte kann statt der Vernichtung verlangen, daß ihm das Recht zuerkannt wird, die Exemplare und Vorrichtungen ganz oder teilweise gegen eine angemessene, höchstens dem Betrage der Herstellungskosten gleichkommende Vergütung zu übernehmen.

§ 39

Unterliegt auf Grund des § 37 Abs. 1 ein Sammelwerk oder eine sonstige, aus mehreren verbundenen Werken bestehende Sammlung nur zum Teil der Vernichtung, so kann der Eigentümer von Exemplaren, die Gegenstand der Vernichtung sein würden, beantragen, daß ihm die Befugnis zugesprochen werde, die Vernichtung durch Zahlung einer Vergütung an den Verletzten abzuwenden und die Exemplare gewerbsmäßig zu verbreiten. Der Antrag ist unzulässig, wenn der Eigentümer die ausschließliche Befugnis des Urhebers vorsätzlich oder fahrlässig verletzt hat.

Das Gericht kann dem Antrag entsprechen, sofern durch die Vernichtung dem Eigentümer ein unverhältnismäßiger Schaden entstehen würde. Den Betrag der Vergütung bestimmt das Gericht nach billigem Ermessen.

Auf die Vernichtung eines den Vorschriften der §§ 22, 23 zuwider verbreiteten oder zur Schau gestellten Bildnisses finden diese Vorschriften keine Anwendung.

§ 45

Der im § 39 bezeichnete Antrag ist, falls ein auf die Vernichtung gerichtetes Verfahren bereits anhängig ist, in diesem Verfahren zu stellen. Ist ein Verfahren noch nicht anhängig, so kann der Antrag nur im Wege des bürgerlichen Rechtsstreits bei dem Gericht angebracht werden, das für den Antrag auf Vernichtung der Exemplare zuständig ist.

Dem Eigentümer kann im Wege einer einstweiligen Anordnung gestattet werden, die Vernichtung durch Sicherheitsleistung abzuwenden und die Exemplare gewerbsmäßig zu verbreiten; soll die Anordnung im Wege des bürgerlichen Rechtsstreits getroffen werden, so finden die Vorschriften über die einstweiligen Verfügungen Anwendung.

Wird dem Eigentümer nicht die Befugnis zugesprochen, die Vernichtung durch Zahlung einer Vergütung an den Verletzten abzuwenden und die Exemplare gewerbsmäßig zu verbreiten, so hat er, soweit auf Grund der einstweiligen Anordnung Exemplare von ihm verbreitet worden sind, dem Verletzten eine Vergütung zu gewähren. Den Betrag der Vergütung bestimmt das Gericht nach billigem Ermessen.

1. **Übernahme statt Vernichtung:** Der § 43 ist eine Ergänzung des § 42. Der Berechtigte kann die widerrechtlichen Exemplare und Vorrichtungen übernehmen, auch wenn er noch gar *keinen Schaden* gehabt hat oder wenn ihm dieser ersetzt worden ist. Ist der Berechtigte, der die rechtswidrig hergestellten Exemplare übernimmt, der Verleger, so darf er sie nur nach Verständigung mit dem Verfasser verbreiten, sofern dieser sich nicht aller Benutzungsrechte begeben, z. B. das Verlagsrecht für alle Auflagen vergeben hat und auch sein Persönlichkeitsrecht durch die Verbreitung der übernommenen Exemplare nicht gefährdet wird. Übernimmt der Verfasser die Exemplare, so muß er sich, mit dem rechtmäßigen Verleger verständigen; ohne dessen Zustimmung darf er die übernommenen Exemplare in keiner Weise verbreiten, auch nicht verschenken, weil er dadurch den Absatz der rechtmäßigen Exemplare schmälern könnte. Die Zustimmung der in Betracht kommenden Mitberechtigten ist nicht Voraussetzung für die Zuerkennung des Übernahmerechts (a. A. *Runge* S. 377). Der Anspruch auf Übernahme Zug um Zug gegen Zahlung der angemessenen Vergütung entsteht wie der Vernichtungsanspruch mit der Verletzung, nicht erst mit dem Urteilsausspruch (ebenso *Ulmer* S. 302).

2. **Abwendung der Vernichtung bei Sammelwerken.** KUG §§ 39 und 45 gewähren für Sammelwerke oder sonstige, aus mehreren verbundenen Werken bestehende Sammlungen, wenn an sich nur ein Teil der in ihnen enthaltenen Werke (Beiträge) der Vernichtung unterliegen würde, die Möglichkeit, daß der Eigentümer, sofern er weder vorsätzlich noch fahrlässig gehandelt hat, die Vernichtung durch Zahlung einer Vergütung an den Verletzten abwenden und dann die Exemplare gewerbsmäßig verbreiten kann. Häufig ist „der Wert der von der Vernichtung bedrohten Exemplare und Vorrichtungen erheblich höher als der Schaden, den der Verletzte erlitten hat. Im Interesse der Billigkeit muß in solchen Fällen der an der Verletzung des Urheberrechts schuldlose Eigentümer vor zu weit gehender Schädigung bewahrt werden“ (Begr. KUG).

Zwar befindet sich diese Bestimmung nur im KUG; doch hindert nichts, sie zugunsten von *illustrierten Schriftwerken*, namentlich von *Zeitschriften*, zu verstehen, die infolge der bekannten Sorglosigkeit von Künstlern in Geschäfts- und Rechtsangelegenheiten vermeintliche Rechte erworben haben, die in Wirklichkeit bereits vergeben waren. Das ist so häufig vorgekommen, daß sich schon Verlagsanstalten gegenseitig verpflichtet haben, in solchen Fällen voneinander nur Schadensersatz zu fordern, nicht aber Unterlassung der Verbreitung.

„Da der Eigentümer regelmäßig das lebhafte Interesse hat, möglichst bald darüber vergewissert zu sein, ob er die an sich widerrechtlich hergestellten Exemplare verbreiten darf, gestattet KUG § 45 ihm, solange ein auf die Vernichtung gerichtetes Verfahren noch nicht anhängig ist, auch seinerseits als Kläger im Wege des bürgerlichen Rechtsstreits vorzugehen, und trifft weiter Vorsorge, daß durch einstweilige Anordnung dem Eigentümer die betreffende Erlaubnis gegen Sicherheitsleistung unverzüglich erteilt werden kann." (Begr. KUG). Wird später die Abwendung der Vernichtung vom Gericht abgelehnt, so dürfen gleichwohl die auf Grund der Anordnung inzwischen verbreiteten Exemplare nicht mehr vernichtet werden.

Auch auf *Filmwerke* ist die Bestimmung analog anzuwenden, da sie Sammelwerken sehr ähnlich sind (vgl. § 12 Anm. 2 e S. 96). Die Entwürfe sehen dieses Ablösungsrecht nur noch für Filmwerke vor (AK-Entw. § 66); es sollte jedoch auf alle Werke ausgedehnt werden, bei denen in Frage kommen kann, daß ihr Wert erheblich höher ist als der Schaden, den der Verletzte erlitten hat.

Verfahren s. § 48 Anm. 2 S. 176.

§ 44

Wer den Vorschriften des § 18 Abs. 1 oder des § 25 zuwider unterläßt, die benutzte Quelle anzugeben, wird mit Geldstrafe bis zu einhundertfünfzig Deutsche Mark bestraft.

§ 40

Wer der Vorschrift des § 19 Abs. 2 zuwider unterläßt, die benutzte Quelle anzugeben, wird mit Geldstrafe bis zu einhundertfünfzig Deutsche Mark bestraft.

Die vorsätzliche oder fahrlässige **Unterlassung der Quellenangabe** wird als Übertretung mit Geldstrafe bis zu 150 DM bestraft. Nach RJM- u. AK-Entw. soll die Strafbarkeit entfallen. In der Begr. zum geltenden Gesetz heißt es: „Doch ist, entsprechend der erhöhten Bedeutung, welche dieser Pflicht zukommt, der Strafrahmen erweitert und die Vorschrift, wonach die Geldstrafe nicht in Freiheitsstrafe verwandelt werden kann, in Wegfall gebracht."

Die Bestrafung kann nur im öffentlichen Verfahren erfolgen, da Übertretungen nicht im Wege der Privatklage verfolgt werden können (§ 374 Ziff. 8 StPO).

Auf Vernichtung kann wegen Unterlassung der Quellenangabe nicht erkannt werden. Dagegen ist Klage auf Schadensersatz möglich, denn die Unterlassung der Quellenangabe ist die Verletzung eines „den Schutz eines anderen bezweckenden Gesetzes" (BGB § 823 Abs. 2; RGZ 81, 125).

§ 45

Die Strafverfolgung in den Fällen der §§ 38, 39, 44 tritt nur auf Antrag ein. Die Zurücknahme des Antrags ist zulässig.

§ 41

Die Strafverfolgung in den Fällen der §§ 32, 33, 40 tritt nur auf Antrag ein. Die Zurücknahme des Antrags ist zulässig.

1. **Strafantrag.** Zum Antrag auf Strafverfolgung ist jeder Berechtigte (s. unten zu 2) befugt, d. h. derjenige, dessen Urheber- oder Benutzungsrechte unmittelbar verletzt sind. Mittelbar Beteiligte, wie Gläubiger,

Familienangehörige, sind nicht antragsberechtigt. Auch können die Erben des Verletzten nicht an Stelle des letzteren Antrag auf Bestrafung stellen, wenn das Urheberrecht eines Verstorbenen noch zu dessen Lebzeiten verletzt worden ist; das Recht des Strafantrags ist nicht vererblich (RGSt. 43, 335). Ist die Verletzung dagegen nach dem Tode des Verfassers erfolgt, so sind die Erben, als die nunmehr Verletzten, antragberechtigt. — Sind mehrere Antragsberechtigte vorhanden, so kann jeder für sich den Antrag stellen; für jeden läuft die Frist des StGB § 61 besonders. Wenn einer von ihnen die dreimonatige Frist versäumt, so wird dadurch das Recht der übrigen nicht ausgeschlossen (StGB § 62). — Praktisch wird das bei Miturhebern, von denen jeder für sich den Eingriff ins gemeinsame Urheberrecht verfolgen kann (BGB § 744 Abs. 2; Anm. 4 c § 6 S. 59).

Der Strafantrag ist *sachlich und persönlich teilbar*, d. h. er kann auf eine von mehreren beteiligten Personen beschränkt werden. Der ausschließlich gegen den Verleger des Nachdrucks gerichtete Antrag bewirkt also keine Verfolgung des Druckers, es sei denn, daß die Strafverfolgung wegen des Nachdrucks und seiner Verbreitung gegen alle Beteiligte gestellt wird. — Der Verfasser eines un- oder deckbenannten Werkes (s. § 7 Abs. 2 und § 31) kann sich durch seinen Verleger vertreten lassen oder, unter Nennung seines Namens dem Gerichte gegenüber und unter Nachweis seiner Urheberschaft, selbst den Antrag auf Strafverfolgung stellen.

Die **Frist** zur Stellung des Antrags beträgt drei Monate von dem Tage, an dem der Antragsberechtigte von der Handlung und der Person des Täters Kenntnis gehabt hat (StGB § 61).

Jeder Antragsteller, der die öffentliche Anklage veranlaßt hat, kann sich ihr, gleichviel ob er Buße fordern will oder nicht (§ 40), mit der Folge der bei § 40 besprochenen prozessualen Rechte als **Nebenkläger** anschließen (StPO §§ 395 ff.). Verneint der Staatsanwalt das öffentliche Interesse, so bleibt dem Berechtigten die Erhebung der strafrechtlichen Privatklage überlassen, s. zu 4.

Verjährungsfrist s. §§ 50—53.

Die **Zurücknahme des Antrags** ist zulässig. Sie hat nicht die Bedeutung, daß die Handlung als genehmigt gilt. Die zivilrechtlichen Ansprüche werden also nicht davon berührt. Die wirksame Zurücknahme führt zur Einstellung des Verfahrens. Wird der Antrag nur gegen einen Beteiligten zurückgenommen, so läuft das Verfahren gegen die übrigen weiter.

2. **Berechtigte:** Unmittelbar Verletzte sind in der Regel aus ursprünglichem Rechte Verfasser, Mitverfasser, Herausgeber, Bearbeiter, Übersetzer und, gemäß §§ 30 und 32, juristische Personen; aus abgeleitetem Rechte Verleger, Konzertunternehmer, Bühnenleiter, Filmunternehmer, Schallplattenhersteller, Sendegesellschaften. Wird „ein in Verlag gegebenes Werk nachgedruckt, so ist neben dem Verleger stets auch der Urheber verletzt, da sein Recht durch den Verlagsvertrag nur nach bestimmten Richtungen und nur zu Gunsten des Verlegers beschränkt wird,

im übrigen aber fortbesteht“ (Begr.). Der Verleger kann dem Verfasser gegenüber und dieser dem Verleger gegenüber der verletzte Berechtigte sein (s. auch § 11 Anm. B I 8 S. 80).

Der Herausgeber ist selbständig Berechtigter, wenn die Rechtsverletzung gegen das ganze von ihm herausgegebene Werk begangen ist. Betrifft die Verletzung nur einen einzelnen Beitrag, so ist dessen Verfasser der zunächst Berechtigte, aber auch der Herausgeber, dessen Urheberrecht am Sammelwerk (Bearbeiterurheberrecht) ebenfalls betroffen wird, ist Berechtigter.

Der Verleger ist nur bei Verletzung des ihm zustehenden Werknutzungsrechts antragsberechtigt. Diese Berechtigung des Verlegers hört auf, sobald das Verlagsrecht an den Verfasser zurückfällt (s. VerlG §§ 9 Abs. 1, 17, 29, 32), oder das Verlagsrecht übertragen wird. Der Bearbeiter (z. B. Übersetzer) ist antragsberechtigt, wenn seine Übersetzung widerrechtlich vervielfältigt wird. Daneben ist der Urheber des Originalwerks befugt, Strafantrag zu stellen, auch wenn er das Übersetzungsrecht übertragen hat, da mit der Übersetzung auch sein Originalwerk (widerrechtlich) wiedergegeben wird.

Der Berechtigte hat sich nötigenfalls als solcher auszuweisen und zu beweisen, daß die Schutzfrist noch nicht abgelaufen ist (s. § 35). Als Nachweis der Urheberschaft genügt beim Verfasser die Erfüllung der Vorschriften des § 7. Der Verleger und wer sonst sein Recht vom Verfasser ableitet, muß dies beweisen.

3. **Vorläufige Beschlagnahme:** Ist ein Antrag auf Strafverfolgung gestellt, so kann die Vervielfältigung oder Verbreitung des Nachdrucks gehemmt werden durch vorläufige Beschlagnahme, nicht zu verwechseln mit der „Vernichtung“ auf Grund eines Urteils (§§ 42, 43 und 46). Die Anordnung der vorläufigen Beschlagnahme steht dem Richter, bei Gefahr im Verzuge der Staatsanwaltschaft zu; in letzterem Falle ist sie auf Verlangen des Betroffenen binnen drei Tagen vom Richter zu bestätigen oder aufzuheben (vgl. StPO §§ 94 ff.).

4. Die **Einleitung eines Strafverfahrens** ordnet die Staatsanwaltschaft nur an, wenn nach ihrer Ansicht ein *öffentliches Interesse* vorliegt. Dies wird zumeist verneint, obwohl noch heute die Allg. Verfügung des RJM vom 13. 4. 1935, betr. „Richtlinien für das Strafverfahren“, gilt, in der es heißt:

„Im Hinblick auf die hohe Bedeutung wertvoller Kunstwerke und wichtiger Erfindungen für den kulturellen und wirtschaftlichen Aufstieg des Volkes und angesichts der wirtschaftlichen Notlage, in der sich viele der von Verletzungen des literarischen, künstlerischen und gewerblichen Urheberrechts und des Erfinderrechts betroffenen geistigen Arbeiter befinden, darf der Staatsanwalt bei der Prüfung der Frage des öffentlichen Interesses (§ 374 Abs. 1 Nr. 8, § 376 StPO) nicht engherzig verfahren. Er hat vielmehr von Fall zu Fall sorgfältig zu prüfen, ob die Umstände die Annahme eines öffentlichen Interesses an der Erhebung der öffentlichen Klage rechtfertigen. Ein solches wird insbesondere dann regelmäßig anzunehmen sein, wenn die Tat wegen der Zahl oder des Umfangs der Verletzungen, wegen der Hartnäckigkeit des Täters, die er etwa durch die Nichtbeachtung einer vorangegangenen Warnung an den Tag gelegt hat, oder durch die verwerfliche Art der Begehung, z. B. dadurch, daß die Verletzung durch Verwendung fremder Namen, Titel oder sonstiger Bezeichnungen verschleiert worden ist, sich als eine schwerwiegende Verletzung des Urheber- oder Erfinderrechts darstellt."

Wird das öffentliche Interesse verneint, so kann der Berechtigte die strafrechtliche **Privatklage** nach §§ 374 ff. StPO erheben. Heute werden fast ausnahmslos die Ansprüche allein im Zivilprozeß verfolgt. Beide Verfahren sind nebeneinander zulässig. Die Zuerkennung einer Buße schließt jedoch den Schadensersatzanspruch aus (s. § 40 Anm. 1 S. 166).

§ 46

Die Vernichtung der widerrechtlich hergestellten oder verbreiteten Exemplare und der zur widerrechtlichen Vervielfältigung ausschließlich bestimmten Vorrichtungen kann im Wege des bürgerlichen Rechtsstreits oder im Strafverfahren verfolgt werden.

§ 42

Die Vernichtung der Exemplare und der Vorrichtungen kann im Wege des bürgerlichen Rechtsstreits oder im Strafverfahren verfolgt werden.

§ 47

Auf die Vernichtung von Exemplaren oder Vorrichtungen kann auch im Strafverfahren nur auf besonderen Antrag des Berechtigten erkannt werden. Die Zurücknahme des Antrags ist bis zur erfolgten Vernichtung zulässig.

Der Berechtigte kann die Vernichtung von Exemplaren oder Vorrichtungen selbständig verfolgen. In diesem Falle finden die §§ 430 bis 432 der Strafprozeßordnung mit der Maßgabe Anwendung, daß der Berechtigte als Privatkläger auftreten kann.

§ 43

Auf die Vernichtung von Exemplaren oder Vorrichtungen kann auch im Strafverfahren nur auf besonderen Antrag des Verletzten erkannt werden. Die Zurücknahme des Antrags ist bis zur erfolgten Vernichtung zulässig.

Der Verletzte kann die Vernichtung von Exemplaren oder Vorrichtungen selbständig verfolgen. In diesem Falle finden die §§ 430—432 der Strafprozeßordnung mit der Maßgabe Anwendung, daß der Verletzte als Privatkläger auftreten kann.

§ 48

Die §§ 46, 47 finden auf die Verfolgung des im § 43 bezeichneten Rechtes entsprechende Anwendung.

§ 44

Die §§ 42, 43 finden auf die Verfolgung des im § 38 bezeichneten Rechtes entsprechende Anwendung.

1. Zum **Vernichtungsanspruch** s. die Erl. zu §§ 42, 43.

2. **Verfahren bei der Vernichtung:** Die Vernichtung von Exemplaren und Vorrichtungen (und ihre Übernahme gegen Vergütung gemäß § 43) kann nach § 46 sowohl im Wege des *bürgerlichen* Rechtsstreits als auch im Strafverfahren, im letzteren vom *Staatsanwalt*, oder vom Verletzten selbständig als Privatkläger herbeigeführt werden.

Auch hält das Gesetz (§ 47 Abs. 1) an dem durch die Rechtsprechung anerkannten Grundsatz fest, daß das Verfahren von dem Berechtigten *stets besonders beantragt* werden muß. Der im allgemeinen Strafantrag noch nicht enthaltene und von ihm völlig unabhängige Antrag auf Vernichtung ist an *keine Frist* gebunden und kann selbst dann gestellt werden, wenn der Verletzte auf den Strafantrag verzichtet oder ihn zurückgenommen hat (RG im „Recht" 1909 Nr. 621). Die *Zurücknahme* des Vernichtungsantrags ist andererseits bis zur erfolgten Vernichtung, also noch nach Eintritt der Rechtskraft des Urteils im Vollstreckungsverfahren zulässig, dann aber unwiderruflich; der Antrag kann also später nicht von neuem gestellt werden, auch wenn der Berechtigte anderweit vom Vorhandensein widerrechtlich hergestellter Exemplare usw. erfährt.

Selbstverständlich ist es zulässig, den Antrag innerhalb des gegen einen Nachdruck oder eine widerrechtliche Verbreitung gerichteten Strafverfahrens zu stellen, so daß *dann* die Verfolgung der Sache mit diesem Verfahren verbunden wird. Für den Fall einer selbständigen Verfolgung aber gewährt der § 47 Abs. 2 dem Verletzten die Befugnis, unter Umgehung der Staatsanwaltschaft als Privatkläger aufzutreten. Aber auch wenn der Verletzte diesen selbständigen Weg nicht wählt, sondern sich dem von der Staatsanwaltschaft betriebenen (objektiven) Verfahren nur als Nebenkläger anschließt (s. o. zu § 40 Anm. 1), kann er in dieser Eigenschaft einen den staatsanwaltschaftlichen Vernichtungsantrag zurückweisenden Beschluß mit den prozessualen Rechtsmitteln selbständig anfechten. Vgl. im übrigen §§ 430—432 StPO und die Komm. dazu.

§ 49

Für sämtliche Bundesstaaten sollen Sachverständigen-Kammern bestehen, die verpflichtet sind, auf Erfordern der Gerichte und der Staatsanwaltschaften Gutachten über die an sie gerichteten Fragen abzugeben.

Die Sachverständigen-Kammern sind befugt, auf Anrufen der Beteiligten über Schadensersatzansprüche, über die Vernichtung von Exemplaren oder Vorrichtungen sowie über die Zuerkennung des im § 43 bezeichneten Rechtes, ferner in den Fällen des § 22 über den Anspruch auf die Erteilung der Erlaubnis als Schiedsrichter zu verhandeln und zu entscheiden.

Der [Reichskanzler] **erläßt die Bestimmungen über die Zusammensetzung und den Geschäftsbetrieb der Sachverständigen-Kammern.**

Die einzelnen Mitglieder der Sachverständigen-Kammern sollen nicht ohne ihre Zustimmung und nicht ohne Genehmigung des Vor-

sitzenden von den Gerichten als Sachverständige vernommen werden.

§ 46

Für sämtliche Bundesstaaten sollen Sachverständigenkammern bestehen die verpflichtet sind, auf Erfordern der Gerichte und der Staatsanwaltschaften Gutachten über die an sie gerichteten Fragen abzugeben.

Die Sachverständigenkammern sind befugt, auf Anrufen der Beteiligten über Schadensersatzansprüche, über die Vernichtung von Exemplaren oder Vorrichtungen sowie über die Zuerkennung des im § 38 bezeichneten Rechtes als Schiedsrichter zu verhandeln und zu entscheiden.

Der [Reichskanzler] *erläßt die Bestimmungen über die Zusammensetzung und den Geschäftsbetrieb der Sachverständigenkammern.*

Die einzelnen Mitglieder der Sachverständigenkammern sollen nicht ohne ihre Zustimmung und nicht ohne Genehmigung des Vorsitzenden von den Gerichten als Sachverständige vernommen werden.

1. Sachverständigen-Vereine sind durch das preußische LUG von 1837 zuerst ins Leben gerufen worden. Nach dem LUG von 1870 (§§ 31 und 49) bestanden literarische und musikalische Sachverständigen-Vereine; diese sind durch das geltende Gesetz vereinigt zu Sachverständigen-Kammern, damit ihre Eigenschaft als amtliche Organe schärfer hervortritt. Ihre Besetzung war gewöhnlich mit fünf Sachverständigen, die Gebühren waren auf 30 bis 300 M festgesetzt; auch als Schiedsgericht konnten sie tätig werden.

2. Durch die Reichskulturkammer wurden die Sachverständigenkammern bedeutungslos gemacht.

3. Bisher sind sie noch nicht wieder ins Leben gerufen worden. Ihre alsbaldige Einrichtung ist beim Bundesjustizministerium beantragt.

Einige sehr interessante und für das Urheberrecht aufschlußreiche Gutachten der preußischen Kammern erschienen in Sammlungen, herausgegeben nacheinander von *Heydemann*, *Dambach*, *Daude* und zuletzt von *Wollenberg* (1936).

§ 50

Der Anspruch auf Schadensersatz und die Strafverfolgung wegen Nachdrucks verjähren in drei Jahren.

Die Verjährung beginnt mit dem Tage, an welchem die Verbreitung der Nachdruckexemplare zuerst stattgefunden hat.

§ 47

Der Anspruch auf Schadensersatz und die Strafverfolgung wegen widerrechtlicher Vervielfältigung verjähren in drei Jahren.

Die Verjährung beginnt mit dem Tage, an welchem die Vervielfältigung vollendet ist. Ist die Vervielfältigung zum Zwecke der Verbreitung bewirkt, so beginnt die Verjährung erst mit dem Tage, an welchem eine Verbreitung stattgefunden hat.

§ 51

Der Anspruch auf Schadensersatz und die Strafverfolgung wegen widerrechtlicher Verbreitung oder Aufführung sowie wegen widerrechtlichen Vortrags verjähren in drei Jahren. Das Gleiche gilt in den Fällen der §§ 36, 39.

Die Verjährung beginnt mit dem Tage, an welchem die widerrechtliche Handlung zuletzt stattgefunden hat.

§ 48

Der Anspruch auf Schadensersatz und die Strafverfolgung wegen widerrechtlicher Verbreitung oder Vorführung eines Werkes sowie die Strafverfolgung wegen widerrechtlicher Verbreitung oder Schaustellung eines Bildnisses verjähren in drei Jahren.

Die Verjährung beginnt mit dem Tage, an welchem die widerrechtliche Handlung zuletzt stattgefunden hat.

§ 52

Der Antrag auf Vernichtung der widerrechtlich hergestellten oder verbreiteten Exemplare sowie der zur widerrechtlichen Vervielfältigung ausschließlich bestimmten Vorrichtungen ist so lange zulässig, als solche Exemplare oder Vorrichtungen vorhanden sind.

§ 50

Der Antrag auf Vernichtung der Exemplare und der Vorrichtungen ist so lange zulässig, als solche Exemplare oder Vorrichtungen vorhanden sind.

§ 53

Die Verjährung der nach dem § 44 strafbaren Handlung beginnt mit dem Tage, an welchem die erste Veröffentlichung stattgefunden hat.

§ 49

Die Verjährung der nach § 40 strafbaren Handlung beginnt mit dem Tage, an welchem die erste Verbreitung stattgefunden hat.

1. **Verjährung:**

a) **im allgemeinen.** Die allgemeinen Vorschriften ergeben sich aus BGB §§ 194—225, StGB §§ 66—72, ZPO § 207 und StPO §§ 413, 419. — Die Verjährungsfrist läuft unabhängig davon, ob der Berechtigte *Kenntnis von der Verletzung* seines Rechtes gehabt hat oder nicht. Die Verjährungsfrist ist zu unterscheiden von der Antragsfrist, s. § 45. Beide Fristen laufen unabhängig nebeneinander.

b) **bei Nachdruck** (§ 50). Die Verjährung beginnt mit dem Tage, an dem die Verbreitung zuerst stattgefunden hat. Der Tag der ersten Verbreitung läßt sich in den meisten Fällen bestimmen. „Sei das einmal nicht möglich, dann werde der Richter den ersten Tag des Jahres, in dem sicher die erste Verbreitung stattgefunden habe, als entscheidend annehmen" (KB S. 75). Die Verjährung wird berechnet vom *Beginn der Verbreitung* (§ 50 Abs. 2), nicht von der *Herstellung* an, weil es sonst möglich sein würde, einen Nachdruck zwischen Herstellung und Verbreitung drei Jahre liegen zu lassen, so daß die Verjährung vor Beginn der Verbreitung einträte.

c) **bei Verbreitung, Aufführung, Vortrag, öffentlicher Mitteilung** (§ 51). Die Verjährung beginnt mit dem Tage, an dem die widerrechtliche Handlung zuletzt stattgefunden hat. Ist dieselbe Person zugleich Nachdrucker und Verbreiter, so kommen die Verjährungsfristen beider Paragraphen (§§ 50 und 51) in Betracht.

2. **Vernichtung:** Da die Vernichtung widerrechtlicher Abzüge und Druckvorrichtungen eine Vorbeugungsmaßregel ist (s. § 42), tritt *keine Verjährung* ein. Der an keine Frist gebundene (vgl. Erl. zu §§ 46—48) Antrag kann so lange gestellt werden, als widerrechtlich hergestellte oder verbreitete Exemplare oder Vorrichtungen, die zur widerrechtlichen Vervielfältigung ausschließlich bestimmt sind, vorhanden sind. Ist der Antrag zurückgenommen, so kann er wegen neu auftauchender Exemplare oder Vorrichtungen nicht erneuert werden.

Die Vernichtung kann auch noch *nach Ablauf der Schutzfrist* beantragt und ausgesprochen werden, und zwar die der widerrechtlich hergestellten Exemplare schlechthin, gleichviel ob sie vor oder nach Ablauf der Schutzfrist verbreitet werden sollten (RGSt. 27, 22 ff.), die der Vorrichtungen nur dann, wenn sie noch während der Fristdauer zur widerrechtlichen Vervielfältigung durch Herstellung mindestens eines Abzugs bestimmt waren. Sollten sie erst nach Ablauf der Schutzfrist in Funktion treten, so waren sie zur widerrechtlichen Vervielfältigung nicht bestimmt, unterliegen also der Vernichtung nicht (vgl. § 15). Das geschützte Interesse des Berechtigten geht dahin, daß erst nach Erlöschen des Schutzes mit der wirklichen Vervielfältigung begonnen werde. Rechtswidrig während der Schutzfrist hergestellte Exemplare werden durch Ablauf der Schutzfrist nicht rückwirkend zu rechtmäßigen (*de Boor* S. 146).

3. **Unterlassung der Quellenangabe** (§ 44): Die Verjährung beginnt mit der ersten Veröffentlichung. Die Verjährungsfrist beträgt gemäß StGB § 67 Abs. 3 nur drei Monate, da es sich um eine Übertretung handelt (s. § 44).

4. **Verwirkung:** Der Einwand der Verwirkung ist ein typischer Fall des Einwandes der unzulässigen Rechtsausübung, der in § 242 BGB seine Grundlage hat. Er ist besonders entwickelt im Wettbewerbs- und Warenzeichenrecht. Auch für das Urheberrecht wird seine Zulässigkeit grundsätzlich nicht zu verneinen sein. Auch das RG hat diese Feststellung getroffen. Es gibt aber keinen Fall, in dem es urheberrechtliche Befugnisse für verwirkt erklärt. Verwirkung wird also auf diesem Gebiet nur in *ganz besonderen Ausnahmefällen* in Frage kommen. (Vgl. hierzu *Kleine*, Zum Einwand der Verwirkung, insbesondere im Wettbewerbs- und Urheberrecht JZ 1951, 9 mit ausführlichen Lit. und Jud.

Angaben; ferner *Heydt* GRUR 1951, 182 ff. Von *Kleine* wird auch die *Bedeutung der Kriegs- und Nachkriegsverhältnisse*, insbesondere der Einführung der Lizenzierungspflicht durch die Besatzungsmächte, im Hinblick auf die Verwirkung behandelt. Grundsätzlich sind diese Zeiträume (bis zur Lizenzierung oder bis zur Aufhebung der Lizenzierungspflicht) weder für den Eintritt der Verwirkung noch für die Erlangung einer Verkehrsgeltung, noch für die Frage zu berücksichtigen, ob der Gebrauch der Benutzung (z. B. eines Titels) endgültig eingestellt worden ist (vgl. ferner OLG Köln GRUR 1950, 579 ff. und OLG Bamberg GRUR 1952, 40).

Fünfter Abschnitt

Schlußbestimmungen

§ 54

Den Schutz genießen die Reichsangehörigen für alle ihre Werke, gleichviel ob diese erschienen sind oder nicht.

§ 55

Wer nicht Reichsangehöriger ist, genießt den Schutz für jedes seiner Werke, das im Inland erscheint, sofern er nicht das Werk selbst oder eine Übersetzung an einem früheren Tage im Auslande hat erscheinen lassen. Für den im § 2 Abs. 2 bestimmten Schutz ist an Stelle des Erscheinens die Vervielfältigung der Vorrichtung maßgebend.

§ 51

Den Schutz des Urhebers genießen die Reichs*angehörigen für alle ihre Werke, gleichviel ob diese erschienen sind oder nicht.*

Wer nicht Reichs*angehöriger ist, genießt den Schutz für jedes seiner Werke, das im Inland erscheint, sofern er nicht das Werk an einem früheren Tage im Auslande hat erscheinen lassen.*

Dazu: RBÜ Art. 4, 5, 6, 30.

1. **Schutz der Inländer:**

Alle Werke deutscher Staatsangehöriger sind geschützt, gleichgültig ob das Werk im Inland oder im Ausland erschienen oder ob es noch nicht erschienen ist. Das im Ausland erschienene Werk eines deutschen Staatsangehörigen ist also nicht etwa nach den Vorschriften der RBÜ zu behandeln.

Für die Verfolgung von Rechtsansprüchen ist nicht notwendig, daß der Urheber die deutsche Staatsangehörigkeit schon im Zeitpunkt des Erscheinens besitzt, vielmehr genügt es, wenn sie *im Zeitpunkt der Verletzung* besteht. Ist dieser Zeitpunkt maßgebend, so braucht sie bei der Klageerhebung nicht vorzuliegen. So im Ergebnis auch *Allfeld* § 54 Anm. 3; vgl. auch Begr. RJM-Entwurf S. 129.

Auf die Person des Urhebers kommt es an. Ob die *Inhaber abgeleiteter Rechte* (Verleger) oder die Erben als Rechtsnachfolger deutsche Staatsangehörige sind, ist ohne Belang.

Bei *Miturheberschaft* genügt es für den Schutz des gemeinsamen Werkes, wenn einer der Urheber deutscher Staatsangehöriger ist, auch wenn das Werk zuerst oder nur im Ausland erschienen ist. Bei Sammelwerken und zusammengesetzten Werken (§§ 4 und 5) bestimmt sich der Schutz für jeden Teil nach der Person seines Urhebers.

2. **Schutz der Ausländer:**

Ausländer und dementsprechend auch *Staatenlose* genießen Urheberrechtsschutz in Deutschland für diejenigen Werke, die zuerst hier erschienen sind. Der Schutz der im Ausland erschienenen Werke von Ausländern in Deutschland hängt davon ab, ob ein Staatsvertrag mit dem Land, dem der Urheber angehört oder in dem das Werk erstmals erschienen ist (Ursprungsland), besteht (vgl. aber die Ausnahme zu d). Folgende Verträge sind für Deutschland verbindlich:

a) *Revidierte Berner Übereinkunft* zum Schutze von Werken der Literatur und der Kunst vom 9. 9. 1886, und zwar in der sogenannten Rom-Fassung vom 2. 6. 1928 seit 21. 10. 1933; abgedr. im Anhang unter C (a).

Während durch den ersten Weltkrieg der Verband zwischen den kriegführenden Ländern aufgehoben war und erst durch den Versailler Vertrag wiederhergestellt worden ist (Art. 286), blieb der Unionsvertrag als solcher *vom zweiten Weltkrieg unberührt.* Der Schutz ruhte nur de facto (ebenso *Runge* GRUR 1948, 31 ff.; *Möhring* GRUR 1948, 127 ff.; *Ulmer* SJZ 1948, 443 ff. und ders. Lehrbuch S. 50). Da nach herrschender internationaler Meinung Deutschland durch die Kapitulation und Besetzung als Staat nicht untergegangen ist (vgl. *Stödter,* Deutschlands Rechtslage, Hamburg 1948, und die dort. Zit.), ist die Fortgeltung der RBÜ auch insofern nicht unterbrochen worden. Sie ist hiernach im gesamten Deutschland, auch in der DDR, in Wirksamkeit. Die Regierung der Bundesrepublik Deutschland hat die Anwendbarkeit durch Erklärung gegenüber der Alliierten Hohen Kommission vom 7. 2. 1950, die durch die Schweizer Bundesregierung den Verbandsländern bekanntgegeben worden ist, ausdrücklich anerkannt. (Vgl. Bund.Anz. Nr. 144 = GRUR 1950, 412.)

Die Berner Konvention ist 1896 in Paris, 1908 in Berlin, 1928 in Rom und 1948 in Brüssel revidiert worden. Die Brüsseler Fassung ist im Anhang unter C (b) abgedruckt.

Welche Staaten der Konvention angehören, welche Fassung für sie verbindlich ist und welche Vorbehalte gemacht sind, siehe Anhang S. 219.

Grundprinzip: Inländerbehandlung aller Werke, die erstmals in einem Verbandsland erschienen sind — ohne Rücksicht auf die Staatsangehörigkeit des Urhebers. Werke von Angehörigen verbandsfremder Länder und von Staatenlosen sind geschützt, wenn das Ursprungsland ein Verbandsstaat ist.

b) *Übereinkunft von Montevideo* betreffend den Schutz von Werken der Literatur und der Kunst (abgedr. im Anhang unter D). Für Deutschland ist sie seit dem 26. 3. 1927 verbindlich. Durch Erklärung vom 7. 2. 1950 (Bund.Anz. Nr. 144 = GRUR 1950, 413) hat die Bundesrepublik die Anwendbarkeit anerkannt. Die Verbandsländer, mit denen die Gegenseitigkeit besteht *(Argentinien, Bolivien, Paraguay)*, haben bisher dazu keine Erklärungen abgegeben.

Prinzip: Der Urheber genießt in den Verbandsländern diejenigen Rechte, die das Gesetz des Staates gewährt, in welchem die erste Veröffentlichung oder Herstellung stattgefunden hat.

c) *Vertrag mit den Vereinigten Staaten von Amerika* über den gegenseitigen Schutz der Urheberrechte vom 15. 1. 1892. Seine Verbindlichkeit wurde nach dem ersten Weltkrieg durch Gesetz vom 18. 5. 1922 (RGBl. II S. 129) und die Proklamation des Präsidenten der Vereinigten Staaten vom 25. 5. 1922 erneut festgestellt. Durch den zweiten Weltkrieg ist seine Geltung de iure nicht aufgehoben worden. Der Fortbestand für die Bundesrepublik ist durch den Notenwechsel zwischen der Bundesregierung und dem Amerikanischen Hohen Kommissar für Deutschland vom 6. 2./20. 6. 1950 nebst Memorandum des Copyright-Büros vom 24. 5. 1950 (Bund.Anz. Nr. 144 = GRUR 1950, 414) klargestellt. Ob allerdings der amerikanische Richter, der auch über die Gültigkeit völkerrechtlicher Verträge incidenter entscheiden kann, das de facto-Ruhen des Vertrages und sein Wiederaufleben durch den Notenwechsel (ohne Proklamation des Präsidenten) anerkennt, ist zweifelhaft. Im übrigen s. hierzu auch unter d und 3 c.

d) Das *AHK-Gesetz Nr. 8* vom 20. 10. 1949 (Amtsbl. der AHK S. 18) bestimmt, daß Angehörige von ausländischen Staaten, die sich mit Deutschland im Kriegszustand befunden haben, „hinsichtlich gewerblicher, literarischer und künstlerischer Eigentumsrechte“ den gleichen Schutz wie deutsche Staatsangehörige genießen. Solange das Gesetz gilt, muß Angehörigen solcher Staaten auch dann Urheberrechtsschutz gewährt werden, wenn die Gegenseitigkeit nicht verbürgt ist. Die Liste der Staaten, welche sich mit Deutschland im Kriegszustand befinden bzw. befanden, ist im Bund.Anz. 1950 Nr. 193 und bei *Menzel*, Jahrb. f. int. u. ausl. öff. Recht Bd. 2 S. 224 ff. abgedruckt.

Soweit keine Staatsverträge und kein Besatzungsrecht in Betracht kommen, ist zu beachten:

Voraussetzung des Schutzes ist das *tatsächliche Erscheinen* im Inland. Eine sonstige Veröffentlichung (Aufführung) ist ohne Einfluß. Erscheinen liegt z. B. nicht vor, wenn nur die ersten zehn Exemplare der ersten Lieferung des Werkes einem inländischen Buchhändler auf Lager gegeben sind, damit er ihren weiteren Vertrieb besorge (OLG Hamburg, OLGR 13, 19). Anders das RG im Strindberg-Fall (RGZ 111, 14), das die Herausgabe einer „Notausgabe“ von sieben Exemplaren schon als Erscheinen des Werkes ansieht. Vgl. auch RGZ 107, 277 (Gottfried Kellers Werke); das RG sieht hier die vollständige Fertigstellung und Greifbarkeit eines ausgedruckten Exemplars als Erscheinen an. — Geschützt ist jedoch in solchem Sinne nicht ein zwar in Deutschland gedrucktes, aber im Ausland erschienenes Werk (*Hillig* I Nr. 41).

Für das *Kunstgewerbe* ist noch zu berücksichtigen, daß sich der dem Werk eines ausländischen Urhebers nach der RBÜ in einem Einfuhrlande gewährte Schutz nicht nach dem Schutze des Ursprungslandes richtet, sondern lediglich nach den Gesetzen des Einfuhrstaates; ein im Ursprungslande als Kunstwerk geschütztes und nach Deutschland eingeführtes Werk genießt hier also nur den Schutz der deutschen Gesetze (RGZ 71, 145 ff.).

Erscheint ein Werk gleichzeitig in dem Ursprungslande in der Ursprache, in Deutschland in Übersetzung, so gilt hinsichtlich des durch das deutsche Gesetz gewährten Schutzes die *Übersetzung als Originalwerk*. Würde die deutsche Ausgabe als Übersetzung behandelt, so könnte neben ihr eine zweite Übersetzung erscheinen, soweit dies nach der RBÜ und anderen Verträgen möglich ist. „Der Zweck, den ausländischen Verfasser und seinen inländischen Verleger zu schützen, wäre damit vereitelt. Überdies würde, wenn die deutsche Ausgabe nicht als Übersetzung bezeichnet ist, im Streitfalle die unter Umständen schwierige Feststellung erforderlich werden, ob eine bloße Übersetzung oder eine zweite Originalausgabe vorliegt." (Begr.)

3. **Schutz deutscher Werke im Ausland:**

Maßgebend sind in erster Linie die internationalen Verträge:

a) *Revidierte Berner Übereinkunft* siehe zu 2 a,

b) *Übereinkunft von Montevideo* siehe zu 2 b,

c) *Staatsvertrag mit den Vereinigten Staaten von Amerika* siehe zu 2 c

und, soweit die Verträge auf dem Prinzip der Inländerbehandlung beruhen, das betreffende *Landesrecht*.

Über die *Zwangseingriffe* in die deutschen Urheberrechte während des zweiten Weltkrieges durch die Feindgesetzgebung vgl. *Möhring*, GRUR 1948, 124; *Runge*, Mitt.Bl. 1948, 2; *Ulmer*, SJZ 1948, 439 ff.; *Kleine*, BBl. 1952, 117. Spätestens mit der Erklärung der einzelnen Feindstaaten, daß der Kriegszustand mit Deutschland beendet sei, haben diese Eingriffe ihre Rechtsgrundlage verloren, da damit die Diskriminierung der Deutschen im internen Recht aufgehoben worden ist. Vgl. hierzu *Scheuner*, AöR 1951, 318. Nachdrucke an sich geschützter Werke sind also von diesem Zeitpunkt ab rechtswidrig.

Die *Beendigungserklärung* der *Vereinigten Staaten* erfolgte am 24. 10. 1951 (Bund.Anz. 1951 Nr. 209); in der Joint-Resolution des Kongresses ist der Fortbestand der auf Grund der Feindgesetzgebung getroffenen Maßnahmen und ihre Auswirkungen ausdrücklich vorbehalten:

Großbritannien hat sie durch Note vom 9. 7. 1951 abgegeben (vgl. Keesing S. 3017).

Frankreich hat nicht die Beendigung des Kriegszustandes erklärt, sondern den Fortfall der Feindeigenschaft der Deutschen angeordnet (Dekret vom 9. 7. 1951).

Das *KontrRG Nr. 5* ist bedeutungslos geworden; es wurde durch das Gesetz Nr. 63 ersetzt, das die Urheberrechte nicht erfaßt.

§ 56

Die Rolle für die im § 31 Abs. 2 vorgesehenen Eintragungen wird bei dem Stadtrat zu Leipzig geführt. Der Stadtrat bewirkt die Eintragungen, ohne die Berechtigung des Antragstellers oder die Richtigkeit der zur Eintragung angemeldeten Tatsachen zu prüfen.

Wird die Eintragung abgelehnt, so steht den Beteiligten die Beschwerde an den [Reichskanzler] **zu.**

§ 57

Der [Reichskanzler] **erläßt die Bestimmungen über die Führung der Eintragsrolle. Die Einsicht der Eintragsrolle ist jedem gestattet. Aus der Rolle können Auszüge gefordert werden; die Auszüge sind auf Verlangen zu beglaubigen.**

Die Eintragungen werden im Börsenblatt für den deutschen Buchhandel und, falls das Blatt zu erscheinen aufhören sollte, in einer anderen vom [Reichskanzler] **zu bestimmenden Zeitung öffentlich bekannt gemacht.**

§ 58

Eingaben, Verhandlungen, Bescheinigungen und sonstige Schriftstücke, welche die Eintragung in die Eintragsrolle betreffen, sind stempelfrei.

Für jede Eintragung, für jeden Eintragsschein sowie für jeden sonstigen Auszug aus der Eintragsrolle wird eine Gebühr von 150 DM erhoben; außerdem hat der Antragsteller die Kosten für die öffentliche Bekanntmachung der Eintragung zu entrichten.

1. *Anmeldeberechtigung:* Die nachträgliche Nennung des wahren Namens ist ein Recht des Urhebers; es geht auf seine Erben über. Der Verleger bedarf der Vollmacht. Die Berechtigung des Anmelders wird nicht geprüft. Die Anmeldung ist also noch kein Beweis der Urheberschaft, sondern kann von besser Berechtigten angefochten werden. Die Anfechtung steht jedem frei, der sein Recht verletzt glaubt (Feststellungsklage).

Anmeldungen zur Eintragung in die Eintragsrolle sowie Erteilung von Rechtsauskunft hinsichtlich dieser Eintragungen sind von dem *Oberbürgermeister der Stadt Leipzig* (Eintragsrolle) zu erledigen.

2. *Anmeldungsfrist:* Die Anmeldung muß innerhalb 50 Jahren nach Erscheinen des Werkes bewirkt werden, um den längeren Schutz des § 29 zu erlangen. Ist dies versäumt worden und die gesetzliche Schutzfrist (§ 31 Abs. 1) abgelaufen, so ist das Werk schutzlos, auch wenn die Anmeldung später noch versucht und erlangt werden sollte.

Berechnung der Schutzfrist s. §§ 34 und 35.

Wahrer Name des Urhebers s. §§ 7 und 31.

3. Für die Bundesrepublik soll die Eintragsrolle in Zukunft vom *Stadtrat in Frankfurt a. M.* geführt werden. Eine gesetzliche Vorschrift besteht zur Zeit noch nicht; so lange gilt die Vorschrift trotz der Zonentrennung weiter.

§ 59

In bürgerlichen Rechtsstreitigkeiten, in welchen durch Klage oder Widerklage ein Anspruch auf Grund der Vorschriften dieses Gesetzes geltend gemacht ist, wird die Verhandlung und Entscheidung letzter Instanz im Sinne des § 8 des Einführungsgesetzes zum Gerichtsverfassungsgesetze dem Reichsgerichte zugewiesen.

§ 52

In bürgerlichen Rechtsstreitigkeiten, in welchen durch Klage oder Widerklage ein Anspruch auf Grund der Vorschriften dieses Gesetzes geltend gemacht ist, wird die Verhandlung und Entscheidung letzter Instanz im Sinne des § 8 des Einführungsgesetzes zum Gerichtsverfassungsgesetze dem Reichsgerichte zugewiesen.

Die Bestimmung hat praktisch nur die Bedeutung, daß die Zuständigkeit des in Bayern bestehenden Obersten Landesgerichts nicht durch Landesgesetz für urheberrechtliche Zivilstreitigkeiten begründet werden kann.

Voraussetzung der Zuständigkeit des an die Stelle des Reichsgerichts getretenen *Bundesgerichtshofs* für die Revision gegen ein oberlandesgerichtliches Urteil ist nach § 547 ZPO, daß

a) das OLG die Revision *wegen grundsätzlicher Bedeutung* der Rechtssache zugelassen hat oder

b) der Wert des Beschwerdegegenstandes 6000,— DM übersteigt.

§ 60

Einem nachgelassenen Werke, das bei dem Inkraftreten dieses Gesetzes noch nicht veröffentlicht ist, wird die im § 29 vorgesehene Schutzfrist auch dann zuteil, wenn die bisherige Schutzfrist bereits abgelaufen ist.

1. *Übergangsbestimmungen:* In den §§ 60—64 sind die Übergangsbestimmungen getroffen, die die *zeitlichen Grenzen* der Anwendung des Gesetzes regeln. Der Grundsatz ist in § 62 Satz 1 festgelegt. Danach erfaßt das Gesetz alle Werke, die bei seinem Inkrafttreten vorhanden waren, und zwar ohne Rücksicht darauf, ob sie veröffentlicht waren oder nicht, jedoch unter der Voraussetzung, daß sie nach den bis dahin geltenden Vorschriften Schutz genossen. Nachgelassene Werke werden in den Schutz nur einbezogen, wenn sie noch nicht veröffentlicht sind, genießen ihn aber in diesem Falle auch dann, wenn die bisherige Schutzfrist bereits abgelaufen war. Über den Schutz nachgelassener Werke (editio princeps) s. im übrigen § 29 Anm. 3 S. 147.

2. „Wenn die bisherige Schutzfrist bereits abgelaufen ist" besagt, daß Werken, die *niemals Urheberrechtsschutz* genossen haben, sondern entstanden sind, ehe es Urhebergesetze gab, die zehnjährige Nachfrist des § 29 nicht zugute kommen kann (ebenso *Allfeld* § 60 Anm. 4 und in DJZ 1921, 23; *Kohler*, Urheberrecht, 1907, S. 240). Es handelt sich dann nur um eine Erstlingsausgabe (s. § 29 Anm. 3). Irgendwann muß also Urheberrechtsschutz bestanden haben.

3. Die Verlängerung wirkt *zugunsten des Urhebers* bzw. des *Erben*. Ist also das Verlags- oder Aufführungsrecht an einem nachgelassenen Werk vor Inkrafttreten des Gesetzes übertragen worden, so hat der Verleger oder die Bühne nur die Rechte bis zum Ablauf der 30jährigen Schutzfrist seit dem Tode des Urhebers. Auf die Zehnjahresfrist seit der Veröffentlichung, die § 29 gewährt, kann er sich nicht berufen, da dieses Recht beim Erwerb noch nicht existierte (vgl. *Allfeld* § 60 Anm. 5).

§ 61

Der durch dieses Gesetz gewährte Schutz gegen Aufführung kann nach dessen Inkrafttreten einem Werke der Tonkunst, für welches das Aufführungsrecht bis dahin nicht vorbehalten war, dadurch gesichert werden, daß das Werk nachträglich mit dem Vorbehalte versehen wird. Jedoch ist die Aufführung eines solchen Werkes auch ferner ohne Einwilligung des Urhebers zulässig, sofern nicht bei der Aufführung Noten benutzt werden, die mit dem Vorbehalte versehen sind.

Die ausschließliche Befugnis zur öffentlichen Aufführung eines nach diesen Vorschriften geschützten Werkes steht dem Urheber zu.

1. Der **Aufführungsvorbehalt:**

Nach dem Gesetz vom 11. 6. 1870 (§ 50 Abs. 2) waren musikalische Werke gegen öffentliche Aufführung nur geschützt, wenn sie entweder noch nicht erschienen waren oder der Urheber sich auf dem Titelblatt oder an der Spitze des Werkes das Recht der öffentlichen Aufführung vorbehalten hatte.

„Nach § 61 Abs. 1 Satz 2 soll entgegen dem im § 62 Satz 1 aufgestellten allgemeinen Grundsatz auch fernerhin [ohne zeitliche Begrenzung] ein Werk der Tonkunst, das vor dem Inkrafttreten des Gesetzes ohne den Vorbehalt des Aufführungsrechts erschienen ist, öffentlich aufgeführt werden dürfen, wenn bei der Aufführung Noten benutzt werden, die nicht mit dem Vorbehalte versehen sind." (Begr.) Auf Urheberrechte an *musikalisch-dramatischen* Werken bezieht sich § 61 nicht. Deshalb ist die Aufführung von Auszügen, Potpourris usw. aus älteren Werken in Konzerten, auch ohne Wiedergabe des Textes oder szenische Darstellung, ohne Einwilligung des Autors schlechthin unzulässig. Dagegen wird ein solches Werk zum rein musikalischen Werke, wenn es der Urheber für die *rein konzertmäßige Wiedergabe* bearbeitet oder eine solche Bearbeitung einem anderen gestattet (RGZ 80, 74 ff.). *Freiesleben* (S. 42) meint, jene Werke, die vor 1902 keinen Vorbehalt trugen, müßten ihn seitdem tragen, um Aufführungsschutz zu genießen, während umgekehrt die Werke, die vor 1902 mit dem Vorbehalt versehen waren, eines solchen jetzt nicht mehr bedürften.

2. *Nachträgliche Anbringung des Vorbehaltes:* Das Gesetz (§ 61 Abs. 1 Satz 1) gestattet dem Berechtigten, den Vorbehalt auf (noch nicht in Privatbesitz befindliche) Noten der in Frage stehenden Werke nachträglich zu setzen. Jetzt deckt die von der GEMA (s. § 11 Anm. B III 3 S. 86) erteilte Aufführungserlaubnis Werke mit und ohne Vorbehalt.

3. *Vorbehalt gegen das Ausland:* Während die RBÜ keinen Vorbehalt fordert, bleibt der Aufdruck eines solchen doch noch zweckmäßig in Anbetracht der Länder, die der RBÜ noch nicht beigetreten sind.

§ 62

Die ausschließlichen Befugnisse des Urhebers eines geschützten Werkes bestimmen sich nach den Vorschriften dieses Gesetzes, auch wenn das Werk vor dessen Inkraftreten entstanden ist. War jedoch eine Übersetzung oder sonstige Bearbeitung oder eine Sammlung, welche aus den Werken mehrerer Schriftsteller zum Schulgebrauche veranstaltet ist, vor dem Inkrafttreten dieses Gesetzes erlaubterweise ganz oder zum Teil erschienen, so bleibt die Befugnis des Bearbeites zur Vervielfältigung, Verbreitung und öffentlichen Aufführung unberührt.

§ 53

Die ausschließlichen Befugnisse des Urhebers eines Werkes, das zur Zeit des Inkrafttretens dieses Gesetzes geschützt ist, bestimmen sich nach dessen Vorschriften. Auf ein Werk der Photographie, das bei dem Inkrafttreten des Gesetzes noch nicht erschienen war, finden dessen Vorschriften auch dann Anwendung, wenn die bisherige Schutzfrist abgelaufen ist.

Wer in seinem Geschäftsbetriebe vor dem Inkrafttreten des Gesetzes erlaubterweise ein Werk zur Bezeichnung, Ausstattung oder Ankündigung von Waren benutzt hat, darf das Werk auch ferner zu diesem Zwecke benutzen.

Ist ein erschienenes Werk bereits vor dem Inkrafttreten des Gesetzes gewerbsmäßig mittels mechanischer oder optischer Einrichtungen vorgeführt worden, so genießt es den Schutz gegen unerlaubte Vorführung nicht.

1. **Vor dem 1. Januar 1902 entstandene Werke:** Der Ausdruck „auch wenn das Werk vor dessen Inkrafttreten entstanden ist" umfaßt nicht bloß die Werke, die sich noch als Handschrift beim Urheber befanden, sondern *auch die erschienenen*. Durch Satz 1 hat der Urheber das volle Recht des § 12 auch für die Fälle wiedererhalten, in denen er sie nach der älteren Gesetzgebung nicht mehr hatte. Es kommt jedoch darauf an, daß das Werk tatsächlich zuvor Schutz genoß; es genügt nicht, daß es

nur schutzfähig nach dem neuen Gesetz gewesen wäre (RGZ 139, 331 — Wilhelm Busch).

2. **Übersetzungen, Bearbeitungen** und **Schullesebücher,** die vor dem 1. Januar 1902 erlaubterweise erschienen waren, bleiben von dem LUG von 1901 unberührt. Es können also sowohl die vor der Gültigkeit des LUG von 1901 erschienenen Benutzungen fremder Melodien als auch die von den Verlegern veranstalteten Auszüge und Bearbeitungen ihrer Verlagswerke nach wie vor vervielfältigt, verbreitet und aufgeführt werden. Man darf auch neue Auflagen drucken, wenn diese unveränderte Neudrucke sind. Zweifelhaft bleibt aber, ob die Übergangsvergünstigung auch für veränderte Auflagen gilt. Nach dem Grundsatz, daß Ausnahmebestimmungen eng auszulegen sind, wird § 62 Satz 2 auf neue Bestandteile regelmäßig *nicht* anzuwenden sein.

Die Übergangsvergünstigung bezieht sich außer auf Übersetzungen und sonstige Bearbeitungen nur auf Sammlungen zum Schulgebrauch, nicht etwa auf solche zu einem eigentümlichen literarischen Zweck (§ 19 Ziff. 4). — Nur zugunsten des Bearbeiters (und seines Rechtsnachfolgers) gilt die Übergangsvergünstigung; es darf also nicht etwa ein anderer eine nach früherem Rechte zulässig gewesene Übersetzung, deren Original noch Schutz genießt, nachdrucken. — *Neue Auszüge und Bearbeitungen* sind nur dann zulässig, wenn sie den Verlegern ausdrücklich durch Vertrag, nach Treu und Glauben oder Herkommen bereits gestattet sind oder nachträglich gestattet werden. Insbesondere für Musikverleger ist dies wichtig gewesen.

3. **Werke der bildenden Kunst:** § 53 KUG ordnet die Rückwirkung des Gesetzes auf alle zur Zeit des Inkrafttretens geschützten Werke an, gleichviel welcher Art dieser Schutz und ob er inhaltlich schwächer war; es braucht insbesondere nicht Kunstschutz zu sein (RGZ 72, 149 ff.). — Streitig und durch diese RG-Entscheidung nicht mitentschieden ist die Frage, ob durch § 53 Abs. 1 auch die vor Inkrafttreten des KUG entstandenen ungeschützten Werke, die aber, wie Bauwerke, den Anforderungen des KUG entsprechen, geschützt sind oder nicht. OLG Jena hat sie in einer Entscheidung (GRUR 1912, 312 ff.) mit Recht verneint, indem es darauf hinweist, daß eine gegenteilige Absicht des Gesetzes gerade im Hinblick auf die analogen Bestimmungen des § 62 LUG und des § 18 des Gesetzes vom 9. Januar 1876, die ihren Schutz auf „entstandene Werke" bzw. „erschienene Werke der bildenden Künste" ausdehnen, sonst deutlich zum Ausdruck gekommen wäre, und weiter aus dem Wortlaut den Schluß zieht, daß das Gesetz eine über die Bestimmung hinausgehende rückwirkende Kraft abgelehnt hat. Vgl. auch RGSt. 42, 32.

Unter KUG § 53 Abs. 1 Satz 1, dessen Wortlaut sich nur auf die ausschließlichen Befugnisse des Urhebers bezieht, fällt auch das Recht aus KUG § 37 auf *Vernichtung der widerrechtlich hergestellten Exemplare* usw., da dieses Recht die ausschließliche Befugnis des Urhebers gegen Fortsetzung oder Wiederholung der Rechtsverletzung sichern soll und zu ihrer notwendigen Ergänzung dient (RG in JW 1910, 45 ff.).

§ 63

Soweit eine Vervielfältigung, die nach dem Inkrafttreten dieses Gesetzes unzulässig ist, bisher erlaubt war, darf der bereits begonnene Druck von Exemplaren vollendet werden. Die vorhandenen Vorrichtungen, wie Formen, Platten, Steine, Stereotypen, dürfen noch bis zum Ablaufe von sechs Monaten benutzt werden. Die Verbreitung der gemäß dieser Vorschriften hergestellten sowie der bereits vor dem Inkrafttreten dieses Gesetzes vollendeten Exemplaren ist zulässig.

§ 54

Soweit eine Vervielfältigung, die nach dem Inkrafttreten dieses Gesetzes unzulässig ist, bisher erlaubt war, dürfen die vorhandenen Vorrichtungen, wie Formen, Platten, Steine, noch bis zum Ablaufe von drei Jahren benutzt werden. Vorrichtungen, deren Herstellung begonnen war, dürfen fertiggestellt und bis zu demselben Zeitpunkte benutzt werden. Die Verbreitung der gemäß dieser Vorschriften hergestellten sowie der bereits vor dem Inkrafttreten des Gesetzes vollendeten Exemplare ist zulässig.

§ 63 a

Die Vorschrift des § 12 Abs. 2 Nr. 5 findet keine Anwendung auf Werke der Tonkunst, die bereits vor dem 1. Mai 1909 im Inland erlaubterweise für Vorrichtungen zur mechanischen Wiedergabe benutzt worden sind. Im übrigen finden die Vorschriften des § 63 entsprechende Anwendung; Exemplare, deren Verbreitung hiernach zulässig ist, dürfen auch zu öffentlichenen Aufführungen benutzt werden.

Auf Werke der Literatur und der Tonkunst, die vor dem Inkrafttreten der Vorschriften des § 22 entstanden sind, finden diese auch insoweit Anwendung, als die Werke schon bisher einen Schutz gegen mechanische Wiedergabe genossen. Soweit jedoch dem Urheber bisher eine ausschließliche Befugnis zustand, das Werk zur mechanischen Wiedergabe zu benutzen, bleibt, wenn er die Befugnis einem Anderen übertragen hat, dieser sowohl dem Urheber als Dritten gegenüber gemäß den bisherigen Vorschriften zu der Benutzung befugt. Auch wird in solchen Fällen, wenn der Urheber auf Grund des bisherigen Rechtes einem Anderen ohne Übertragung der ausschließlichen Befugnis gestattet hat, das geschützte Werk zur mechanischen Wiedergabe zu benutzen, hierdurch für Dritte nicht der Anspruch begründet, daß ihnen gleichfalls eine solche Erlaubnis erteilt werde.

§ 63 a, eingefügt durch die am 9. September 1910 in Kraft getretene Novelle, enthält Übergangsbestimmungen für die Wiedergabe von Werken der Tonkunst durch Tonträger. Sie sind für die Praxis inzwischen im wesentlichen erledigt. Es sei kurz folgendes bemerkt:

a) *Zum Absatz 1:* Gemäß § 62 Satz 1 würde sich die Vorschrift des § 12 Abs. 2 Ziff. 5 vom Inkrafttreten der Novelle von 1910 an auch auf solche Tonwerke erstrecken, die vorher entstanden und damals gemäß dem alten § 22 für die mechanische Wiedergabe frei waren. Unerlaubt war nach dieser Vorschrift lediglich die Übertragung eines Tonwerks auf „solche Vorrichtungen, die für Instrumente verwendbar sind, durch die das Werk hinsichtlich der Stärke und Dauer des Tons und hinsichtlich des Zeitmaßes nach Art eines persönlichen Vortrags wiedergegeben werden soll" (sog. *einwirkungsfähige Instrumente*, wie z. B. *Pianola*). Im übrigen war die Aufnahme auf „Scheiben, Platten, Walzen, Bänder", auch wenn sie auswechselbar waren, erlaubt. Von Tonwerken, die vor dem 1. 5. 1909 im Inland zu solcher mechanischen Wiedergabe benutzt worden sind, dürfen auch heute noch *ohne Genehmigung des Berechtigten* Tonträger hergestellt und verbreitet werden.

Gleichgültig ist, wer die Benutzung vorgenommen hat, welcher Art die Instrumente und wo sie hergestellt waren, ob das ganze Werk oder nur Teile benutzt worden sind; entscheidend ist allein, ob das Werk im Inland überhaupt jemals für Vorrichtungen zur mechanischen Wiedergabe benutzt worden ist.

Ob unter „*erlaubterweise*" (Abs. 1 Satz 1) nur die vom *Gesetz* erlaubten Fälle der Benutzung zu verstehen sind (so *Allfeld* § 63 a Anm. 5; *Hillig*, Musikhandel und Musikpflege 1911 S. 212), oder auch die Fälle, in denen die an sich unzulässige Benutzung durch *Vertrag* gestattet worden war, ist streitig. Der Wortlaut spricht für die letztere weitere Auslegung, auch die Gesetzesmaterialien ergeben keinen Anhalt für das Gegenteil.

Selbstverständlich schließt das nach Abs. 1 Satz 1 freibleibende Recht zur Vervielfältigung früher benutzter Werke auch das Recht zur *öffentlichen Aufführung* mittels mechanischer Instrumente in sich.

b) *Zum Absatz 2:* Werke der Literatur und der Tonkunst, die vor dem 9. 9. 1910 entstanden sind und gegen mechanische Wiedergabe geschützt waren (Texte unbedingt, Tonwerke gegen einwirkungsfähige Instrumente) fallen unter § 22 (neu), also auch unter *Zwangslizenz.* Hatte jedoch der Urheber bisher (vor dem 9. 9. 1910) eine ausschließliche Befugnis, das Werk zur mechanischen Wiedergabe zu benutzen (Texte unbedingt, Tonwerke auf einwirkungsfähigen Instrumenten) und hatte er diese Befugnis einem anderen übertragen, so bleibt dieser sowohl dem Urheber als Dritten gegenüber gemäß den bisherigen Vorschriften zu der Benutzung befugt. Dritte können demnach auf Grund des (neuen) § 22 aus der vorher erfolgten Übertragung der ausschließlichen Befugnis den Anspruch auf Erteilung einer Zwangslizenz nicht ableiten. Hatte der Komponist vor dem 9. 9. 1910 eine nicht ausschließliche, einfache Lizenz zur mechanischen Wiedergabe erteilt, so wird auch dadurch ein an sich nach § 22 ausgelöster Anspruch auf Erteilung einer Zwangslizenz nicht begründet.

Dasselbe gilt vom *Text:* Besitzt der Urheber des Sprachwerkes bei Inkrafttreten des neuen Gesetzes noch das Recht zur mechanischen

Wiedergabe des Textes, so kann von ihm nach den neuen §§ 22, 22b eine Zwangslizenz beansprucht werden, sobald er nach dem Inkrafttreten einem Dritten die Erlaubnis erteilt hat. Hatte er dagegen bei Inkrafttreten das Recht schon einem anderen übertragen, so bleibt dieser andere nach den bisherigen Vorschriften allein zur Benutzung befugt.

Die Vorschriften in Abs. 2 wollen also in der Hauptsache die wohlerworbenen Rechte Dritter schützen.

§ 64

Dieses Gesetz tritt mit dem 1. Januar 1902 in Kraft. Die §§ 1 bis 56, 61, 62 des Gesetzes, betreffend das Urheberrecht an Schriftwerken usw., vom 11. Juni 1870 (Bundes-Gesetzbl. S. 339) treten mit demselben Tage außer Kraft. Jedoch bleiben diese Vorschriften insoweit unberührt, als sie in den Reichsgesetzen über den Schutz von Werken der bildenden Künste, von Photographien sowie von Mustern und Modellen für anwendbar erklärt werden.

§ 55

Das Gesetz tritt mit dem 1. 7. 1907 in Kraft.

Mit demselben Tage treten außer Kraft die §§ 1—16, 20, 21 des Gesetzes, betreffend das Urheberrecht an Werken der bildenden Künste, vom 9. 1. 1876 (RGBl S. 4) sowie das Gesetz betreffend den Schutz der Photographien gegen unbefugte Nachbildung vom 10. 1. 1876 (RGBl S. 8).

„Die aufzuhebenden Vorschriften des LUG von 1870 finden zum Teil auch auf den Schutz von Werken der bildenden Künste, von Photographien sowie von Mustern und Modellen gemäß den RG vom 9. 1. 1876 (§ 6 Nr. 4, § 9 Abs. 2, § 16), vom 10. 1. 1876 (§ 6 Abs. 3, § 9), 11. 1. 1876 (§ 14) Anwendung. Da die bezüglichen Vorschriften hier erst im Zusammenhange mit der Revision der genannten Gesetze beseitigt werden können, bestimmt der § 64 Satz 3, daß sie insoweit vorläufig unberührt bleiben.“ (Begr.) Seit das Gesetz, betr. das Urheberrecht an Werken der bildenden Künste und der Photographie, vom 9. 1. 1907 erlassen ist, sind jene Vorschriften nur noch auf das Gesetz vom 11. 1. 1876, betr. das *Urheberrecht an Mustern und Modellen,* anwendbar.

Anhang

A. Gesetz über Vermittlung von Musikaufführungsrechten nebst Durchführungsverordnung

Vom 4. Juli 1933 (RGBl. I S. 452)

§ 1

Die gewerbsmäßige Vermittlung von Rechten zur öffentlichen Aufführung von Werken der Tonkunst mit oder ohne Text (kleinen Rechten), zu der es nach den gesetzlichen Bestimmungen der Einwilligung des Berechtigten bedarf, ist nur mit Genehmigung des Reichsministers für Volksaufklärung und Propaganda zulässig. Als Vermittlung gilt auch der Abschluß von Verträgen über die Verwertung von Aufführungsrechten im eigenen Namen, sei es für eigene oder fremde Rechnung, soweit er nicht durch den Urheber selbst erfolgt.

Die Genehmigung kann jederzeit widerrufen werden.

§ 2

Verträge der bezeichneten Art, die von einem nicht gemäß § 1 zugelassenen Vermittler abgeschlossen worden sind, sind nichtig.

§ 3

Die öffentliche Aufführung eines dem Urheberrecht unterliegenden musikalischen Werkes ist unzulässig, wenn der Musikveranstalter den Erwerb der Aufführungsbefugnis auf Erfordern nicht nachzuweisen vermag. Sowohl die Polizei wie der Berechtigte kann den Nachweis fordern. Er ist durch die Vorlegung eines schriftlichen Vertrages mit dem Berechtigten oder dessen schriftlicher Einwilligungserklärung zu führen. Kann der Musikveranstalter den Nachweis nicht erbringen, so ist er seitens der Polizei von Amts wegen oder auf Antrag des Berechtigten an der Aufführung zu verhindern.

§ 4

Im Falle des Nichtzustandekommens eines Vertrages über die Höhe der Aufführungsvergütungen zwischen einem nach § 1 zugelassenen Vermittler und einem für den Abschluß solcher Verträge von dem Reichsminister für Volksaufklärung und Propaganda anerkannten Verbande von Musikveranstaltern entscheidet eine paritätisch zusammengesetzte Schiedsstelle, deren Vorsitzender durch gemeinsame Anordnung des Reichsministers für Volksaufklärung und Propaganda, des Reichsministers der Justiz und des Reichswirtschaftsministers bestimmt wird, über die Art und Höhe der Tarife.

§ 5

Der Reichsminister für Volksaufklärung und Propaganda kann Bestimmungen zur Durchführung dieses Gesetzes erlassen. Er kann dabei Verträge der gemäß § 1 nicht mehr zugelassenen Vermittler aufheben, soweit er es zur Durchführung für erforderlich hält.

Verordnung zur Durchführung des Gesetzes über die Vermittlung von Musikaufführungsrechten

Vom 15. Februar 1934 (RGBl. I S. 100)

§ 1

Die Stagma, staatlich genehmigte Gesellschaft zur Verwertung musikalischer Urheberrechte, rechtsfähiger Verein kraft staatlicher Verleihung, hat gemäß § 1 des Gesetzes über Vermittlung von Musikaufführungsrechten vom 4. Juli 1933 die Genehmigung erhalten, als alleinige Stelle die gewerbsmäßige Vermittlung zur öffentlichen Aufführung von Werken der Tonkunst mit oder ohne Text (kleinen Rechten) auszuüben.

Die Stagma ist berechtigt, die seit dem 1. Oktober 1933 fällig gewordenen Forderungen gegen Musikveranstalter einzuziehen, insbesondere solche aus den Verträgen, welche der Verband zum Schutze musikalischer Aufführungsrechte für Deutschland (Musikschutzverband) vor Inkrafttreten des Gesetzes über die Vermittlung von Musikaufführungsrechten vom 4. Juli 1933 oder die Gema (Genossenschaft zur Verwertung musikalischer Aufführungsrechte) und die Genossenschaft Deutscher Tonsetzer gemeinsam nach Inkrafttreten dieses Gesetzes abgeschlossen haben.

Die im Absatz 2 bezeichneten Beträge sind von der Stagma mit den Bezugsberechtigten zu verrechnen und an sie auszuschütten.

§ 2

Die auf Grund des § 4 des Gesetzes über die Vermittlung von Musikaufführungsrechten vom 4. Juli 1933 zu bildende Schiedsstelle besteht aus einem Vorsitzenden und sechs Beisitzern.

Als Vorsitzender ist ein Urheber von anerkannter Bedeutung zu bestimmen.

Drei der Beisitzer werden von dem gemäß § 1 des Gesetzes über die Vermittlung von Musikaufführungsrechten vom 4. Juli 1933 zugelassenen gewerbsmäßigen Vermittler ernannt. Die drei anderen Beisitzer benennen die von der Regierung gemäß § 4 des Gesetzes vom 4. Juli 1933 anerkannten Verbände der Musikveranstalter.

§ 3

Ist gemäß § 4 des Gesetzes über die Vermittlung von Musikaufführungsrechten vom 4. Juli 1933 durch Vertrag oder durch Schiedsspruch die Höhe der Aufführungsvergütungen bestimmt, so kann von dem gemäß § 1 des Gesetzes zugelassenen Vermittler als Schadensersatz für eine unerlaubte Aufführung die in dem Vertrage oder Schiedsspruch bestimmte Aufführungsvergütung verlangt werden.

B. Der Akademie-Entwurf

Entwurf eines Urheberrechtsgesetzes

auf der Grundlage des Amtlichen Entwurfes von 1933 und der Vorschläge des Fachausschusses für Urheber- und Verlagsrecht der Deutschen Arbeitsgemeinschaft für gewerblichen Rechtsschutz und Urheberrecht in der Akademie für Deutsches Recht.

Abschnitt I

Allgemeine Bestimmungen

§ 1

Geschützte Werke

(1) Werke, die Schöpfungen eigenpersönlicher Prägung auf den Gebieten der Literatur und der Kunst sind, werden durch dieses Gesetz geschützt.

(2) Hierzu gehören insbesondere:

1. Sprachwerke, wie Reden und Schriftwerke;
2. Tonkunstwerke;
3. Werke der bildenden Künste und Entwürfe dazu, darunter auch Werke der Baukunst und des Kunstgewerbes;
4. Filmwerke;
5. Tanzkunstwerke;
6. Zeichnungen, Pläne, Karten, plastische Darstellungen, Skizzen oder sonstige Abbildungen wissenschaftlicher oder technischer Art.

(3) Den Schutz genießt das Werk als Ganzes und in seinen Teilen.

(4) Den Schutz genießen auch Ausgaben fremder Werke, die das Ergebnis wissenschaftlich sichtender Tätigkeit und einer eigenpersönlichen Leistung darstellen.

§ 2

Bearbeitungen

(1) Übersetzungen und andere Bearbeitungen, die eine eigenpersönliche Schöpfung des Bearbeiters sind, werden, unbeschadet des Urheberrechts am bearbeiteten Werk, wie Originalwerke geschützt.

(2) Ein unter freier Benutzung eines anderen Werkes geschaffenes, aber selbständiges neues Werk ist keine Bearbeitung.

§ 3

Sammlungen

Sammlungen von Werken, deren Auslese oder Anordnung eine eigenpersönliche Schöpfung ist, werden unbeschadet des Urheberrechts an den aufgenommenen Werken wie Originalwerke geschützt.

§ 4

Freie Werke

Verkündete Gesetze und Verordnungen, Entscheidungen, sowie solche anderen amtlichen Werke, die zum Zwecke allgemeiner Bekanntgabe veröffentlicht worden sind, genießen keinen Urheberrechtsschutz*.

---

* Bisheriger Absatz (2): siehe § 33 Absatz (2).

§ 5

Urheber

Wer das Werk geschaffen hat, ist Träger des Urheberrechts (Urheber).

§ 6

Miturheber

(1) Haben mehrere gemeinsam ein Werk geschaffen, das eine einheitliche und in sich geschlossene Schöpfung darstellt, so ist jeder Miturheber.

(2) Wer nur durch einen unwesentlichen Beitrag die Schöpfung eines anderen ergänzt hat, genießt nicht den Schutz als Miturheber.

(3) Die Miturheber im Sinne des Abs. 1 bilden eine Gemeinschaft zur gesamten Hand. Sie können über das Werk nur gemeinschaftlich verfügen, insbesondere es nur gemeinsam in der Urform oder in einer bearbeiteten Form veröffentlichen oder verwerten. Verweigert einer der Miturheber seine Einwilligung zu einer gemeinschaftlich vorzunehmenden Maßnahme ohne ausreichenden Grund, so kann die Einwilligung durch richterlichen Ausspruch ersetzt werden. Jeder Miturheber kann Verletzungen des gemeinschaftlichen Urheberrechts verfolgen.

(4) Verzichtet einer der Miturheber vor Ablauf der Schutzfrist auf sein Recht, so wächst sein Anteil den übrigen Miturhebern zu.

§ 7

Verbundene Werke

Werden Werke verschiedener Art, z. B. ein Sprachwerk und ein Werk der Tonkunst, im Einverständnis der Urheber miteinander verbunden, ohne daß die Voraussetzungen des § 6 vorliegen, so kann jeder von dem anderen die Einwilligung zur Veröffentlichung, Verwertung und Änderung der verbundenen Werke sowie zur sonstigen Verfügung darüber verlangen, sofern nichts anderes vereinbart ist und kein ausreichender Grund für eine Weigerung besteht.

§ 8

Vermutung der Urheberschaft

(1) Wer auf den Vervielfältigungsstücken eines erschienenen Werkes oder auf dem Urstück eines Werkes der bildenden Künste in der üblichen Weise als Urheber bezeichnet ist, wird bis zum Beweise des Gegenteils als Urheber des Werkes angesehen; dies gilt auch, wenn die Bezeichnung in einem bekanntermaßen benutzten Decknamen oder Künstlerzeichen besteht.

(2) Das gleiche gilt von dem, der bei einem öffentlichen Vortrag, einer öffentlichen Aufführung oder Vorführung oder bei einer Sendung des Werkes durch Rundfunk in der üblichen Weise als Urheber bezeichnet wird.

(3) Wird der Urheber nicht oder nur durch einen Decknamen bezeichnet, so gilt der Herausgeber oder, wenn kein solcher angegeben ist, der Verleger als berechtigt, die dem Urheber zustehenden Rechte wahrzunehmen.

§ 9

Veröffentlichung, Erscheinen

Ein Werk ist veröffentlicht, sobald es mit Zustimmung des Berechtigten der Öffentlichkeit zugänglich gemacht worden ist. Es ist erschienen, sobald Vervielfältigungsstücke des Werkes mit Zustimmung des Berechtigten feilgehalten oder in Verkehr gebracht worden sind.

Abschnitt II

Inhalt des Urheberrechts

Das Urheberrecht

§ 10

Das Urheberrecht umfaßt den Schutz des Urhebers in seinen eigenpersönlichen Beziehungen zu dem Werk (Urheberehre) und die Verwertung des Werkes in der ursprünglichen oder einer abgeänderten Form.

§ 10 a

(1) Der Urheber bestimmt insbesondere darüber, ob und wie das Werk zu veröffentlichen ist. Ihm ist auch die Mitteilung des Inhaltes seines Werkes oder dessen Beschreibung vorbehalten, solange weder das Werk, noch dessen wesentlicher Inhalt, noch eine Beschreibung des Werkes veröffentlicht ist.

(2) Der Urheber hat das Recht auf Anerkennung seiner Urheberschaft an dem Werk. Er kann bestimmen, ob das Werk mit einer Urheberbezeichnung zu versehen und welche Bezeichnung zu verwenden ist.

(3) Der Urheber kann eine Veröffentlichung oder Verwertung des Werkes, die sein Ansehen oder seinen Ruf gefährden würde, auch dann verbieten, wenn er sie einem anderen überlassen hat, gleichviel, ob es sich um eine Veröffentlichung oder Verwertung in der Urform oder in einer abgeänderten oder bearbeiteten Form handelt. Er hat den vom Verbot Betroffenen angemessen zu entschädigen, soweit dies der Billigkeit entspricht.

§ 11

(1) Der Urheber ist insbesondere ausschließlich berechtigt:

1. das Werk zu vervielfältigen und zu verbreiten,
2. das Werk durch Rundfunk (Raumfunk oder Drahtfunk) zu senden,
3. das Werk öffentlich vorzutragen, aufzuführen oder vorzuführen,
4. ein Werk der bildenden Künste öffentlich zur Schau zu stellen,
5. ein Werk der bildenden Künste durch optische Einrichtungen öffentlich vorzuführen,
6. das Werk zur Herstellung eines Filmwerkes zu benutzen.

(2) Der Urheber hat ferner das ausschließliche Recht, die Veröffentlichung und die Verwertung einer Bearbeitung, insbesondere einer Übersetzung seines Werkes zu gestatten.

§ 12

Vervielfältigungsrecht

(1) Das Recht, das Werk zu vervielfältigen, umfaßt alle Arten der körperlichen Wiedergabe, gleichviel in welchem Verfahren und in welcher Zahl die Vervielfältigungsstücke hergestellt werden.

(2) Eine Vervielfältigung ist auch die Übertragung der Wiedergabe eines Werkes auf Bild- oder Schallstücke.

§ 13

Verbreitungsrecht

Das Verbreitungsrecht (§ 11 Abs. 1 Ziff. 1) bezieht sich nur auf Vervielfältigungsstücke. Sind Vervielfältigungsstücke mit Zustimmung des Berechtigten, um sie in den Verkehr zu bringen, übereignet worden, so ist ihre weitere Verbreitung kein Eingriff in das Verbreitungsrecht.

§ 14*

Vortrags-, Aufführungs- und Vorführungsrecht

(1) Unter Vorträgen und Aufführungen (§ 11 Abs. 1 Ziff. 3) sind auch solche zu verstehen, die mit Bild- oder Schallstücken oder dadurch veranstaltet werden, daß eine Rundfunksendung wahrnehmbar gemacht wird.

(2) Werden Vorträge, Aufführungen oder Vorführungen außerhalb des Ortes (Theater, Saal, Platz, Garten odgl.), wo sie stattfinden, mit Hilfe eines Lautsprechers oder durch ähnliche technische Einrichtungen öffentlich wiedergegeben, so gilt dies als besondere Veranstaltung.

§ 15

Verfilmungsrecht

Das Recht, das Werk zur Herstellung eines Filmwerkes zu benutzen, umfaßt die ausschließliche Befugnis,

1. das unter Benutzung dieses Werkes hergestellte Filmwerk zu vervielfältigen und zu verbreiten,
2. es öffentlich vorzuführen,
3. es durch Rundfunk (Raumfunk oder Drahtfunk) zu senden,
4. die Verwertung von Übersetzungen des Filmwerkes zu gestatten.

Abschnitt III

Rechtsverkehr in Urheberrechtssachen

§ 16

Übergang des Urheberrechts

(1) Das Urheberrecht ist vererblich. Es kann nur in Erfüllung einer Verfügung von Todes wegen oder an Miterben im Wege der Erbauseinandersetzung übertragen werden.

(2) Der Rechtsnachfolger im Sinne des Abs. 1 hat die dem Urheber zustehenden Rechte, soweit nicht ein anderes bestimmt ist.

(3) Der Urheber kann auch durch Verfügung von Todes wegen einem Testamentsvollstrecker die Ausübung des Urheberechts übertragen.

W e r k n u t z u n g s b e w i l l i g u n g und W e r k n u t z u n g s r e c h t

§ 17

(1) Der Urheber kann einem anderen gestatten, das Werk auf einzelne oder alle Verwertungsarten zu nutzen (Werknutzungsbewilligung). Auch

* § 14 des amtlichen Entwurfes (Senderecht) ist wegen Änderung von § 11, Abs. 1, Ziff. 2 gestrichen.

kann er einem anderen das ausschließliche Recht dazu einräumen (Werknutzungsrecht).

(2) Die Werknutzungsbewilligung oder das Werknutzungsrecht können auch räumlich, zeitlich oder in sonstiger Weise beschränkt erteilt bzw. eingeräumt werden.

§ 18

(1) Der Werknutzungsberechtigte kann die ihm vom Urheber eingeräumten Rechte Dritten gegenüber geltend machen.

(2) Werknutzungsbewilligungen, die der Urheber vor Einräumung eines Werknutzungsrechtes erteilt hat, sind gegenüber dem Werknutzungsberechtigten wirksam.

§ 19

Übertragung von Werknutzungsbewilligungen und Werknutzungsrechten

(1) Zur Übertragung einer Werknutzungsbewilligung oder eines Werknutzungsrechtes bedarf es der Zustimmung des Urhebers; sie darf nur verweigert werden, wenn ein wichtiger Grund vorliegt oder die Übertragung durch Vereinbarung zwischen dem Urheber und dem Erwerber ausgeschlossen worden ist. Eine Vereinbarung, daß es zur Übertragung der Zustimmung nicht bedarf, ist unwirksam.

(2) Ohne Zustimmung des Urhebers ist die Übertragung zulässig, wenn sie im Rahmen der Gesamtveräußerung eines Unternehmens oder einer geschlossenen Gruppe des Unternehmens geschieht.

(3) Die Vorschriften des Abs. 1 gelten für eine Vereinbarung entsprechend, durch die der Werknutzungsberechtigte ohne Weiterübertragung des Werknutzungsrechts einem anderen eine Werknutzung bewilligt.

§ 19 a

Einräumung von Werknutzungsrechten und Werknutzungsbewilligungen zur Herstellung von Filmwerken

(1) Die Einräumung des Rechtes, ein Werk zur Herstellung eines Filmwerkes zu benutzen, umfaßt die dem Urheber gemäß § 15 Ziff. 1 und 2 zustehenden Befugnisse als untrennbare Einheit und, soweit die Parteien nicht ein anderes vereinbaren, auch die sich gemäß § 15 Ziff. 3 und 4 ergebenden Befugnisse.

(2) Die gemäß Abs. 1 eingeräumten Befugnisse können, soweit nichts anderes vereinbart ist, nur einheitlich durch Verwertung des Filmwerkes, zu dessen Herstellung sie eingeräumt wurden, ausgenutzt werden.

(3) Trotz Einräumung des Rechtes, ein Werk der Tonkunst zur Herstellung eines Filmwerkes zu benutzen, behält der Urheber des Werkes der Tonkunst das Recht, von dem Veranstalter einer öffentlichen Vorführung des Filmwerkes eine angemessene Vergütung für die Vorführung zu verlangen. Hat der Urheber die Geltendmachung seiner Ansprüche nicht einer zugelassenen Verwertungsgesellschaft überlassen, so ist ausschließlich der Hersteller des Filmwerkes ermächtigt, diese Ansprüche für Rechnung des Urhebers geltend zu machen.

(4) Auf das dem Urheber eines Werkes der Tonkunst gemäß Abs. 3 eingeräumte Recht kann mit Zustimmung der Reichskulturkammer durch schriftliche Erklärung gegenüber dem Filmhersteller verzichtet werden.

§ 19 b

Werknutzungsrecht kraft Gesetzes bei Filmwerken

(1) Der Hersteller eines Filmwerkes erwirbt mit der Herstellung des Films das den Urhebern des Filmwerkes zustehende ausschließliche Recht,

1. das Filmwerk zu vervielfältigen und zu verbreiten,
2. das Filmwerk öffentlich vorzuführen,
3. das Filmwerk durch Rundfunk (Raumfunk oder Drahtfunk) zu senden,
4. die Verwertung von filmischen Bearbeitungen einschließlich Übersetzungen des Filmwerkes zu gestatten.

(2) Wird das Filmwerk derart verwertet, daß sein geistiger oder künstlerischer Gehalt beeinträchtigt wird, so hat der Hersteller Anspruch auf Unterlassung und auf Ersatz seines Schadens. Die den Urhebern des Filmwerkes und für den Film benutzter Werke gemäß § 10 a zustehenden Rechte werden hierdurch nicht berührt; jedoch ist bei ihrer Ausübung angemessene Rücksicht auf die Belange der Miturheber und des Filmherstellers zu nehmen.

(3) Der Hersteller des Filmwerkes hat den Urhebern des Filmwerkes als Gegenleistung für das ihm kraft Gesetzes eingeräumte Werknutzungsrecht eine angemessene Vergütung zu zahlen.

(4) Unbeschadet des dem Filmhersteller gemäß Abs. 1 zustehenden Verwertungsrechtes behält der Urheber der zum Filmwerk gehörenden Musik das Recht, von dem Veranstalter einer öffentlichen Vorführung des Filmwerkes eine angemessene Vergütung für die Vorführung zu verlangen. Hat der Urheber die Geltendmachung seiner Ansprüche nicht einer zugelassenen Verwertungsgesellschaft überlassen, so ist ausschließlich der Hersteller des Filmwerkes ermächtigt, diese Ansprüche für Rechnung des Urhebers geltend zu machen.

(5) Auf das dem Urheber der zum Filmwerk gehörenden Musik gemäß Abs. 4 eingeräumte Recht kann mit Zustimmung der Reichskulturkammer durch schriftliche Erklärung gegenüber dem Filmhersteller verzichtet werden.

§ 20

Werknutzungsrecht kraft Gesetzes von Rechtsträgern des öffentlichen Rechts

Rechtsträger des öffentlichen Rechts, die ein Werk herausgeben, ohne daß der Urheber nach § 8 Abs. 1 angegeben ist, erwerben, sofern nichts anderes vereinbart ist, mit der Veröffentlichung des Werkes das ausschließliche Recht, das Werk zu verwerten.

§ 21

Änderungen am Werk

(1) Der Inhaber eines Werknutzungsrechtes oder einer Werknutzungsbewilligung darf, soweit nichts anderes vereinbart ist, das Werk, dessen Titel oder Urheberbezeichnung (§ 8) nicht ändern. Zulässig sind aber Änderungen, zu denen der Urheber seine Einwilligung nach Treu und Glauben nicht versagen kann, namentlich Änderungen, die durch die Art oder den Zweck der dem Berechtigten gestatteten Verwertung des Werkes gefordert werden.

(2) Im Falle der Einräumung des Rechtes, ein Werk zur Herstellung eines Filmwerkes zu benutzen, gelten die Bestimmungen des Abs. 1 für das auf Grund der Rechtseinräumung hergestellte Filmwerk entsprechend.

(3) Hat ein Urheber, der an dem Werk eines anderen nach dessen Weisung nur als Gehilfe oder in verhältnismäßig geringem Umfang mitgearbeitet hat (unselbständiger Urheber), dem anderen das ausschließliche Werknutzungsrecht eingeräumt, so kann dieser auch das Werk ändern, sofern nichts anderes vereinbart ist.

(4) Die Vorschriften des Abs. 1 gelten bei Filmwerken sinngemäß zugunsten der bei der Herstellung des Werkes schöpferisch mitwirkenden Personen gegenüber dem Hersteller des Filmwerkes. Werknutzungsberechtigte bedürfen zur Vornahme von Änderungen, die nicht schon nach Abs. 1 Satz 2 zulässig sind, neben der Einwilligung des Herstellers des Filmwerkes auch der Einwilligung der vorstehend bezeichneten mitwirkenden Personen, sofern diese auf den Vervielfältigungsstücken oder in Ankündigungen des Werkes als Mitwirkende genannt sind.

§ 22

Eigentumserwerb an Werkstücken und Urheberrecht

Überträgt der Urheber einem anderen das Eigentum an einem Werkstück, so ist darin im Zweifel die Einräumung eines Werknutzungsrechtes nicht enthalten. Doch ist bei Werken der bildenden Künste der Erwerber eines Werkstücks im Zweifel berechtigt, es öffentlich zur Schau zu stellen, auch wenn das Werk noch nicht veröffentlicht worden ist (§§ 9, 10 a Abs. 1, 11 Abs. 1 Ziff. 4, 40 Ziff. 1).

§ 23

Pflichten des Besitzers von Werkstücken

Der Urheber kann verlangen, daß ihm der Besitzer des Werkstückes dasselbe zugänglich macht, soweit das zur Herstellung von Vervielfältigungsstücken oder Bearbeitungen des Werkes notwendig ist; er hat bei Ausübung dieser Befugnis auf die Interessen des Besitzers Rücksicht zu nehmen. Der Besitzer ist nicht verpflichtet, dem Urheber das Werkstück herauszugeben; er ist auch nicht verpflichtet, es aufzubewahren oder vor Beschädigung oder Vernichtung zu schützen.

§ 24

Verfügungen über künftige Werke

(1) Der Urheber kann auch über erst zu schaffende Werke verfügen.

(2) Soweit zwecks Erfüllung des Vertrages Rechte an künftigen Werken eingeräumt sind, diese aber bei Beendigung des Vertragsverhältnisses noch nicht fertiggestellt worden sind, wird die Verfügung mit dem genannten Zeitpunkt unwirksam.

(3) Verpflichtet sich der Urheber zur Einräumung von Rechten an künftigen Werken, die überhaupt nicht näher oder nur der Gattung nach bestimmt sind, so ist der Vertrag kündbar, sobald vier Jahre nach dem Abschluß abgelaufen sind. Das Kündigungsrecht steht beiden Teilen zu und ist unverzichtbar. Die Kündigungsfrist beträgt drei Monate, wenn keine kürzere Frist vereinbart ist. Andere vertragliche oder gesetzliche Kündigungsrechte bleiben unberührt.

(4) Für den unselbständigen Urheber (§ 21 Abs. 2) und für den Urheber von Filmwerken gelten die Vorschriften des Abs. 3 nicht.

§ 25

Auslegung von Verträgen über Werknutzungsrechte und Werknutzungsbewilligungen

Wenn nicht das Gegenteil vereinbart worden ist, erstreckt sich die Bestellung von Werknutzungsrechten und die Einräumung von Werknutzungsbewilligungen nicht auf Bearbeitungen des Werkes. Ebensowenig erstreckt sich die Einräumung des Rechts, ein Werk zu vervielfältigen, darauf, das Werk auf Bild- oder Schallvorrichtungen zu übertragen.

§ 26

Gesamtausgaben

Der Urheber, der einem anderen das ausschließliche Recht eingeräumt hat, ein Werk zu vervielfältigen und zu verbreiten, darf trotzdem dieses Werk in einer Gesamtausgabe seiner Werke vervielfältigen und verbreiten, sobald seit dem Ablauf des Kalenderjahres, in dem das Werk erschienen ist, zwanzig Jahre verstrichen sind. Die Gesamtausgabe darf das Werk nur in der Form enthalten, in der es auf Grund der Einräumung des Werknutzungsrechtes erschienen war; sie darf nur geschlossen abgegeben werden. Die Befugnis des Urhebers zur Aufnahme des Werkes in eine Gesamtausgabe kann durch Vertrag weder aufgehoben noch beschränkt werden.

§ 27

Beiträge zu Sammelwerken

(1) Ist ein Werk als Beitrag zu einem periodischen Sammelwerk (Zeitung, Zeitschrift, Kalender, Almanach oder dergleichen) angenommen worden, so bleibt der Urheber des Beitrages berechtigt, ihn anderweit zu vervielfältigen und zu verbreiten, wenn nicht aus den Umständen zu entnehmen ist, daß der Herausgeber oder Verleger des periodischen Sammelwerks das ausschließliche Recht dazu erworben hat.

(2) Der Urheber darf einen Beitrag, für den dem Herausgeber oder Verleger des periodischen Sammelwerks das ausschließliche Vervielfältigungs-

fältigungs- und Verbreitungsrecht eingeräumt worden ist, wenn nichts anderes vereinbart ist, anderweit vervielfältigen und verbreiten, sobald seit dem Ablauf des Kalenderjahres, in dem der Beitrag erschienen ist, ein Jahr verstrichen ist. Dasselbe gilt für Beiträge zu einem nicht periodischen Sammelwerk, für deren Überlassung dem Urheber ein Anspruch auf Vergütung nicht zusteht. Bei Schriftwerken, die einer Zeitung als Beiträge überlassen werden, ist der Urheber, wenn nichts anderes vereinbart ist, sogleich nach Erscheinen des Beitrags berechtigt, ihn anderweit zu vervielfältigen und zu verbreiten.

§ 28

Rückrufsrecht

(1) Macht der Inhaber eines Werknutzungsrechts, gleichviel ob es ihm vom Urheber eingeräumt worden ist oder er es von einem Werknutzungsberechtigten erworben hat, von dem Recht keinen ernstlichen Gebrauch und werden dadurch berechtigte Interessen des Urhebers wesentlich verletzt, so kann dieser das Recht zurückrufen. Dies gilt nicht, wenn das Verhalten des Inhabers durch einen vom Urheber zu vertretenden Grund gerechtfertigt wird. Das Rückrufsrecht kann nicht vor Ablauf von zwei Jahren seit der Einräumung des Rechts oder, falls die Ablieferung des Werkes später erfolgt, von der Ablieferung ab geltend gemacht werden, es sei denn, daß sich aus dem Vertrag oder dem Zweck der Rechtseinräumung eine andere Frist ergibt.

(2) Der Rückruf kann erst erklärt werden, nachdem der Urheber dem Berechtigten unter Ankündigung des Rückrufs eine angemessene Nachfrist zur Ausübung des Werknutzungsrechts bestimmt hat. Der Bestimmung der Nachfrist bedarf es nicht, wenn die Ausübung des Werknutzungsrechts dem Erwerber unmöglich ist oder von ihm verweigert wird, oder wenn durch die Bestimmung einer Nachfrist überwiegende Interessen des Urhebers gefährdet würden.

(3) Im Fall des Rückrufs endet das Werknutzungsrecht. Der Urheber hat jedoch den Betroffenen angemessen zu entschädigen, soweit dies der Billigkeit entspricht; Ansprüche auf Grund anderer Vorschriften bleiben unberührt.

(4) Auf das Rückrufsrecht kann im voraus nicht verzichtet werden. Auch kann seine Geltendmachung nicht im voraus für eine längere Zeit als fünf Jahre ausgeschlossen werden.

(5) Die Vorschriften der vorstehenden Absätze gelten entsprechend, wenn der Verleger die Herausgabe einer Neuauflage, zu der er berechtigt ist, oder der Inhaber eines anderen Werknutzungsrechts die weitere Verwertung des Werkes ohne einen vom Urheber zu vertretenden Grund binnen der im Abs. 1 bezeichneten Frist unterläßt. Diese Frist beginnt für die Herausgabe einer Neuauflage mit dem Zeitpunkt, wo die frühere Auflage vergriffen ist, sonst mit der zuletzt vorgenommenen Verwertung.

§ 29

Fälle unbeschränkter Einräumung von Werknutzungsrechten

(1) Die Vorschriften über die Übertragung von Werknutzungsrechten (§ 19) und über das Rückrufsrecht (§ 28) gelten nicht:

1. für den unselbständigen Urheber (§ 21 Abs. 2);
2. für den Urheber eines Werkes, das von einem Rechtsträger des öffentlichen Rechts ohne Angabe des Urhebers herausgegeben worden ist (§ 20);
3. für den Urheber eines Werkes des Kunstgewerbes, das von dem Angestellten oder Beauftragten eines Unternehmens im Rahmen seiner vertraglichen Verpflichtungen für die Zwecke des Unternehmens hergestellt worden ist;
4. für den Urheber eines hergestellten Filmwerkes.

(2) Bei der Einräumung von Werknutzungsrechten an Filmhandschriften oder sonstigen Werken, die zur gewerbsmäßigen Herstellung eines Filmwerkes verwendet werden sollen, kann vereinbart werden, daß die Rechte ohne Zustimmung des Urhebers übertragen werden dürfen (§ 19); auf das Rückrufsrecht (§ 28) kann mit Zustimmung der Reichskulturkammer durch schriftliche Erklärung im voraus verzichtet werden.

§ 30

Zwangsvollstreckung

(1) Das Urheberrecht als solches ist der Zwangsvollstreckung entzogen.

(2) In die dem Urheber nach § 11 zustehenden Rechte ist die Zwangsvollstreckung wegen Geldforderungen gegen den Urheber nur mit seiner Einwilligung zulässig; die Einwilligung kann nicht durch den gesetzlichen Vertreter erteilt werden. Gegen Personen, auf die das Urheberrecht gemäß § 16 Abs. 1 übergegangen ist, darf die Zwangsvollstreckung ohne ihre Einwilligung nur vorgenommen werden, wenn das Werk schon erschienen ist; die Vorschriften des § 19 bleiben unberührt.

(3) Die Vorschriften des Abs. 2 gelten nicht für Filmwerke.

(4) Dem Urheber oder seinen in Abs. 2 genannten Rechtsnachfolgern gehörige Urstücke (Handschriften) von Werken der Literatur oder Tonkunst unterliegen der Zwangsvollstreckung wegen Geldforderungen nur, wenn diese Personen einwilligen, oder soweit es zur Durchführung der Zwangsvollstreckung in ein Werknutzungsrecht notwendig ist. Dasselbe gilt für die den genannten Personen gehörigen Urstücke noch nicht veröffentlichter Werke der bildenden Künste mit Ausnahme von Bauten.

(5) Vorrichtungen, die ausschließlich zur Vervielfältigung, Aufführung oder Vorführung eines Filmwerkes oder eines Werkes der bildenden Künste bestimmt sind, wie Formen, Holzstücke, Platten, Filmstreifen oder dergleichen, unterliegen der Zwangsvollstreckung wegen Geldforderungen nur insoweit, als es zur Durchführung einer Zwangsvollstreckung in ein Werknutzungsrecht notwendig ist.

Abschnitt IV

Beschränkungen des ausschließlichen Verwertungsrechts

§ 30 a

Änderungsverbot, Quellenangaben

(1) Soweit nach den Bestimmungen dieses Abschnitts die Benutzung eines Werkes ohne Einwilligung des Berechtigten zulässig ist, gelten die §§ 10 a Abs. 3 und 21 Abs. 1 entsprechend. Namentlich bestimmt sich hier-

nach, soweit Abs. 2 und 3 nichts Abweichendes vorschreiben, die Pflicht zur Anführung des Titels und der Urheberbezeichnung (§ 8).

(2) Wird ein Werk oder ein Teil davon nach den §§ 35, 36, 37, 40 und 41 vervielfältigt, so ist stets die Quelle deutlich anzugeben; bei Werken der bildenden Künste jedoch nur dann, wenn die Quelle auf dem benutzten Werke genannt ist.

(3) Wird ein Artikel aus einer Zeitung oder Zeitschrift nach § 33 Abs. 1 und 2 in einer anderen Zeitung oder Zeitschrift abgedruckt oder nach § 38 durch Rundfunk gesendet, so ist stets außer dem in der benutzten Quelle bezeichneten Verfasser auch die Zeitung oder Zeitschrift deutlich anzugeben, woraus der Artikel entnommen wurde; ist aber dort eine andere Zeitung oder Zeitschrift als Quelle angeführt, so ist diese anzugeben.

§ 30 b

Benutzung nur rechtmäßiger Vorrichtungen und Sendungen

(1) Soweit es nach den Bestimmungen dieses Abschnittes gestattet ist, eine Bild- oder Schallvorrichtung ohne Einwilligung des Berechtigten zu öffentlichen Vorträgen, Aufführungen oder zum Senden durch Rundfunk zu benutzen, gilt dies nur bei Benutzung von Vorrichtungen, die mit Zustimmung des Berechtigten hergestellt oder verbreitet worden sind.

(2) Soweit es nach den Bestimmungen dieses Abschnittes gestattet ist, ein gesendetes Werk durch Lautsprecher oder ähnliche technische Einrichtungen öffentlich wiederzugeben, gilt dies nur, wenn die benutzte Rundfunksendung mit Einwilligung des Berechtigten geschehen ist.

§ 31

Vervielfältigungen zum eigenen Gebrauch

(1) Zulässig ist das Vervielfältigen zum eigenen Gebrauch, wenn es sich nur um einzelne Stücke handelt und nicht bezweckt wird, damit eine Einnahme zu erzielen oder das Werk zu veröffentlichen.

(2) Der nach Abs. 1 zur Vervielfältigung Befugte kann sie auch durch einen anderen vornehmen lassen; doch gilt dies für Werke der bildenden Künste nur, wenn es unentgeltlich geschieht, für Werke der Literatur oder Tonkunst nur, wenn die Entnahme von geringem Umfang ist und die Vervielfältigung handschriftlich, durch Maschinenschrift oder außerhalb des Betriebes eines Erwerbsunternehmens vorgenommen wird.

(3) Die Ausführung von Plänen und Entwürfen zu Werken der bildenden Künste und der Nachbau eines Werkes der Baukunst ist stets nur mit Einwilligung des Urhebers zulässig.

§ 32

Öffentliche Vorträge und Reden

(1) Zulässig ist:

1. die Vervielfältigung eines Vortrags oder einer Rede in Zeitungen oder Zeitschriften, wenn der Vortrag oder die Rede Bestandteil einer öffentlichen Verhandlung oder Gegenstand einer amtlichen Kundgebung ist;

2. die Vervielfältigung von Vorträgen oder Reden, die bei Verhandlungen in öffentlichen Angelegenheiten vor den zuständigen staatlichen, kommunalen oder kirchlichen Organen gehalten werden.

(2) Doch ist die Vervielfältigung der im Abs. 1 bezeichneten Vorträge und Reden in Sammlungen solcher Werke dem Urheber vorbehalten.

§ 33

Zeitungs- und Zeitschriftenartikel

(1) Zulässig ist der Abdruck einzelner Artikel über wirtschaftliche, politische oder religiöse Tagesfragen aus Zeitungen oder Zeitschriften in anderen Zeitungen oder Zeitschriften, soweit die Artikel nicht mit einem Vorbehalt der Rechte versehen sind.

(2) Vermischte Nachrichten tatsächlichen Inhalts und Tagesneuigkeiten, die durch die Presse oder den Rundfunk verbreitet werden, dürfen stets abgedruckt werden; ein sich aus anderen gesetzlichen Vorschriften ergebender Schutz bleibt unberührt.

§ 34

Rundfunk- und Filmberichte über Tagesereignisse

Zur Rundfunk- oder Filmberichterstattung über Tagesereignisse dürfen von Unternehmungen, die seitens der Reichsrundfunkkammer oder der Reichsfilmkammer zugelassen sind, urheberrechtlich geschützte Werke, die im Verlaufe der den Gegenstand der Berichterstattung bildenden Vorgänge für Auge oder Ohr wahrnehmbar werden, gesendet oder auf Bild- oder Schallvorrichtungen übertragen werden. Die Vorrichtungen dürfen zum Zwecke der Rundfunk- oder Filmberichterstattung über Tagesereignisse vervielfältigt, verbreitet, gesendet und zur öffentlichen Wiedergabe benutzt werden.

§ 35

Zitate

Zulässig ist die Vervielfältigung:

1. wenn einzelne Stellen eines Werkes nach der Veröffentlichung in einem selbständigen Sprachwerk angeführt werden;
2. wenn einzelne Stellen eines erschienenen Werkes der Tonkunst in einem selbständigen neuen Tonwerk angeführt werden, wie das fremde Thema in einem Variationenwerk;
3. wenn Werke nach dem Erscheinen in einem durch den Zweck gerechtfertigten Umfang in ein selbständiges wissenschaftliches Werk zur Erläuterung des Inhalts aufgenommen werden; dies ist bei Werken der bildenden Künste auch dann zulässig, wenn sie veröffentlicht und bleibend öffentlich ausgestellt sind.

§ 36

Sammlungen für Schulen und Unterricht

(1) Zulässig ist die Vervielfältigung, wenn einzelne Werke nach dem Erscheinen in einen Sammelband aufgenommen werden, der Werke einer größeren Anzahl von Urhebern vereinigt und nach seiner Beschaffenheit und äußeren Kennzeichnung nur für den Schul- und Unterrichts-

gebrauch, mit Ausschluß des Unterrichts in Musikschulen, bestimmt ist; dies ist bei Werken der bildenden Künste auch dann zulässig, wenn sie veröffentlicht und bleibend öffentlich ausgestellt sind.

(2) Dem Urheber ist im Falle der Vervielfältigung gemäß Absatz 1 eine angemessene Entschädigung zu gewähren.

§ 37

Vertonungsfreiheit des Liedes; Programmfreiheit

(1) Kleine Teile einer Dichtung oder Gedichte von geringem Umfang dürfen nach ihrem Erscheinen als Text zu einem neuen Werk der Tonkunst in Verbindung mit diesem vervielfältigt werden. Jedoch ist der Urheber des Tonwerkes verpflichtet, dem Urheber des vertonten Werkes einen angemessenen Anteil an dem Ertrag zu gewähren, den er durch die urheberrechtliche Verwertung des Tonwerkes in Verbindung mit dem Text erzielt.

(2) Die Vorschriften des Abs. 1 gelten nicht für Sprachwerke, die ihrer Gattung nach zur Vertonung bestimmt sind, wie die Texte von Oratorien, Opern, Operetten und Singspielen.

(3) Vertonte Sprachwerke der im Abs. 1 bezeichneten Art dürfen ohne Verbindung mit dem Tonwerk vervielfältigt werden:

1. zum ausschließlichen Gebrauch der Hörer, die einer unmittelbaren persönlichen Wiedergabe des Tonwerks am Aufführungsort beiwohnen;
2. in Programmen, worin das Senden des Tonwerks durch Rundfunk angekündigt wird;
3. als Aufdruck auf Schallvorrichtungen oder in Beilagen dazu; die Beilagen müssen als solche bezeichnet sein.

§ 38

Umfang der Nutzungsbefugnis

(1) Die Befugnis zum Vervielfältigen nach §§ 32, 33 Abs. 1, 35 Abs. 1 Nr. 3, 36 und 37 umfaßt nicht die Übertragung auf Bild- oder Schallvorrichtungen.

(2) Soweit ein Werk nach den §§ 32, 33, 35, 36 und 37 ohne Einwilligung des Berechtigten vervielfältigt werden darf, ist auch die Verbreitung und, abgesehen von den Fällen des § 37 Abs. 3, auch der öffentliche Vortrag, die öffentliche Aufführung und das Senden durch Rundfunk zulässig.

§ 39

Einschränkungen des Vortrags- und Aufführungsrechts

(1) Zulässig ist der öffentliche Vortrag oder die öffentliche Aufführung eines erschienenen Werkes, wenn die Hörer ohne Entgelt zugelassen werden und der Vortrag oder die Aufführung keinem Erwerbszweck dient. Dies gilt jedoch nicht, wenn die vortragenden oder aufführenden Personen für den Vortrag oder die Aufführung eine Vergütung erhalten.

(2) Auf die bühnenmäßige Aufführung einer Oper oder eines anderen Werkes der Tonkunst in Verbindung mit einem Werke der Literatur sowie auf die Aufführung eines Tonwerkes in Verbindung mit einer Bildvorrichtung findet Abs. 1 keine Anwendung.

§ 40

Ausstellungsfreiheit, Katalogbilder

Es ist zulässig:

1. ein zur Versteigerung in der Zwangsvollstreckung bestimmtes Werkstück öffentlich zur Schau zu stellen;
2. ein öffentlich zur Schau gestelltes oder zur öffentlichen Versteigerung bestimmtes Werkstück in Verzeichnissen, die vom Veranstalter der Ausstellung oder der Versteigerung für diesen Zweck herausgegeben werden, zu vervielfältigen und die Verzeichnisse zu verbreiten.

§ 41

Kunstwerke an öffentlichen Wegen, Straßen oder Plätzen

Es ist zulässig, Werke, die sich bleibend an öffentlichen Wegen, Straßen oder Plätzen befinden, im Wege der Malerei oder Graphik oder durch Lichtbild zu vervielfältigen und zu verbreiten. Nachbildungen solcher Art dürfen nicht an einem Bauwerk angebracht werden. Bei Bauwerken erstrecken sich die genannten Befugnisse nur auf die äußere Ansicht. Soweit ein Werk hiernach vervielfältigt werden darf, ist auch die öffentliche Vorführung und das Senden durch Rundfunk zulässig.

§ 42

Vervielfältigung von Bildnissen

(1) Der Besteller eines Bildnisses oder sein Rechtsnachfolger darf es, wenn nichts anderes vereinbart ist, ohne Einwilligung des Urhebers durch Lichtbild vervielfältigen oder, auch gegen Entgelt, vervielfältigen lassen.

(2) Dasselbe Recht steht bei den auf Bestellung geschaffenen Bildnissen dem Abgebildeten selbst und nach seinem Tode den im § 63 bezeichneten Angehörigen zu.

(3) Für Zwecke der Rechtspflege und der öffentlichen Sicherheit dürfen Bildnisse von den Behörden oder auf ihre Veranlassung ohne Einwilligung des Urhebers veröffentlicht, vervielfältigt und verbreitet werden.

§ 45*

Zwangslizenz zur Herstellung von Schallvorrichtungen

(1) Hat der Berechtigte einem anderen gestattet, ein Werk der Tonkunst zu gewerblichen Zwecken auf Schallvorrichtungen zu übertragen, diese zu vervielfältigen und zu verbreiten, so kann jeder, der im Inland eine gewerbliche Hauptniederlassung oder den Wohnsitz hat, nach dem Erscheinen des Werkes vom Berechtigten gegen angemessene Vergütung die gleiche Erlaubnis verlangen. Sie wirkt nur für die Verbreitung im Inland und für die Ausfuhr nach Staaten, in denen der Urheber keinen Schutz gegen die Übertragung des Werkes auf Schallvorrichtungen genießt. Die Reichsregierung kann zugunsten eines Staates, in dem sie die

* Die §§ 43 und 44 sind infolge der völligen Umarbeitung des Abschnittes in Wegfall gekommen; an die Stelle der §§ 46 und 47 sind die entsprechenden Bestimmungen in den §§ 30b und 30a getreten.

Gegenseitigkeit für verbürgt erachtet, durch Bekanntmachung im Reichsgesetzblatt bestimmen, inwieweit jemand trotz Fehlens einer gewerblichen Niederlassung und eines Wohnsitzes im Inland die Erlaubnis verlangen darf; diese wirkt auch für die Ausfuhr nach jenem Staat.

(2) Abs. 1 gilt auch für vertonte Sprachwerke, die in Verbindung mit dem Tonwerk auf Schallvorrichtungen übertragen werden.

(3) Abs. 1 und 2 gelten nicht für Vorrichtungen zur gleichzeitigen wiederholbaren Wiedergabe für Gesicht und Gehör.

(4) Für Klagen auf Erteilung der Erlaubnis sind, wenn der Beklagte im Inland keinen allgemeinen Gerichtsstand hat, die Gerichte der Stadt Leipzig zuständig.

(5) Einstweilige Verfügungen können erlassen werden, auch wenn die in der Zivilprozeßordnung §§ 935, 940 bezeichneten Voraussetzungen nicht zutreffen.

Abschnitt V

Dauer des Urheberrechts

§ 48

Grundregeln

(1) Das Urheberrecht endet, abgesehen von den Filmwerken, in der Regel fünfzig Jahre nach dem Tode des Urhebers.

(2) Bei einem von mehreren gemeinsam hergestellten Werk (§ 6) endet das Urheberrecht fünfzig Jahre nach dem Todes des letztlebenden Miturhebers.

§ 49

Werke ohne wahren Namen des Urhebers — Eintragsrolle

(1) Ist bei Werken der Literatur oder Tonkunst der wahre Name des Urhebers nicht nach § 8 bezeichnet, so endet das Urheberrecht fünfzig Jahre nach der Veröffentlichung, wenn sich aus § 48 kein früherer Tag ergibt.

(2) Wird innerhalb der im Abs. 1 bezeichneten Frist der wahre Name des Urhebers von ihm selbst oder nach seinem Tode von den Personen, auf die das Urheberrecht übergegangen ist, gemäß § 8 angegeben oder zu einer Eintragsrolle angemeldet, so wird die Schutzfrist nach § 48 bemessen.

(3) Die näheren Vorschriften über die Eintragsrolle erläßt der zuständige Reichsminister.

§ 50

Filmwerke

Das Urheberrecht an Filmwerken endet fünfzig Jahre nach der Veröffentlichung oder, wenn das Werk nicht veröffentlicht worden ist, fünfzig Jahre nach der Herstellung des ersten gebrauchsfähigen Abzugs.

§ 51

Lieferungswerke

Wenn bei Werken, die in inhaltlich nicht abgeschlossenen Teilen (Lieferungen) erscheinen, die Schutzfrist mit der Veröffentlichung beginnt, ist für ihre Berechnung die Veröffentlichung der letzten Lieferung maßgebend.

§ 52

Berechnung der Schutzfristen

Bei Berechnung der Schutzfristen (§§ 48 bis 51) zählt das Kalenderjahr nicht mit, in das die für den Beginn der Frist maßgebende Tatsache fällt.

Abschnitt VI

Angrenzende Rechtsgebiete

§ 53

1. Erhaltung von Werken allgemeiner Bedeutung

(1) Werke von allgemeiner Bedeutung für die nationale Kultur dürfen nach dem Tode des Urhebers nicht derart bearbeitet oder verwertet werden, daß dies offenbar ihr Ansehen oder ihren Wert beeinträchtigen würde.

(2) Die Aufsicht darüber steht dem Reichsminister für Volksaufklärung und Propaganda zu, der auch gegen die nach § 16 zur Rechtsnachfolge Berufenen entscheiden kann.

§ 53a

(1) Die nach § 16 zur Rechtsnachfolge Berufenen oder die sonstigen Berechtigten an einem nachgelassenen Werk sind auf Anordnung des Reichsministers für Volksaufklärung und Propaganda verpflichtet, diesem das Werk vorzulegen.

(2) Ergibt die Prüfung, daß das Werk von allgemeiner Bedeutung für die nationale Kultur ist und daß die Urheberehre durch eine Veröffentlichung nicht beeinträchtigt wird, so kann der Reichsminister für Volksaufklärung und Propaganda die Veröffentlichung anordnen. Eine solche Anordnung kann nicht ergehen, wenn eine letztwillige Verfügung des Urhebers der Veröffentlichung entgegensteht oder der Wille des Urhebers, daß das Werk nicht veröffentlicht werde, sich aus dem Inhalt des Werkes ergibt.

(3) Wird im Falle einer Anordnung gemäß Abs. 2 die Veröffentlichung von den Berechtigten nicht in angemessener Frist vorgenommen, so kann ein Dritter zur Veröffentlichung ermächtigt werden, der den Berechtigten eine angemessene Vergütung zu entrichten hat.

1a. Schutz der Editionen

§ 53b

(1) Der Herausgeber eines nachgelassenen Werkes hat für die Dauer von 10 Jahren, vom Zeitpunkt der Veröffentlichung an gerechnet, das ausschließliche Recht, dieses Werk nach Maßgabe des § 11 zu verwerten.

(2) Den gleichen Schutz genießen die Herausgeber fremder Werke im Sinne des § 1 Abs. 4 sowie die Bearbeiter fremder Werke, sofern eine eigenpersönliche Leistung nicht vorliegt, für ihre Ausgaben oder Bearbeitungen.

(3) Haben die in den Absätzen 1 und 2 bezeichneten Ausgaben und Bearbeitungen Werke zum Gegenstand, deren Schutzfrist gemäß den

§§ 48—52 noch nicht abgelaufen ist, so können die gemäß Abs. 1 und 2 gewährten Rechte nur mit Zustimmung des Urhebers oder seines Rechtsnachfolgers oder sonstiger zur Verwertung seines Werkes allein berechtigter Personen ausgeübt werden.

(4) Die in den Absätzen 1 und 2 gewährten Rechte sind unter Lebenden und von Todes wegen übertragbar.

3. Schutz des ausübenden Künstlers*

§ 55

Schutz bei Bild- und Schallvorrichtungen

(1) Der Vortrag oder die Aufführung eines Werkes der Literatur oder Tonkunst darf — auch bei Sendung durch Rundfunk — nur mit Einwilligung der Vortragenden oder Aufführenden auf eine Bild- oder Schallvorrichtung übertragen werden. Für einen Chor oder ein Orchester genügt die Einwilligung des Leiters.

(2) Zur Übertragung von Vorträgen oder Aufführungen, die im Betriebe eines Erwerbsunternehmens stattfinden, bedarf es überdies der Einwilligung des Inhabers dieses Unternehmens.

(3) Ist ein Vortrag oder eine Aufführung ohne die nach den Abs. 1 und 2 erforderlichen Einwilligungen auf eine Bild- oder Schallvorrichtung übertragen worden, so darf diese Vorrichtung weder vervielfältigt, noch verbreitet, noch zur Wiedergabe benutzt werden.

(4) Bei einer zulässigen Übertragung ist es nur mit Einwilligung der nach Abs. 1 maßgebenden Personen gestattet, die Vorrichtung zu vervielfältigen oder zu verbreiten (§ 13). Das ausschließliche Recht des ausübenden Künstlers auf Vervielfältigung und Verbreitung ist übertragbar und erlischt, wenn seit dem Ablauf des Kalenderjahres, in dem die Vorrichtung erschienen ist, dreißig Jahre verstrichen sind. Während dieser Frist dürfen unbefugt hergestellte oder verbreitete Stücke zur öffentlichen Wiedergabe nicht benutzt werden. Zum Schutz der persönlichen Interessen des ausübenden Künstlers gelten während dieser Zeit § 10a und § 21 Abs. 1 sinngemäß.

(5) Filmberichte und Rundfunkberichte (§ 34) unterliegen den Abs. 1 bis 4 nicht.

(6) Bei gewerbsmäßig hergestellten Filmwerken bedarf es zur Vervielfältigung oder Verbreitung der nach Abs. 4 Satz 1 sonst erforderlichen Einwilligung der ausübenden Künstler nicht, die an der Herstellung des Werkes mitgewirkt haben. Für den Schutz ihrer eigenpersönlichen Interessen gelten während der im Abs. 4 Satz 2 bezeichneten Frist die Vorschriften des § 21 Abs. 4 entsprechend.

(7) Die Abs. 1 bis 4 lassen das Urheberrecht an den vorgetragenen oder aufgeführten Werken unberührt und gelten auch für solche Werke der Literatur oder Tonkunst, die den urheberrechtlichen Schutz dieses Gesetzes nicht genießen.

(8) Die Verpflichtung der Mitglieder eines Chors oder Orchesters zur Mitwirkung an Vorträgen oder Aufführungen, die auf Bild- oder Schall-

* Der Titel 2 (Titelschutz, § 54) ist gestrichen worden.

vorrichtungen übertragen werden sollen, richtet sich ebenso wie die aus der Mitwirkung ihnen zustehenden Ansprüche nach den Vorschriften, die ihre Rechtsverhältnisse als Mitglieder des Chors oder Orchesters regeln.

§ 56

Schutz beim Rundfunk

(1) Der Vortrag oder die Aufführung eines Werkes der Literatur oder Tonkunst darf nur mit Einwilligung der Vortragenden oder Aufführenden — soweit der Vortrag oder die Aufführung durch einen Chor oder Orchester bewirkt wird, mit Einwilligung des Leiters — durch Rundfunk gesendet werden (§ 11 Ziff. 2). Bei Vorträgen oder Aufführungen, die im Betriebe eines Erwerbsunternehmens stattfinden, bedarf es überdies der Einwilligung des Inhabers des Unternehmens.

(2) Sollen Vorträge oder Aufführungen, die im Betriebe eines Theaterunternehmens stattfinden, durch Rundfunk gesendet werden, so bedarf es nur der Einwilligung des Inhabers dieses Unternehmens. Dies gilt nicht für konzertmäßige oder andere Veranstaltungen, die außerhalb der üblichen Betätigung eines Theaterunternehmens liegen.

(3) Die Vorschriften der Abs. 1 und 2 gelten nicht für das Senden durch Rundfunk mit Hilfe von Bild- und Schallvorrichtungen, die nach § 55 rechtmäßig verbreitet worden sind, ferner nicht für Berichte über Tagesereignisse (§ 34).

(4) § 55 Abs. 7 und 8 gelten entsprechend, Abs. 8 auch für die Personen, die an den durch Rundfunk gesendeten Vorträgen oder Aufführungen im Betriebe eines Theaterunternehmens mitwirken.

§ 57

Schutz beim Lautsprecher

Die Vorschriften des § 56 gelten sinngemäß für die öffentliche Wiedergabe von Vorträgen oder Aufführungen durch Lautsprecher oder eine ähnliche technische Einrichtung außerhalb des Ortes (Theater, Saal, Platz, Garten oder dergleichen), wo sie stattfinden. Rundfunksendungen von Vorträgen oder Aufführungen können zur öffentlichen Wiedergabe durch Lautsprecher oder eine ähnliche technische Einrichtung ohne Einwilligung der im § 56 Abs. 1 und 2 Bezeichneten nur dann benutzt werden, wenn die Sendung nach § 56 zulässig ist.

4. Schutz der Lichtbilder

§ 58

(1) Lichtbilder oder auf ähnliche Art hergestellte Erzeugnisse werden, soweit im folgenden nichts Abweichendes bestimmt ist, nach den für Werke der bildenden Künste geltenden Vorschriften der Abschnitte I bis IV geschützt.

(2) Das Schutzrecht steht dem Hersteller zu. Bei gewerbsmäßig hergestellten Photographien erwirbt der Inhaber des Unternehmens mit der Herstellung der Photographie das ausschließliche Verwertungsrecht.

(3) Das Schutzrecht endet 10 Jahre nach der Veröffentlichung des Lichtbildes oder, wenn dieses nicht veröffentlicht worden ist, 10 Jahre nach der Aufnahme; die Frist ist nach § 52 zu berechnen.

(4) Die Vorschriften über die Übertragung von Werknutzungsrechten (§ 19), über das Kündigungsrecht des § 24 Abs. 2, über das Rückrufsrecht (§ 28) und über die Zwangsvollstreckung im § 30 Abs. 1—4 gelten für gewerbsmäßig hergestellte Lichtbilder nicht.

(5) Die freie Werknutzung des § 41 (Kunstwerke an öffentlichen Straßen) gilt für Lichtbilder nicht. Bei Anwendung des § 42 gilt für Lichtbilder die Besonderheit, daß Bildnisse auch auf andere Weise als durch Lichtbild vervielfältigt werden dürfen.

(6) In Zeitungen oder Zeitschriften dürfen gewerbsmäßig hergestellte Lichtbilder, deren Gegenstand sich auf Tagesereignisse bezieht, ohne vorherige Befragung des Inhabers des Schutzrechts wiedergegeben werden, wenn zuvor der zur Wahrnehmung solcher Schutzrechte bestimmten Stelle davon Anzeige gemacht und eine angemessene Vergütung entrichtet wird. Die aus Berufsgenossen des Lichtbildgewerbes zu bildende Stelle und ihre Geschäftsführung werden durch Verordnung des zuständigen Reichsministers bestimmt, ebenso die Bemessung der Vergütungssätze.

(7) Die Vorschriften der Abs. 1—6 gelten für Erzeugnisse der Kinematographie, die nicht Filmwerk im Sinne des § 1 sind, entsprechend.

5. Schutz der Zeichnungen, Pläne, Karten usw.

§ 58a

Den gleichen Schutz wie Lichtbilder in § 58 genießen Zeichnungen, Pläne, Karten, plastische Darstellungen, Skizzen und sonstige Abbildungen wissenschaftlicher oder technischer Art, soweit sie nicht den Voraussetzungen des § 1 Abs. 1 entsprechen.

6. Schutz der Bild- und Schallvorrichtungen

§ 59

(1) An gewerbsmäßig hergestellten Bild- oder Schallvorrichtungen steht dem Hersteller das ausschließliche Recht auf Vervielfältigung und gewerbsmäßige Verbreitung (§ 13) zu.

(2) Der Hersteller einer Schallplatte oder einer gleichartigen Bild- oder Schallvorrichtung kann die öffentliche Aufführung oder Sendung nicht verbieten. Er hat in diesem Falle jedoch Anspruch auf angemessene Vergütung; dabei ist der Inhalt und der kulturelle Wert seiner Leistung zu berücksichtigen.

(3) Bei der Berechnung der Vergütung sind Zahlungen, die an den Urheber oder einen ausübenden Künstler erfolgt sind, entsprechend zu berücksichtigen.

7. Schutz der Rundfunksendungen

§ 60

Nur mit Zustimmung der Reichsrundfunkgesellschaft oder der aussendenden deutschen Gesellschaft ist es gestattet:

1. gewerbsmäßig die Sendung zur öffentlichen Wiedergabe durch Lautsprecher oder eine ähnliche technische Einrichtung zu benutzen;

2. gewerbsmäßig die Sendung auf Bild- oder Schallvorrichtungen zu übertragen, diese zu vervielfältigen und zu verbreiten (§ 13);
3. gewerbsmäßig Rundfunknachrichten weiter mitzuteilen.

8. Recht an Briefen und am eigenen Bild

§ 61

Briefschutz

(1) Briefe, Tagebücher und ähnliche vertrauliche Aufzeichnungen dürfen auch, soweit sie nicht als eigenpersönliche Schöpfungen urheberrechtlichen Schutz genießen, nicht ohne Einwilligung des Verfassers veröffentlicht werden. Ist der Verfasser gestorben, ohne der Veröffentlichung zugestimmt zu haben, und sind seit Ablauf des Todesjahres noch nicht zehn Jahre verstrichen, so bedarf es der Einwilligung seiner Angehörigen (§ 63).

(2) Die Veröffentlichung eines Briefes — gleichviel, ob er urheberrechtlich geschützt ist oder nicht — ist ferner nur mit Einwilligung dessen statthaft, an den der Brief gerichtet war, wenn die Veröffentlichung wichtige Interessen dieser Person verletzen würde. Ist der Empfänger gestorben, ohne der Veröffentlichung zugestimmt zu haben, und sind seit Ablauf des Todesjahres noch nicht zehn Jahre verstrichen, so bedarf es der Einwilligung seiner Angehörigen (§ 63), wenn die Veröffentlichung wichtige Interessen dieser Angehörigen verletzen würde.

(3) Der nach Abs. 1 und 2 erforderlichen Einwilligung bedarf es nicht, wenn die Veröffentlichung zur Wahrnehmung eines berechtigten öffentlichen oder privaten Interesses vorgenommen wird, die das Interesse an der Nichtveröffentlichung überwiegt.

(4) Widerrechtlich veröffentlichte Briefe, Tagebücher und ähnliche vertrauliche Aufzeichnungen dürfen, solange die Veröffentlichung nicht erlaubt ist, auch nicht weiter mitgeteilt werden.

(5) Die §§ 53 und 53a gelten für die im Abs. 1 bezeichneten Briefe, Tagebücher und ähnlichen vertraulichen Mitteilungen entsprechend.

§ 62

Recht am eigenen Bild

(1) Bildnisse dürfen — gleichviel ob sie nach diesem Gesetz geschützt sind oder nicht — nur mit Einwilligung des Abgebildeten öffentlich zur Schau gestellt oder sonst der Öffentlichkeit mitgeteilt werden. Die Einwilligung gilt im Zweifel als erteilt, wenn der Abgebildete dafür, daß er sich abbilden ließ, eine Entlohnung erhalten hat. Ist er gestorben, ohne der Verbreitung zugestimmt zu haben, und sind seit Ablauf des Todesjahres noch nicht zehn Jahre verstrichen, so bedarf es der Einwilligung seiner Angehörigen (§ 63).

(2) Der Einwilligung des Abgebildeten oder seiner Angehörigen bedarf es nicht:

1. bei Bildnissen aus dem Bereich der Zeitgeschichte;
2. bei Bildern, auf denen die Personen nur als Beiwerk neben einer Landschaft oder sonstigen Örtlichkeit erscheinen;

3. bei Bildern von Versammlungen, Aufzügen und ähnlichen Veranstaltungen, an denen die dargestellten Personen teilgenommen haben;
4. bei Bildnissen, die nicht auf Bestellung des Abgebildeten oder, falls er gestorben ist, seiner Angehörigen angefertigt worden sind, wenn die Mitteilung ausschließlich Zwecken der Kunst oder Wissenschaft dient.

(3) Die Befugnis erstreckt sich jedoch nicht auf eine Mitteilung, die ein berechtigtes Interesse des Abgebildeten oder, falls er gestorben ist, seiner Angehörigen verletzen würde.

(4) Für Zwecke der Rechtspflege und der öffentlichen Sicherheit dürfen Bildnisse von den Behörden oder auf ihre Veranlassung ohne die nach Abs. 1 erforderliche Einwilligung mitgeteilt werden.

§ 63

Angehörige

Angehörige im Sinne der §§ 61 und 62 sind die Kinder und der überlebende Ehegatte, beim Fehlen solcher Personen die Eltern. An die Stelle eines verstorbenen Kindes treten dessen Kinder. Der überlebende Ehegatte bleibt außer Betracht, wenn zur Zeit des Todes die eheliche Gemeinschaft durch Urteil aufgehoben war, oder wenn der Verstorbene auf Scheidung zu klagen berechtigt und die Scheidungsklage oder die Klage auf Aufhebung der ehelichen Gemeinschaft zur Zeit seines Todes anhängig war.

Abschnitt VII

Rechtsverletzungen

1. Zivilrechtliche Vorschriften

§ 64

Anspruch auf Unterlassung

(1) Wer in einem nach diesem Gesetz geschützten Rechte verletzt wird, kann vom Verletzer Beseitigung der Beeinträchtigung verlangen. Sind weitere Beeinträchtigungen zu besorgen, so kann er auf Unterlassung klagen.

(2) Wird dem § 30a Abs. 3 zuwider eine Zeitung oder Zeitschrift nicht als Quelle angegeben, so gilt der Inhaber des Zeitungs- oder Zeitschriftenunternehmens als Verletzer.

§ 65

Vernichtung, Unbrauchbarmachung und ähnliche Maßnahmen

(1) Ist eines der in diesem Gesetz gewährten Rechte verletzt, so kann der Verletzte verlangen, daß alle dem Gesetz zuwider hergestellten oder verbreiteten Vervielfältigungsstücke und die zur widerrechtlichen Verbreitung bestimmten Stücke vernichtet werden. Weiter hat er das Recht, zu verlangen, daß die ausschließlich zur widerrechtlichen Herstellung bestimmten Mittel (wie Formen, Platten, Steine, Filmstreifen) unbrauchbar gemacht oder, falls das nicht ausführbar ist, vernichtet werden. Kann

der dem Gesetz widerstreitende Zustand von Werkstücken auf andere Weise beseitigt werden oder genügt es, daß Änderungen des Werkes als nicht vom Urheber herrührend gekennzeichnet werden, so kann der Verletzte nur diese Maßnahmen begehren; dies gilt für Lichtbilder entsprechend.

(2) Bei unbefugter Aufführung eines Bühnenwerkes kann der Verletzte die Vernichtung der zum Gebrauch der Mitwirkenden bestimmten Schriften (wie Rollen, Regiebücher, Partituren, Stimmen) verlangen.

(3) Statt dieser Maßnahmen (Abs. 1 und 2) kann der Verletzte verlangen, daß ihm die den Maßnahmen unterliegenden Gegenstände ganz oder teilweise gegen eine angemessene, die Herstellungskosten nicht übersteigende Vergütung überlassen werden.

(4) Den in den Abs. 1 bis 3 bezeichneten Maßnahmen sind die Gegenstände ohne Rücksicht darauf unterworfen, wem sie gehören. Doch unterliegt den Maßnahmen nicht, wer ein widerrechtlich hergestelltes oder verbreitetes Werkstück oder Lichtbild in gutem Glauben an die Rechtmäßigkeit der Herstellung oder Verbreitung erworben hat, es sei denn, daß das Werkstück oder Lichtbild zur Weiterverbreitung bestimmt ist; Entsprechendes gilt für Bild- oder Schallvorrichtungen, deren Herstellung oder Verbreitung dem Rechte des ausübenden Künstlers (§ 55 Abs. 4 Satz 1), des Inhabers des Unternehmens (§ 59) oder der Sendegesellschaft (§ 60 Nr. 2) zuwider geschehen ist.

(5) Von der Vernichtung, Unbrauchbarmachung und Überlassung an den Verletzten sind ausscheidbare Teile auszunehmen, deren unveränderter Bestand und deren Gebrauch durch den Beklagten nicht widerrechtlich sind. Bei Vervielfältigungsstücken, die nur wegen des Fehlens oder der Beschaffenheit der Quellenangabe dem Gesetz nicht entsprechen, kann weder die Vernichtung noch die Überlassung an den Verletzten verlangt werden.

(6) Für Bauwerke gelten die vorstehenden Vorschriften nicht.

(7) Die Maßnahmen der Abs. 1 bis 3 können erst vollzogen werden, nachdem dem Eigentümer gegenüber rechtskräftig auf sie erkannt ist.

§ 66

Anspruch auf Unterlassung und Vernichtung bei Filmwerken

Ist durch die Herstellung eines Filmwerks das Verwertungsrecht des Urhebers an einem anderen Werk verletzt worden, ohne daß den Hersteller, seine Angestellten oder Beauftragten ein Verschulden trifft, so entfallen die Ansprüche auf Vernichtung des Filmwerks und auf Unterlassung der urheberrechtlichen Verwertung. Dem Verletzten verbleibt jedoch der Anspruch auf angemessene Vergütung (§ 69).

§ 67

Urteilsbekanntmachung

(1) Ist auf Grund dieses Gesetzes Klage auf Unterlassung erhoben worden, so kann die obsiegende Partei, sofern sie ein berechtigtes Interesse dartut, verlangen, daß ihr die Befugnis zugesprochen werde, das Urteil auf Kosten der unterliegenden Partei öffentlich bekanntzumachen.

(2) Umfang und Art der Bekanntmachung werden im Urteil bestimmt. Die Befugnis erlischt, wenn die Entscheidung nicht binnen drei Monaten nach Eintritt der Rechtskraft bekanntgemacht wird.

§ 68

Anspruch auf Schadenersatz

(1) Wer auf Grund einer Zuwiderhandlung gegen dieses Gesetz einen Anspruch auf Schadenersatz zu stellen berechtigt ist, kann auch die Herausgabe des den Schaden übersteigenden Reingewinns fordern, den der Beklagte durch sein widerrechtliches Verhalten erzielt hat.

(2) Bei einer schuldhaften Verletzung der Urheberehre kann der Verletzte auch wegen des Schadens, der nicht Vermögensschaden ist, eine billige Entschädigung in Geld verlangen. Der Anspruch ist nicht übertragbar, es sei denn, daß er durch Vertrag anerkannt oder daß er rechtshängig geworden ist.

(3) Eine solche Entschädigung kann auch bei einer schuldhaften Zuwiderhandlung gegen die Vorschriften der §§ 55 bis 57 von dem in seinem Recht verletzten ausübenden Künstler verlangt werden; denselben Anspruch hat der Verletzte bei einer schuldhaften Zuwiderhandlung gegen die Vorschriften des § 30a Abs. 3 (Anspruch der Presse auf Quellenangabe), des § 53b (Schutz der Editionen) und der §§ 58 bis 62 (Schutz der Lichtbilder, der Zeichnungen, Pläne, Karten usw., der Bild- und Schallvorrichtungen, der Rundfunksendungen, Schutz des Rechtes an Briefen und am eigenen Bild).

§ 69

Anspruch auf angemessene Vergütung

(1) Wer ohne Einwilligung des Berechtigten ein Werk auf eine dem Urheber vorbehaltene Art verwertet (§§ 11 bis 15), hat auch dann, wenn ihn kein Verschulden trifft, dem Verletzten eine angemessene Vergütung zu entrichten. Bei schuldhafter Verletzung eines Werknutzungsrechts kann statt des Schadensersatzes oder der Herausgabe des Reingewinns die angemessene Vergütung verlangt werden.

(2) Bei einer Zuwiderhandlung gegen die vermögensrechtlichen Vorschriften der §§ 53b und 55 bis 62 gilt Abs. 1 entsprechend.

(3) Bei Verletzung der §§ 30b, 57 Satz 2 sowie der Vorschriften über die öffentliche Wiedergabe im § 55 Abs. 3, Abs. 4 Satz 3 ist der Anspruch auf angemessene Vergütung nur begründet, wenn die Verletzung schuldhaft erfolgt ist.

§ 70

Haftung des Inhabers eines Unternehmens

Der Inhaber eines Unternehmens kann, soweit sich nicht aus anderen Vorschriften eine weitergehende Haftung ergibt, auf Unterlassung (§§ 64, 65) und auf Zahlung einer angemessenen Vergütung (§ 69) auch dann in Anspruch genommen werden, wenn die den Anspruch begründende Handlung im Betriebe seines Unternehmens von einem Angestellten oder Beauftragten begangen worden ist.

§ 71

Verjährung

(1) Die Ansprüche auf die in den §§ 68, 69 bezeichneten Leistungen verjähren in drei Jahren. Die Verjährung beginnt mit dem Tage, an dem die widerrechtliche Handlung zuletzt vorgenommen worden ist, wenn sich aber der Anspruch auf die widerrechtliche Herstellung oder Beschaffenheit von Vervielfältigungsstücken gründet, die zur Verbreitung bestimmt sind, mit dem Tage, an dem mit ihrer Verbreitung begonnen worden ist.

(2) Die im § 65 bezeichneten Maßnahmen können verlangt werden, solange Werkstücke und Vorrichtungen vorhanden sind, die ihnen unterliegen.

§ 72

Prozessuale Vorschriften

(1) Zur Sicherung der in diesem Gesetz bezeichneten Ansprüche auf Unterlassung können einstweilige Verfügungen erlassen werden, auch wenn die in der Zivilprozeßordnung §§ 935, 940 bezeichneten Voraussetzungen nicht zutreffen.

(2) Der Reichsjustizminister kann die bürgerlichen Streitigkeiten auf Grund dieses Gesetzes, soweit die Zuständigkeit des Landgerichts in erster Instanz oder als Berufungsgericht gegeben ist, für die Bezirke mehrerer Landgerichte einem von ihnen zuweisen.

(3) Schiedsgerichte dürfen nicht bestellt werden, es sei denn, daß mindestens ein Streitteil Ausländer ist.

2. Strafrechtliche Vorschriften*

§§ 73—80

(Von Beratung wurde im Hinblick auf den Strafgesetzentwurf Abstand genommen.)

Abschnitt VIIa

Mitwirkung der Reichskulturkammer

§ 81a

(1) Die Fortentwicklung des Urheberrechts, insbesondere auch durch Gestaltung von Normalverträgen, zu pflegen, ist Aufgabe der Reichskulturkammer.

(2) Die Reichskulturkammer kann, gegebenenfalls unter Mitwirkung anderer zuständiger Reichsminister, Sachverständigenausschüsse zur Abgabe sachverständiger Gutachten bilden.

(3) Die Reichskulturkammer ist befugt, in Rechtsstreitigkeiten, in denen ein Anspruch auf Grund dieses Gesetzes erhoben wird, einen Vertreter zu entsenden, der auf sein Verlangen jederzeit gehört werden muß.

---

* Der Titel 3 (Sachverständigenkammern, § 81) ist gestrichen worden.

Abschnitt VIII
Anwendungsbereich des Gesetzes

§ 82
Werke der Reichsangehörigen

Den urheberrechtlichen Schutz dieses Gesetzes genießen alle Werke, deren Urheber (§ 5) Reichsangehörige sind, gleichviel ob und wo das Werk erschienen ist.

§ 83
Im Inland erschienene Werke

(1) Den urheberrechtlichen Schutz dieses Gesetzes genießen alle Werke, die im Inland erschienen sind, es sei denn, daß der Urheber (§ 5) nicht Reichsangehöriger ist und das Werk selbst oder eine Übersetzung davon an einem früheren Tage im Ausland hat erscheinen lassen. Mit der gleichen Einschränkung genießen den Schutz auch solche Werke, die im Inland nur in Übersetzung erschienen sind.

(2) Der nach Abs. 1 den Werken ausländischer Urheber (§ 5) zuteil werdende Schutz kann durch Verordnung des Reichsministers der Justiz beschränkt werden, wenn der Urheber keinem Lande des Berner Verbands zum Schutze von Werken der Literatur und Kunst angehört und zur Zeit des Erscheinens des Werkes weder im Inland noch in einem Verbandsland seinen Wohnsitz hat, und wenn das Land, dem er angehört, die Werke der Reichsangehörigen nicht genügend schützt.

§ 84
Im Ausland erschienene Werke von Ausländern

Für die nicht im Inland erschienenen Werke von Ausländern besteht der urheberrechtliche Schutz nach Inhalt der Staatsverträge. Solchen Werken kommt, wo keine Staatsverträge bestehen, urheberrechtlicher Schutz nur zu, wenn in dem Staat, dem der Urheber angehört, nach einer im Reichsgesetzblatt enthaltenen Bekanntmachung deutsche Werke einen entsprechenden Schutz genießen.

Schutz auf angrenzenden Rechtsgebieten

§ 85

Der nach den §§ 55 bis 57 gewährte Schutz kann durch Verordnung des Reichsministers der Justiz im Verhältnis zu anderen Staaten, die den Reichsangehörigen keinen entsprechenden Schutz gewähren, ausgeschlossen oder beschränkt werden.

§ 86

(1) Für den Schutz der Editionen (§ 53b), der Lichtbilder (§ 58) und der Zeichnungen, Pläne, Karten usw. (§ 58a) gelten die §§ 82—84 entsprechend.

(2) Ausländische Bild- und Schallvorrichtungen und Rundfunksendungen genießen den Schutz der §§ 59, 60 nach Maßgabe der Staatsverträge oder, wo solche nicht bestehen, insoweit, als nach einer im Reichsgesetzblatt enthaltenen Bekanntmachung die deutschen Vorrichtungen oder Sendungen in dem beteiligten ausländischen Staat einen entsprechenden Schutz genießen.

C. Revidierte Berner Übereinkunft

zum Schutze von Werken der Literatur und der Kunst

Vorbemerkung

Die Berner Übereinkunft vom 9. 9. 1886 ist am 5. 12. 1887 in Kraft getreten. Sie wurde am 5. 5. 1896 in *Paris* durch ein Zusatzabkommen abgeändert und ergänzt. 1908 erfolgte in *Berlin* eine vollständige Neufassung. Das Abkommen von Berlin ist 1928 in *Rom* revidiert worden. Die letzte Revision fand 1948 in *Brüssel* statt. Diese Fassung ist seit dem 1. 8. 1951 in Kraft.

Folgende Länder gehören der Berner Übereinkunft an (Stand: Juni 1952):

a) in der *Berliner* Fassung:
Siam; Südwestafrika.

b) in der *Rom*-Fassung:
Australien mit der Insel Norfolk und den Territorien von Papua, Neu-Guinea und Nauru; Bulgarien; Canada; Dänemark mit Faröer-Inseln; Deutschland; Finnland; Griechenland; Großbritannien und Nord-Irland mit Kolonien, Besitzungen und Schutzgebieten einschließlich West-Samoa; Indien; Irland; Island; Italien; Japan und die früheren Besitzungen Korea, Formosa, Sachalin und Kwantung; Libanon; Neuseeland; Niederlande mit Neu-Guinea, Surinam und den niederl. Antillen; Norwegen; Österreich; Pakistan; Polen; Rumänien; Schweden; Schweiz; Syrien; Tschechoslowakei; Ungarn.

c) in der *Brüsseler* Fassung:
Belgien mit Kongogebiet und Ruanda-Urundi; Brasilien; Frankreich mit Kolonien, Protektoraten und den dem Kolonialministerium unterstellten Territorien einschl. Kamerun und Togo; Israel; Jugoslawien; Lichtenstein; Luxemburg; Marokko (franz. Zone); Monaco; Philippinen; Portugal; Spanien; Südafrikanische Union; Türkei; Tunis; Vatikanstadt.

Die Länder, die der Konvention in der Brüsseler Fassung angehören, gehörten ihr auch in der Rom-Fassung an (Portugal und Spanien einschl. ihrer Kolonien), jedoch mit Ausnahme der Philippinischen Republik und der Türkei. Nach Ansicht des Berner Büros schließt aber deren Beitritt zum Brüsseler Abkommen die Zugehörigkeit zu den Abkommen von Rom und Berlin ein, wenn es sich um die Beziehungen zu den Ländern handelt, die noch an diese beiden Abkommen gebunden sind.

Vorbehalte (Art. 27) haben gemacht:

Frankreich hinsichtlich der Werke der angewandten Kunst (Art. 2 Abs. 4 R.F.).

Griechenland hinsichtlich des Übersetzungsrechts und des Aufführungsrechts (Art. 8 u. 11 R.F.).

Irland hinsichtlich des Übersetzungsrechts (Art. 8 R.F.).

Island hinsichtlich des Übersetzungsrechts (Art. 8 R.F.).

Japan hinsichtlich des Übersetzungsrechts (Art. 8 R.F.).

Jugoslawien hinsichtlich des Übersetzungsrechts (Art. 8 R.F.).

Tunis hinsichtlich der Werke der angewandten Kunst (Art. 2 Abs. 4 R.F.).

Frankreich und *Tunis* haben bei der Ratifizierung des Brüsseler Abkommens ihre Vorbehalte aufgegeben. Sie haben also keine Wirksamkeit gegenüber Ländern, für die ebenfalls die Brüsseler Fassung in Kraft ist.

In den Beziehungen zwischen den Ländern, die durch das Abkommen von Brüssel gebunden sind, und denen, welche noch die Abkommen von Rom oder Berlin anwenden, bleiben die bezüglich der beiden letzten Übereinkommen gemachten Vorbehalte wirksam. Mit Rücksicht darauf, daß die Berliner Fassung nur noch für zwei nichteuropäische Länder Wirksamkeit hat, ist von der Wiedergabe der gegenüber diesem Vertragstext geltenden Vorbehalte abgesehen worden.

Der Vorbehalt hinsichtlich des *Übersetzungsrechts* bedeutet, daß insoweit Art. 5 der Berner Übereinkunft in der Fassung der Pariser Zusatzakte von 1898 gilt. Dieser lautet: „Den einem der Verbandsländer angehörigen Urhebern oder ihren Rechtsnachfolgern steht in den übrigen Ländern während der ganzen Dauer ihres Rechts an dem Original das ausschließliche Recht zu, ihre Werke zu übersetzen oder die Übersetzung derselben zu gestatten. Jedoch erlischt das ausschließliche Übersetzungsrecht, wenn der Urheber davon nicht innerhalb zehn Jahren von der ersten Veröffentlichung des Originalwerkes an gerechnet in der Weise Gebrauch gemacht hat, daß er in einem Verbandsland eine Übersetzung in der Sprache, für welche der Schutz in Anspruch genommen werden soll, sei es selbst veröffentlicht hat, sei es hat veröffentlichen lassen."

ROMFASSUNG DER BERNER ÜBEREINKUNFT (RGBl. 1928 II, S. 890)

Artikel 1

Die Länder, in denen diese Übereinkunft Anwendung findet, bilden einen Verband zum Schutze des Urheberrechts an Werken der Literatur und Kunst.

Artikel 2

(1) Die Bezeichnung „Werke der Literatur und Kunst" umfaßt alle Erzeugnisse aus dem Bereich der Literatur, Wissenschaft und Kunst, ohne Rücksicht auf die Art oder die Form des Ausdrucks, wie: Bücher, Broschüren und andere Schriftwerke; Vorträge, Reden, Predigten und andere Werke gleicher Art; dramatische oder dramatisch-musikalische Werke; choreographische und pantomimische Werke, sofern der Bühnenvorgang schriftlich oder auf andere Weise festgelegt ist; Werke der Tonkunst mit oder ohne Text; Werke der zeichnenden Kunst, der Malerei, der Baukunst, der Bildhauerei, Stiche und Lithographien; Illustrationen, geographische Karten; geographische, topographische, architektonische oder wissenschaftliche Pläne, Skizzen und Darstellungen plastischer Art.

(2) Den gleichen Schutz wie Originalwerke genießen, unbeschadet der Rechte des Urhebers des Originalwerkes, Übersetzungen, Adaptationen, musikalische Arrangements und andere Umarbeitungen eines Werkes der Literatur oder Kunst sowie Sammlungen aus verschiedenen Werken.

(3) Die Verbandsländer sind verpflichtet, den obengenannten Werken Schutz zu gewähren.

(4) Den Werken der angewandten Kunst wird Schutz gewährt, soweit die innere Gesetzgebung jedes Landes dies gestattet.

Artikel 2bis

(1) Der inneren Gesetzgebung jedes Verbandslandes bleibt das Recht vorbehalten, politische Reden und Reden in Gerichtsverhandlungen ganz

oder teilweise von dem im vorigen Artikel vorgesehenen Schutz auszunehmen.

(2) Desgleichen bleibt der inneren Gesetzgebung jedes Verbandslandes das Recht vorbehalten, die Bedingungen festzusetzen, unter denen Vorträge, Reden, Predigten und andere Werke gleicher Art durch die Presse wiedergegeben werden dürfen. Zur Veranstaltung von Sammlungen solcher Werke ist jedoch ausschließlich der Urheber berechtigt.

Artikel 3

Diese Übereinkunft findet auch auf Werke der Photographie und eines ähnlichen Verfahrens Anwendung. Die Verbandsländer sind verpflichtet, diesen Werken Schutz zu gewähren.

Artikel 4

(1) Die einem Verbandsland angehörigen Urheber genießen sowohl für die nicht veröffentlichten als für die zum erstenmal in einem Verbandsland veröffentlichten Werke in allen Verbandsländern, mit Ausnahme des Ursprungslandes des Werkes, diejenigen Rechte, welche die einschlägigen Gesetze den inländischen Urhebern gegenwärtig einräumen oder in Zukunft einräumen werden, sowie die in dieser Übereinkunft besonders festgesetzten Rechte.

(2) Der Genuß und die Ausübung dieser Rechte sind an die Erfüllung irgendwelcher Förmlichkeiten nicht gebunden. Sie sind vom Bestehen eines Schutzes im Ursprungsland des Werkes unabhängig. Soweit nicht diese Übereinkunft anders bestimmt, richten sich demnach der Umfang des Schutzes sowie die dem Urheber zur Wahrung seiner Rechte zustehenden Rechtsbehelfe ausschließlich nach den Gesetzen des Landes, wo der Schutz beansprucht wird.

(3) Als Ursprungsland des Werkes wird angesehen: für die nicht veröffentlichten Werke das Heimatland des Urhebers; für die veröffentlichten Werke das Land, wo die erste Veröffentlichung erfolgt ist, und für die gleichzeitig in mehreren Verbandsländern veröffentlichten Werke das Verbandsland, dessen Gesetzgebung die kürzeste Schutzdauer gewährt. Für die gleichzeitig in einem verbandsfremden Lande und in einem Verbandslande veröffentlichten Werke wird letzteres Land ausschließlich als Ursprungsland angesehen.

(4) Unter veröffentlichten Werken sind im Sinne dieser Übereinkunft die erschienenen Werke zu verstehen. Die Aufführung eines dramatischen oder dramatisch-musikalischen Werkes, die Aufführung eines Werkes der Tonkunst, die Ausstellung eines Werkes der bildenden Künste und die Errichtung eines Werkes der Baukunst stellen keine Veröffentlichung dar.

Artikel 5

Die einem der Verbandsländer angehörigen Urheber, die ihre Werke zum erstenmal in einem anderen Verbandsland veröffentlichen, genießen in dem letzteren Lande die gleichen Rechte wie die inländischen Urheber.

Artikel 6

(1) Die keinem der Verbandsländer angehörigen Urheber, die ihre Werke zum erstenmal in einem dieser Länder veröffentlichen, genießen

dort die gleichen Rechte wie die inländischen Urheber und in den anderen Verbandsländern die durch diese Übereinkunft gewährten Rechte.

(2) Wenn jedoch ein verbandsfremdes Land die Werke der einem Verbandsland angehörigen Urheber nicht hinreichend schützt, so kann letzteres Land den Schutz der Werke einschränken, deren Urheber im Zeitpunkt der ersten Veröffentlichung dieser Werke Angehörige des verbandsfremden Landes sind und in keinem Verbandsland ihren wirklichen Wohnsitz haben.

(3) Keine Beschränkung auf Grund des vorstehenden Absatzes darf die Rechte des Urhebers an einem Werke beeinträchtigen, das vor dem Inkrafttreten dieser Beschränkung in einem Verbandsland veröffentlicht worden ist.

(4) Die Verbandsländer, die gemäß diesem Artikel den Schutz der Urheberrechte beschränken, sollen dies der Regierung der Schweizerischen Eidgenossenschaft durch eine schriftliche Erklärung anzeigen; darin sind die Länder, denen gegenüber der Schutz beschränkt wird, wie die Beschränkungen anzugeben, denen die Rechte der diesen Ländern angehörigen Urheber unterworfen werden. Die Regierung der Schweizerischen Eidgenossenschaft wird hiervon alsbald allen Verbandsländern Mitteilung machen.

Artikel 6bis

(1) Unabhängig von den vermögensrechtlichen Befugnissen des Urhebers und selbst nach deren Übertragung verbleibt dem Urheber das Recht, die Urheberschaft am Werke für sich in Anspruch zu nehmen, sowie das Recht, sich jeder Entstellung, Verstümmlung oder sonstigen Änderung des Werkes zu widersetzen, die seiner Ehre oder seinem Rufe abträglich sein würde.

(2) Der inneren Gesetzgebung der Verbandsländer bleibt es vorbehalten, die Bedingungen für die Ausübung dieser Rechte festzusetzen. Die zu ihrer Wahrung dienenden Rechtsbehelfe werden durch die Gesetzgebung des Landes geregelt, wo der Schutz beansprucht wird.

Artikel 7

(1) Die Dauer des durch diese Übereinkunft gewährten Schutzes umfaßt das Leben des Urhebers und fünfzig Jahre nach seinem Tode.

(2) Doch richtet sich für den Fall, daß diese Frist nicht gleichmäßig von allen Verbandsländern angenommen werden sollte, die Dauer des Schutzes nach dem Gesetze des Landes, wo er beansprucht wird; sie kann aber die im Ursprungsland festgesetzte Dauer nicht überschreiten. Die Verbandsländer sind daher nur in dem Maße verpflichtet, die Vorschrift des vorhergehenden Absatzes anzuwenden, als sich dies mit ihrer inneren Gesetzgebung in Einklang bringen läßt.

(3) Für Werke der Photographie und eines ähnlichen Verfahrens, für nachgelassene, für anonyme oder pseudonyme Werke richtet sich die Schutzdauer nach dem Gesetze des Landes, wo der Schutz beansprucht wird, ohne daß diese Dauer die im Ursprungsland des Werkes festgesetzte überschreiten kann.

Artikel 7bis

(1) Die Dauer des Urheberrechts an einem Werk, an dem Miturheberschaft besteht, berechnet sich nach dem Zeitpunkt des Todes des letzten überlebenden Miturhebers.

(2) Die Angehörigen von Ländern, die eine geringere Schutzdauer als die im Absatz 1 vorgesehene gewähren, können in den übrigen Verbandsländern keinen Schutz von längerer Dauer verlangen.

(3) In keinem Fall endet die Schutzdauer vor dem Tode des letzten überlebenden Miturhebers.

Artikel 8

Die einem der Verbandsländer angehörigen Urheber nicht veröffentlichter Werke und die Urheber von Werken, die zum erstenmal in einem dieser Länder veröffentlicht worden sind, genießen in den übrigen Verbandsländern während der ganzen Dauer ihres Rechts am Originalwerk das ausschließliche Recht, ihre Werke zu übersetzen oder die Übersetzung zu gestatten.

Artikel 9

(1) Feuilletonromane, Novellen und alle anderen Werke aus dem Bereich der Literatur, Wissenschaft oder Kunst, gleichviel was ihr Gegenstand ist, die in Zeitungen oder periodischen Zeitschriften eines Verbandslandes veröffentlicht sind, dürfen in den übrigen Ländern ohne Ermächtigung der Urheber nicht abgedruckt werden.

(2) Artikel über wirtschaftliche, politische oder religiöse Tagesfragen können durch die Presse abgedruckt werden, wenn ihre Wiedergabe nicht ausdrücklich vorbehalten ist. Jedoch muß die Quelle in allen Fällen deutlich angegeben werden; die Rechtsfolgen der Nichterfüllung dieser Verpflichtung richten sich nach der Gesetzgebung des Landes, wo der Schutz beansprucht wird.

(3) Der Schutz dieser Übereinkunft findet keine Anwendung auf Tagesneuigkeiten oder vermischte Nachrichten, die sich als einfache Zeitungsmitteilungen darstellen.

Artikel 10

Für die Befugnis, Auszüge oder Stücke aus Werken der Literatur oder Kunst in Veröffentlichungen, die für den Unterricht bestimmt oder wissenschaftlicher Natur sind, oder in Chrestomathien aufzunehmen, sollen die Gesetzgebungen der Verbandsländer und die zwischen ihnen bestehenden oder in Zukunft abzuschließenden besonderen Abkommen maßgebend sein.

Artikel 11

(1) Die Bestimmungen dieser Übereinkunft finden auf die öffentliche Aufführung dramatischer oder dramatisch-musikalischer sowie auf die öffentliche Aufführung von Werken der Tonkunst Anwendung, gleichviel ob diese Werke veröffentlicht sind oder nicht.

(2) Die Urheber von dramatischen oder dramatisch-musikalischen Werken werden während der Dauer ihres Rechts am Originalwerk gegen die öffentliche, von ihnen nicht gestattete Aufführung einer Übersetzung ihrer Werke geschützt.

(3) Die Urheber genießen den Schutz dieses Artikels, ohne daß sie verpflichtet wären, bei der Veröffentlichung des Werkes dessen öffentliche Aufführung zu untersagen.

Artikel 11bis

(1) Die Urheber von Werken der Literatur und Kunst haben das ausschließliche Recht, zu gestatten, daß ihre Werke durch funkelektrische Verbreitung der Öffentlichkeit mitgeteilt werden.

(2) Der inneren Gesetzgebung der Verbandsländer steht es zu, die Bedingungen für die Ausübung des im vorhergehenden Absatz bezeichneten Rechts aufzustellen; die Wirkung dieser Bedingungen beschränkt sich jedoch ausschließlich auf das Gebiet des Landes, das sie festgesetzt hat. Sie dürfen keinesfalls das Urheberpersönlichkeitsrecht beeinträchtigen oder sein Recht auf ein angemessenes Entgelt, das mangels gütlicher Einigung durch die zuständige Behörde festzusetzen ist.

Artikel 12

Zu der unerlaubten Wiedergabe, auf die diese Übereinkunft Anwendung findet, gehört insbesondere auch die nicht genehmigte mittelbare Aneignung eines Werkes der Literatur oder Kunst, wie Adaptationen, musikalische Arrangements, Umgestaltung eines Romans, einer Novelle oder einer Dichtung in ein Theaterstück sowie umgekehrt u. dgl., sofern die Aneignung lediglich die Wiedergabe dieses Werkes in derselben oder einer anderen Form mit unwesentlichen Änderungen, Zusätzen oder Kürzungen darstellt, ohne die Eigenschaft eines neuen Originalwerkes zu besitzen.

Artikel 13

(1) Die Urheber von Werken der Tonkunst sind ausschließlich berechtigt, zu gestatten, daß diese Werke

1. auf Instrumente, die zu ihrer mechanischen Wiedergabe dienen, übertragen,
2. mittels dieser Instrumente öffentlich aufgeführt werden.

(2) Die innere Gesetzgebung jedes Landes kann, soweit es selbst dabei in Betracht kommt, Vorbehalte und Einschränkungen in bezug auf die Anwendung dieses Artikels festsetzen; doch ist die Wirkung solcher Vorbehalte und Einschränkungen ausschließlich auf das Gebiet des Landes begrenzt, das sie aufgestellt hat.

(3) Die Bestimmung des ersten Absatzes hat keine rückwirkende Kraft und findet daher in einem Verbandslande keine Anwendung auf Werke, die dort erlaubterweise auf mechanische Instrumente übertragen worden sind, bevor die am 13. November 1908 in Berlin unterzeichnete Übereinkunft in Kraft getreten ist oder, falls es sich um ein Land handelt, das dem Verbande nach diesem Zeitpunkt beigetreten ist oder in Zukunft beitreten sollte, bevor dieses Land dem Verbande beigetreten ist.

(4) Werden Übertragungen gemäß den Absätzen 2 und 3 dieses Artikels vorgenommen und ohne Zustimmung der Beteiligten in ein Land eingeführt, wo sie verboten sind, so können sie daselbst beschlagnahmt werden.

Artikel 14

(1) Die Urheber von Werken der Literatur, Wissenschaft oder Kunst haben das ausschließliche Recht, die Wiedergabe, die Adaptation und die öffentliche Aufführung ihrer Werke durch die Kinematographie zu gestatten.

(2) Den gleichen Schutz wie Werke der Literatur oder Kunst genießen kinematographische Erzeugnisse, sofern der Urheber dem Werke einen eigentlichen Charakter gegeben hat. Fehlt diese Eigenschaft, so genießt das kinematographische Erzeugnis den Schutz der Werke der Photographie.

(3) Unbeschadet der Rechte des Urhebers des wiedergegebenen oder adaptierten Werkes wird das kinematographische Werk wie ein Originalwerk geschützt.

(4) Die vorstehenden Vorschriften finden auch Anwendung auf eine Wiedergabe oder ein Erzeugnis, die durch irgendein anderes, der Kinematographie ähnliches Verfahren zustande kommen.

Artikel 15

(1) Damit die Urheber der durch die Übereinkunft geschützten Werke bis zum Beweise des Gegenteils als solche angesehen und demgemäß vor den Gerichten der einzelnen Verbandsländer zur Verfolgung der Nachdrucker oder Nachbildner zugelassen werden, genügt es, wenn ihr Name in der üblichen Weise auf dem Werke angegeben ist.

(2) Bei anonymen oder pseudonymen Werken ist der Verleger, dessen Name auf dem Werke angegeben ist, zur Wahrnehmung der dem Urheber zustehenden Rechte befugt. Er gilt ohne weiteren Beweis als Rechtsnachfolger des anonymen oder pseudonymen Urhebers.

Artikel 16

(1) Jedes widerrechtlich hergestellte Werk kann durch die zuständigen Behörden derjenigen Verbandsländer, in denen das Originalwerk auf gesetzlichen Schutz Anspruch hat, beschlagnahmt werden.

(2) Die Beschlagnahme kann dort auch auf Vervielfältigungen erstreckt werden, die aus einem Lande herrühren, wo das Werk nicht oder nicht mehr geschützt ist.

(3) Die Beschlagnahme findet nach den Vorschriften der inneren Gesetzgebung jedes Landes statt.

Artikel 17

Die Bestimmungen dieser Übereinkunft beeinträchtigen in keiner Beziehung das der Regierung jedes Verbandslandes zustehende Recht, durch Maßregeln der inneren Gesetzgebung oder Verwaltung die Verbreitung, die Darstellung oder das Feilbieten jedes Werkes oder Erzeugnisses zu gestatten, zu überwachen und zu untersagen, für das die zuständige Behörde dieses Recht auszuüben hat.

Artikel 18

(1) Diese Übereinkunft findet auf alle Werke Anwendung, die in ihrem Ursprungsland beim Inkrafttreten der Übereinkunft noch nicht durch Ablauf der Schutzfrist Gemeingut geworden sind.

(2) Ist jedoch ein Werk durch Ablauf der ihm vorher zustehenden Schutzfrist in dem Verbandsland, wo der Schutz beansprucht wird, bereits Gemeingut geworden, so erlangt es dort auf Grund dieser Übereinkunft nicht von neuem Schutz.

(3) Die Anwendung dieses Grundsatzes erfolgt nach den Abmachungen der zwischen Verbandsländern zu diesem Zwecke abgeschlossenen oder abzuschließenden Sonderabkommen. Mangels derartiger Abmachungen regeln die betreffenden Länder, ein jedes für sich, die Art und Weise dieser Anwendung.

(4) Die vorstehenden Bestimmungen gelten entsprechend, wenn ein Land dem Verbande neu beitritt, sowie für den Fall, daß der Schutz gemäß Artikel 7 oder infolge Verzichtens auf Vorbehalte eine Ausdehnung erfährt.

Artikel 19

Die Bestimmungen dieser Übereinkunft hindern nicht, die Anwendung weitergehender Vorschriften zu beanspruchen, die von der Gesetzgebung eines Verbandslandes zugunsten der Ausländer im allgemeinen erlassen werden sollten.

Artikel 20

Die Regierungen der Verbandsländer behalten sich das Recht vor, miteinander besondere Abkommen insoweit zu treffen, als darin den Urhebern weitergehende Rechte, als sie der Verband gewährt, eingeräumt werden oder Bestimmungen enthalten sind, die dieser Übereinkunft nicht zuwiderlaufen. Der Inhalt bestehender Abkommen, der diesen Bedingungen entspricht, bleibt in Geltung.

Artikel 21

(1) Das unter dem Namen „Büro des Internationalen Verbandes zum Schutze von Werken der Literatur und Kunst“ errichtete Internationale Amt wird beibehalten.

(2) Das Büro ist unter den hohen Schutz der Regierung der Schweizerischen Eidgenossenschaft gestellt, die seine Organisation regelt und seinen Dienst beaufsichtigt.

(3) Die Geschäftssprache des Internationalen Büros ist die französische.

Artikel 22

(1) Das Internationale Büro sammelt Nachrichten aller Art, die sich auf den Schutz des Urheberrechts an Werken der Literatur und Kunst beziehen; es ordnet und veröffentlicht sie. Es stellt Untersuchungen an, die von gemeinsamem Nutzen und von Interesse für den Verband sind, und gibt auf Grund der Dokumente, die ihm die verschiedenen Regierungen zur Verfügung stellen werden, eine periodische Zeitschrift in französischer Sprache über die den Gegenstand des Verbandes betreffenden Fragen heraus. Die Regierungen der Verbandsländer behalten sich vor, das Büro bei allseitiger Zustimmung zur Veröffentlichung einer Ausgabe in einer oder mehreren anderen Sprachen zu ermächtigen, sofern die Erfahrungen ein Bedürfnis hierfür dartun sollten.

(2) Das Internationale Büro hat sich jederzeit den Verbandsmitgliedern zur Verfügung zu stellen, um ihnen über Fragen, die den Schutz von Werken der Literatur und Kunst betreffen, die erforderliche Auskunft zu geben.

(3) Der Direktor des Internationalen Büros erstattet über seine Geschäftsführung jährlich einen Bericht, der allen Verbandsmitgliedern mitgeteilt wird.

Artikel 23

(1) Die Kosten des Büros des Internationalen Verbandes werden gemeinschaftlich von den Verbandsländern getragen. Bis zu neuer Beschlußfassung dürfen sie die Summe von einhundertundzwanzigtausend Schweizer Franken jährlich nicht übersteigen. Diese Summe kann nötigenfalls durch einstimmigen Beschluß einer der im Artikel 24 vorgesehenen Konferenzen erhöht werden.

(2) Zum Zwecke der Festsetzung des Beitrags eines jeden Landes zur Gesamtkostensumme werden die Verbandsländer und die etwa später dem Verbande beitretenden Länder in sechs Klassen geteilt, von denen eine jede in dem Verhältnis einer gewissen Anzahl von Einheiten beiträgt, nämlich:

die 1. Klasse	 25	Einheiten
„ 2. „	 20	„
„ 3. „	 15	„
„ 4. „	 10	„
„ 5. „	 5	„
„ 6. „	 3	„

(3) Diese Koeffizienten werden mit der Zahl der Länder einer jeden Klasse multipliziert, die Summe der so gewonnenen Ziffern gibt die Zahl der Einheiten, durch die der Gesamtkostenbetrag zu dividieren ist. Der Quotient ergibt den Betrag der Kosteneinheit.

(4) Jedes Land erklärt bei seinem Beitritt, in welche der obengenannten Klassen es einzutreten wünscht; es kann jedoch später jederzeit erklären, daß es in eine andere Klasse einzutreten wünscht.

(5) Die Schweizerische Regierung stellt den Haushaltsplan des Büros auf, überwacht dessen Ausgaben, leistet die nötigen Vorschüsse und stellt die Jahresrechnung auf, die allen übrigen Regierungen mitgeteilt wird.

Artikel 24

(1) Diese Übereinkunft kann Revisionen unterzogen werden, um Verbesserungen einzuführen, die geeignet sind, das System des Verbandes zu vervollkommnen.

(2) Fragen dieser Art sowie Fragen, welche in anderen Beziehungen die Entwicklung des Verbandes berühren, sollen auf Konferenzen erörtert werden, die der Reihe nach in den einzelnen Verbandsländern durch Delegierte abzuhalten sind. Die Regierung des Landes, wo eine Konferenz tagen soll, bereitet unter Mitwirkung des Internationalen

Büros die Arbeiten dieser Konferenz vor. Der Direktor des Büros wohnt den Konferenzsitzungen bei und nimmt an den Verhandlungen ohne beschließende Stimme teil.

(3) Jede Änderung dieser Übereinkunft bedarf zu ihrer Gültigkeit für den Verband der einhelligen Zustimmung der Verbandsländer.

Artikel 25

(1) Verbandsfremde Länder, die den gesetzlichen Schutz der den Gegenstand dieser Übereinkunft bildenden Rechte gewährleisten, können auf ihren Wunsch dem Verbande beitreten.

(2) Der Beitritt soll schriftlich der Regierung der Schweizerischen Eidgenossenschaft und von dieser allen übrigen Regierungen bekanntgegeben werden.

(3) Er bewirkt von Rechts wegen die Unterwerfung unter alle verpflichtenden Bestimmungen und die Teilnahme an allen Vorteilen dieser Übereinkunft und tritt einen Monat nach dem Absenden der Anzeige durch die Regierung der Schweizerischen Eidgenossenschaft an die übrigen Verbandsländer in Kraft, sofern das beitretende Land nicht einen späteren Zeitpunkt angegeben hat. Die Beitrittserklärung kann jedoch die Angabe enthalten, daß das beitretende Land, wenigstens vorläufig, für Übersetzungen den Artikel 8 durch die Bestimmungen des Artikels 5 der im Jahre 1896 in Paris revidierten Verbandsübereinkunft von 1886 ersetzen will, wobei Einverständnis darüber besteht, daß die Bestimmungen nur die Übersetzung in die Landessprache oder die Landessprachen betreffen.

Artikel 26

(1) Jedes Verbandsland kann jederzeit schriftlich der Regierung der Schweizerischen Eidgenossenschaft anzeigen, daß diese Übereinkunft auf seine Kolonien, Protektorate, Mandatsgebiete oder auf die anderen seiner Hoheit oder Autorität unterworfenen Gebiete oder auf die unter Oberherrlichkeit stehenden Gebiete, sei es auf sämtliche oder nur auf einzelne, anwendbar sein soll; die Übereinkunft findet alsdann auf alle in der Anzeige bezeichneten Gebiete Anwendung. Mangels einer solchen Anzeige ist die Übereinkunft auf die angegebenen Gebiete nicht anwendbar.

(2) Jedes Verbandsland kann jederzeit schriftlich der Regierung der Schweizerischen Eidgenossenschaft anzeigen, daß die Anwendbarkeit dieser Übereinkunft, sei es für alle oder für einzelne der Gebiete, aufhören soll, auf die sich die im vorhergehenden Absatz vorgesehene Anzeige bezogen hat; die Übereinkunft verliert alsdann in den in der Kündigung bezeichneten Gebieten zwölf Monate nach Eingang der Kündigung bei der Regierung der Schweizerischen Eidgenossenschaft ihre Geltung.

(3) Alle gemäß den Absätzen 1 und 2 dieses Artikels der Regierung der Schweizerischen Eidgenossenschaft gemachten Anzeigen werden von ihr allen Verbandsländern mitgeteilt.

Artikel 27

(1) Diese Übereinkunft ersetzt zwischen den Verbandsländern die Berner Übereinkunft vom 9. September 1886 und die sie abändernden späteren Verträge. Gegenüber den Ländern, die diese Übereinkunft nicht ratifizieren, bleiben die früheren Verträge in Geltung.

(2) Die Länder, in deren Namen diese Übereinkunft unterzeichnet wird, können die von ihnen früher erklärten Vorbehalte aufrechterhalten, sofern sie dies bei der Hinterlegung der Ratifikation erklären.

(3) Die gegenwärtig dem Verbande angehörigen Länder, für die diese Übereinkunft nicht unterzeichnet wird, können ihr jederzeit beitreten. In diesem Fall kommen ihnen die Bestimmungen des vorstehenden Absatzes zugute.

Artikel 28

(1) Diese Übereinkunft soll ratifiziert und die Ratifikationsurkunden sollen in Rom spätestens am 1. Juli 1931 hinterlegt werden.

(2) Sie tritt einen Monat nach diesem Zeitpunkt unter den Verbandsländern, die sie ratifiziert haben, in Kraft. Sollte sie jedoch schon vorher von mindestens sechs Verbandsländern ratifiziert werden, so würde sie unter diesen Verbandsländern einen Monat nach dem Zeitpunkt in Kraft treten, in welchem ihnen die Hinterlegung der sechsten Ratifikation durch die Regierung der Schweizerischen Eidgenossenschaft angezeigt worden ist, und für die später ratifizierenden Verbandsländer einen Monat nach der Anzeige der Ratifikation.

(3) Bis zum 1. August 1931 können verbandsfremde Länder dem Verbande in der Weise beitreten, daß sie sich entweder der in Berlin am 13. November 1908 unterzeichneten oder der vorliegenden Übereinkunft anschließen. Vom 1. August 1931 ab können sie nur noch der vorliegenden Übereinkunft beitreten.

Artikel 29

(1) Diese Übereinkunft soll ohne zeitliche Beschränkung bis zum Ablaufe eines Jahres vom Tage der Kündigung ab in Kraft bleiben.

(2) Die Kündigung soll an die Regierung der Schweizerischen Eidgenossenschaft gerichtet werden. Sie erstreckt ihre Wirkung nur auf das Land, das sie erklärt hat; für die übrigen Verbandsländer bleibt die Übereinkunft wirksam.

Artikel 30

(1) Die Länder, die in ihre Gesetzgebung die im Artikel 7 Absatz 1 dieser Übereinkunft vorgesehene Schutzdauer von fünfzig Jahren einführen, sollen hiervon der Regierung der Schweizerischen Eidgenossenschaft durch schriftliche Anzeige Kenntnis geben; die genannte Regierung wird sie alsbald allen anderen Verbandsländern mitteilen.

(2) Das gleiche gilt für die Länder, welche auf die Vorbehalte verzichten, die sie gemäß den Artikeln 25 und 27 gemacht oder aufrechterhalten haben.

BRÜSSELER FASSUNG DER BERNER ÜBEREINKUNFT

(Amtliche Übersetzung)*

Artikel 1

Die Länder, für welche die vorliegende Übereinkunft gilt, bilden einen Verband zum Schutze der Rechte der Urheber an ihren Werken der Literatur und der Kunst.

Artikel 2

(1) Die Bezeichnung „Werke der Literatur und der Kunst" umfaßt alle Erzeugnisse auf dem Gebiete der Literatur, Wissenschaft und Kunst, ohne Rücksicht auf die Art und Form des Ausdrucks, wie: Bücher, Broschüren und andere Schriftwerke; Vorträge, Ansprachen, Predigten und andere Werke gleicher Art; dramatische oder dramatisch-musikalische Werke; choreographische Werke und Pantomimen, deren Bühnenvorgang schriftlich oder auf andere Weise festgelegt ist; musikalische Kompositionen mit oder ohne Text; Werke der Kinematographie und Werke, die durch ein der Kinematographie ähnliches Verfahren hergestellt sind; Werke der zeichnenden Kunst, der Malerei, der Baukunst, der Bildhauerei, Stiche und Lithographien; Werke der Photographie und Werke, die durch ein der Photographie ähnliches Verfahren hergestellt sind; Werke der angewandten Künste; Illustrationen, geographische Karten, geographische, topographische, architektonische oder wissenschaftliche Pläne, Skizzen und Darstellungen plastischer Art.

(2) Den gleichen Schutz wie Originalwerke genießen, unbeschadet der Rechte des Urhebers des Originalwerkes, die Übersetzungen, Adaptationen, musikalischen Arrangements und andere Umarbeitungen eines Werkes der Literatur oder der Kunst. Es bleibt jedoch den Gesetzgebungen der Verbandsländer vorbehalten, den Schutz für Übersetzungen offizieller Texte auf dem Gebiet der Gesetzgebung, Verwaltung und Rechtsprechung zu bestimmen.

(3) Sammlungen von Werken der Literatur oder der Kunst, wie z. B. Enzyklopädien und Anthologien, die wegen der Auswahl oder der Anordnung des Stoffes geistige Schöpfungen darstellen, sind als solche geschützt, unbeschadet der Rechte der Urheber an jedem einzelnen der Werke, welche Bestandteile dieser Sammlungen sind.

(4) Die oben genannten Werke genießen Schutz in allen Verbandsländern. Dieser Schutz besteht zugunsten des Urhebers und seiner Rechtsnachfolger oder sonstiger Inhaber ausschließlicher Werknutzungsrechte.

(5) Es bleibt den Gesetzgebungen der Verbandsländer vorbehalten, den Anwendungsbereich der Gesetze, welche die Werke der angewandten Künste und die gewerblichen Muster und Modelle betreffen, sowie die Voraussetzungen des Schutzes dieser Werke, Muster und Modelle fest-

---

*) Die Übersetzung ist von den Regierungen der Bundesrepublik Deutschland, Österreichs und der Schweiz gemeinschaftlich festgelegt worden.

zulegen. Für Werke, die im Ursprungsland nur als Muster und Modelle geschützt werden, kann in den anderen Verbandsländern nur der Schutz beansprucht werden, der in diesen Ländern den Mustern und Modellen gewährt wird.

Artikel 2bis

(1) Den Gesetzgebungen der Verbandsländer bleibt die Befugnis vorbehalten, politische Reden und Reden in Gerichtsverhandlungen teilweise oder ganz von dem im vorhergehenden Artikel vorgesehenen Schutz auszuschließen.

(2) Ebenso bleibt den Gesetzgebungen der Verbandsländer die Befugnis vorbehalten, zu bestimmen, unter welchen Voraussetzungen Vorträge, Ansprachen, Predigten und andere Werke gleicher Art durch die Presse wiedergegeben werden dürfen.

(3) Indessen ist allein der Urheber berechtigt, seine in den vorhergehenden Absätzen genannten Werke in Sammlungen zu vereinigen.

Artikel 3
(gestrichen)

Artikel 4

(1) Die einem Verbandsland angehörigen Urheber genießen sowohl für ihre unveröffentlichten als auch für ihre zum erstenmal in einem Verbandsland veröffentlichten Werke in allen Verbandsländern mit Ausnahme des Ursprungslandes des Werkes diejenigen Rechte, welche die einschlägigen Gesetze den inländischen Urhebern gegenwärtig gewähren oder in Zukunft gewähren werden, sowie die in der vorliegenden Übereinkunft besonders gewährten Rechte.

(2) Der Genuß und die Ausübung dieser Rechte sind nicht an die Erfüllung irgendwelcher Förmlichkeiten gebunden; dieser Genuß und diese Ausübung sind unabhängig vom Bestehen des Schutzes im Ursprungsland des Werkes. Infolgedessen richten sich der Umfang des Schutzes sowie die dem Urheber zur Wahrung seiner Rechte zustehenden Rechtsbehelfe ausschließlich nach der Gesetzgebung des Landes, wo der Schutz beansprucht wird, soweit die vorliegende Übereinkunft nichts anderes bestimmt.

(3) Als Ursprungsland des Werkes gilt: für die veröffentlichten Werke das Land der ersten Veröffentlichung, selbst wenn es sich um Werke handelt, die gleichzeitig in mehreren Verbandsländern mit gleicher Schutzdauer veröffentlicht wurden; wenn es sich um Werke handelt, die gleichzeitig in mehreren Verbandsländern mit verschiedener Schutzdauer veröffentlicht wurden, das Land, dessen Gesetzgebung die am wenigsten lange Schutzdauer gewährt; für die Werke, die gleichzeitig in einem verbandsfremden Land und in einem Verbandsland veröffentlicht wurden, gilt ausschließlich das letztere als Ursprungsland. Als gleichzeitig in mehreren Ländern veröffentlicht gilt jedes Werk, das innerhalb von 30 Tagen seit der ersten Veröffentlichung in zwei oder mehreren Ländern erschienen ist.

(4) Unter „veröffentlichten Werken" im Sinne der Artikel 4, 5 und 6 sind die erschienenen Werke zu verstehen, ohne Rücksicht auf die Art

der Herstellung der Werkstücke, die in genügender Anzahl zur Verfügung des Publikums gestellt sein müssen. Eine Veröffentlichung stellen nicht dar: die Aufführung eines dramatischen, dramatisch-musikalischen oder musikalischen Werkes, die Vorführung eines kinematographischen Werkes, der öffentliche Vortrag eines literarischen Werkes, die Übertragung oder die Rundfunksendung von Werken der Literatur oder der Kunst, die Ausstellung eines Werkes der bildenden Künste und die Errichtung eines Werkes der Baukunst.

(5) Für die nicht veröffentlichten Werke gilt als Ursprungsland das Land, dem der Urheber angehört. Für die Werke der Baukunst und der graphischen und plastischen Künste, welche Bestandteile eines Grundstücks sind, gilt jedoch als Ursprungsland das Verbandsland, in welchem diese Werke errichtet oder einem Bauwerk eingefügt worden sind.

Artikel 5

Die Angehörigen eines Verbandslandes, welche ihre Werke zum erstenmal in einem anderen Verbandsland veröffentlichen, haben in letzterem Lande die gleichen Rechte wie die inländischen Urheber.

Artikel 6

(1) Die keinem Verbandsland angehörigen Urheber, welche ihre Werke zum erstenmal in einem Verbandsland veröffentlichen, genießen in diesem Land die gleichen Rechte wie die inländischen Urheber, und in den anderen Verbandsländern die durch die vorliegende Übereinkunft gewährten Rechte.

(2) Wenn jedoch ein verbandsfremdes Land die Werke der einem Verbandsland angehörigen Urheber nicht genügend schützt, kann dieses letztere Land den Schutz der Werke einschränken, deren Urheber im Zeitpunkt der ersten Veröffentlichung dieser Werke Angehörige des verbandsfremden Landes sind und ihren wirklichen Wohnsitz nicht in einem Verbandsland haben. Wenn das Land der ersten Veröffentlichung von dieser Befugnis Gebrauch macht, sind die anderen Verbandsländer nicht gehalten, den Werken, die in dieser Weise einer besonderen Behandlung unterworfen sind, einen weitergehenden Schutz zu gewähren als das Land der ersten Veröffentlichung.

(3) Keine dem vorhergehenden Absatz gemäß festgesetzte Einschränkung darf die Rechte beeinträchtigen, die ein Urheber an einem Werk erworben hat, das in einem Verbandsland vor dem Inkrafttreten dieser Einschränkung veröffentlicht worden ist.

(4) Die Verbandsländer, die diesem Artikel gemäß den Schutz der Rechte der Urheber einschränken, werden dies der Regierung der schweizerischen Eidgenossenschaft durch eine schriftliche Erklärung anzeigen; darin sind die Länder, denen gegenüber der Schutz eingeschränkt wird, und die Einschränkungen anzugeben, denen die Rechte der diesen Ländern angehörigen Urheber unterworfen werden. Die Regierung der schweizerischen Eidgenossenschaft wird hiervon allen Verbandsländern unverzüglich Mitteilung machen.

Artikel 6bis

(1) Unabhängig von seinen vermögensrechtlichen Befugnissen und selbst nach deren Abtretung behält der Urheber während seines ganzen Lebens das Recht, die Urheberschaft am Werk für sich in Anspruch zu nehmen und sich jeder Entstellung, Verstümmelung oder sonstigen Änderung dieses Werkes oder jeder anderen Beeinträchtigung des Werkes zu widersetzen, welche seiner Ehre oder seinem Ruf nachteilig sein könnten.

(2) Soweit die Gesetzgebung der Verbandsländer dies gestattet, bleiben die dem Urheber gemäß dem vorhergehenden Absatz 1 gewährten Rechte nach seinem Tod wenigstens bis zum Erlöschen der vermögensrechtlichen Befugnisse in Kraft und werden von den Personen oder Institutionen ausgeübt, die von dieser Gesetzgebung hierzu berufen sind. Es bleibt den Gesetzgebungen der Verbandsländer vorbehalten, die Voraussetzungen für die Ausübung der im vorliegenden Absatz behandelten Rechte festzusetzen.

(3) Die zur Wahrung der im vorliegenden Artikel gewährten Rechte erforderlichen Rechtsbehelfe richten sich nach der Gesetzgebung des Landes, wo der Schutz beansprucht wird.

Artikel 7

(1) Die Dauer des durch die vorliegende Übereinkunft gewährten Schutzes umfaßt das Leben des Urhebers und fünfzig Jahre nach seinem Tode.

(2) Falls jedoch ein oder mehrere Verbandsländer eine längere als die in Absatz 1 vorgesehene Schutzdauer gewähren, richtet sich die Schutzdauer nach dem Gesetz des Landes, wo der Schutz beansprucht wird, aber sie kann die im Ursprungsland des Werkes festgesetzte Dauer nicht überschreiten.

(3) Für die Werke der Kinematographie, der Photographie und für die durch ein der Kinematographie oder der Photographie ähnliches Verfahren hergestellten Werke, sowie für die Werke der angewandten Künste richtet sich die Schutzdauer nach dem Gesetz des Landes, wo der Schutz beansprucht wird, ohne daß diese Dauer die im Ursprungsland des Werkes festgesetzte Dauer überschreiten kann.

(4) Für die anonymen und pseudonymen Werke wird die Schutzdauer auf fünfzig Jahre seit ihrer Veröffentlichung festgesetzt. Wenn jedoch das vom Urheber angenommene Pseudonym keinerlei Zweifel über die Identität des Urhebers zuläßt, richtet sich die Schutzdauer nach Absatz 1. Wenn der Urheber eines anonymen oder pseudonymen Werkes während der oben angegebenen Zeitspanne seine Identität offenbart, richtet sich die Schutzdauer nach Absatz 1.

(5) Für die nachgelassenen Werke, die nicht unter die vorhergehenden Absätze 3 und 4 fallen, endet die Schutzdauer zugunsten der Erben und anderen Rechtsnachfolger des Urhebers oder sonstiger Inhaber von Werknutzungsrechten fünfzig Jahre nach dem Tode des Urhebers.

(6) Die sich an den Tod des Urhebers anschließende Schutzfrist und die in den vorhergehenden Absätzen 3, 4 und 5 vorgesehenen Fristen

beginnen mit dem Tod oder der Veröffentlichung zu laufen, doch wird die Dauer dieser Fristen erst vom 1. Jänner des Jahres an gerechnet, welches auf das diese Fristen in Gang setzende Ereignis folgt.

Artikel 7*bis*

Die Dauer des Urheberrechts, das den Miturhebern eines Werkes gemeinschaftlich zusteht, wird vom Zeitpunkt des Todes des letzten überlebenden Miturhebers an gerechnet.

Artikel 8

Die Urheber von Werken der Literatur und der Kunst, welche durch die vorliegende Übereinkunft geschützt sind, genießen während der ganzen Dauer ihrer Rechte am Originalwerk das ausschließliche Recht, ihre Werke zu übersetzen oder deren Übersetzung zu erlauben.

Artikel 9

(1) Die in Zeitungen oder Zeitschriften eines Verbandslandes veröffentlichten Feuilleton-Romane, Novellen und sonstigen Werke auf dem Gebiet der Literatur, Wissenschaft oder Kunst, was immer ihr Gegenstand sein mag, dürfen ohne Zustimmung der Urheber in den übrigen Verbandsländern nicht wiedergegeben werden.

(2) Artikel über Tagesfragen wirtschaftlicher, politischer oder religiöser Natur können durch die Presse wiedergegeben werden, wenn ihre Wiedergabe nicht ausdrücklich vorbehalten ist. Jedoch muß die Quelle immer deutlich angegeben werden; die Rechtsfolgen der Unterlassung dieser Angabe werden durch die Gesetzgebung des Landes bestimmt, wo der Schutz beansprucht wird.

(3) Der Schutz der vorliegenden Übereinkunft besteht nicht für Tagesneuigkeiten oder vermischte Nachrichten, die einfache Zeitungsmitteilungen darstellen.

Artikel 10

(1) In allen Verbandsländern sind kurze Zitate aus Zeitungs- und Zeitschriftenartikeln, auch in Form von Presseübersichten, erlaubt.

(2) Es bleibt der Gesetzgebung der Verbandsländer und den zwischen ihnen bestehenden oder in Zukunft abzuschließenden besonderen Abkommen vorbehalten, die Befugnis zu regeln, bei Werken der Literatur oder Kunst erlaubterweise in dem durch den Zweck gerechtfertigten Umfang, Entlehnungen vorzunehmen für Veröffentlichungen, die für den Unterricht bestimmt oder wissenschaftlicher Natur sind, oder für Chrestomathien.

(3) Den Zitaten und Entlehnungen ist die Angabe der Quelle beizufügen, sowie der Name des Urhebers, wenn dieser Name in der Quelle angegeben ist.

Artikel 10*bis*

Es bleibt den Gesetzgebungen der Verbandsländer vorbehalten, zu bestimmen, unter welchen Voraussetzungen kurze Bruchstücke aus Werken der Literatur oder Kunst mittels der Photographie, der Kinematographie oder der Rundfunksendung bei Gelegenheit der Berichterstattung über

Tagesereignisse auf Schall- oder Bildträgern festgehalten, wiedergegeben und öffentlich mitgeteilt werden dürfen.

Artikel 11

(1) Die Urheber von dramatischen, dramatisch-musikalischen und musikalischen Werken genießen das ausschließliche Recht, zu erlauben: 1. die öffentliche Aufführung ihrer Werke; 2. die öffentliche Übertragung der Aufführung ihrer Werke durch irgendein Mittel. Vorbehalten bleibt die Anwendung der Bestimmungen der Artikel 11*bis* und 13.

(2) Die gleichen Rechte werden den Urhebern dramatischer oder dramatisch-musikalischer Werke während der ganzen Dauer ihrer Rechte am Originalwerk hinsichtlich der Übersetzung ihrer Werke gewährt.

(3) Um den Schutz des vorliegenden Artikels zu genießen, brauchen die Urheber bei der Veröffentlichung ihrer Werke deren öffentliche Aufführung nicht zu verbieten.

Artikel 11*bis*

(1) Die Urheber von Werken der Literatur und der Kunst genießen das ausschließliche Recht, zu erlauben: 1. die Rundfunksendung ihrer Werke oder die öffentliche Mitteilung der Werke durch irgendein anderes Mittel, das zur drahtlosen Verbreitung von Zeichen, Tönen oder Bildern dient; 2. jede öffentliche Mitteilung des durch Rundfunk gesendeten Werkes mit oder ohne Draht, wenn diese Mitteilung von einem anderen als dem ursprünglichen Sendeunternehmen vorgenommen wird; 3. die öffentliche Mitteilung des durch Rundfunk gesendeten Werkes durch Lautsprecher oder irgendeine andere ähnliche Vorrichtung zur Übertragung von Zeichen, Tönen oder Bildern.

(2) Es bleibt den Gesetzgebungen der Verbandsländer vorbehalten, die Voraussetzungen für die Ausübung der im vorhergehenden Absatz 1 erwähnten Rechte festzulegen; doch beschränkt sich die Wirkung dieser Voraussetzungen ausschließlich auf das Gebiet des Landes, das sie aufgestellt hat. Sie dürfen in keinem Fall das Urheberpersönlichkeitsrecht oder den Anspruch des Urhebers auf eine angemessene Vergütung beeinträchtigen, welche mangels gütlicher Einigung durch die zuständige Behörde festgesetzt wird.

(3) Sofern keine gegenteilige Vereinbarung vorliegt, schließt eine gemäß Absatz 1 des vorliegenden Artikels gewährte Erlaubnis nicht die Erlaubnis ein, das durch Rundfunk gesendete Werk auf Schall- oder Bildträgern festzuhalten. Es bleibt jedoch den Gesetzgebungen der Verbandsländer vorbehalten, Bestimmungen zu erlassen über die von einem Sendeunternehmen mit seinen eigenen Mitteln und für seine eigenen Sendungen vorgenommenen ephemeren Schall- oder Bildaufnahmen. Diese Gesetzgebungen können erlauben, daß diese Schall- oder Bildträger auf Grund ihres außergewöhnlichen Dokumentationscharakters in amtlichen Archiven aufbewahrt werden.

Artikel 11*ter*

Die Urheber von Werken der Literatur genießen das ausschließliche Recht, den öffentlichen Vortrag ihrer Werke zu erlauben.

Artikel 12

Die Urheber von Werken der Literatur, Wissenschaft oder Kunst genießen das ausschließliche Recht, Adaptationen, Arrangements und andere Umarbeitungen ihrer Werke zu erlauben.

Artikel 13

(1) Die Urheber von musikalischen Werken genießen das ausschließliche Recht, zu erlauben: 1. die Aufnahme dieser Werke auf Vorrichtungen zu ihrer mechanischen Wiedergabe; 2. die öffentliche Aufführung der auf solche Weise aufgenommenen Werke mittels dieser Vorrichtungen.

(2) Die Gesetzgebung jedes Verbandslandes kann für ihren Bereich Vorbehalte und Voraussetzungen betreffend die Ausübung der im vorhergehenden Absatz 1 erwähnten Rechte aufstellen; doch beschränkt sich die Wirkung aller derartiger Vorbehalte und Voraussetzungen auf das Gebiet des Landes, das sie aufgestellt hat, und sie dürfen in keinem Fall den Anspruch des Urhebers auf eine angemessene Vergütung beeinträchtigen, die mangels gütlicher Einigung durch die zuständige Behörde festgesetzt wird.

(3) Die Bestimmung des ersten Absatzes des vorliegenden Artikels hat keine rückwirkende Kraft und ist daher in einem Verbandsland nicht anwendbar auf diejenigen Werke, welche in diesem Land erlaubterweise auf mechanische Vorrichtungen übertragen worden sind, bevor die am 13. November 1908 in Berlin unterzeichnete Übereinkunft in Kraft getreten ist und bevor das Land dem Verband beigetreten ist, falls es erst nach diesem Zeitpunkt beigetreten ist oder beitreten sollte.

(4) Schallträger, welche den Absätzen 2 und 3 des vorliegenden Artikels gemäß hergestellt und ohne Erlaubnis der Beteiligten in ein Land eingeführt worden sind, wo sie nicht erlaubt sind, können dort beschlagnahmt werden.

Artikel 14

(1) Die Urheber von Werken der Literatur, Wissenschaft oder Kunst haben das ausschließliche Recht, zu erlauben: 1. die Adaptation und die Wiedergabe dieser Werke durch die Kinematographie und das Inverkehrbringen der auf solche Weise adaptierten oder wiedergegebenen Werke; 2. die öffentliche Vorführung der auf solche Weise adaptierten oder wiedergegebenen Werke.

(2) Unbeschadet der Rechte des Urhebers des adaptierten oder wiedergegebenen Werkes wird das kinematographische Werk wie ein Originalwerk geschützt.

(3) Die Adaptation von Werken der Kinematographie, die auf Werken der Literatur, Wissenschaft oder Kunst beruhen, in irgendeine andere künstlerische Form, bedarf der Erlaubnis des Urhebers des Originalwerkes, unbeschadet der Erlaubnis ihrer Urheber.

(4) Die kinematographischen Adaptationen von Werken der Literatur, Wissenschaft oder Kunst sind den in Artikel 13, Absatz 2, behandelten Vorbehalten und Voraussetzungen nicht unterworfen.

(5) Die vorausgehenden Bestimmungen gelten auch für die Wiedergabe oder das Erzeugnis, die durch irgendein anderes, der Kinematographie ähnliches Verfahren erzielt wurden.

Artikel 14bis

(1) In Bezug auf die Originale von Werken der bildenden Künste und die Originalhandschriften der Schriftsteller und Komponisten genießt der Urheber — oder nach seinem Tode die von der Landesgesetzgebung dazu berufenen Personen oder Institutionen — ein unveräußerliches Recht auf Beteiligung an den Verkaufsgeschäften, deren Gegenstand das Werk nach der ersten Veräußerung durch den Urheber bildet.

(2) Der im vorhergehenden Absatz vorgesehene Schutz kann in jedem Verbandsland nur beansprucht werden, sofern die Heimatgesetzgebung des Urhebers diesen Schutz zugesteht und soweit es die Gesetzgebung des Landes zuläßt, wo dieser Schutz beansprucht wird.

(3) Das Verfahren und das Ausmaß der Beteiligung werden von der Gesetzgebung der einzelnen Länder bestimmt.

Artikel 15

(1) Damit die Urheber der durch die vorliegende Übereinkunft geschützten Werke der Literatur und der Kunst bis zum Beweise des Gegenteils als solche gelten und infolgedessen vor den Gerichten der Verbandsländer zur Verfolgung der unbefugten Vervielfältiger zugelassen werden, genügt es, daß der Name in der üblichen Weise auf dem Werk angegeben ist. Der vorliegende Absatz ist anwendbar, selbst wenn dieser Name ein Pseudonym ist, sofern das vom Urheber angenommene Pseudonym keinen Zweifel über seine Identität aufkommen läßt.

(2) Bei den anonymen Werken und bei den nicht unter den vorhergehenden Absatz fallenden pseudonymen Werken gilt der Verleger, dessen Name auf dem Werk angegeben ist, ohne weiteren Beweis als berechtigt, den Urheber zu vertreten; in dieser Eigenschaft ist er befugt, dessen Rechte wahrzunehmen und geltend zu machen. Die Bestimmung des vorliegenden Absatzes ist nicht mehr anwendbar, sobald der Urheber seine Identität offenbart und seine Berechtigung nachgewiesen hat.

Artikel 16

(1) Jedes unbefugt hergestellte Werkexemplar kann von den zuständigen Behörden der Verbandsländer, in denen das Originalwerk Anspruch auf gesetzlichen Schutz hat, beschlagnahmt werden.

(2) In diesen Ländern kann sich die Beschlagnahme auch auf Wiedergaben erstrecken, die aus einem Land stammen, wo das Werk nicht oder nicht mehr geschützt ist.

(3) Die Beschlagnahme findet nach den Vorschriften der Gesetzgebung jedes Landes statt.

Artikel 17

Die Bestimmungen der vorliegenden Übereinkunft können in keiner Beziehung das der Regierung jedes Verbandslandes zustehende Recht beeinträchtigen, durch Maßregeln der Gesetzgebung oder inneren Verwaltung die Verbreitung, die Aufführung oder die Ausstellung von Werken oder Erzeugnissen jeder Art zu gestatten, zu überwachen oder zu untersagen, hinsichtlich welcher die zuständige Behörde dieses Recht auszuüben hat.

Artikel 18

(1) Die vorliegende Übereinkunft gilt für alle Werke, die bei ihrem Inkrafttreten noch nicht infolge Ablaufs der Schutzdauer im Ursprungsland Gemeingut geworden sind.

(2) Ist jedoch ein Werk infolge Ablaufs der Schutzfrist, die ihm vorher zustand, in dem Lande, wo der Schutz beansprucht wird, Gemeingut geworden, so erlangt es dort nicht von neuem Schutz.

(3) Die Anwendung dieses Grundsatzes erfolgt gemäß den Bestimmungen der zwischen Verbandsländern zu diesem Zwecke abgeschlossenen oder abzuschließenden besonderen Übereinkünfte. Mangels derartiger Bestimmungen legen die betreffenden Länder, ein jedes für sich, die Art und Weise dieser Anwendung fest.

(4) Die vorstehenden Bestimmungen gelten in gleicher Weise, wenn ein Land dem Verbande neu beitritt, sowie für den Fall, daß der Schutz gemäß Artikel 7 oder durch Verzicht auf Vorbehalte ausgedehnt wird.

Artikel 19

Die Bestimmungen der vorliegenden Übereinkunft hindern nicht daran, die Anwendung von weitergehenden Bestimmungen zu beanspruchen, welche durch die Gesetzgebung eines Verbandslandes etwa erlassen werden.

Artikel 20

Die Regierungen der Verbandsländer behalten sich das Recht vor, besondere Abkommen miteinander insoweit zu treffen, als diese Abkommen den Urhebern Rechte verleihen, welche über die ihnen durch die Übereinkunft gewährten Rechte hinausgehen oder andere Bestimmungen enthalten, welche der vorliegenden Übereinkunft nicht zuwiderlaufen. Die Bestimmungen bestehender Abkommen, die den angegebenen Voraussetzungen entsprechen, bleiben anwendbar.

Artikel 21

(1) Das unter dem Namen „Büro des internationalen Verbandes zum Schutze von Werken der Literatur und der Kunst“ errichtete internationale Amt wird beibehalten.

(2) Dieses Büro ist unter den hohen Schutz der Regierung der schweizerischen Eidgenossenschaft gestellt, welche die Organisation des Büros regelt und seinen Geschäftsgang beaufsichtigt.

(3) Die Geschäftssprache des Büros ist die französische.

Artikel 22

(1) Das internationale Büro sammelt Nachrichten aller Art, die sich auf den Schutz der Rechte der Urheber an ihren Werken der Literatur und der Kunst beziehen; es ordnet und veröffentlicht sie. Es stellt Untersuchungen an, die von gemeinsamem Nutzen und von Interesse für den Verband sind, und gibt auf Grund der Dokumente, die ihm von den verschiedenen Regierungen zur Verfügung gestellt werden, eine periodische Zeitschrift in französischer Sprache über die den Gegenstand des Verbandes betreffenden Fragen heraus. Die Regierungen der Verbandsländer behalten sich vor, nach allseitiger Zustimmung das Büro zur Veröffentlichung einer Ausgabe in einer oder mehreren anderen

Sprachen zu ermächtigen, falls die Erfahrung das Bedürfnis hierfür dartun sollte.

(2) Das internationale Büro hat sich jederzeit zur Verfügung der Verbandsmitglieder zu halten, um ihnen über die Fragen betreffend den Schutz von Werken der Literatur und der Kunst die besonderen Auskünfte zu erteilen, deren sie etwa bedürfen.

(3) Der Direktor des internationalen Büros erstattet über seine Geschäftsführung alljährlich einen Bericht, der allen Verbandsmitgliedern mitgeteilt wird.

Artikel 23

(1) Die Ausgaben des Büros des internationalen Verbandes werden von den Verbandsländern gemeinschaftlich getragen. Bis zu einer Beschlußfassung dürfen sie die Summe von einhundertzwanzigtausend Goldfranken jährlich nicht übersteigen*). Dieser Betrag kann nötigenfalls durch einen einstimmigen Beschluß der Verbandsländer oder einer der in Artikel 24 vorgesehenen Konferenzen erhöht werden.

(2) Zur Festsetzung des Beitrages eines jeden Landes zu dieser Gesamtkostensumme werden die Verbandsländer und die später dem Verbande beitretenden Länder in sechs Klassen eingeteilt, von denen eine jede im Verhältnis einer gewissen Anzahl von Einheiten beiträgt, nämlich

die	1. Klasse	25	Einheiten
„	2. „	20	„
„	3. „	15	„
„	4. „	10	„
„	5. „	5	„
„	6. „	3	„

(3) Diese Koeffizienten werden mit der Zahl der Länder einer jeden Klasse multipliziert, und die Summe der so erhaltenen Produkte gibt die Zahl der Einheiten, durch welche die Gesamtausgabe zu dividieren ist. Der Quotient ergibt den Betrag der Ausgabeneinheit.

(4) Jedes Land erklärt bei seinem Beittritt, in welche der oben genannten Klassen es eingereiht zu werden wünscht, aber es kann später jederzeit erklären, daß es in eine andere Klasse eingereiht zu werden wünscht.

(5) Die schweizerische Verwaltung bereitet den Voranschlag des Büros vor, überwacht dessen Ausgaben, leistet die nötigen Vorschüsse und stellt die Jahresrechnung auf, die allen übrigen Verwaltungen mitgeteilt wird.

Artikel 24

(1) Die vorliegende Übereinkunft kann Revisionen unterzogen werden, um Verbesserungen einzuführen, die geeignet sind, das System des Verbandes zu vervollkommnen.

(2) Fragen dieser Art, sowie Fragen, die von anderen Gesichtspunkten aus die Entwicklung des Verbandes berühren, werden auf Konferenzen erörtert, welche der Reihe nach in den einzelnen Verbandsländern durch

*) Diese Geldeinheit ist der Goldfranken zu hundert Rappen, im Gewicht von 10/31 Gramm und von einem Feingehalt von 0.900.

Delegierte dieser Länder abgehalten werden. Die Verwaltung des Landes, in welchem eine Konferenz tagen soll, bereitet unter Mitwirkung des internationalen Büros die Arbeiten dieser Konferenz vor. Der Direktor des Büros wohnt den Konferenzsitzungen bei und nimmt an den Beratungen ohne beschließende Stimme teil.

(3) Jede Änderung der vorliegenden Übereinkunft bedarf zu ihrer Gültigkeit für den Verband der einhelligen Zustimmung der zum Verband gehörigen Länder.

Artikel 25

(1) Verbandsfremde Länder, welche den gesetzlichen Schutz der den Gegenstand der vorliegenden Übereinkunft bildenden Rechte gewährleisten, können auf ihr Gesuch dem Verbande beitreten.

(2) Dieser Beitritt soll schriftlich der Regierung der schweizerischen Eidgenossenschaft und von dieser allen übrigen Regierungen bekanntgegeben werden.

(3) Er bewirkt von Rechts wegen die Unterwerfung unter alle verpflichtenden Bestimmungen und die Teilnahme an allen Vorteilen der vorliegenden Übereinkunft und tritt einen Monat nach dem Absenden der Anzeige durch die Regierung der schweizerischen Eidgenossenschaft an die übrigen Verbandsländer in Kraft, sofern das beitretende Land nicht einen späteren Zeitpunkt angegeben hat. Die Beitrittserklärung kann jedoch die Angabe enthalten, daß das beitretende Land für Übersetzungen, wenigstens vorläufig, an Stelle des Artikels 8 die Bestimmungen des Artikels 5 der im Jahre 1896 in Paris revidierten Verbandsübereinkunft von 1886 setzen will, wobei Einverständnis darüber besteht, daß diese Bestimmungen nur die Übersetzung in die Landessprache oder die Landessprachen betreffen.

Artikel 26

(1) Jedes Verbandsland kann jederzeit schriftlich der Regierung der schweizerischen Eidgenossenschaft anzeigen, daß die vorliegende Übereinkunft auf seine überseeischen Gebiete, Kolonien, Protektorate, Gebiete unter Treuhandschaft oder auf jedes andere Gebiet, dessen internationale Beziehungen es wahrnimmt, anwendbar sein soll; die Übereinkunft gilt dann für alle in der Anzeige bezeichneten Gebiete von dem gemäß Artikel 25, Absatz 3, bestimmten Zeitpunkt an. Mangels einer solchen Anzeige ist die Übereinkunft auf diese Gebiete nicht anwendbar.

(2) Jedes Verbandsland kann jederzeit schriftlich der Regierung der schweizerischen Eidgenossenschaft anzeigen, daß die Anwendbarkeit der vorliegenden Übereinkunft, sei es für alle oder für einzelne der Gebiete, auf die sich die im vorhergehenden Absatz vorgesehene Anzeige bezogen hat, aufhören soll; in den in dieser Anzeige bezeichneten Gebieten verliert alsdann die Übereinkunft zwölf Monate nach Eingang der Anzeige bei der Regierung der schweizerischen Eidgenossenschaft ihre Geltung.

(3) Alle gemäß den Bestimmungen der Absätze 1 und 2 des vorliegenden Artikels der Regierung der schweizerischen Eidgenossenschaft gemachten Anzeigen werden von dieser allen Verbandsländern mitgeteilt.

Artikel 27

(1) Die vorliegende Übereinkunft ersetzt unter den Verbandsländern die Berner Übereinkunft vom 9. September 1886 sowie die sie abändernden späteren Vereinbarungen. Gegenüber den Ländern, welche die vorliegende Übereinkunft nicht ratifizieren, behalten die früheren Vereinbarungen ihre Gültigkeit.

(2) Die Länder, in deren Namen die vorliegende Übereinkunft unterzeichnet wird, können die von ihnen früher erklärten Vorbehalte aufrechterhalten, sofern sie dies bei der Hinterlegung der Ratifikationsurkunden erklären.

(3) Die derzeitigen Verbandsländer, für welche die vorliegende Übereinkunft nicht unterzeichnet wird, können ihr jederzeit in der in Artikel 25 vorgesehenen Form beitreten. In diesem Fall kommen ihnen die Bestimmungen des vorhergehenden Absatzes zugute.

Artikel 27*bis*

Jede Streitfrage zwischen zwei oder mehreren Verbandsländern über die Auslegung oder die Anwendung der vorliegenden Übereinkunft, die nicht auf dem Verhandlungsweg beigelegt wird, soll vor den Internationalen Gerichtshof gebracht werden, damit von diesem darüber entschieden werde, sofern die beteiligten Länder nicht eine andere Regelung vereinbaren. Das Land, das die Streitfrage vor den Internationalen Gerichtshof bringt, hat hiervon dem internationalen Büro Kenntnis zu geben; dieses wird den anderen Verbandsländern davon Mitteilung machen.

Artikel 28

(1) Die vorliegende Übereinkunft soll ratifiziert und die Ratifikationsurkunden sollen spätestens am 1. Juli 1951 in Brüssel hinterlegt werden. Diese Ratifikationsurkunden sollen mit ihren Daten und allen Erklärungen, von denen sie etwa begleitet sind, durch die belgische Regierung der Regierung der schweizerischen Eidgenossenschaft mitgeteilt werden, und die letztere soll den anderen Verbandsländern davon Kenntnis geben.

(2) Die vorliegende Übereinkunft tritt einen Monat nach diesem Zeitpunkt unter den Verbandsländern in Kraft, die sie ratifiziert haben. Sollte sie jedoch schon vor diesem Zeitpunkt von mindestens sechs Verbandsländern ratifiziert werden, so würde sie unter diesen Verbandsländern einen Monat nach dem Zeitpunkt in Kraft treten, in welchem ihnen die Hinterlegung der sechsten Ratifikationsurkunde durch die Regierung der schweizerischen Eidgenossenschaft angezeigt worden ist, und für die später ratifizierenden Verbandsländer einen Monat nach der Anzeige einer jeden dieser Ratifikationen.

(3) Bis zum 1. Juli 1951 können sich verbandsfremde Länder dem Verbande anschließen, indem sie entweder der in Rom am 2. Juni 1928 unterzeichneten Übereinkunft oder der vorliegenden Übereinkunft beitreten. Vom 1. Juli 1951 an können sie nur noch der vorliegenden Übereinkunft beitreten. Die Verbandsländer, welche die vorliegende Übereinkunft bis zum 1. Juli 1951 etwa nicht ratifiziert haben, können

ihr in der in Artikel 25 vorgesehenen Form beitreten. In diesem Fall kommen ihnen die Bestimmungen des Artikels 27, Absatz 2, zugute.

Artikel 29

(1) Die vorliegende Übereinkunft soll ohne zeitliche Beschränkung in Kraft bleiben. Jedes Verbandsland ist indessen befugt, sie jederzeit durch eine an die Regierung der schweizerischen Eidgenossenschaft gerichtete schriftliche Anzeige zu kündigen.

(2) Diese Kündigung, die von der schweizerischen Regierung allen übrigen Verbandsländern mitgeteilt werden soll, wird nur hinsichtlich des kündigenden Landes Wirkung haben und dies erst nach Ablauf von zwölf Monaten seit dem Eingang der Kündigungsanzeige bei der Regierung der schweizerischen Eidgenossenschaft; unter den übrigen Verbandsländern bleibt die Übereinkunft in Kraft.

(3) Die im vorliegenden Artikel vorgesehene Kündigungsbefugnis kann von einem Land nicht vor Ablauf einer Frist von fünf Jahren seit dem Zeitpunkt der Ratifikation oder des Beitrittes dieses Landes ausgeübt werden.

Artikel 30

(1) Die Länder, welche die in Artikel 7, Absatz 1, der vorliegenden Übereinkunft vorgesehene Schutzdauer von 50 Jahren in ihre Gesetzgebung einführen, sollen die Regierung der schweizerischen Eidgenossenschaft davon durch eine schriftliche Anzeige Kenntnis geben, welche von dieser Regierung unverzüglich allen anderen Verbandsländern mitgeteilt werden soll.

(2) Gleiches gilt für die Länder, welche auf die Vorbehalte verzichten, die sie den Artikeln 25 und 27 gemäß gemacht oder aufrechterhalten haben.

Artikel 31

Die offiziellen Akten der Konferenzen werden in französischer Sprache abgefaßt. Ein gleichwertiger Text wird in englischer Sprache verfaßt. Bei Streitigkeiten über die Auslegung der Akten ist immer der französische Text maßgebend. Jedes Verbandsland oder jede Gruppe von Verbandsländern kann durch das internationale Büro im Einvernehmen mit diesem Büro einen autorisierten Text der genannten Akten in der Sprache seiner Wahl festlegen lassen. Diese Texte werden in den Konferenzakten als Anhang zu den französischen und englischen Texten veröffentlicht.

D. Übereinkunft von Montevideo

betreffend den Schutz von Werken der Literatur und Kunst

Vom 11. Januar 1889, nebst Zusatzprotokoll vom 13. Februar 1889 (RGBl. II 1927 S. 95)

Artikel 1

Die unterzeichneten Staaten verpflichten sich gegenseitig, die Rechte aus dem literarischen und künstlerischen Eigentum in Übereinstimmung mit den Bestimmungen dieses Vertrages anzuerkennen und zu schützen.

Artikel 2

Der Urheber eines literarischen oder künstlerischen Werkes und seine Rechtsnachfolger sollen in den unterzeichneten Staaten diejenigen Rechte genießen, die das Gesetz des Staates gewährt, in welchem die erste Veröffentlichung oder Herstellung stattgefunden hatte.

Artikel 3

Das Eigentumsrecht an einem literarischen oder künstlerischen Werk schließt für den Urheber die Befugnis ein, über das Werk zu verfügen, es zu veröffentlichen, zu veräußern, zu übersetzen oder die Übersetzung zu gestatten und es in beliebiger Art zu vervielfältigen.

Artikel 4

Kein Staat ist verpflichtet, das literarische oder künstlerische Eigentumsrecht für einen längeren Zeitraum anzuerkennen, als er für die Urheber festgesetzt ist, die dieses Recht daselbst erlangen. Dieser Zeitraum kann auf die im Ursprungslande des Urheberrechts zugestandene Frist begrenzt werden, wenn diese kürzer ist.

Artikel 5

Der Ausdruck „literarische und künstlerische Werke" umfaßt Bücher, Broschüren und alle anderen Schriftwerke; dramatische oder dramatisch-musikalische Werke, choreographische Werke, musikalische Kompositionen mit oder ohne Text; Zeichnungen, Gemälde, Werke der Bildhauerkunst, Stiche; photographische und lithographische Werke, geographische Karten, solche Pläne, Skizzen und plastische Arbeiten, die sich auf die Geographie, Topographie, Architektur oder die Wissenschaft überhaupt beziehen; sowie ganz allgemein jedes Erzeugnis auf literarischem oder künstlerischem Gebiete, das durch irgendeine Druck- oder Vervielfältigungsart veröffentlicht werden kann.

Artikel 6

Die Übersetzer von Werken, bezüglich deren ein Urheberrecht nicht besteht oder erloschen ist, genießen hinsichtlich ihrer Übersetzungen die im Art. 3 bestimmten Rechte, sind jedoch nicht befugt, der Veröffentlichung anderer Übersetzungen desselben Werkes zu widersprechen.

Artikel 7

Aufsätze aus periodisch erscheinenden Blättern dürfen wiedergegeben werden, sofern das Blatt, dem sie entnommen sind, angegeben wird. Ausgenommen sind Aufsätze über Kunst und Wissenschaft, deren Wiedergabe von dem Verfasser ausdrücklich verboten worden ist.

Artikel 8

In der periodisch erscheinenden Presse dürfen ohne irgendeine Ermächtigung die Reden veröffentlicht werden, die in beratenden Körperschaften, vor den Gerichtshöfen oder in öffentlichen Versammlungen gehalten oder verlesen worden sind.

Artikel 9

Als unbefugte Wiedergabe wird die nicht gestattete mittelbare Aneignung eines literarischen oder künstlerischen Werkes angesehen, die man als Adaptation, Arrangement oder dergleichen bezeichnet, sofern sie lediglich eine Wiedergabe des betreffenden Werkes ist, ohne den Charakter eines Originalwerkes zu tragen.

Artikel 10

Die Urheberrechte werden, unbeschadet des Beweises des Gegenteils, zugunsten der Personen anerkannt, deren Name oder Pseudonym auf dem literarischen oder künstlerischen Werke angegeben ist. Wenn die Urheber ihren Namen geheimhalten wollen, müssen die Verleger zum Ausdruck bringen, daß ihnen die Urheberrechte zustehen.

Artikel 11

Über die Verantwortlichkeit, welche die widerrechtliche Aneignung des literarischen und künstlerischen Eigentums nach sich zieht, entscheiden die Gerichte des Landes, in dem die widerrechtliche Handlung begangen worden ist, gemäß dessen Gesetzen.

Artikel 12

Die Anerkennung des Eigentumsrechts an literarischen und künstlerischen Werken nimmt den unterzeichneten Staaten nicht die Befugnis, gemäß ihren Gesetzen die Vervielfältigung, Veröffentlichung, Verbreitung, Aufführung und Ausstellung solcher Werke zu verbieten, die als der Moral oder den guten Sitten widersprechend angesehen werden.

Artikel 13

Für das Inkrafttreten dieses Vertrags ist die gleichzeitige Ratifikation durch alle unterzeichneten Nationen nicht erforderlich. Die Nation, die ihn genehmigt, hat dies den Regierungen der Republiken Argentinien und Uruguay mitzuteilen, damit diese den anderen vertragschließenden Staaten davon Kenntnis geben. Dieses Verfahren gilt als Austausch der Ratifikationserklärungen.

Artikel 14

Sobald der Austausch in der im vorangehenden Artikel angegebenen Weise vor sich gegangen ist, tritt der Vertrag auf unbegrenzte Zeit in Kraft.

Artikel 15

Wenn eine der unterzeichneten Nationen es für angezeigt hält, aus dem Vertragsverhältnis auszuscheiden, oder den Vertrag Abänderungen zu unterziehen, hat sie den anderen davon Mitteilung zu machen. Ihr Ausscheiden ist aber erst zwei Jahre nach der erfolgten Anzeige wirksam; innerhalb dieser Frist soll versucht werden, zu einem Neuabkommen zu gelangen.

Artikel 16

Der Art. 13 kann auf solche Nationen ausgedehnt werden, die zwar an dem Kongreß nicht teilgenommen haben, aber sich dem vorliegenden Vertrag anzuschließen wünschen.

Zusatzprotokoll vom 13. Februar 1889

Artikel 1

Die Gesetze der vertragschließenden Staaten sollen gegebenenfalls Anwendung finden, ohne Unterschied, ob die an einer Rechtsangelegenheit beteiligten Personen Inländer oder Ausländer sind.

Artikel 2

Die Anwendung der Gesetze erfolgt durch den Richter von Amts wegen, wobei es den Parteien unbenommen bleibt, das Vorhandensein und die Vorschriften eines von ihnen angezogenen Gesetzes darzulegen und zu beweisen.

Artikel 3

Alle Rechtsbehelfe, welche durch die Verfahrensordnung am Prozeßort für Rechtsangelegenheiten zugesichert sind, die gemäß der eigenen Gesetzgebung entschieden werden, sind auch in solchen Fällen zulässig, die unter Anwendung der Gesetze irgendeines der anderen Staaten entschieden werden müssen.

Artikel 4

Die Gesetze der anderen Staaten brauchen niemals angewendet zu werden, wenn sie im Widerspruch zu den am Prozeßort geltenden politischen Einrichtungen, zu den im Interesse der öffentlichen Ordnung daselbst ergangenen Gesetzen oder zu den dort geltenden Anschauungen über die guten Sitten stehen.

Artikel 5

In Übereinstimmung mit den Bestimmungen des vorliegenden Protokolls verpflichten sich die Regierungen, sich gegenseitig zwei beglaubigte Exemplare der zur Zeit geltenden und späterhin in Kraft tretenden Gesetze ihres Landes zu übermitteln.

Artikel 6

Anläßlich der Genehmigung der abgeschlossenen Verträge sollen die Regierungen der Vertragsstaaten erklären, ob sie den Beitritt der zur Teilnahme am Kongreß nicht eingeladenen Staaten in gleicher Weise annehmen wie den Beitritt der Staaten, die der Veranstaltung des Kongresses wohl zugestimmt haben, aber an seinen Verhandlungen nicht haben teilnehmen können.

Artikel 7

Die Bestimmungen der vorliegenden Artikel werden als untrennbarer Bestandteil derjenigen Verträge angesehen, auf die sie sich beziehen, und werden die gleiche Dauer haben wie diese Verträge selbst.

E. Copyright-Bestimmungen

Vorschriften zur Erlangung des Urheberrechts in den Vereinigten Staaten von Amerika

(Merkblatt des Copyright Office nach dem Gesetz Nr. 84 v. 3. 6. 1949)

Die folgenden Vorschriften beziehen sich auf *Bücher* und *Zeitschriften*, welche:

1. nicht in Englisch, sondern in einer anderen Sprache verfaßt sind,
2. außerhalb der Vereinigten Staaten erstmals veröffentlicht wurden,
3. deren Verfasser nicht Bürger der Vereinigten Staaten sind.

Unter der *Bezeichnung „Buch“* sind Bücher in dem gebräuchlichen Sinne, Broschüren, Drucksachen und auch einzelstehende gedruckte Blätter zu verstehen.

Unter der *Bezeichnung „Zeitschrift“* sind ungebundene Zeitschriften, Zeitungen und sonstige Veröffentlichungen zu verstehen, vorausgesetzt, daß sie in regelmäßigen Zwischenräumen von unter einem Jahr veröffentlicht werden, und daß sie nach Bänden oder Ausgaben numeriert sind oder sonstwie als zu einer regelmäßigen Serie gehörig gekennzeichnet sind.

Das Werk kann gedruckt, hektographiert oder auf sonstige Art hergestellt sein, vorausgesetzt, daß genügend Exemplare angefertigt werden, um der Nachfrage des Publikums zu genügen.

I. Veröffentlichung mit Vorbehaltung des Urheberrechts (Copyright Notice)

Zur Erlangung des Urheberrechts in den Vereinigten Staaten müssen die folgenden Vorschriften beachtet werden:

A. Bücher

(1) Der Drucker muß Sorge tragen, daß die erforderliche Anzeige der Vorbehaltung des Urheberrechts auf dem *Titelblatt* oder auf der *Rückseite des Titelblattes* abgedruckt ist.

(2) Falls das Werk kein besonderes Titelblatt hat, muß die Anzeige sich *auf der ersten Textseite* befinden.

B. Zeitschriften

Falls es sich um eine Zeitschrift handelt, muß die Anzeige *in jeder einzelnen Nummer* einer solchen Zeitschrift abgedruckt werden, entweder

(1) auf dem Titelblatt; oder

(2) auf der ersten Textseite; oder

(3) direkt unter der Überschrift oder dem Namen der Zeitschrift.

C. Inhalt der Anzeige

Die Anzeige der Vorbehaltung des Urheberrechts muß folgendes enthalten:

(1) Das Wort *„Copyright“* oder die Abkürzung *„Copr.“*.

(2) Das *Jahr,* in dem das Werk erstmals veröffentlicht wurde.

(3) Den *Namen* desjenigen, der Anspruch auf das Urheberrecht erhebt.

Der Anspruch auf Urheberrecht kann erhoben werden:

1. von einer einzelnen *Person* oder von *mehreren Personen;*
2. von einer *Firma;*
3. von einem eingetragenen *Verband* oder *Verein.*

Beispiel:

Copyright 1949 Johann Schmidt

oder

Copr. 1949 Schmidt's Verlagsbuchhandlung GmbH.

II. Ausfüllen der Formulare: A und B Foreign

Nachdem die *Veröffentlichung des Buches* oder der Zeitschrift entweder durch Verteilung oder Verkauf des Werkes an das Publikum stattgefunden hat, muß das Formular mit dem Titel „Application for

Registration of a Claim to Copyright in a Book or Periodical in a Foreign Language Published Outside the United States of America" in der folgenden Weise ausgefüllt werden:

Nummer 1 des Formulars („Copyright claimant oder claimants") muß den oder die *Namen und Adressen aller Anspruchererhebenden,* falls es sich um mehrere handelt, enthalten. Die Adresse muß folgendes enthalten: Das *Land oder den Staat,* in dem sich der Wohnsitz des Anspruchererhebenden befindet, den Wohnort, die Straße und Hausnummer.

Nummer 2 des Formulars („Title")

A. Falls es sich um ein Buch handelt:

Der *Titel des Werkes* muß in derselben Form wie auf der Titelseite oder falls keine Titelseite vorhanden ist, wie auf der ersten Textseite angegeben werden.

B. Falls es sich um eine Zeitschrift handelt:

Der Titel des Werkes, der Band, die Ausgabenummer und das Datum der Ausgabe muß angegeben werden.

Nummer 3 des Formulars („Authors, includes Editors, Translators, etc.")

Der vollständige *Name des Verfassers,* Herausgebers oder Übersetzers muß angegeben werden. Falls es sich um mehrere Personen handelt, müssen ihre Namen, soweit es der verfügbare Raum ermöglicht, angegeben werden. Das Land oder der Staat, dem der Verfasser angehört, und seine Adresse müssen angegeben werden.

Nummer 4 des Formulars: („Send certificate, Refund (if any) and other Communications to:")

Der Name und die Adresse des Empfängers der Registrierbescheinigung muß angegeben werden.

Nummer 5 des Formulars: (Published By:)

Der Name des *Druckers oder Verlegers* des Buches oder der Zeitschrift muß angegeben werden. Das Land oder der Staat und der Ort, an dem er seinen Wohn- oder Geschäftssitz hat, muß ebenfalls angegeben werden.

Nummer 6 des Formulars: (First Published on the:)

Tag, Monat und Jahr der erstmaligen Veröffentlichung (d. h. der erstmaligen Ausbietung, des Verkaufes oder der Verteilung) des Buches oder der Zeitschrift, für welche Registrierung nachgesucht wird, müssen angegeben werden.

Nummer 7 des Formulars: (For New Version of Previously Published Books)

Diese Nummer darf nur ausgefüllt werden, falls es sich um eine *Neuauflage* eines bereits früher erschienenen Buches handelt. Andernfalls ist diese Nummer freizulassen.

Falls es sich um die *Neuauflage eines bereits früher erschienenen Buches* handelt, muß angegeben werden:

(a) Was an *neuem Material* hinzugefügt wurde.

(b) Falls es sich um *einen neuen Titel* gegenüber der früheren Ausgabe handelt, muß *auch der ehemalige Titel* angegeben werden. Falls es sich um einen neuen Verfasser, Herausgeber oder Übersetzer handelt, muß *auch der ehemalige Verfasser,* Herausgeber oder Übersetzer angegeben werden.

Die letzte Zeile muß die *Unterschrift* desjenigen, der zur Stellung des Antrages auf Eintragung des Urheberrechts berechtigt ist (Copyright Owner) oder seines Geschäftsbeauftragten oder Bevollmächtigten enthalten.

Seite 3 und 4 des Formulars, welche die Überschrift „Certificate of Registration" tragen, enthalten sieben Nummern, welche genau so ausgefüllt werden müssen wie die entsprechenden Nummern auf Seite 1 und 2.

Nachdem die *Eintragung* des Anspruches auf Urheberrecht vorgenommen worden ist, bringt das Urheberrechtsamt die *Eintragungsnummer* und das *offizielle Siegel des Urheberrechtsamts* auf der Eintragungsbescheinigung an. Diese Bescheinigung wird dann per Post an denjenigen gesandt, dessen Name und Adresse in Nummer 4 angegeben worden ist. Der Anspruchsberechtigte oder sein Bevollmächtigter soll diese *Bescheinigung sorgfältig aufbewahren,* da sie als Beweismittel dafür, daß das darin beschriebene Werk beim Urheberrechtsamt eingetragen wurde, gilt.

III. Einsendung des Antrags:

Erste Wahl:

Eingesandt werden muß:

(1) Ein Exemplar des Buches oder der Zeitschrift.

(2) Das ausgefüllte Antragsformular.

(3) $ 4.00 in Währung der Vereinigten Staaten.

Der Antrag ist an folgende Adresse zu richten:

Register of Copyrights
Copyright Office
Library of Congress
Washington 25, D. C.
USA.

Zweite Wahl:

Eingesandt werden müssen:

(1) Zwei Exemplare des Buches oder der Zeitschrift.

(2) Das ausgefüllte Antragsformular.

(3) Eine *Katalogkarte.*

Der Antrag ist ebenfalls an die oben erwähnte Adresse zu richten.

Anmerkung: Die *zweite Wahl* steht *nur* in dem Falle offen, daß es sich um ein *Werk ausländischen Ursprungs* handelt, d. h. daß der Verfasser nicht ein Staatsangehöriger der Vereinigten Staaten von Amerika ist, und ferner vorausgesetzt, daß alle zur Eintragung nötigen Stücke nebst eines richtig ausgefüllten Antragsformulars innerhalb einer *Frist von sechs Monaten* von der erstmaligen Veröffentlichung beim Urheberrechtsamt hinterlegt werden.

Was die *Katalogkarte* anbetrifft, so stehen dem Antragsteller auf Eintragung des Urheberrechts drei Möglichkeiten offen, sich diese Katalogkarte, welche dem Urheberrechtsamt der Vereinigten Staaten eingesandt werden muß, falls keine Gebühr bezahlt wurde, zu beschaffen:

A. Der Antragsteller kann bei einer Bibliothek in dem Lande oder Staate, wo das Werk erstmalig veröffentlicht wurde und welche eine

Katalogkarte für das Werk angelegt hat, die Ausstellung einer Katalogkarte für diesen Zweck beantragen.

B. Der Antragsteller kann selbst eine Katalogkarte ausfüllen.

C. Der Antragsteller kann den hierfür auf Seite 6 des Antragformulars vorgesehenen Raum entsprechend ausfüllen. In diesem Falle sind die folgenden Anweisungen betreffs der vollständigen Ausfüllung dieser Katalogkarte zu beachten:

Anzugeben sind:

(1) Der vollständige *Name des Verfassers.*

(2) Sein Geburtsdatum.

(3) Der *Titel* des Werkes in derselben Form wie auf der Titelseite.

(4) Der Ort, an dem das Werk erstmalig veröffentlicht wurde.

(5) Der Name des *Verlegers.*

(6) Das *Datum* (zumindest die Jahreszahl), an dem das Werk *erstmalig veröffentlicht* wurde.

(7) Falls es sich um mehrere Verfasser handelt, die Namen dieser Verfasser, ihre Geburtsdaten und eine Feststellung, ob es sich um Verfasser, Übersetzer oder Herausgeber handelt. Falls die zweite Wahl (siehe oben) getroffen wird, so müssen alle zur Eintragung erforderlichen Stücke im Urheberrechtsamt innerhalb einer Frist von *sechs Monaten* von dem in Nummer 6 des Antragsformulars angegebenen Datum hinterlegt werden.

Das Antragsformular und die Katalogkarte sollen nach Möglichkeit auf der Schreibmaschine ausgefüllt oder zum mindesten mit Tinte in Druckschrift geschrieben werden, so daß sie gut leserlich sind und Irrtümer vermieden werden.

Bezahlung der Copyright-Gebühr

Die Bezahlung der Copyright-Gebühr von $ 4.— je Titel kann nach dem von der Verwaltung für Wirtschaft erlassenen

ND-Rundschreiben 12/49

betreffend die Gebühren und Kosten für die Eintragung und Aufrechterhaltung von neuen Patenten, Urheberrechten, Warenzeichen und Mustern *gemäß JEIA-Anweisung Nr. 24*

vorgenommen werden.

Die JEIA-Anweisung Nr. 24 sieht die *Zahlung* der Gebühren und Kosten in *dreierlei Form* vor:

a) aus Bonus „A"-Beträgen,

b) durch einen Ausländer,

c) aus JEIA-Mitteln, wenn Mittel der unter a und b genannten Art nicht zur Verfügung stehen.

Bevor Devisen aus JEIA-Mitteln aufgewendet werden, bedarf es also der Vorprüfung durch das Landeswirtschaftsministerium, ob eine Zahlung aus „Bonus A"-Mitteln oder durch einen Ausländer nicht möglich ist. Wird die Anmeldung oder Aufrechterhaltung des gewerblichen Schutzrechtes oder des Urheberrechtes von dem Landeswirtschaftsministerium mit der Maßgabe genehmigt, daß JEIA-Mittel zur Bezahlung der Gebühren und Kosten zur Verfügung gestellt werden, so ist die erteilte „Genehmigung zum Erwerb oder zur Aufrechterhaltung gewerblicher Schutzrechte und Urheberrechte im Ausland" (Anlage B zur JEIA-Anweisung Nr. 24 — Erste Neufassung) zusammen mit dem Zahlungsauftrag (Anlage B zur JEIA-Anweisung Nr. 31) *einer Außenhandelsbank zwecks Durchführung der Zahlung vorzulegen.* Die Antragsteller haben die erforderlichen Belege in Form von Rechnungen *(Proforma-Rechnungen)* dem Zahlungsauftrag beizufügen.

F. Entwurf eines Weltabkommens auf dem Gebiete des Urheberrechts

ausgearbeitet vom Comité de droit d'auteur der UNESCO Paris 1951

Präambel

Beseelt von dem Wunsche, den Schutz des Urheberrechts an Werken der Literatur, Wissenschaft und Kunst in der ganzen Welt sicherzustellen,

in der Überzeugung, daß ein entsprechendes Weltsystem des Urheberrechtsschutzes, welches sich zu den schon bestehenden internationalen Systemen gesellt, ohne sie zu beeinträchtigen, dem öffentlichen Interesse dient, indem es die Entwicklung der Literatur, der Kunst und der Wissenschaften begünstigt, und

in der Auffassung, daß das internationale Verständnis, das durch die Verbreitung der Geisteswerke entsteht, dadurch weitgehend erleichtert wird,

haben die vertragschließenden Staaten die Bedingungen des vorliegenden Abkommens angenommen, welches allen Staaten der Welt die Möglichkeit des Beitritts bietet.

Artikel I

Jeder vertragschließende Staat verpflichtet sich, die zum Zwecke eines wirksamen Schutzes der Rechte der Urheber und ihrer Rechtsnachfolger an den Werken der Literatur, Wissenschaft und Kunst — insbesondere an den Schriftwerken, an den musikalischen, dramatischen und kinematographischen Werken sowie den Werken der Malerei und der Bildhauerei — erforderlichen gesetzlichen und sonstigen Maßnahmen zu ergreifen.

Artikel II

1. Die veröffentlichten Werke der Staatsangehörigen eines Vertragsstaates sowie die zuerst auf dem Gebiet eines solchen Staates veröffentlichten Werke genießen in jedem anderen Vertragsstaat den Schutz, den dieser Staat den zuerst auf seinem eigenen Gebiet veröffentlichten Werken seiner Staatsangehörigen gewährt.

2. Die nichtveröffentlichten Werke der Staatsangehörigen eines Vertragsstaates genießen in jedem anderen Vertragsstaat den gleichen Schutz, den dieser Staat den nichtveröffentlichten Werken seiner Staatsangehörigen gewährt.

3. Staatenlose Personen, die ständig in einem Vertragsstaat wohnen, gelten zum Zwecke der Anwendung des vorliegenden Abkommens als Staatsangehörige dieses Staates.

Artikel III

1. Der vertragschließende Staat, welcher auf Grund seines nationalen Gesetzes als Voraussetzung für den Urheberrechtsschutz die Erfüllung bestimmter Formvorschriften, wie z. B. Hinterlegung, Registrierung, Vermerk, beglaubigte Bescheinigungen, Gebührenzahlung oder Herstellung in dem Gebiet des Landes fordert, verpflichtet sich, dieses Erfordernis für jedes zuerst außerhalb des Gebietes des genannten Staates veröffentlichte Werk als erfüllt zu betrachten, dessen Verfasser nicht ein Staatsangehöriger dieses Staates ist und welches auf Grund der Bestimmungen des vorliegenden Abkommens Schutz genießt, wenn alle Exemplare des Werkes von ihrer ersten Veröffentlichung an das symbolische Zeichen „C" in Begleitung des Namens des Rechtsinhabers und der Jahreszahl der ersten Veröffentlichung tragen. Dieser Vermerk muß in einer Weise und an einer Stelle angebracht sein, die geeignet sind, einen ausreichenden Hinweis auf den Vorbehalt des Urheberrechts zu bilden.

2. Die Bestimmungen des vorherigen Absatzes verbieten einem vertragschließenden Staate nicht, die zuerst auf seinem Staatsgebiet veröffentlichten Werke oder diejenigen seiner eigenen Staatsangehörigen — wo sie auch immer veröffentlicht worden sind — gewissen Formvorschriften oder sonstigen Bedingungen zur Sicherung des Erwerbs oder der Ausübung des Urheberrechts zu unterwerfen.

3. Die Bestimmungen des ersten Absatzes verbieten einem vertragschließenden Staate nicht, von einer vor Gericht auftretenden Person zu verlangen, daß sie bestimmte Verfahrensvorschriften, wie z. B. die Vertretung des Antragstellers durch einen einheimischen Rechtsbeistand oder die Hinterlegung eines Exemplars des Werkes durch den betreffenden Antragsteller bei dem Gericht oder einem Verwaltungsbüro oder bei beiden gleichzeitig, erfüllt.

Artikel IV

Für diesen Artikel sind drei verschiedene Fassungen vorgeschlagen worden:

Vorschlag A

1. Die Schutzdauer des Werkes wird durch das Gesetz des vertragschließenden Staates, in dem der Schutz beantragt wird, gemäß den in Artikel II enthaltenen Bestimmungen geregelt.

2. Jedoch beträgt die Schutzfrist der durch das vorliegende Abkommen geschützten Werke nicht weniger als die eine oder andere der im folgenden genannten Fristen:

entweder a) 25 Jahre vom Zeitpunkt der ersten Veröffentlichung des Werkes oder gegebenenfalls von der seiner Veröffentlichung vorangehenden Registrierung an,

oder b) das Leben des Urhebers und 25 Jahre nach seinem Tode.

Vorschlag B

1. Die Schutzdauer des Werkes wird durch das Gesetz des vertragschließenden Staates, in dem der Schutz beantragt wird, gemäß den in Artikel II enthaltenen Bestimmungen geregelt.

2. Jedoch beträgt die Schutzfrist der durch das vorliegende Abkommen geschützten Werke nicht weniger als die eine oder andere der im folgenden genannten Fristen:

entweder a) 25 Jahre vom Zeitpunkt der ersten Veröffentlichung des Werkes oder gegebenenfalls von der seiner Veröffentlichung vorangehenden Registrierung an,

oder b) das Leben des Urhebers und 25 Jahre nach seinem Tode.

3. Die vertragschließenden Staaten sind nicht verpflichtet, einen längeren Schutz zu gewähren als den, der durch das Gesetz der ersten Veröffentlichung des Werkes oder, für die nicht veröffentlichten Werke, der durch das Gesetz des Landes, dessen Staatsangehöriger der Urheber ist, gewährt wird.

Im Falle der gleichzeitigen Veröffentlichung in zwei oder mehr Ländern, deren Gesetzgebungen eine verschiedene Schutzdauer vorsehen, gilt nur die kürzeste Schutzdauer.

Vorschlag C

1. Die Schutzdauer des Werkes wird durch das Gesetz des Landes, in dem der Schutz beantragt wird, gemäß den in Artikel II enthaltenen Bestimmungen geregelt.

2. Jedoch beträgt die Schutzfrist der durch das vorliegende Abkommen geschützten Werke nicht weniger als einen Zeitraum, der das Leben des Urhebers und 30 Jahre nach seinem Tode umfaßt.

3. Die vertragschließenden Länder sind nicht verpflichtet, einen längeren Schutz zu gewähren als den, der durch das Gesetz des Landes der ersten Veröffentlichung des Werkes oder, für die nichtveröffentlichten Werke, der durch das Gesetz des Landes, dessen Staatsangehöriger der Urheber ist, gewährt wird.

Im Falle der gleichzeitigen Veröffentlichung in zwei oder mehr Ländern, deren Gesetzgebungen eine verschiedene Schutzdauer vorsehen, gilt nur die kürzeste Schutzdauer.

Artikel V

1. Das Urheberrecht umfaßt nach den Bestimmungen des vorliegenden Abkommens das ausschließliche Recht, Übersetzungen des Werkes herzustellen oder zu gestatten.

2. Nichtsdestoweniger kann jeder vertragschließende Staat durch seine nationale Gesetzgebung das Übersetzungsrecht einschränken, jedoch nur in folgender Weise:

Wenn bei Ablauf eines Zeitraumes von ... Jahren nach der ersten Veröffentlichung des Originalwerkes dieses Werk nicht durch den Urheber oder mit seiner Genehmigung durch einen anderen in die Landessprache eines vertragschließenden Staates, oder im Falle eines vertragschließenden Staates mit mehreren Landessprachen in eine dieser Landessprachen übersetzt worden ist, kann jede Person, welche wünscht, eine Übersetzung des Werkes vorzunehmen, eine Übersetzungserlaubnis erhalten, die in Ermangelung einer gütlichen Vereinbarung mit dem Urheber des Originalwerkes oder mit seinem Rechtsnachfolger in jedem Falle den folgenden Bedingungen unterworfen ist:

a) der Antragsteller muß nachweisen, daß er sich in angemessener Weise bemüht hat, von dem Urheber oder seinem Rechtsnachfolger die Genehmigung zur Herstellung der Übersetzung des Werkes zu erhalten;

b) ein Zeitraum von sechs Monaten muß nach dem Zeitpunkt des Erhalts der ersten Mitteilung von dem Urheber oder seinem Rechtsnachfolger verstrichen sein; wenn der Urheber oder sein Rechtsnachfolger nicht ausfindig gemacht werden konnte, wird dieser Zeitraum auf ein Jahr erstreckt, von den ersten zu diesem Zweck unternommenen Schritten an gerechnet;

c) die Übersetzung muß genau sein und die übliche Vergütung ist an den Urheber oder seinen Rechtsnachfolger zu zahlen.

Artikel VI

Unter „Veröffentlichung" im Sinne des vorliegenden Abkommens ist die Vervielfältigung in einer körperlichen Form und die Überlassung von Exemplaren des Werkes zur Verfügung der Öffentlichkeit zu verstehen, wodurch dieser ermöglicht wird, es zu lesen oder visuell davon Kenntnis zu nehmen.

Artikel VII

Das vorliegende Abkommen findet keine Anwendung auf ein Werk, welches bei seinem Inkrafttreten in dem vertragschließenden Staat, in dem der Schutz beantragt wird, bereits Gemeingut geworden ist; diese Bestimmung findet auch Anwendung auf die verschiedenen Rechte an dem Werk.

Artikel VIII

1. Das vorliegende Abkommen wird von den Signatarstaaten ratifiziert und die Ratifizierungsurkunden werden bei ... hinterlegt.

2. Das Abkommen tritt einen Monat nach dem Zeitpunkt der Hinterlegung der Ratifizierungsurkunden durch 12 Signatarstaaten in Kraft; für jeden später ratifizierenden Staat tritt es einen Monat nach dem Zeitpunkt der Hinterlegung der Ratifizierungsurkunde in Kraft.

3. Jeder Staat, der das Abkommen nicht unterzeichnet hat, kann ihm beitreten, indem er seinen Beitritt schriftlich ... mitteilt. Der Beitritt erlangt Rechtskraft: entweder bei Inkrafttreten des Abkommens oder einen Monat nach dem Zeitpunkt des Eingangs der Ratifizierungsurkunde bei ..., je nachdem, ob dieser Beitritt vor oder nach dem Inkrafttreten des Abkommens erfolgt.

4. ... läßt allen beteiligten Staaten eine Mitteilung über die hinterlegten Ratifizierungsurkunden, die eingegangenen Beitrittserklärungen und den Zeitpunkt des Inkrafttretens des vorliegenden Abkommens zugehen.

Artikel IX

(Dieser Artikel ist Verwaltungsfragen vorbehalten.)

Artikel X

... beruft Revisions-Konferenzen ein, so oft diese Einberufung von mindestens zehn vertragschließenden Staaten oder — sofern die Zahl der vertragschließenden Staaten unter zwanzig bleibt — von der Mehrheit der vertragschließenden Staaten beantragt wird.

Artikel XI

1. Jeder vertragschließende Staat kann die Konvention durch eine an ... gerichtete schriftliche Mitteilung kündigen; ... hat jedem der vertragschließenden Staaten von jeder dieser Mitteilungen und dem Zeitpunkt ihres Eingangs Mitteilung zu machen.

2. Diese Mitteilung hat nur in bezug auf den Staat Wirkung, der sie vornimmt, und erst 12 Monate nach Eingang der Anzeige der Kündigung bei ....

3. Das in diesem Artikel vorgesehene Recht zur Kündigung kann von einem vertragschließenden Staat nicht vor Ablauf von fünf Jahren nach dem Zeitpunkt des Inkrafttretens des Abkommens oder, im Falle der Ratifizierung oder des Beitritts seitens dieses Staates nach dem Inkrafttreten, nach der Mitteilung dieser Ratifizierung oder dieses Beitritts ausgeübt werden.

Artikel XII

1. Jeder der vertragschließenden Staaten kann jederzeit ... schriftlich anzeigen, daß das vorliegende Abkommen auf seine überseeischen Gebiete, Kolonien, Protektorate, Gebiete unter Treuhandschaft und jedes andere Gebiet, dessen internationale Beziehungen er wahrnimmt, anwendbar sein soll. Das Abkommen gilt dann für alle in der Anzeige bezeichneten Gebiete von dem gemäß Artikel VIII bestimmten Zeitpunkt an. Mangels einer solchen Anzeige ist das Abkommen auf diese Gebiete nicht anwendbar.

2. Jeder der vertragschließenden Staaten kann jederzeit schriftlich ... anzeigen, daß die Anwendbarkeit des vorliegenden Abkommens, sei es für alle oder für einzelne der Gebiete, auf die sich die in dem vorhergehenden Absatz vorgesehene Anzeige bezogen hat, aufhören soll. In den in dieser Anzeige bezeichneten Gebieten verliert alsdann das Abkommen zwölf Monate nach Eingang der Anzeige bei ... ihre Geltung.

3. Alle gemäß den Bestimmungen in den Absätzen 1 und 2 des vorliegenden Artikels gemachten Anzeigen werden durch ... allen vertragschließenden Staaten zur Kenntnis gebracht.

Artikel XIII

1. Jede Streitfrage zwischen zwei oder mehr vertragschließenden Staaten über die Auslegung oder die Anwendung des vorliegenden Abkommens, die diese Staaten auf dem Verhandlungswege nicht beilegen können, kann von einem der beteiligten Staaten vor den Internationalen Gerichtshof gebracht werden, der diese Streitfrage klärt.

2. Der Staat, der die Streitfrage vor den Internationalen Gerichtshof bringt, hat hiervon ... Kenntnis zu geben; ... wird den anderen vertragschließenden Staaten davon Mitteilung machen.

Artikel XIV

1. Der Text des vorliegenden Abkommens wird in französischer Sprache abgefaßt und unterzeichnet.

2. Gleichwertige Texte werden in englischer und spanischer Sprache verfaßt und unterzeichnet.

3. Bei Streitigkeiten über die Auslegung und Anwendung dieses Abkommens ist immer der französische Text maßgeblich.

4. Jeder Mitgliedstaat oder jede Gruppe von vertragschließenden Staaten kann durch ... im Einvernehmen mit diesem einen autorisierten Text des Abkommens in der Sprache seiner Wahl festlegen lassen. Diese Texte werden als Anhang zu dem französischen, englischen und spanischen Text veröffentlicht.

Artikel XV

1. Das vorliegende Abkommen berührt in keiner Weise die Bestimmungen der Berner Übereinkunft zum Schutze von Werken der Literatur und Kunst und die Zugehörigkeit zu der Union, die durch diese Übereinkunft geschaffen worden ist.

2. Zum Zwecke der Anwendung des vorhergehenden Absatzes wird unter dem heutigen Datum ein Protokoll von den Unterzeichnerstaaten des vorliegenden Abkommens unterzeichnet, welche gleichzeitig durch die Berner Übereinkunft gebunden sind. Dieses Protokoll ist ein wesentlicher Bestandteil des vorliegenden Abkommens für die durch die Berner Übereinkunft gebundenen Staaten und diejenigen, die der durch die Berner Übereinkunft geschaffenen Union in der Folge beitreten.

Artikel XVI

(ist einer Bestimmung hinsichtlich der panamerikanischen Konventionen vorbehalten.)

Protokoll
(zu Artikel XV)

1. Die Mitgliedstaaten der Berner Union zum Schutz von Werken der Literatur und Kunst, die das Weltabkommen auf dem Gebiete des Urheberrechts unterzeichnet haben und wünschen, ihre gegenseitigen Beziehungen auf der Grundlage der Berner Union wieder enger zu knüpfen und andererseits jeden Konflikt zu vermeiden, welcher aus der gleichzeitigen Existenz zweier Abkommen entstehen kann,

haben in gemeinsamem Übereinkommen folgendes Protokoll beschlossen:

a) Die Werke, welche auf Grund der Berner Übereinkunft als Ursprungsland ein Land haben, welches nach dem 1. Januar 1951 aus der genannten Union austreten wird oder ausgetreten ist, werden von dem Weltabkommen auf dem Gebiete des Urheberrechts in den Ländern der Berner Union nicht geschützt.

b) Das Weltabkommen auf dem Gebiete des Urheberrechts findet in den Beziehungen zwischen den durch die Berner Übereinkunft gebundenen Ländern keine Anwendung, was den Schutz der Werke anlangt, die auf Grund der Berner Übereinkunft als Ursprungsland eins der Länder der Berner Union haben.

c) Die unter Buchstabe b) vorgesehenen Bestimmungen hindern den Urheber oder seine Rechtsnachfolger nicht daran, die Anwendung der Vorschriften des Weltabkommens auf dem Gebiete des Urheberrechts zu fordern, welche weitere Rechte vorsehen, als die Berner

Übereinkunft gewährt, soweit es sich um den Schutz der Werke handelt, die gleichzeitig in einem Land der Berner Union und in einem Land des Weltabkommens auf dem Gebiete des Urheberrechts, welches nicht der Berner Union angehört, veröffentlicht worden sind.

2. Da das vorliegende Protokoll auf Grund des Artikels XV des Weltabkommens auf dem Gebiete des Urheberrechts einen wesentlichen Teil dieses Abkommens darstellt, bedeutet die Ratifizierung oder der Beitritt zu diesem Abkommen durch die Staaten, die der Berner Union angehören oder angehören werden, die Ratifizierung des vorliegenden Protokolls oder den Beitritt zu diesem Protokoll.

Empfehlungen

Nr. 1

Der Ausschuß ist der Auffassung, daß Veranlassung besteht, die Entscheidung der Diplomatischen Konferenz zu überlassen, ob das Abkommen bei der UNESCO, der UNO oder der Regierung eines Staates hinterlegt werden soll.

Nr. 2

Der Ausschuß empfiehlt, daß die UNESCO ihre Tätigkeit auf dem Gebiete des Urheberrechts mit dem Ziele der Annahme des Weltabkommens fortsetzt und daß sie die folgenden Fragen prüft und Vorschläge macht hinsichtlich

a) der eventuellen Einsetzung eines Ausschusses der Regierungen;
b) der Zweckmäßigkeit, diesem Ausschuß ein Sekretariat beizugeben;
c) der Methoden der Koordinierung der Informationsdienste der UNESCO, des Berner Büros und der Panamerikanischen Union.

Nr. 3

Da mehrere Delegationen nicht über ausreichende Instruktionen verfügen und andere Delegationen Einwendungen geltend gemacht haben, befaßt sich dieser Urheberrechtsausschuß nicht mit den anderen Vorschlägen der Arbeitsgruppe III, die seines Erachtens Gegenstand einer eingehenderen Prüfung und von Anweisungen der Regierungen an die Delegierten der Diplomatischen Konferenz bilden müssen.

Anlagen

Anlage 1

(Bestimmte Delegationen haben vorgeschlagen, folgenden Text an die Stelle von Artikel V zu setzen.)

1. Das von dem vorliegenden Abkommen dem Urheber eines geschützten Werkes zuerkannte Recht umfaßt das absolute und ausschließliche Recht, eine Übersetzung des Werkes vorzunehmen und zu gestatten.

2. Wenn jedoch nach Ablauf von 20 Jahren seit der ersten Veröffentlichung des Werkes in der Originalsprache der Urheber von seinem Recht bezüglich der Vornahme oder der Gestattung der Übersetzung in die Landessprache eines anderen Staates oder, im Falle mehrerer Sprachen, in eine der Landessprachen dieses Staates keinen Gebrauch

gemacht hat, kann eine Einschränkung der Ausübung des ausschließlichen Rechts des Urhebers unter den folgenden Bedingungen vorgenommen werden:

Jede Person, die wünscht, eine Übersetzung des Werkes zum Zwecke einer Veröffentlichung vorzunehmen, kann eine nichtausschließliche Übersetzungserlaubnis auf eine Dauer von ... Jahren erhalten, sofern sie nachweist, daß:

a) sie bei dem Urheber oder seinem Rechtsnachfolger eine Erlaubnis beantragt hat und innerhalb von sechs Monaten nach dem Empfang ihres ersten Ersuchens nicht zu einer gütlichen Vereinbarung gelangen konnte, sei es, daß der Urheber mit einer unbegründeten Weigerung geantwortet hat, sei es, daß er überhaupt nicht geantwortet hat;

b) sie sich seit mindestens einem Jahr in angemessener Weise vergeblich bemüht hat, mit dem Urheber oder seinem Rechtsnachfolger in Verbindung zu treten;

c) sie zur Unterstützung ihres Antrages angeboten hat, eine angemessene Vergütung zu zahlen, Garantien hinsichtlich der Zahlungsfähigkeit zu leisten und alle Vorkehrungen zu treffen, um die Erhaltung der Eigenart des Werkes und dessen Vollständigkeit durch eine richtige Übersetzung zu sichern.

3. Es obliegt der nationalen Gesetzgebung des Staates, dem der Urheber angehört oder auf dessen Gebiet das Originalwerk zum ersten Mal veröffentlicht wurde, die Stelle zu bestimmen, deren Aufgabe es ist, die Erfüllung der unter a), b) und c) genannten Bedingungen zu überprüfen und die Erlaubnis zu erteilen, indem sie die Verpflichtungen, denen der Übersetzer unterworfen wird, bestimmt.

Anlage 2

(Bestimmte Delegationen haben vorgeschlagen, den folgenden Absatz dem Artikel VII hinzuzufügen.)

Der Vorteil des vorliegenden Abkommens kann jedoch für die Werke beansprucht werden, die in dem vertragschließenden Staat, in dem der Schutz beantragt wird, wegen Nichterfüllung der Formvorschriften in dem betreffenden Staat Gemeingut geworden sind, vorausgesetzt, daß es sich um ein in dem betreffenden Staat bei Inkrafttreten des vorliegenden Abkommens noch nicht veröffentlichtes Werk handelt.

Anlage 3

(Hinsichtlich Artikel XVI hat der Ausschuß entschieden, daß die von dem UNESCO-Sachverständigenausschuß auf dem Gebiet des Urheberrechts im November 1950 in Washington angenommene Empfehlung dem vorliegenden Dokument als Anlage beigefügt wird.)

Um eine Beeinträchtigung der Abkommen und zweiseitigen Verträge auf dem Gebiete des Urheberrechts, wie z. B. derjenigen der amerikanischen Hemisphäre, zu vermeiden, muß das Weltabkommen in präziser Form feststellen, daß es nicht so ausgelegt werden kann, daß die Rechte auf Schutz beeinträchtigt werden, die sich aus einem bestehenden Abkommen oder einem in Kraft befindlichen zweiseitigen Vertrag ergeben.

Sachregister

(Die Zahlen verweisen auf die Seiten)

A

Abbildungen wissenschaftlicher oder technischer Art 2, 15; Entlehnung von — 132; — von Personen 30 ff.

Abdruck von Reden 109; von Presseartikeln 110 ff.; —recht 78.

Abgeleitete Rechte 38, 66.

Abschriften zum persönlichen Gebrauch 102.

Abwehranspruch 155.

Adhäsionsverfahren 167.

Adreßbuch 11.

Änderungen, Verbot von — 67, 77; bei erlaubter Benutzung 134 ff.

Aesthetischer Wert 21.

AHK-Gesetz Nr. 8 182.

Aktivlegitimation 157.

Amtliche Schriften 106.

Anführung s. Entlehnung.

Angehörige 30, 31, 63.

Angestellter als Urheber 38.

Angewandte Kunst s. Kunstgewerbe.

Angrenzende Rechte 23, 44.

Anonyme Werke 61; Schutzdauer 149.

Anthologien 119.

Antrag s. Strafantrag.

Anwachsung des Miturheberrechts 60.

Arrangement von Musikstücken 94, 135.

Artikel, Nachdruckfreiheit 111.

Aufführung, Begriff 84; durch Rundfunk 85; von Schallplatten 85, 128; durch Lautsprecher 85, 129; Überwachung der — 86; Öffentliche — 87, 128; —vertrag 88, 144; —freiheit 140; —vorbehalt 186.

Aufmachung, äußere — des Werks 77.

Aufnahme, Großzitat 117 ff.

Ausbeutung fremder Leistung 91, 99, 101.

Ausdrucksmittel 6 ff., 8.

Aushängebogen 82.

Ausland, Schutz deutscher Werke im — 183 ff.

Ausländer, Schutz der — 181 ff.

Ausschließliches Recht 78.

Ausstattungsschutz von Schriftwerken 12.

Australien 219.

Ausübende Künstler 44.

Auszüge aus Tonwerken 94.

B

Bauwerke 2, 24; kein Vernichtungsanspruch 168.

Bearbeiter, Urheberrecht des — 39.

Bearbeitung 40, 43, 92 ff.; von Musikstücken 92, 135.

Bearbeitung 92 ff.; von Musikstücken 92, 135.

Beeinträchtigungen 77.

Beendigung des Kriegszustandes 183.

Befugnisse des Urhebers 73 ff.

Belgien 219.

Belichtungstafel 12.

Benutzungsrechte 77 ff.

Berechtigung zur Veröffentlichung als Voraussetzung des Schutzes 153.

Berechtigungsverträge 86.

Bereicherungsanspruch 157.

Berichte 110.

Berner Übereinkunft 181 u. Anh. C 219.

Beschlagnahme 174.
Beschränktes Verlagsrecht 83.
Bewegungskunst, Werke der — 14.
Bewußtsein der Rechtswidrigkeit 165.
Bibliothek s. eigener Gebrauch.
BIEM 87, 128.
Bild, Recht am eigenen — 29 ff.
Bildende Kunst, Werke der — — 21 ff.
Bilderbogen 24.
Bildfunk 90.
Bildnisschutz 30, 31.
Blickfang 36.
Blumen, künstliche 24.
Brasilien 219.
Briefschutz 13.
Buchbinder, —drucker, gesetzliches Pfandrecht 72; Haftung für Rechtsverletzungen 163.
Buchhaltungsformular 11.
Bulgarien 219.
Brüsseler Fassung der BÜ Anh. C 230.
Bühnenbild 25.
Bühnenvertrieb 88.
Bühnenwerke 18.
Busse 165.

C

Canada 219.
Choreographische Werke 2, 14.
CISAC 87.
Copyright, Vorschriften zur Erlangung des — Anh. E 245.

D

Dänemark 219.
Dauer des Schutzes s. Schutzfrist.
Deckname 61, 149.
Denkmal 115, 120.
Deutschland 219.
Dramatisierung 94.
Drehbuchverfasser als Urheberrechtsträger 95.
Droit moral s. Urheberpersönlichkeitsrecht.
Druck, photomechanischer 28.
Drucker als Täter 162.
Druckmuster 12.
Drucktypen 23.

E

Eigenes Bild, Recht am — 29 ff.
Eigener Gebrauch 102 ff.
Eigentum, wissenschaftliches 6, 98.
Eigentümliche Schöpfung 4 ff.
Einnahme aus dem Werk 105.
Einrichtungen für Instrumente s. Tonträger.
Einstweilige Verfügung 158; für Zwangslizenzen 130.
Eintragungsrolle 184.
Einwirkungsfähige Instrumente 190.
Empfang der Sendung 90.
Enregistrement ephémère 91.
Entlehnung v. Abbildungen 131 ff.; aus Bearbeitungen 121; kleiner Kompositionen in einer Sammlung, in einer wissenschaftlichen Arbeit 124; von Photographien 132; aus Schriftwerken, Vorträgen, Reden 114 ff.; Umfang des -rechts 138.
Entschädigung s. Schadensersatz.
Entscheidungen s. amtl. Schriften.
Entwürfe von Kunstwerken 2, 3, 7; von Bauwerken 25; für ein neues Urheberrechtsgesetz 1 u. Anh. B 194 ff.; f. Welturheberrechtsabkommen Anh. F 250 ff.
Entstehung des Schutzes 10.
Erbfolge 63.
Erlasse s. amtliche Schriften.
Erscheinen, Begriff 62 ausländischer Werke 182.
Erschöpfung der Verbreitungsbefugnis 81.
Erstlingsausgabe 147.
Eßbesteck 24.
Ewiges Urheberrecht 147.
Exemplar s. Werkstück.

F

Fahrlässigkeit 164.
Fahrplan 108.
Feindgesetzgebung 183.
Film, Urheberrecht am — 95; —berichterstattung 45, 140; —idee 7, 21; — werk 19 ff.
Finnland 219.
Fiskus als Erbe 63, 65.
Formgebung 6 ff.

Formular 11.
Frankreich 219.
Freie Benutzung 97 ff.

G

Gartenanlage 24.
Gastwirt als Täter 162, 164.
Gebrauchsanweisung 11.
Gebrauchsmusterschutz 23, 24.
Gedicht, Vertonungsfreiheit 122.
Gehilfe 28, 57.
Geltungsgebiet, persönliches — 180 ff.
GEMA, Aufgaben und Organisation 86, 127.
Gemeinfreie Stoffe 11, 98; — Werke 106.
Gemeinschaft der Miturheber 58.
Gemeinschaftliche Werke 56.
Gerichtsstand 158.
Gerichtsverhandlung, Wiedergabefreiheit 109.
Geschäftsbedingungen 11.
Geschmacksmuster 24.
Gewerbsmäßigkeit der Verbreitung 87.
Gewinn, Herausgabe des — 156; entgangener — 156.
Griechenland 219.
Großbritannien 219.

H

Handschriften s. Textrezensionen.
Herausgeber eines Sammelwerkes 51.
Hinterlassene Werke 150.
Hörspiel 87.
Honorar für Übersetzungen 94; Pfändung v. — ansprüchen 72.

I

Idee, Schutz der — 6; Filmidee 7, 21.
Indien 219.
Individualität 10.
Inländerbehandlung nach RBÜ 181.
Inneneinrichtung 25.
Instrumentierung 41.
Inszenierung 25.
Irland 219.
Irrtum 165.
Island 219.
Israel 219.
Italien 219.

J

Japan 219.
Jugoslawien 219.
Juristische Person als Urheberrechtsträger 45; Schutzfrist 151.

K

Kapellmeister als Täter 162, 164.
Karikatur s. Bildnisschutz.
Kartenwerk 16 ff.
Kataloge 12.
Kirchengebrauch 118.
Kinderspiel 24.
Kennzeichnungsschutz 35 ff.
Klavierauszug 94, 135.
Klinische Aufnahmen 32.
Kompilation 10.
Komponist, Verhältnis zum Textdichter 125, 142 ff.; s. auch GEMA.
Kontr.-Ges. Nr. 5 184.
Krankheitsbilder 33.
Kriegseinwirkungen auf internat. Verträge 181.
Kulturrecht 68.
Kunstgewerbe 2, 32 ff.
Kunstwerke 2, 21.
Kurdirektor als Täter 162.
Kursbuch 108; — tabellen 12.

L

Ladenpreis 82.
Landkarten 16.
Lageplan 16.
Lautsprecher 90, 129.
Lebensbild, Schutz des — 31.
Leistung im Gegensatz z. Werk 5.
Leistungsschutz 44 ff.; für die Sendung 91.
Libanon 219.
Lichtenstein 219.
Liederbuch 119.
Liedertext, Abdruckfreiheit 123.
Lichtbilder s. Photographie.
Lieferungswerke 48.
Lizenz 66, 125; — gebühr 128; s. auch Zwangslizenz.
Logarithmentafel 12.

Lohntarif 11.
Lotteriegewinnliste 11.
Luxemburg 219.

M

Magnetophon 42.
Mangelhaftigkeit der Wiedergabe 77.
Manuskript, Herausgabeanspruch der Erben 64; als — gedruckt 82.
Marokko 219.
Maske 25.
Mechanische Rechte 41, 92, 125 ff.
Melodieschutz 100.
Mikrokopie 28; zum persönlichen Gebrauch 103.
Miterben 64.
Mitglieder der Berner Union Anhang C 219.
Miturheber 54; Verleger als — 52, 56, 58; Rechtsverhältnis der — 58.
Modebilder 16.
Modelle für Kleider 16.
Modellierbogen 16.
Möbel 24.
Monaco 219.
Monogramm 24.
Montevideo, Übereinkunft von — 182 und Anh. D 242.
Motivschutz bei Werken der Photographie 28.
Musikalisches Zitat 100.
Musikschulen 124.
Musterblatt 11.

N

Nachahmung 79.
Nachbildung 100.
Nachdruck 78, 80, 81.
Nachfrist 147.
Nachgelassene Werke 185.
Nachrichten 111.
Nachschöpfung 92, 98, 99.
Name des Urhebers 67.
Namensnennung, Recht auf — 62, 75.
Naturrecht 3.
Nebenluftausgabe 150.
Neuauflage 40.
Neuheit des Werks 9.
Neuseeland 219.
Niederlande 219.
Norwegen 219.

O

Öffentliche Aufführung s. Aufführung; — Mitteilung 165.
Öffentliches Interesse an Strafverfolgung 174.
Öffentlichkeit 87.
Österreich 219.
Oper 54, 57.
Oratorium 57.
Orginalität 9.

P

Pakistan 219.
Pantomimische Werke 2, 14.
Paraphrasen 100.
Pariser Zusatzakte Anh. C 219.
Parlamentssitzung 109.
Passivlegitimation 158.
Patentanmeldung 11, 108; —schrift 108.
Periodisches Sammelwerk 47 ff.
Personenbildnis 29 ff.
Persönlicher Gebrauch 104.
Persönlichkeitsrecht 30; allgemeines — 31 s. auch Urheberpersönlichkeitsrecht.
Pfändung s. Zwangsvollstreckung.
Phantasien 100.
Philippinen 219.
Photoduplikate, Herstellung zum persönlichen Gebrauch 103.
Photographie 2, 3, 26 ff.
Photokopie 28; zum persönlichen Gebrauch 103 ff.
Pianolaklausel 190.
Pläne 16.
Plagiat 7, 41, 99, 121; Selbst — 87.
Polen 219.
Portugal 219.
Presseartikel 110, 113 ff.
Preisbindung im Buchhandel 82.
Priorität 9; beim Titelschutz 35.
Privatleben, Schutz des — 31.
Privatklage 175.
Privilegien 3.
Programm 12; — druckfreiheit 123.
Pseudonyme Werke 61.
Puppenspiel 18.

Q

Quellenangabe 112, 114, 136 ff., 172.

R

Raumkunst 25.
Rechnungsbuch 12.
Rechtsverletzungen, Rechtsfolgen von — 155 ff.; — zwisch. Autor u. Verleger 80.
Rechtswidrigkeit 165.
Redakteur 40, 52.
Reden 2, 14; Wiedergabefreiheit 109.
Reform des UR 1.
Rezeptsammlung 11.
Regisseur 25; als Bearbeiter 40.
Revidierte Berner Übereinkunft Anh. C 219 ff.
Revisionsgericht 185.
Revue 57.
Romfassung der RBÜ Anh. C 219.
Rückübersetzung 93.
Rückwirkung des Gesetzes auf vorher entstandene Werke 187.
Rumänien 219.
Rundfunk 42, 45; Recht an d. Sendung 91; Wiedergabefreiheit für den — 113; — programm 12; s. auch Lautsprecher.

S

Saalbesitzer als Täter 164.
Sachregister 11.
Sachverständigenkammer 176.
Samadener Entwürfe 44.
Sammelwerk 46, 49; als geschäftliches Unternehmen 50 ff.; selbständiges Verlagsrecht 52 ff.
Sammlung 48; für den Kirchen-, Schul- u. Unterrichtsgebrauch 117; von Kompositionen für Schulen 124; von Abb. 133.
Schaden, Berechnung des — 156.
Schadensersatzanspruch 155.
Schallband, — konserve s. Tonträger.
Schallplatte 38, 42, 92, 103, 125 ff.; Aufführung von — 128 ff. s. auch Leistungsschutz, Rundfunk, Zwangslizenz.
Schauspieler, Urheberrecht des — 40.
Schauspielermaske 25.
Schaustellung von Bildnissen 30.
Schlager 18.
Schlüsselroman 31.
Schöpfung des Werkes 4 ff., 38.
Schrift, Kunstschutz für — 23.
Schriftleiter s. Redakteur.
Schriftwerke 2; Begriff 9 ff.
Schuld s. Verschulden.
Schulgebrauch 118.
Schulheft 12.
Schutzdauer 145 ff.; — bei Bearbeitung 43; s. a. Schutzfrist.
Schutzfrist 145 ff.; bei Filmwerken 151; für anonyme oder pseudonyme Werke 149; für hinterlassene Werke 150, 185; Beginn der — 153; Berechnung der — 152.
Schweden 219.
Schweiz 219.
Sendung 78, 90; v. Schallplattenaufnahmen 128; s. auch Rundf.
Serienwerk 48.
Siam 219.
Sicherungsübertragung von Befugnissen 72.
Signierung von Bildwerken 68.
Skizze einer Abbildung 15; eines Werkes der bildend. Kunst 22.
Sortimenter als Täter 162 ff.
Soziale Bindung 4.
Spanien 219.
Sprachwerke 9 ff.
Staatenlose 181.
Staatsangehörigkeit 180.
Staatsanwalt 174.
Stellvertretung des Textdichters durch Komponisten 125, 143 ff.
Stickerei 24.
Strafantrag 172.
Strafbare Handlungen 160.
Strafen 159 ff.
Südafrikanische Union 219.
Südwestafrika 219.
Synchronisierung ausländischer Filmtexte 94.
Syrien 219.

T

Täterschaft 161 ff.
Tagesneuigkeiten 113.
Tantiemen 87, 88, 128.
Tanz, Werke der — kunst 2, 14.

Tatort 158, 165.
Teilbarkeit des Verlagsrechts 83; des Strafantrags 173.
Teilbenutzung 167.
Teile von Werken 8, 167.
Teilnahme an Rechtsverletzungen 162 ff.
Textdichter 125, 143 ff.
Textilmuster 24.
Textrezensionen 12, 148.
Theaterzettel 12.
Titelbild 32.
Titelschutz 34 ff.
Tonfilm 42; s. auch Filmwerk.
Tonkunst, Werke der — 17 ff.
Tonträger, Übertragung auf — 41, 42, 92, 125 ff., 128 ff.; zum persönlichen Gebrauch 103; s. a. Schallplatte, Magnetophon.
Tonvervielfältigung zum persönlichen Gebrauch 103.
Tonwerke 2, 17 ff.
Transpositionen 100, 134.
Tschechoslowakei 219.
Türkei 219.
Tunis 219.

U

Übernahmerecht b. Vernichtungspflicht 170.
Übersetzung 93.
Übertragung des UR 65, 101; der mechanischen Rechte 130; in eine andere Tonart 134; auf Tonträger s. dort.
Unbrauchbarmachen von Vorrichtungen 169.
UNESCO-Entwurf Anh. F 250.
Ungarn 219.
Ungerechtfertigte Bereicherung 157.
Unkörperliche Wiedergabe 84 ff.
Unterlassungsanspruch 155 ff.
Unternehmen, Zeitschrift als — 50 ff.
Unterrichtsgebrauch 118.
Untertitel 35.
Unterscheidungskraft eines Titels 35, 36.
Urheberbezeichnung 76.
Urheberrecht, Entwicklung und Begriff 3, 4.
Urheberpersönlichkeitsrecht 1, 74 ff.
Urheberschaftsvermutung 60.

V

Variationen 100.
Vatikanstadt 219.
Verbandsländer d. Berner Union Anh. C 219; — der Übereinkunft von Montevideo 182.
Verbindung von Werken 53.
Verbotsirrtum 165.
Verbreitung 81, 82; im Ausland hergestellter Werke 83.
Verein, Aufführung bei — veranstaltungen 140, 142.
Vereinigten Staaten von Amerika, Vertrag mit — 182 und Anh. E 245 ff.
Vererbung des Urheberrechts 63.
Verfasser 37, 38; als Täter 162; im Verhältnis zum Verleger 80.
Verfilmung 94.
Verhandlungen, Wiedergabefreiheit 109.
Verjährung 177 ff.
Verkaufs- und **Verkehrsordnung,** buchhändlerische 82.
Verkehrsgeltung von Titeln 36.
Verlängerung der Schutzfrist 148; durch Bearbeitung 43.
Verleger als Täter 162; im Verhältnis zum Autor 80.
Verleihen 83.
Vermutung der Urheberschaft 60.
Vernichtung 168 ff., 175, 176.
Veröffentlichung, Begriff 62, 78.
Verordnungen s. amtl. Schriften.
Verpfändung 72.
Verschulden 155, 164.
Versuch 79.
Vertonungsfreiheit 121.
Vertragsformular 11.
Vertretung s. Stellvertretung.
Vervielfältigung 78, 102; zum persönlichen Gebrauch 102 ff.; — stücke 72; Vorrichtungen zur — 71.
Verwechslungsfähigkeit von Titeln 35.
Verwertungsgesellschaft 86.
Verwertungsrechte s. Benutzungsrechte.

Verwirkung 179.
Volksfest 141.
Vorbehalt der Rechte b. Zeitungsartikeln 110, 112; des Aufführungsrechts 186.
Vorbehalte der Verbandsländer d. BÜ Anh. C 219.
Vorführung 89.
Vorrichtung für mechanische Instrumente s. Tonträger; — zur Vervielfältigung von Sprachwerken 71.
Vorsatz 164.
Vortrag 2, 14, 84; Wiedergabefreiheit 109.

W

Wahrnehmungsvertrag 86.
Warenverzeichnis 12.
Warenzeichenrechtsschutz des Titels 37.
Werbeanzeigen 16.
Werbeverse 12.
Werbung, Form der — 77.
Werk, Wortbedeutung 10; als Gegenstand des UR 5; der Zwangsvollstreckung 71.
Werknutzungsrecht 77 ff.
Werkverbindungen 54 ff.
Wettbewerbliche Aufgabe des UR (?) 74 ff.
Wettbewerbsrechtlicher Schutz der Buchausstattung 12; des Titels 35.
Wiedergabe, unkörperliche 84 ff.
Wissenschaftliche Lehren 6, 98.
Wochenschau s. Filmberichterstattung.
Wohltätigkeitskonzert 140, 142.
Wohnungsanzeiger 11.

Z

Zeichnungen, wissenschaftliche und technische 15.
Zeitgeschichte, Bildnisse aus der — 32.
Zeitschrift, Begriff 47 ff.; als geschäftliches Unternehmen 50 ff.; Titelschutz 35; Nachdruck aus — 110, 111.
Zeitung, Begriff 47; Nachdruck aus — 110; —korrespondenzen 113.
Zitat 114 ff.; s. auch Entlehnung.
Zonentrennung 81, 83.
Zurücknahme des Strafantrags 173.
Zusammengesetzte Werke 54 ff.
Zusatzakte, Pariser Anh. C 219.
Zuständigkeit des Bundesgerichtshofs 185.
Zwangseingriffe 4, 183.
Zwangslizenz 126.
Zwangsvollstreckung in das UR 69 ff.; in das Werk 71; in Werkstücke 72; in Vorrichtungen zur Vervielfältigung 71; in Vergütungsansprüche 72.
Zweck, künstlerischer im Kunstgewerbe 23.

FSC
www.fsc.org
MIX
Papier | Fördert gute Waldnutzung
FSC® C083411

Kolibri 360 GmbH
Ferdinand-Jühlke-Straße 7
99095 Erfurt, Deutschland
produktsicherheit@kolibri360.de